黄民兴
王铁铮 编

Shuren Qizhi
Pengshuzhi Xiansheng
Bashi Huadan Jinian Wenji

树人启智
——彭树智先生八十华诞纪念文集

中国社会科学出版社

图书在版编目(CIP)数据

树人启智:彭树智先生八十华诞纪念文集/黄民兴、王铁铮编.
—北京:中国社会科学出版社,2011.7
ISBN 978 - 7 - 5004 - 9727 - 1

Ⅰ.①树… Ⅱ.①黄…②王… Ⅲ.①彭树智—纪念文集②世界
史—文集 Ⅳ.①K825.81 - 53②K107 - 53

中国版本图书馆 CIP 数据核字(2011)第 066946 号

责任编辑	张　林			
特邀编辑	张冬梅			
责任校对	石春梅			
封面设计	李尘工作室			
技术编辑	戴　宽			

出版发行　中国社会科学出版社

社　　址　北京鼓楼西大街甲 158 号　　邮　编　100720
电　　话　010—84029450(邮购)
网　　址　http://www.csspw.cn
经　　销　新华书店
印　　刷　新魏印刷厂　　　　　　　装　订　广增装订厂
版　　次　2011 年 7 月第 1 版　　　印　次　2011 年 7 月第 1 次印刷
开　　本　710×1000　1/16
印　　张　28.25
字　　数　475 千字
定　　价　60.00 元

近照

陕西三原高中三九级时照片（1949年）

北京大学亚洲史研究生学
习时留影（1954年7月）

西北大学历史系教师（1959 年 10 月）

在美国考察高等文科教时摄于
华盛顿国会山前（1984 年 2 月）

同考察团团长戴逸合影于旧金山金门大桥旁（1984 年 2 月）

为吴于廑先生贺 80 寿辰及世界史教材讨论会时，在武汉大学合影。照片为《世界史》编委会，左起：马克垚、彭树智、朱寰、齐世荣、吴于廑、刘家和、王敦书、廖学盛（1993 年 6 月）

在西北大学悠得斋书房撰写《文明交往论》时工作照（2001年）

与学生王铁铮（左）和黄民兴（右）教授（2001年）

为大学生讲授"治学与文明自觉"（2008年）

同来访的以色列学者进行学术交流（2008年）

赠博士的治学诗

诗意治学：芭蕉篇三趣

彭树智

（一）　心趣·横渠之"心新"咏

芭蕉心尽展新枝，新卷新心暗已随。

愿学新心养心德，长随新叶起新知。

（二）　情趣·板桥之"相思"吟

芭蕉叶叶为多情，一叶才舒一叶生。

自是相思抽不尽，却教风雨怨秋声。

（三）　乐趣·松榆之"互动"歌

芭蕉凋谢叶化扇，送风消暑结人缘。

栖而不息挥不止，乐在手脑互动间。

治学三趣是仿王国维"治学三境"，以体现诗意
治学的心、情、乐三趣。传例也学王国维的组诗，用张载、
郑板桥和我自己的三首咏、吟、歌芭蕉诗。毕诗原为赠
上届博士生蒲瑶、王平，今再赠本届博士，作为青年学者的成
人礼赠，请全苗博士存念，其余另别题字。

　　　　　　　彭树智记，2010年6月1日，西安悠得斋。

赠博士生的治学诗

要点，今年12月30日，最迟在25日写出"纲、部"写作大纲（章、节），目前不列，同时注上准备解决的诸问题。

2005年10月16日

二、关于撰写的问题

关于撰写《中东史》的意见（一）

请校
对照并
此稿沒

铁铮、民兄、丽荣、志斌诸同志：

《中东史》的写作已经过一段时间了，我们之间也交换了一些意见，现就自己的想法，便报如下：

1）巨著人民出版社一套地区史丛书之一，我们今天是传统地区史的综合性特征，古朴和方正，简要而明晰，既须有巨典型写作历史性。请任何阅读该社要求，更要专论，同时最需要他们认可才行，我们应多争取利运作机遇。

2）定约略和我彭匡等多事的大成果，特别是三大部分（《古典中东史》的彭经伯原史》和《二十世纪中东史》及我的《文明与纠纷》），这是我们已即得的方向，是有相当特色的基础性方面，同时应多多吸收国内外各专著作仅任和成果，保持专书的前沿性，特色性的著作，只有在前沿性著基础方能显现其地位。

3）我认为，我们的《中东史》是"世界历史性的中东史和"历史的人类意识构相注一的中东史，其中有以一贯之的中心脉络——人类不同文明之间和相同文明之内的交往和史谱律。这个运律表现表面的是清晰可见的政治、经济、社会精神生活等外在形式层面，而我们要努力开揭的，是人类文明交往长期和影响的历史深层结构层面，但最需要的是，世界全体意识，全人类意识和时代意识。

4）我区专层别，我们的《中东史》的聚焦点在中东的地区特质，其范围还是表现的"中东18国说"，但也不持方"大中东"诸说更为随意的，更以主区相的需要以表现它之间的内在联系。因此，不是以国家为纲目，而是以中东整个文明发来而果主轴表，纵为古方，横为物层，精神、制约、生态四大拓扑五列为相互联系各面。

5）是传注意之点的，是注时间收序，重视事实，描述人物、深界文明交发展诸级的联系。使读者从中学传代到历史的时间观近感和文明交往的学遵力，以布引导他们发现历史时代的方向，连续更谱、更深作布和意义。这里最主的是理省中东历史的发展脉始和其传代章，献给读者的是一幅现实

① 《马克思恩格斯选集》第1卷，第1页，人民出版社1995年版。
② 见武史论集、史料论集之间，此类新史学历论，高志论《……》1995年成。
③ 《二十世纪中东》曲……（1983）……史……以……现实意义为相思意义。

明东程要实求中的主思研索，追溯历史，俯视现今的中东一条古脉，会众合一《黄泰义谱》的首派意识的中东史。①

6）直接要求各位作者的是：

a. 在12月份（最晚是30日，不过于25日）写纲要一纲写作大纲，包括着章、节的题目及准备重点解决的问题。

b. 在着写专书时，准备的图书、照片，以备选用，写史优社。

c. 收集资料时，随时注意引用考据，注意注谱。

d. 若方便与多接，提出对全书的总体设想。

7）总之，我觉得我努力来表现以《中东史》的严谨、新颖和传统的编接，把中东研究的最新成果奉献给学界和青年。我经调文明对历史的重要性，连而要实交往对文明渐世的至若重要性。实际上，没有一种文明可以离开交往活动而存续下来，任何文明都是通过内部的和外部的交往渐融作用而显为法的。在中东值得一个传说领文、各明汇聚和极需差往特色的地方，尤其表现在代成为①世界一些主要和放、宗教，我还方面至长紫绮纲，西待联系世界亦好，②世界各浪交繸大、诸导学会领地毯，③各种文明交融对撞震相②各自区域和全球各种和趋世界，④美国那张"大中东"计划我找中东，"等等。这些出人吸引关注。我意涵望中东文明交往问题，意迷感到深入研究历史的重要性。我越来越相相，唯有注重文明交往的人类历史脉连，唯立而冷静的思考，才能对冷清而各种异想①和遗择构作的信息，才能作出主性的判断，以而在更长时空的时间和更广阔的空间度，深刻认识和全面理人的中东性以发展富裕、民主、和平和文明生活的追求。

敬请诸同志研究此问题，我还希望，并以下虚该共勉：

静夜之读书，潭如治学，提高中东学的自觉性，写好中东文明交往的活态史。③

编者：出自彭树智书稿档案彭树智5档案12里 ……
彭树智 2005年10月16日午夜前
稿毕……12.21

① 参阅《人类文明交往》……期思想脉络，第382-385页及注释以下，2004年版。
② 见书名题：《中东国家发展变化的"纲态"是"纲新"之发展特征，应有的发展远见。

关于撰写《中东史》的意见

前　　言

　　彭树智先生是中国著名的中东南亚史和世界现代史学者，全国教育系统劳动模范和"人民教师"奖章获得者，陕西省有突出贡献专家，享受政府津贴。他于1931年出生，1954年毕业于西北大学历史专业，1957年毕业于北京大学亚洲史专业研究生，同年进入西北大学历史系任教。在长达50多年的教学和研究生涯中，他不但培养了诸多弟子，而且辛勤笔耕，著作等身。

　　彭先生在学生时代就打下了良好的写作基础，并逐步形成了广泛的兴趣、宽广的知识面、开阔的视野、扎实的理论功底、敏锐的学术眼光、坚实的外语基础和刻苦求真的学风。他的研究涉及面广，包括世界近现代史、南亚历史、中东历史、国际共运史、中外关系史、史学理论、教材、教学法研究等等。在科研实践中，彭先生高度重视理论研究、学术创新和学派建设，强调科学研究的基础性与应用性的结合，注重科学研究与教学工作、教材建设和人才培养的结合。正是在此基础上，彭先生在世界史研究方面取得了突出的成就，尤其是在亚非拉民族民主运动史和文明交往论的研究方面。

　　作为大学的历史专业教师，彭先生高度重视本科生和研究生的教学，为此付出了艰辛的努力。他把自己的研究成果融入世界现代史教学中，其教案条理分明、内容新颖、具有自己的体系，深受学生好评。在课程建设方面，他强调马克思主义史学理论的学习，推动历史系开设了相关课程，讲授《路易·波拿巴的雾月十八日》、《德国农民战争》等经典著作，使马克思主义史学理论课程成为西北大学历史学专业课程体系的特色内容。在研究生培养方面，他注重学生科研生长点的培养和因材施教、百花齐放，不断探索教学的新方式，并提出博士论文作者的三层次说，培养了一批在相关学科有建树的中青年学者。另外，彭先生也十分重视教材建设，他主编的本科世界史教材达九部之多，另有两部研究生教材被教育部列为全国研究生教学用书。

除了教学科研工作，彭先生也曾多年担任历史系（后改为文博学院）系主任和中东研究所所长，在学科建设和管理方面也卓有成就。例如，他在历史系大力倡导增设多学科交叉的实用性专业，推动了传统考古学专业的转型；在中东研究所，他制定了"历史与现状相结合，以历史为重点；基础与应用相结合，以基础为重点"的办所方针，大力推动研究梯队的建设，取得了科学研究和队伍培养的双丰收。此外，彭先生还在教学科研单位的学风建设、学会工作等许多方面作出了自己的贡献。

因此，彭先生在长期的教学、科研和管理实践中，积累了丰富和宝贵的经验，值得我们认真汲取和吸收。收入本文集的文章作者多数是彭先生的弟子，也有国内世界史、中国史和中东研究领域的著名学者。谨以此书作为彭树智先生八十华诞的纪念。

编者

2010 年 9 月 30 日

目　录

书　评

学术论文

纪念文章

彭树智与世界史研究[*]

孟庆顺　　王铁铮

（中山大学教育学院教授；西北大学中东研究所教授）

彭树智先生以其对世界历史，尤其是南亚、中东近现代史的精深研究享誉我国史学界。五十多年来，他勤奋耕耘，坚持不辍，取得了令人瞩目的学术成就，共出版著作三十余部，发表论文一百八十余篇。彭树智教授是 1986 年国务院批准的博士生导师，长期担任西北大学中东研究所所长，2003 年改任名誉所长。

一

彭树智先生在一篇治学经验中曾写道："总结 30 多年求学治学生涯，我认为最根本的是学风问题。我把正确的学风概括为八个字：勤奋、严谨、求实、创新"。① 后来他在谈到科学研究时，又补充了"协作"学风。这十个字正是彭先生治学生涯的写照。

彭先生的学术成就得益于他在求学岁月的刻苦学习。1931 年 10 月 6 日，他出生在陕西省泾阳县一个农家。1950 年考入西北大学历史系。稳定的政治环境，良好的学习条件促使他如饥似渴地汲取新的知识。他

　＊ 本文根据《世界历史》1995 年第 3 期发表的《彭树智与世界近现代史研究》一文修改和补充而成。

　① 彭树智：《勤奋、严谨、求实、创新》，《育才报》1987 年 1 月 21 日。

相信，不管天资如何，只要勤奋耕耘就会有所收获。因此，他在读到清代学者赵翼《廿二史劄记》中"少小学语未能图，自道功夫半未究，到老方知非力取，三分人事七分天"一诗时，批注道："水滴石穿，绳锯木断。勤奋学习，其效自见。"正是靠这种持之以恒的精神，他完成了十五万字的大学毕业论文《印度民族解放运动史》，并顺利考进北京大学攻读亚洲史专业研究生。在三年研究生学习期间，他更加执著于科学研究，没有回过一次家，也没有游览过北京名胜。他的毕业论文七易其稿，得到周一良和季羡林两位先生的好评。

1957 年，彭树智先生被分配到西北大学任教，从此开始了他的教学、科研生涯。但在极"左"思潮盛行的情况下，开展科学研究困难重重。1960 年他对"只有无产阶级才能领导民族解放运动"的正统观点提出了不同看法，当即被扣上"修正主义"、"反毛泽东思想"的帽子而遭到批判，并被剥夺了讲课和从事科研的权利。

彭先生有一个对任何科学工作者来说都十分可贵的品质，即在任何坎坷逆境中都顽强地寻找科学研究中的"生长点"。他主张，一个史学工作者应该"自觉地选择有开拓性、上下左右能联系、有发展的"重点、难点和空白点问题，作为自己的"生长点"。[①] 在"文革"十年间，他原有的"生长点"无法再继续。他想，专业不能研究了，但马列著作还是可以读的。在阅览《马克思恩格斯全集》、《列宁全集》的过程中，他产生了研究共运史上有争议人物的念头。因此，当多数史学工作者把宝贵的青春耗费在"大批判"上时，他正在集中精力研究巴枯宁、伯恩施坦和考茨基，后来产生了他戏称为"意外收获"的重要成果：即《叛徒考茨基》、《修正主义的鼻祖——伯恩施坦》和《无政府主义之父巴枯宁》三部政治评传。

党的十一届三中全会后，科学的春天降临祖国大地。彭先生在继续研究印度史的同时，又开拓了民族主义运动和思潮及中东史等新领域，他的科研进入创造和收获的高峰期。他先后出版了《现代民族主义运动史》等重要著作及众多学术论文，并主持编写了《二十世纪中东史》等

---

① 彭树智：《漫谈当前世界现代史研究与教学》，《中国世界现代史研究会通讯》第 3 期，1986 年 11 月。

中东史系列著作，为我国南亚、中东史学科的建设作出了突出贡献。①

　　彭树智先生 1984 年担任西北大学历史系主任及 1987 年创办西北大学文博学院并任第一任院长后，极为重视教材，尤其是世界史教材的建设。他认为，高校教师应把教学、科研结合起来，"教学和科学研究，如车之两轮，为鸟之两翼，两相结合，则相得益彰；两相脱离，则两败俱伤。"而加强教材建设既是教学、科研相结合的重要途径，又是教育改革的重要环节之一。彭先生先后主持编写了《世界历史教程》和《世界史系列教程》等七种教材，满足了不同层次学生的需求。他指出，对教材应有高要求，教材"应当有唤起学生心灵志趣的要求，使之成为一种艺术品"，教材要"启发吸引"学生，要能促使学生"乐于独立思考"和"勇于创造"。他说，这"应当是我们走向未来的教育哲学"。在他看来，当代世界史研究的欠缺是我国史学界不应有的疏漏。"我们出于史学工作者的社会责任，决不能容忍在当代史的一系列重要问题上的遗忘和无知了。"② 随后他主持编纂了《当代世界史讲座》一书，产生了重大影响。③ 与此同时，他还积极参加吴于廑、齐世荣主编的六卷本《世界史》的讨论，参加了该书近代卷亚洲部分和现代卷亚非拉部分的编写，并主编了现代史编下卷，为全国世界近现代史教材建设作出了贡献。

　　彭树智先生的辛勤耕耘得到了应有的报偿。他先后 11 次荣获国家级和省级各种奖励，其中，1986 年获"全国教育系统劳动模范"称号和"人民教师奖章"，1991 年被评为陕西省有突出贡献专家，并享受政府特殊津贴。他还曾兼任中国世界现代史研究会会长、中国中东学会副会长、陕西省历史学会会长等职。

二

　　彭树智先生的学术成就集中体现在南亚中东史、民族主义运动史及

---

① 彭树智：《深化教育改革与加强教材建设》，《西北大学学报》1988 年第 2 期。
② 彭树智：《史学工作者的社会责任和当代史研究》，《史学情报》1988 年第 4 期。
③ 参见张宏毅《〈当代世界史讲座〉的启示》，《世界历史》1989 年第 6 期。

国际共运史研究上。彭先生早期从事印度近现代史研究，起初主要研究
1857 年印度反英大起义，后扩大到 1908 年独立运动及甘地研究等问题
上，先后写成《印度革命活动家提拉克》（商务印书馆 1982 年出版）
一书及一系列重要论文。他从全新的角度分析了甘地的思想，首先是从
整体性的角度探讨了甘地思想的特点。他认为，甘地的思想充满了矛盾
性、复杂性和独特性。围绕印度民族传统思想这一轴心而吸取和融会其
他众多的思想资料，鲜明地表现出甘地思想体系的独特性。从整体上
看，甘地思想体系中的哲学思想、政治思想、经济思想和社会思想构成
一个统一体。甘地主义基本上是民族资产阶级的思想体系，其主流是积
极的、进步的，但又包含着小生产者的观点和要求，渗透着宗教意识，
因而在理论上和实践上充满了矛盾性。① 其次是从甘地的"自治"思想
出发分析其国家观。他指出，甘地在理论上是国家反对者，在实践中保
留了国家的五个要素。但是，这些要素已经经过甘地"印度自治"理
论的改造。甘地国家观的最独特之处，是他的非暴力国家的高度分权的
社会结构，特别是这个机构的最广大的基层结构——小而独立的、自给
自足的村社治理思想。② 再次是从甘地的道德观研究其农村经济思想。
甘地力图以人道主义的道德观为中心，建立一个用爱和善取代仇恨的新
社会。彭先生认为，他以农村经济为模式而展开的对未来社会的道德化
批判，是善良的，而实际上是空想的。但是，甘地把生产型的人和道德
型的人融为一体的设想，表明了重视人的价值和消除对人的奴役、实现
人的自身解放的愿望，也包含对人的自我实现和对人的个性的重视。③
这些思想独特而新颖，表现出作者在甘地研究方面的最新成果。

　　中东现代史是彭树智先生 20 世纪 80 年代以来的重点研究课题。他
的研究范围涉及中东主要国家，著有《阿富汗三次抗英战争》（商务印
书馆 1982 年出版）等多种著作，但中心问题是中东国家的现代化改
革及民族主义思想体系。他在研究土耳其现代史时一反旧说，认为凯末尔
领导了土耳其的反帝革命和民主改革，他是一个为土耳其民族独立和社

---

① 彭树智：《甘地思想的整体性和独特性》，《历史研究》1985 年第 5 期。
② 彭树智：《甘地的印度自治思想及其国家观》，《史学集刊》1989 年第 1 期。
③ 彭树智：《甘地的农村经济思想及其道德观》，《南亚研究》1989 年第 2 期。

会发展作出了杰出贡献的伟大人物。作为土耳其民族资产阶级的思想体系，凯末尔主义的主流和基本内容顺应了土耳其历史前进的方向，因而是进步的、反帝的、反封建的、洋溢着进取精神的思想体系。[①] 对青年阿富汗派的理论和实践，彭先生也做了高度评价，并指出，它的基本思想是反帝的民族主义，它领导的独立战争和现代化改革，对争取和巩固国家独立、发展经济和文化事业都是必要的，成为阿富汗向资本主义过渡的出发点。[②] 阿拉伯民族主义源远流长，影响重大。彭先生认为，在阿拉伯民族主义思想发展轨迹曲线上，政治中轴无疑是阿拉伯民族的独立运动，而其理论核心则是民族国家问题，其发展总趋势是建立阿拉伯世界的民族主义国家体系。[③] 上述研究成为开拓之作，或深化了原有研究，总之使国内的中东现代史研究跃上一个新台阶。

另一方面，彭树智先生特别重视中东史学科的建设。长期以来，在中东史领域，国内只有一套内容较旧、观点不尽客观的国外中东史译本，我国学者撰写的著作极少。彭先生力主改变这种状况。进入 20 世纪 90 年代以后，他主编的中东史系列著作陆续问世，即《中东国家和中东问题》（河南大学出版社 1991 年版）、《阿拉伯国家简史》（福建人民出版社 1991 年版）、《二十世纪中东史》（高等教育出版社 1992 年版）和《阿富汗史》（陕西旅游出版社 1993 年版）。这些著作体现了彭先生的指导思想，表现出下述特点：一是注重历史的综合。如《二十世纪中东史》主要"反映中东地区 20 世纪密切联系的整体发展过程和历史综合的特点"（绪论第 2—3 页）。《阿拉伯国家简史》则"力图说明阿拉伯民族怎样由原始的、闭塞的、各个分散的人群，逐渐发展为彼此联系的、综合的和整体的阿拉伯世界"（序言第 1 页）。二是密切联系现实。《阿富汗史》、《中东国家和中东问题》均写到 90 年代初期。三是广泛吸取国内外的最新研究成果。《二十世纪中东史》和《阿富汗史》尤其表现出这一点。四是对中东史的特点、分期等众多问题提出自己的看法，还探讨了城市化、社会生活、社会思想等往往被人们忽视的领域。

---

① 彭树智：《凯末尔和凯末尔主义》，《历史研究》1981 年第 5 期。
② 彭树智：《青年阿富汗派的历史作用》，《历史研究》1983 年第 4 期。
③ 彭树智：《阿拉伯民族主义思潮的发展轨迹》，《世界历史》1992 年第 3 期，《新华文摘》1992 年第 9 期转载。

　　在深入研究南亚、中东史与其他历史问题的基础上，彭树智先生创建了现代民族主义运动史的理论体系。这主要体现在《现代民族主义运动史》（西北大学出版社 1987 年版）和《东方民族主义思潮》（西北大学出版社 1992 年版）两书中。前一部著作摆脱了"民族解放运动史"的模式、创立了民族主义思想体系、政治运动与改革运动三大部分相互联系的新体系。作者不拘泥于原有结论，用类型分析法归纳出民族主义运动的五种领导形态，即除了以往肯定的无产阶级之外，还有民族资产阶级、小资产阶级、爱国封建王公和部落酋长；并用大量篇幅论述了亚非拉各国的现代化改革运动，拓宽了民族主义运动史的研究领域。该书因方法新颖、内容深刻而受到国内学术界的好评。[1]　彭先生在《东方民族主义思潮》一书中，从东方政治文化的角度，集中探讨了东亚、南亚、东南亚及中东地区的民族主义思潮。他认为，从 1905 年开始，东方像西方一样也走向建立民族国家的历史趋势，最终在 20 世纪 60 年代建立了东方民族主义的国家体系。因此，东方民族主义的兴起是具有世界历史意义的现象。该书深入研究了东方民族主义思想体系的来源、内容和特点及其实践中的经验、教训，对一系列重大问题提出了自己的独到见解，反映了作者研究的深度。

　　在彭树智先生早期的学术成果中，对国际共运史有争议人物的研究占有重要地位。在这一领域，彭先生发表了大量论著，其中最具代表性的是《修正主义的鼻祖——伯恩施坦》（陕西人民出版社 1982 年版）和《无政府主义之父巴枯宁》（陕西人民出版社 1988 年版）两部专著。《伯恩施坦》一书是我国学者撰写的第一部有关伯恩施坦的传记。它在系统研究伯恩施坦的理论与实践的过程中，首先肯定了伯恩施坦的马克思主义阶段，纠正了多年来对伯恩斯坦完全否定的倾向。彭先生抱病完成的《巴枯宁》一书，资料丰富，分析深刻，全面揭示了巴枯宁由民主主义演变为无政府主义的复杂过程，多侧面概括了巴枯宁思想和政治活动的特征。评论者认为该书"突破了以往研究世界近代史的旧框架"，是"深入研究国际共产主义运动中有争议人物的一大突破"，也

---

　　[1]　参见王春良《〈现代民族主义运动史〉评介》，《世界历史》1989 年第 1 期；延艺云：《新思路，大视野》，《史学月刊》1989 年第 3 期。

是对"巴枯宁学"研究和第一国际史研究的新贡献。①

三

彭树智先生的显著成就同他正确的学风密不可分。他总结说:"从求学治学的角度来看,勤奋是基础,严谨是要求,求实是原则,创新是方向。这种学风贯穿着三种基本精神:献身、科学和进取精神。"② 他在解释当代科学社会化趋势和整体化发展的特点时,把协作精神升华为"大力协同攻关"的思想。这种学风和精神形成彭先生学术研究的原动力,而他的下述治学特点,则使他的研究达到一定的高度和深度。

首先,是重视理论思维。他曾在一篇文章中谈道,"我觉得从事历史科学的任何一个专业,都必须有历史哲学的修养",只有这样才能具备"广博和深远的历史洞察力"。③ 这种洞察力表现在选择课题方面,即为"科学的鉴赏力",也就是选择值得深入研究、具有发展前途的研究方向与课题的冷静分析与辨别能力。④ 彭先生长期讲授《马克思主义史学名著》课程,从事国际共运史研究,从马克思主义理论中获益匪浅。在《马克思对世界史研究的贡献》一文中,他系统总结了马克思运用其理论研究世界历史的经验和成果。⑤ 他借鉴恩格斯对"当前的活的历史"的分析,将当代世界历史分为由高到低的三种递进层次,即最早稳定下来的当代人类社会经历——新型历史、刚稳定下来不久的当代人类社会经历——最新型历史及最不稳定的和正在形成的当代人类社会经历——现状历史型,⑥ 反映了他对当代世界史的理论思索。

其次,注重整体分析。他认为,历史研究的整体观即可反映近代以来人物与历史密不可分的现实,又可避免孤立、片面的错误。他对甘地

---

① 管敬绪:《我国研究社会思潮的新成果》,《中国社会科学》1990 年第 4 期;汤润千:《科学立论,旗帜鲜明》,《西北大学学报》1990 年第 3 期。

② 彭树智:《勤奋、严谨、求实、创新》。

③ 彭树智:《历史科学的发展与历史哲学的创新》,《人文杂志》1988 年第 1 期。

④ 参见彭树智:《东方民族主义思潮》,西北大学出版社 1992 年版,第 1—2 页。

⑤ 彭树智:《马克思对世界史研究的贡献》,《世界历史》1990 年第 5 期,《新华文摘》1991 年第 1 期转载。

⑥ 彭树智:《当代世界史研究的几个问题》,《史学月刊》1988 年第 3 期。

主义等重要问题进行了整体研究，取得了显著效果。如《从伊斯兰改革主义到阿拉伯民族主义》一文从中东全局纵览了伊斯兰改革主义与阿拉伯民族主义的关系。文章认为，阿拉伯民族主义作为一种地区政治文化，在思想渊源上同伊斯兰改革主义相交融而生，在政治背景上应阿拉伯统一运动之运而发，在经济基础上伴同民族经济的成长而成长，在文化上随着现代化与传统的矛盾的发展而发展。近代伊斯兰改革主义构成阿拉伯民族主义的重要源头和出发点。① 整体的综合分析使该文全面、系统、立论深远。

再次，强调中外历史的结合。在《现代民族主义运动史》等书中，彭树智先生用大量篇幅论述了中国民族主义与其他东方国家民族主义代表人物的相互联系和影响。他主编的《二十世纪中东史》和《阿富汗史》都有专门章节论述与中国的关系。他的《〈民报〉与印度的独立运动》（《南亚研究》1982 年第 1 期）一文，在发掘大量原始史料的基础上，评述了中国同盟会机关刊物《民报》在支持印度独立运动方面的重要作用。《孙中山与亚洲民族主义思潮》（《西北大学学报》1987 年第 2 期）则把孙中山的民族主义在亚洲这一大环境中予以考察，认为孙中山作为三民主义思想体系的创立者，比之于同一时期亚洲其他民族主义思想家，具有更广阔的视野、更深刻的历史洞察力和"与时共进"的追求真理和服从真理的进取精神。这一结论是在比较研究的基础上作出的，因而更具有说服力。

最后，尽量吸取一切新方法，并在实践中加以运用。彭树智先生心胸开阔，思维敏捷，随时吸收、积累新知识是他的一个显著特点。他指出："应当学习一切有用的理论和方法，包括西方的理论和方法。"② 他把新方法运用于自己的研究工作中。比如，他用类型分析法按地域特征将两次大战之间的亚非拉改革运动分为中东地域性、北非地域性、拉美墨西哥型三种类型；将亚非拉民族主义思潮分为革命民主型、宗教道德

---

① 彭树智：《从伊斯兰改革主义到阿拉伯民族主义》，《历史研究》1991 年第 3 期。

② 彭树智：《漫谈当前世界现代史研究与教学》，《中国世界现代史研究会通讯》第 3 期，1986 年 11 月。

哲学型、世俗改革型、综合型等类型进行分析。[①] 他还从南亚文化圈中的地域民族心理探讨了甘地的"人格神"主宰等理论；用比较研究方法分析东方各种民族主义思潮的不同特点；用层次分析法揭示了纳赛尔从埃及民族主义到阿拉伯民族主义再到阿拉伯社会主义层层深化的思想历程。[②] 在《二十世纪中东史》等书中，他借鉴西方社会史的研究方法，增添了社会生活史等新内容。

四

　　彭树智先生的治学之路始终贯穿着一种不断开拓和创新的执著追求的精神。多年来，彭先生主要致力于世界史的研究。同时，他也不断向新的研究领域延伸与扩展。

　　自 20 世纪 90 年代以来，伴随全球化趋势的加强和我国新时期改革开放政策的深入发展，彭先生开始综合古代世界文明的发展来思考和研究人类社会的"历史交往"问题。1994 年，他先后发表了三篇具有代表性的成果：《一个游牧民族的兴亡——古代塞人在中亚和南亚的历史交往》、《阿富汗与古代东西方文化交往》和《伊朗和中国古代物质文明的西传》。这些研究成果根据马克思主义的唯物史观，对"历史交往"的内涵、类型、形式、分期及其作用进行新的探索与归纳。彭先生认为，"交往"是一个专门的哲学概念。可谓"交往"是"人类主体之间的相互沟通、相互理解、相互交流和相互作用，它是人类存在的基本方式和发展的基本活动"。"它同人们对客体的物质生产活动共同组成了人类历史不可缺少的两个方面。"同时，他还指出，应把"交往"作为世界史横向发展的联系线索，"把交往活动和生产活动的发展结合起来，把交往和交换综合观察，就会更全面地反映人类社会发展的客观面貌。交往既包括物质交往，也包括精神交往。物质交往，首先是人们在生产过程中的交往，这是精神交往的基础。从某种程度上说，人类历

[①]　彭树智：《两次世界大战之间亚非拉民族民主运动的类型分析》，《世界历史》1982 年第 3 期。

[②]　彭树智：《纳赛尔与阿拉伯世界》，《学术界》1988 年第 5 期。

史就是一部不断打开闭塞状态，走向世界普遍联系的交往史"。①

　　彭先生提出的上述见解基于客观而缜密的思考。特别是从研究方法上看，他没有停留在一般单纯的理论阐发上，而是密切结合历史事实，进行具体的剖析，从而得出相应的结论。例如，《古代塞人在中亚和南亚的历史交往》一文，通过远古游牧民族塞人的兴亡过程，分析了人类历史交往的第一时期，即原始交往和自然经济农耕文明的传统交往时期，并进而引申出人类历史交往的五个发展时期。文章指出，"塞人的历史交往使它扮演了双重的历史角色；它既是早期游牧民族对农耕世界的侵袭者和劫掠者；又是这两个世界文化交流的使者和早期东西方交通的开拓者。塞人的活动是古代世界历史交往的缩影"。②

　　如果说上述分析是从宏观上考察"历史交往"，那么，在《阿富汗与古代东西方文化交往》、《伊朗和中国古代物质文明的西传》二文，则以阿富汗和伊朗作为具体的模型，从微观上进一步开掘了"历史交往"活动的形式和内容。例如，后一篇文章中认为古代历史交往中，商业交往重于战争交往，并分析了中国传统医学是"以自己的文化与特点在历史交往过程中走向世界的"。③

　　彭先生对于他所选择的任何课题的研究都注重开拓性、系统性。他对"历史交往"问题的研究尤其如此。1994 年，他接连发表有关历史交往问题的系列论文后，又进一步从古代宗教与丝绸之路、近代新航路、工业革命、当代新科技和世纪之交的统一性与多样性交织的新世界等方面，持续不断地对历史交往问题进行多层次、多视角的深入探讨。他试图通过对这种贯通古今、承前启后的比较研究来重新评估和界定历史交往活动在整个人类历史进程中的地位和意义，从而揭示人类社会发展与历史交往活动之间的内在关系及其本质。

　　2002 年，彭先生关于历史交往研究的代表作《文明交往论》一书由陕西人民出版社出版。该书比较全面地反映了彭先生关于文明交往研究的基本观点和理论框架。彭先生在该书的自序中写道："我在把交往

　　① 彭树智：《阿富汗与古代东西方文化交往》，《历史研究》1994 年第 2 期。
　　② 彭树智：《一个游牧民族的兴亡——古代塞人在中亚和南亚的历史交往》，《西北大学学报》1994 年第 1 期。
　　③ 彭树智：《伊朗和中国古代物质文明的西传》，《中东研究》1994 年第 2 期。

和生产都作为人类相互联系的基本实践活动的思考过程中，由哲学上的交往问题，逐步进入到历史学的交往问题，以后又从历史学的交往问题进入到文明交往问题。近 15 年中，我为此多次探索寻觅，或给研究生讲课、或分析史例个案、或撰述著作、或为序评、或笔记摘评，都未离开交往这个主题。直到 2001 年，我在《史学理论研究》第 1 期发表《论人类的文明交往》一文，才算初步理出一些理论脉络。"彭先生认为，人类文明交往的基础，是人类的生产实践活动，而生产实践活动的前提，是人类的社会交往，即社会关系或联系。人类文明交往的基本内容是：物质文明、精神文明、制度文明和生态文明。文明的生命在交往，交往的价值在文明，文明的真谛在于文明所包含的人文精神本质。文明与交往的互依互存是由一系列不确定的因素组成的复杂过程。文明脱离了交往，便会衰亡，交往离开了文明，便会走向野蛮，只有文明交往才是人类历史、现实和未来的关键问题。文明交往是人类社会发展的动力。[①] 彭先生在书中形象地分析了文明交往与生产力的关系，他写道："文明交往形成的交往力，同生产力相互作用，分别组成了人类社会发展进程中的横线和纵线，彼此交叉璧联，织成了色彩斑斓的多样性历史画卷。不同国家、不同民族、不同文明之间的交往，不同性质的文明与野蛮之间的矛盾交往运动，与不同国家、不同民族、不同水平的生产力和生产关系之间的矛盾一起，推动着历史的前进。"[②] 另一方面，对于文明交往的意义，彭先生认为，它不但表现于交往的内容和形式在新陈代谢中由低级向高级演进、由野蛮状态向文明化上升；而且也使历史交往由地域的、民族的交往，走向世界性的普遍交往，使历史逐步转变为整体性的全世界历史。所谓"世界历史"是指人类在交往中不断跨越空间的自然障碍和政治制度、文化传统等方面的社会障碍，在全球范围内逐步实现充分沟通和达成更多共识与共同的结果。文明交往的每一个进展，都包含着全球性的发展趋势。这种趋势是人类活动范围随着交往扩大的表现。这种趋势在 16 世纪加快了发展步伐，逐渐形成为当

---

① 彭树智：《论人类的文明交往》，载《文明交往论》，陕西人民出版社 2002 年版，第 3 页。

② 同上书，第 5 页。

今的全球化交往。①

　　彭先生对于文明交往论研究的另一个突出特点是，他还将文明交往论引入到中东史的研究实践中，并以文明交往论来统领和深化中东史著作的撰述。自 1998 年以来，他先后主持了由商务印书馆出版的 13 卷本《中东国家通史》，即《中东国家通史·阿富汗卷》（2000 年版）、《中东国家通史·沙特阿拉伯卷》（2000 年版）、《中东国家通史·以色列卷》（2001 年版）、《中东国家通史·巴勒斯坦卷》（2002 年版）、《中东国家通史·伊拉克卷》（2002 年版）、《中东国家通史·伊朗卷》（2002 年版）、《中东国家通史·土耳其卷》（2002 年版）、《中东国家通史·叙利亚和黎巴嫩卷》（2003 年版）、《中东国家通史·埃及卷》（2003 年版）、《中东国家通史·也门卷》（2004 年版）、《中东国家通史·约旦卷》（2005 年版）、《中东国家通史·塞浦路斯卷》（2005 年版）和《中东国家通史·海湾五国卷》（2007 年版）。同时他还主持了由高等教育出版社修订和重新出版的《二十世纪中东史》（2001 年版）和《阿拉伯国家史》（2002 年版），以及由人民出版社出版的《中东史》（2010 年版）。这批中东史研究的系列著作无不贯穿了一条文明交往论的理论线索，并以此体现着开拓和创新的学术个性。

　　彭先生对文明交往论的探索及其以文明交往为理论指导主持完成的系列中东史著作在学术界已产生广泛的影响。《世界历史》2008 年第 5 期发表的《文明交往语境下中东史学术体系的构建——〈中东国家通史〉读后》一文认为："《中东国家通史》立足学术前沿，探求'自得之见'，在学术创新方面颇有建树，反映了目前国内中东国家通史研究的最高水平。"2009 年，《中东国家通史》荣获中国高等学校人文社科优秀成果二等奖。另一方面，《二十世纪中东史》和《阿拉伯国家史》两部著作先后被国务院学位办学科评议组审定为研究生教学用书。此后，《二十世纪中东史》获 2004 年陕西省社科优秀成果一等奖；《阿拉伯国家史》获 2005 年教育部国家级优秀教学成果二等奖。尽管彭先生对文明交往论的研究已结硕果，但他对文明交往论的深层探索并未停步。2005 年他的《松榆斋百记：人类文明交往散论》（西北大学出版社

---

① 彭树智：《论人类的文明交往》，载《文明交往论》，第 7 页。

2005 年版）问世。该书主要以读书笔记的方式从更广阔的视阈来进一步充实和深化对文明交往论的研究，彰显了先生孜孜不倦的治学和攀登精神。

此外，彭先生在着力对文明交往问题进行研究的同时，他还作为学科带头人和首席专家，承担着国家社科基金重大课题"当代中东局势发展及我国的战略对策研究"的指导和撰写任务。该课题将对中东地区的民族冲突与宗教问题、大国与中东关系、中东石油与石油供应安全、中东国家的现代化、全球化与中东社会思潮等问题进行深入的研究和探讨，并将提出一些新的见解。它的完成将对我国进一步发展同中东国家的友好关系，促进双方的政治、经济和文化等方面的交往发挥积极作用。同时，它也将对我国处理和解决好西北穆斯林聚居区的社会经济发展，反对"三股"极端势力和维护安定团结提供有益的借鉴。

彭先生很欣赏清代学者钱大昕在《十驾斋养心灵》中引用张之厚的《咏芭蕉诗》："芭蕉心尽展新枝，新卷新心暗已随。愿学新心养心德，长随新叶起新知。"① 现在他虽年近八旬，仍在勤奋笔耕，追求新知。他经常说，学者不可追求时尚趋新，不为失去原则而媚新，但一定要有科学的求新与创新意识，应当为解决现实问题而从事认真的学术研究，把研究问题切实与科学精神相结合，不断开辟学术研究的新天地。这就是他可贵的求真知、求真理的治学品格。

---

① 彭树智：《东方民族主义思潮》，第 19 页。

跟随彭先生探索未知的世界

黄民兴

（西北大学中东研究所教授）

彭树智先生八十华诞将临，而自己曾三度师从先生，1984年研究生毕业后，先留在历史系、后到中东研究所工作，都在先生的身边，并且是先生的第一届博士生。因此，我希望写一些心得于此，以资参考，并期指正。

一　三度师生情谊

我的中学时代正值"文革"期间，1976年我高中毕业后到陕西省大荔县插队。在学校期间，自己对各种自然科学和人文知识很感兴趣，但高考时最终选择了历史专业。1978年2月，我作为恢复高考后第一届大学生进入西北大学历史专业学习。

事实上，在选择本科志愿时，自己并不清楚历史专业是搞什么的，入校以后才开始逐渐了解：历史专业并不是讲故事的，史学工作者的任务是从事学术研究。20世纪70年代末正值改革开放的启动时期，加之七七、七八、七九三个年级汇聚了大批阅历、学识都很丰富的老三届毕业生，我们对各种新鲜知识充满新奇和渴望，随时准备汲取。

入校之初，我并不认识彭先生，只是知道班上有一位比我小一岁的彭姓同学，他的父亲是系里的老师，从事世界史教学。实际上，他的父亲就是彭先生。彭先生教授的世界现代史是三年级的课，我们的这门课由文暖根老师讲授。他比彭先生年长一些，当时是历史系副主任，而彭先生是世界史教研室主任。不过，文老师让彭先生讲一次大战后的民族解放运动史，使我们有机会第一次聆听彭先生的课。当时彭先生身体显得有些虚弱（那几年他的胃不太好），坐在椅子上讲。他的课涉及一战后阿富汗的独立战争和现代化改革，内容新颖，引人入胜，且条理分明，令人印象深刻。下课回到宿舍后，最年长的单雨森同学评论说："果然是名家，讲得就是好！"后来，自己给彭先生提交的课堂作业就是以印度的不合作运动为题，这是彭先生第一次批改自己的作业。

在大学学习期间，自己最终选择了世界史而不是中国史作为发展方向。因为在中学里我从未接触过世界史，后者丰富而新奇的内容令人着迷，自己过硬的英语也成为一项有利条件。为期三年的基础课结束后，我们开始上选修课，自己选了所有的世界史选修课，其中有彭先生开的"巴枯宁研究"。然而，彭先生在课堂上发的他从俄文翻译过来的巴枯宁的《忏悔录》油印本，我却没能抢到手，至今引为憾事。尽管如此，先生在讲课中表现出的对学术研究的认真执著和精深水平，仍然令人难忘。只是因为我对国际共运史实在了解不多，最后没有写作业，只是交了重新誊抄的课堂笔记了事。

我在大学里广泛阅读了世界史、中国史、世界经济、哲学、历史人物、军事史等方面的书籍，并选修了经济地理、自然科学常识等课程。当时自己认为，有关社会主义国家和发达的资本主义国家的研究已经较为完善，而独立较晚的第三世界国家则存在许多研究的空白，由此确定亚非拉国家为未来着力的方向。因此，在亚非拉民族主义史的研究方面声誉卓著、成果丰硕的彭树智先生自然成为我向往的导师。然而，考虑到他只招一名研究生，自己又没有绝对把握，便准备报考从事中世纪史研究的周祯祥老师的硕士生，毕业论文写的也是拉丁美洲早期近代史方面的内容。

出人意料的是，周老师这一年不招生，我只有孤注一掷，与同班同学孟庆顺一起报考彭先生的世界近现代史专业硕士生。庆顺小我三岁，是班上同学里最年轻的，但思维敏捷，写作能力强，只是英语稍逊于我。而且报名的还有外校的学生，显然前景不可预料。然而，最终的结果是皆大欢喜，由于我们两人的成绩名列前茅，因此名额扩大为两个，我们才得以双双被录取。公布结果之后，我们第一次走进彭先生的家，他认真询问了两人的研究旨趣，根据个人喜好分别确定了我们的研究方向：国际共运史（庆顺）和民运史（我），这正好是他自己的两个方向。

建于 1964 年的西北大学中东研究所是国内最早建立的国际问题研究机构之一，拥有大量的外文资料，而彭先生的研究也正在从南亚向中东转移，自然，中东史成为我的研究方向，自己从此走上了阿拉伯—伊斯兰研究的漫漫长路。自己的硕士毕业论文是有关 1953—1963 年达乌德首相执政期间阿富汗的经济、社会与外交。同时，由于国际共运史的研究存在诸多限制，彭先生要求庆顺也转向民运史研究。他的毕业论文是 18 世纪阿富汗的开国君主阿赫美德研究。由于彭先生此前已开始研究阿富汗的近现代史，相关著作和论文相继发表，而国内当时几乎无人从事这一领域的研究，这意味着西北大学的阿富汗史研究已处于国内领先地位。

我和庆顺是彭先生的第二届硕士生。虽然两人的研究方向不同，但我们都必须学习有关国际共运史和民运史的课程。我们当时曾经到历史专业三年级的班上听彭先生上关于布哈林的课，并购买了两卷本的《布哈林选集》，写了有关作业。以后彭先生的研究生，就不再上国际共运史的课了。但我感觉到共运史对我了解民运史是有帮助的，正如彭先生所说，这两大运动存在着内在联系，因为经典作家是从国际共运的角度理解民族解放运动并构建他们的相关理论的。

1984 年年底，我和庆顺硕士研究生毕业，双双留系任教，从事世界现代史教学。其时，现代史的教师阵容是世界断代史里最为强大的。1986 年，西北大学申请的世界地区史、国别史（南亚中东史）专业的博士点获得国家批准。当时，讨论审批事宜的著名学者、首都师范大学的齐世荣教授建议，把博士点的专业名称由原先申请的"世界近现代史"改为"世界地区史、国别史（南亚中东史）"，因为前一专业在国内已经存在，而后者则是空白。这样，西北大学就成为国内第一家中东研究领域的博士授权点，这一地位一直延续到 2000 年。①

①　20 世纪 90 年代后期，国家决定修改学科目录，在历史学中取消了作为二级学科的世界地区史、国别史，而将所有的世界史相关学科合并为"世界史"二级学科。2000 年，同样以中东研究见长的云南大学获得了世界史博士点，可以授予中东史领域的博士学位。以后，其他学校和科研机构也陆续获得类似授权，目前国内共有 7 家大学和科研机构培养中东研究领域的博士研究生。

因此，我和庆顺决定继续深造，并于 1987 年以在职教师身份成功地考上了本校的世界地区史、国别史专业的第一届博士生，同时考上的还有西北大学本科毕业、云南大学硕士毕业的张润民。我和庆顺因而三度成为彭先生的弟子。1991 年夏，我和庆顺进行了博士学位的答辩，有幸成为中国第一批中东研究的博士研究生。[①]

1992 年夏，彭先生担任文博学院院长任满，成为中东所全职所长（他于 1987 年兼任此职），文博学院南亚中东研究室（博士点）也迁入中东所。尽管在文博学院收入更高一些（学院有创收），但我和庆顺还是决定一起去中东所，以便全身心地投入中东研究。

二　彭先生的教学之法

彭先生在培养学生方面很有一套办法，下面主要根据自己的体会作一概略的总结：

第一，强调培养学生的科研意识。彭先生非常强调科研对史学工作者的重要意义，而研究生只有通过科研才能不断提高自己的研究水平，为以后撰写学位论文做好准备，从长远看则是为自己的学术生涯奠定基础。在这方面，他特别重视科研的创新性，不唯权威、洋人、名校是从，强调有"自得之见"，形成中国学者自己的研究方法和理论，并且身体力行。

我们在做硕士和博士研究生时，学校当时不要求在所谓的权威、核心和重要期刊上发表论文，但彭先生十分重视学生的科研实践和参加学术交流活动。在读博士学位期间，我们三人参加了彭先生主持的国家社科基金项目"中东近现代史研究"。当时，彭先生决定该项目完全由我们具体承担，他自己只撰写前言和后记，我们的具体分工是庆顺负责第二次世界大战以前的历史，润民负责二战史和国际关系史，我负责战后的经济、社会和思想文化。这本书最后顺利完成并由高等教育出版社出版，在国内业界获得良好声望，并于 2001 年被教育部确定为全国研究生教学用书，再次修订出版。彭先生后来在谈及这一经历时说："我从

---

① 令人遗憾的是，润民在读博士学位期间因故去世，未能完成学业。

培养工作一开始，就紧密把它同学科建设工作结合起来，把博士研究生引入建设计划。在课程安排上，组织他们参加我承担的国家社会科学基金项目《二十世纪中东史》，用研讨的方法，从原始资料着手，酝酿论点，制订提纲，确定重点专题，以提高他们的基础知识和科研能力。……三名博士生既从中受到了一次科学研究基本功的系统训练，又为他们撰写博士学位论文打好较好的基础和准备了条件。就他们承担本书的有些章节的水平看，已经不下于国外博士研究生论文的水平了。"①

在我们之后，彭先生逐步提出了博士生必须在学习期间发表五篇学术论文的要求。实事求是地说，入学的博士生水平参差不齐，个别科研能力稍弱的学生能否完成这一任务，其实是没有把握的。然而从后来的情况看，许多学生都比较顺利地完成了任务，一些人的科研能力因此有了明显提高。

第二，重视科研基本功训练，尤其是硕士生。这既包括阅读基本书籍和了解学术动态，也包括写作、外语和理论学习。

在我们上硕士研究生之初，彭先生要求我们通读马、恩、列、斯、毛的选集，以及经典作家有关民族和殖民地问题的著作。在一两年的时间里，自己比较认真地阅读了这些著作，并作了一些摘要，从中受益匪浅。例如，阅读毛泽东的《论联合政府》、《新民主主义论》等著作使我对毛泽东有关民族解放运动的理论和一些历史问题有了新的认识。我还读了西方、前苏联和中国学者有关民族民主运动史的基本著作和译著。此外，彭先生也要求我们作国内有关的研究动态的论文索引，自己为此作了中东研究所有关中东国家史的英文书籍、权威期刊有关中东研究的论文索引等，这样既掌握了国内外的研究动态，也熟悉了编辑资料索引的方法。

写作是文科学生的基础，而彭先生的写作功底很好。在考上硕士生后，我曾把自认为比较满意的本科毕业论文交给他看，但他只说了一句话："像是教科书。"直到多年后我才明白这句话的含义，就是缺乏问

---

① 彭树智：《做好博士研究生指导工作的关键在哪里？》，载《书路鸿踪录》，三秦出版社 2004 年版，第 660 页。

题意识。我们上硕士生的所有课程都是他亲自教授，作业也是他改。记得有一次，我在假期里多写了一篇作业，交给他批改，他很高兴。读博士以后的 1989 年 4 月，我们去听他给中东所第一届硕士生上的写作讲座课。最近几年，我每年给研究生上写作讲座课，讲稿依据的就是此次讲座的笔记，当然也作了大量增补和个案分析。

外语是世界史和国际关系研究必要的工具。彭先生的英语和俄语很好，他用来提高学生外语水平的利器就是翻译专业资料。我们被招为硕士生后，他就交给我们每人一本英文书，我的是美国学者杜普雷写的百科全书式的《阿富汗》。从此，我有空就在宿舍里闷头翻译，大约一年时间里，将书中有关阿富汗通史的内容全部译完，约 40 万字。之后，我按照彭先生的要求，把其中的现代部分校对后与翻译的另一部阿富汗纪行合为一本书，共 29 万字，作为系里本科生的世界现代史系列课外读物油印出版。经过这样的强化训练，我觉得自己的翻译水平有了明显提高，对所译著作的内容也做到了然于胸。

在我们读研期间，学校要求所有研究生学习第二外语，我便选择了法语，并且经过努力学习初步掌握了这门语言，在写毕业论文时翻译了一本有关阿富汗地理的法文著作的大半并使用了其中的不少内容。博士生期间，我们又学习了一年半的阿拉伯语。在我们开始博士生学习之前，中东研究所招收了一届回族大专班，其学习的外语就是阿拉伯语。当时中东研究所的几乎所有年轻人都跟着学，包括资料员在内，我就是从资料员汪蜀君那里知道“七上八下”的（阿语数字七与八的写法相似，但七的开口在上，八的开口在下）。彭先生提出，学习中东史的博士生必须学习阿拉伯语，因此所里为我们专门安排了教师上课。可惜的是，自己的阿语学习时间太短，无法使用。而西北大学后来也逐渐取消了对硕士生和博士生学习第二外语课程的要求。

理论学习也是十分重要的。彭先生自己在科研工作中非常重视理论方法，他对国际共运史中有争议的人物采取两分法，在民族民主运动史的研究中从领导权的类型划分确立研究体系，在东方民族主义思潮的研究中从地域特点确立类型体系，强调中东传统文化与现代化的关系，等等，并且他在研究生教学中把自己的心得传授给了学生，从而对他们的学术领域和研究方法产生了直接影响。从 20 世纪 80 年代后期开始，他又着手对文明交往理论展开研究，中东研究所有许多学生的学位论文都自觉地采用这一理论分析历史和现实问题，在国内学术界产生了一定影响。

第三，注重培养个人的科研生长点。彭先生在上大学时，西北大学校长侯外庐先生曾在一次报告中说，从事科研必须有一个生长点，而大学时代就应当找到生长点。这对彭先生的影响很大，他便把印度史确定为自己的生长点。此后，他也非常重视培养学生的科研生长点，认为"科研生长点属科研人员的长远发展方向"，"生长点必须在硕士研究生阶段确定，并在加强科研意识、训练科研基本功的同时，初步体现为系列的科研成果。"①

在培养学生科研生长点的具体实践中，彭先生尤其注重以下几个方面：

（1）鼓励学生勇于探索，"方法上要宏观与微观相结合，做到'眼在远处，手在近处'"。②记得在写《二十世纪中东史》时，彭先生提出让我写有关中东民族主义的内容，当时我并没有十分把握，尽管很有兴趣。但最终，我还是完成了有关凯末尔主义、巴列维的民族主义、纳赛尔主义、阿拉伯复兴主义等方面内容的撰写，并且基本满意。此后，中东的民族主义逐渐成为自己的一个研究方向，迄今已发表有关民族主义和民族国家构建的论文 14 篇。

（2）主张学贵一专。这是生长点的内在要求。例如，彭先生经常强调研究的连贯性，主张硕士和博士阶段学习的延续性，这既表现在学科方面，也表现在学位论文的选题衔接上。同时，这也是一种科学的敬业精神，"学贵一专，学贵自得，选准一个科研生长点，锲而不舍，伴以勤耕岁月，必有所成"。③

（3）强调"因材施教"和"百花齐放"。即生长点发展的个性和开放性。彭先生在谈及培养博士生的经验时说："博士研究生比硕士研究生更为成熟，他们在年龄、学历、爱好、气质和专长等方面，都已形

---

① 彭树智：《〈沙特阿拉伯的国家与政治〉序》，载《书路鸿踪录》，第 320 页。
② 同上书，第 322 页。
③ 同上。

成雏形并向定型方向发展，有的人已经在某些方面定型化。导师的任务就在于区别其特点而在研究方向上加以恰如其分地引导，帮助他们在各自的基础上发现、确定在科学研究方面带有长远性的'生长点'。"① 与此相一致的是，在培养研究生当中，彭先生并没有强行要求学生进入自己的研究领域，而是鼓励学生树立"青出于蓝而胜于蓝"的观念，培养不囿旧说、勇于创新的意识。

（4）主张把学位论文的选题与学生的本职工作联系起来，从而更好地使科研为实际工作服务。博士生有一个特点，就是其中多数人属于在职生，从事教学、科研或行政工作，而上述思路就是针对这一现象设计的。例如，中东研究所有一位来自民政部门的博士生，他根据彭先生的建议最终选择了中东历史上的灾难与生态文明的题目，这样既与工作有联系，又开拓了中东史研究的新领域，论文的写作取得了成功。还有一位长期在理工科大学从事马列基础课教学的在职博士生，最终把阿富汗公民社会的研究作为他的选题。

三　彭先生的教学科研管理之道

从 20 世纪 80 年代中期开始，彭先生先后担任历史系主任（后任新成立的文博学院院长）和中东研究所所长，积累了丰富的行政经验，尤其是在如何加强高校院系和科研单位的教学和科研方面。由于近 10 年来我也兼事行政工作，在这方面有特别的感受，在此试图对彭先生的相关做法作一概括。

第一，根据现有学科的特点，确定合理、科学的发展方向，做到小而强、有特色，确立本学科在国内的学术地位。

陕西地处西北地区，社会经济发展还比较落后，教育经费匮乏。显然，西北大学作为陕西的地方院校，不可能四面出击，唯有扬长避短，才能有所成就。彭先生在任历史系主任时，正当改革开放逐渐展开之际，经济发展成为举国上下的头等大事，而作为基础学科的历史学自然不受重视。1985 年，作为教育部文科考察团成员之一，彭先生访问了

---

① 彭树智：《做好博士研究生指导工作的关键在哪里?》，载《书路鸿踪录》，第 659 页。

美国的一批著名高校。回国之后，深有体会的他很快启动了历史系的改革，主要是增设相关的多学科交叉的实用性专业，即文物保护技术和档案学。同时，这也是与当时筹划中建立的文博学院的发展规划相联系。

事实证明，这两个专业、尤其是文保专业的建立对于西北大学考古学的发展起了重大推动作用。1988 年，西北大学同陕西省文物局签订协定，成立西北大学文博学院，增设博物馆学专业；1989 年，增设文物保护技术专业，1990 年起招收本、专科学生，1994、2006 年起分别招收硕士生和博士生。西北大学设立的文保专业成为中国第一家，为国家培养了大批相关人才，这些毕业生在全国各高校考古专业和考古单位成为文保事业的带头人。同时，文博学院的文保工作继续发展，2004 年，成立了西北大学文化遗产与考古学研究中心，建立了考古技术与文物修复实验室；2005 年，与陕西省考古研究所和西安文物保护修复中心联合组成的"砖石质文物保护科学研究基地"通过专家组评审，成为国家文物局重点科研基地；2006 年，成立文化遗产保护科学系。2007 年，学科点被批准立项为教育部重点实验室建设项目。此外，文博学院也努力为国家培训干部，1999 年举办了首届全国文物保护修复培训班。

中东研究所的学科发展同样在彭先生的指导下取得了重大成绩。中东研究所成立于 1964 年，原名伊斯兰教国家研究所，是国内最早成立的国际问题研究机构之一，1979 年改名为中东研究所。研究所的任务最初是配合国际斗争的需要，系统地搜集、整理本领域内的资料，并在此基础上展开研究，以社会经济问题的基础研究和动态研究为主，兼及历史和其他方面。中东研究所下设四个研究室，即中东历史研究室、中东经济研究室、中东宗教文化研究室和中东国际关系研究室，资料室订阅了英、德、俄、法、阿拉伯文的各种书报刊物。起初，研究所主要从事各类专业资料的翻译和研究，集中了一批精通上述语种的研究人才（包括回族学者）。

由于"文化大革命"的爆发，中东研究所的各项工作严重受阻。从 20 世纪 70 年代初起，所内的各项研究工作逐步恢复和加强，尤其是在"文革"结束后。当时，所里组织翻译出版了一批有关阿以冲突、伊斯兰教和中东经济方面的重要的外文著作和文献，同时对巴勒斯坦、以色列、伊斯兰教和石油能源等问题展开初步研究，在国内中东学界产生了影响。另一方面，研究所也参加了与兄弟院校和科研机构合作的一些专著和工具书的撰写，如《第三世界石油斗争》（三联书店1981年出版）、《中东国家社会经济发展战略》（北京大学出版社1987年出版）等。从总体来看，中东研究所的科研能力还比较弱，缺乏自己的"拳头"成果。

1987年，西北大学任命历史系主任彭树智教授兼中东研究所所长，此后所里重新制定"历史与现状相结合，以历史为重点；基础与应用相结合，以基础为重点"的办所方针。应当说，这一方针是基于研究所自身的特点和优势而制定的，因为沿海地区的高校和科研机构在信息、交流渠道、与政府部门和外国使领馆关系等各个方面都占有明显优势，更适合从事动态研究，为国家发挥智库的作用；而西北大学地处内陆，研究所的人员以研究历史出身的居多，更适合从事基础性的中东史研究。这一方向的确定产生了深远影响。

第二，建立一支结构合理、实力雄厚的科研队伍。

人是一切事业的基础。彭先生多年来致力于培养一支特别能战斗的精英队伍，方法主要有两点：一是对现有的队伍进行挖潜和培养。如上所述，所里集中了一批精通英、德、俄、法、阿拉伯文等语种的研究人才，但其中部分人的研究能力略显薄弱。彭先生组织他们进行资料翻译、参加课题研究，同时也鼓励年轻人通过攻读学位参加课题研究提高研究能力。1987年，中东研究所开始与历史系联合招收硕士生，研究生教学活动的展开进一步推动了研究所的科研工作。二是通过把年轻的硕士、博士留校，来充实研究队伍，同时注意吸收不同语种的人才。

在研究队伍逐步成型的基础上，彭先生开始规划中东所的中长期研究领域与重点研究课题，鼓励科研人员积极申报各类课题。20世纪90年代以来，中东所获得多项国家社科基金、教育部课题、省社科规划及省教委课题，在国内的影响持续扩大。其中20世纪80—90年代获得的国家课题包括："中东近现代史研究"（国家社科基金"七五"规划项目，彭树智主持），"沙特阿拉伯的国家、政治与宗教"（国家社科基金"八五"规划项目，王铁铮主持），"恐怖主义与中东政治"（国家青年社科基金项目，孟庆顺主持），"伊斯兰教与中东现代化问题研究"（教育部"八五"规划重大课题,彭树智主持),"以色列政治研究"(教育部课题,闫瑞松主持)。以上项目的主持人,除彭先生之外既有中东所的原有科研人员,也有刚进所的新人,充分证明中东所正在形成一支生气勃勃的科研梯队。

彭先生的人才战略取得突出成效。例如,所里有两位语言类专业毕业的研究人员,经过多年的科研实践,研究能力明显提高。其中一人在中国社会科学院西亚非洲研究所的《西亚非洲》刊物上接连发表学术论文,另一位先后参加彭先生主持的《伊斯兰教与中东现代化进程》和《中东国家通史》中的一卷的写作,成书质量受到了彭先生的肯定。

值得一提的是,彭先生也大力鼓励身边的行政人员在工作之余,积极从事科研和教学活动。像历史系党总支书记游钦赐、副主任刘秉扬、系办公室的刘文瑞、文物陈列馆的贾麦明、中东所办公室的马建军等积极投入科研工作,发表了学术论文,甚至出版了著作,有的最终转成科研人员。

第三,出版高水平的系列研究成果,打造研究所的"拳头产品"。

作为一个在国内享有盛名的科研单位,必须有自己的品牌,即高水平的科研成果。直到20世纪80年代,我国仍然没有自己的中东国别史和系列的地区史著作,只有"文革"期间组织翻译的一批中东国家通史著作,其语种和体例不一,反映的是外国学者的观点,并且内容严重老化,无法适应国家的需要。因此,彭先生的目标是出版中国学者自己的中东国家通史著作和系列的地区史、断代史著作。他认为,国别史最能体现一个国家历史学的研究水平,我们的任务就是出版一套中国学者自己的系列中东国家通史,取代黄皮封面的外国译著;另外,应当出版面向广大读者的相关普及性著作。

从20世纪90年代初开始,由彭先生主编、中东研究所和文博学院教师集体撰写的中东研究著作相继问世,其中既有普及性著作,也有教材和专著(断代史、地区史、国别史和专题史著作),如《中东国家和中东问题》(河南大学出版社1991年版)、《阿拉伯国家简史》(福建人民出版社1991年版)、《二十世纪中东史》(高等教育出版社1992年版)、《阿富汗史》(陕西旅游出版社1993年版)、《以色列政治》(西北大学出版社1995年版)、《伊斯兰教与中东现代化进程》(西北大学出版社1997年版)、《沙特阿拉伯的国家与政治》(三秦出版社1997年

版)、《沙特阿拉伯——一个产油国人力资源的发展》(西北大学出版社
1998 年版)。如果说,上述著作和国内兄弟院校与科研机构出版的其他
著作(如杨灏城的《埃及近代史》,中国社会科学出版社 1985 年版;
杨兆钧的《土耳其现代史》,云南大学出版社 1990 年版;郭应德的
《阿拉伯史纲》,中国社会科学出版社 1991 年版;纳忠的《阿拉伯通
史》,商务印书馆 1997 年版、1999 年版;哈全安的《古典伊斯兰世
界》,中国青年出版社 1999 年版;姚大学、王泰主编的《中东通史简
编》,吉林人民出版社 2001 年版)为国内中东史学科体系奠定了基础
的话,那么 2000—2007 年由商务印书馆出版的 13 卷《中东国家通史》
则可以说是构建了这一体系的基本框架。此书的出版完成了彭先生有关
撰写我国自己的中东国家通史的夙愿。① 上述著作的出版,也奠定了中
东研究所在国内中东研究领域的地位。2010 年,彭先生主编的包含前
伊斯兰时期的《中东史》由人民出版社出版,再次填补了中东史研究
的一项空白。

　　除了中东研究领域的上述成果,20 世纪 90 年代初以后,彭先生也
先后主编了一些世界现代史教材、专著和普及性丛书,如《世界史·
现代史编》(下卷,高等教育出版社 1994 年版)、《第三世界的历史进
程》(青年出版社 1999 年版)、《世界十大系列》(三秦出版社 1998—
1999 年版,共 10 本)、《世界帝国兴衰丛书》(三秦出版社 2000—2001
年版,共 12 本)、《外国人》丛书(三秦出版社 2003—2004 年版,共 9
本)。尤其值得一提的是,彭先生还出版了其本人有关文明交往论的专
著,即《文明交往论》(陕西人民出版社 2002 年版)和《松榆斋百记:
人类文明交往散论》(西北大学出版社 2005 年版)。上述著作的出版,
对于世界史的研究和普及发挥了良好的作用。

　　第四,建立独特的学派。彭先生认为,"学科建设不仅是学术观
点、科研方法的创新,而是整个学科体系的建设,这种建设离不开学派
意识的觉醒,离不开学派自觉。"② 而学派形成的标志包括:有代表性

---

　　① 彭先生认为,21 世纪中国学者在中东史研究中应当在九个方面有所建树,首屈一指
的就是中东通史。参见彭树智《世纪之交的中东地区史、国别史研究管窥》,《史学理论研
究》1992 年第 3 期。

　　② 彭树智:《改革开放 30 年来我国的中东史研究》,《世界历史》2008 年增刊。

的学派人物，有连续性的高水平的代表性成果，有年龄结构合理、知识构成均衡、学术上同心协力的群体，有学术园地、学术社团和基金渠道。

多年来，彭先生一直在从事文明交往理论的研究。他认为，人类社会的核心问题是人类文明问题，文明的生命在交往，交往的价值在文明；文明交往是人类历史、现实和未来的关键问题，是人类社会发展的动力。在他的引导下，中东研究所出版的集体成果都以文明交往理论作为指导思想，如《二十世纪中东史》、《阿拉伯国家史》和《中东国家通史》。同时，文明交往理论也成为中东研究所博士研究生必学的重要课程，对他们的学术思想产生了重要影响，许多人自觉地将这一理论运用于博士论文的写作。① 有学者认为，国内史学界对交往问题的探讨已经初步形成了地域性研究集体，其中实力最强大的便是"以彭树智先生为代表的西北大学研究群体"，"他们所依据的由彭先生首创的文明交往理论，体系完备，思考深刻，应用于分析具体问题时操作性强，游刃有余。这一研究集体的主要方向是世界古代和中世纪史，尤为关注的是中东、西亚地区"。② 事实上，西北大学以文明交往理论为特点的中东史研究成果，多年来在国内中东研究领域独领风骚。

除以上所概括的四点之外，在教学和科研单位的管理方面，彭先生还高度重视培养良好的学风和改革教学方法等方面，本文不再赘述。

总而言之，彭先生作为世界史领域的著名学者，他在长达半个多世纪的教学、科研和管理生涯中，为我们留下了丰富和宝贵的经验，值得我们认真汲取和吸收。

---

① 如王新中：《远古西亚与旧大陆整体性研究》，2001 年；李利安：《古代印度观音信仰的演变及其向中国的传播》，2003 年；马明良：《伊斯兰文明与中华文明交往历程与交往前景》，2005 年；王平：《萨法维王朝对外交往研究》，2009 年。

② 罗婧：《近十年来中国史学界对交往问题的研究综述》，《广西师范大学学报》2004年第 4 期。

勤奋犹如美酒

——记著名历史学家彭树智教授

延艺云

（西北大学历史学院教授）

1991 年仲夏，一场透雨驱散了闷热多日的酷暑，阵阵凉风沁人心脾。在西北大学文博学院会议室里，一阵热烈的掌声，送走了一天的紧张气氛，文博学院第一批世界地区史、国别史专业博士研究生刚刚在这里顺利通过了论文答辩。在掌声中，人们自然地把目光投向文博学院院长、博士生导师彭树智教授。这时，紧张工作了一天的彭先生欣慰之情溢于言表。青年学子将彭先生团团围住，趁机求学问道，彭先生一副儒雅大度的学者风范，与学子们侃侃而谈。他从"治史五种基本功"，讲到"板凳一坐十年冷，文章不得半句空"，话题最后落到"勤奋"二字上。这是彭先生为文博学院所题八字院训的头两个字。一群青年学子闻听此言，凝望着两鬓已染斑霜的导师，心中热血涌动。是啊，勤奋，这两个普普通通的字眼儿，它所蕴涵的巨大的人格力量，绝不是怠惰之辈所能领悟出来。只有追求真理，不懈探索的人，此时此刻，才能从彭先生情意切切的教诲中领悟出来，勤奋犹如美酒，它的魅力一如豪情搏击，一如壮士悲歌！

但是，在场的人，恐怕不会有谁能想到，勤奋这两个字，对这位年已花甲的著名历史学家，亦如美酒，且更醇更浓……

41 年前，一个普普通通的关中农家弟子，凭借自己的勤奋，在激烈竞争的角逐中，向未来迈出了胜利的一步。当年仅 19 岁的彭树智在

《群众日报》上看到自己的名字，确信他已被国立西北大学历史系录取后，真是欣喜若狂！这是一个充满希望的年代，人人都有理由给理想插上翅膀，在共和国蔚蓝的天空中翱翔。年轻的彭树智，漫步在古老校园茂密的林荫大道上，默默地下定决心，要努力拼搏，立志成为一位文史研究者。他一头扎进学海，完全被图书馆、资料室里那数不清的书报杂志迷住了。当时，西北大学历史系，著名学者云集，学术气氛浓郁，对一个年轻有为、勤奋上进的学生来讲，无疑是成才的好环境。年轻的彭树智，把勤奋化作每天一步步脚踏实地的攀登，对每一节课，每一节自习都惜之如金，从不大意放过。在宿舍，在课堂，在每一次与学习有关的讨论中，都能见到他的身影。虽然言语不多，声调平和，但他的见解闪动着真知灼见，尤其是有条有理的逻辑思维方式，常常使同学们叹服。一切都是那么美好，又有谁能怀疑，今天的理想就是明天的现实呢？但是，命运的挑战，进与退的严峻考验，在一个早上突然袭来，向他发起了猛攻。家信诉说，由于经济条件急剧恶化，已难承担他学业所需的起码费用。手捧家信，彭树智清楚地知道，是什么命运在等待着他：辍学返乡，去为衣食温饱而耕作田间，从此，理想只能深埋于心底，只能在劳作之余，拖着疲倦的身躯，偷眼望一望夕阳里的乡村校舍，嚼着回忆，聊以自慰。难道这就是命运之神的安排吗？不！不能就这么低头服输！没有学费，买不起纸笔，甚至经常吃不饱肚子，这些困难都无法阻止他向科学高峰攀登的信念与行动。彭树智有自己的法宝，勤奋就是战胜困境的金钥匙。人穷志不穷，他收好家信，将这个秘密藏在心里，没有伸手向国家要救济，他决定要与命运争个高低。

从教室到图书馆，从清晨到深夜，彭树智勤奋不倦地学习，到处可见他的身影。节假日，别人去看戏看电影，他仍伏在桌前，利用这些宝贵的业余时间，开始写一些杂文、诗歌、小说、书评和影评等，不断向报刊投稿。开始，无名作者的破土而出是很困难的，面对一封封退稿信，他始终锲而不舍，从不灰心，总是一次次地投出自己的新作。当时，报纸杂志都有"邮资总付"这一条优惠，使他不断投稿时不至于增加经济负担。要不然，天知道那么多的稿件需要多少邮资？这个身陷贫困的学生也许会因付不起邮资而遭失败，从此被埋没了呢。要知道，彭树智经常是怀揣着一块烧饼权当一天口粮的，连图书馆的管理员也发现了这个秘密，惊讶地问他为什么不去食堂用餐。

经过不懈努力，终于有一天，报社录稿的通知书来了，稿子见报，也有了稿费。他捧着自己心血浇开的勤奋之花，泪眼模糊，但信念更坚定了。在此后很短的时间里，他的成功一个接着一个，有一批稿子在《光明日报》、《中国青年报》、《西安日报》、《陕西日报》等报刊上发表。《光明日报》、《中国青年报》还聘他为特约通讯员，《西安日报》评他为优秀通讯员。报社的文艺编辑怎么也想不到，这位新涌现出来的才华横溢的诗人，竟然是历史系的一位穷学生。一天，《陕西日报》的文艺编辑跑到西北大学中文系找彭树智，才发现了这个秘密。为解决温饱问题逼出来的这些各式各样的诗歌、杂文，确实也使年轻的彭树智战胜了经济困难的挑战。在稿子不断发表的过程中，稿费也改变了他的经济地位，使他由一个穷学生一跃成为班里的"首富"之一。与众不同、令人钦佩的是，他的钱不是父母给的，不是伸手向国家要救济来的，而是凭借自己的勤奋与拼搏挣来的。自己的汗水浇灌出来的花最鲜艳，年轻的彭树智常在班里引以为豪，这种自豪感是踏实的。

艰苦的生活考验，大量的写作实践，不仅锻炼了彭树智的写作能力，为科研打下坚实的基础，而且训练了他的思维能力。为了有意识地训练思维能力，他养成了每天记日记的习惯。每日睡前，他总要把一天所想、所感、所做之事用简洁的语言记录下来，并且把日记列为制订学习计划、检查学习进度的一门工具。每周小查，每月大查，发现问题和漏洞，及时补救。十多年之后，这些日记已积累有百余本，装满了一大箱。无论是赴北京读研究生，去长春学习，或在西安工作，这一箱名为《我的生活》的日记被他视为财富，与他形影相伴。直到"文革"中，这些宝贵的日记才在烈火中与他告别，只留给他不尽的遗憾。回忆这段往事，彭先生感慨之余，深情地说道："艰苦生活不仅锻炼了我生活上的自立能力和在社会上的自理能力，而且在写作上打下了较扎实的基本功，这为我以后的治学起了奠基作用；尽管百余本日记失而不可复得，但给我留下的思想和精神收获是难以忘怀的。"

经过这一段生活锻炼，勤奋两个字的含义已经极大地丰富了。在彭树智的字典里，它与自强、自立融为一体。有了这个含义，勤奋的美酒更令人陶醉。

生活道路曲折，这对刚刚战胜困难、摆脱了经济困境的彭树智来说，一时还不以为然。但命运的挑战是无情的，打击接踵而至，一个更可怕的威胁在等待着他。

大学二年级在普查身体时，彭树智被发现肺部有问题，经过确诊，医生向他宣布了一个可怕的结论：肺结核。在当时，肺结核与癌症、与死亡是同义词，一旦染上，就等于是被宣布为缓期执行的死刑。20世纪50年代初，人类虽然可以从病理上宣布，肺结核不再是不可战胜的疾病，但在内地，在社会经济极不发达的西北内地，它依然是死亡率极高的一种病症。治疗肺结核，有一种药是有效的，即雷米封。但这种药是美国进口货，普通人根本见不到，价格昂贵，一般人也买不起，学校医务所也不供给。

刚刚张开双翅的鹰又被困在笼中。彭树智被送进隔离病区，被迫躺在床上，眼前一片黑暗，死神的呼唤就在耳边，恐怖一时震慑了他的灵魂。几乎每天都有病人从医院里，从他的身旁，被抬出去，永远地离开。他无可奈何，默默地忍受着痛苦，忍受着折磨。这时候，如果他的精神防线崩溃、信念垮掉，那么他随时会成为与命运搏击的失败者。面对死神的威胁与挑战，这个虚弱的学生竟然如斗士驰骋疆场一般，热血沸腾起来。

"我不信！我绝不相信！"年轻的彭树智面对死神喊道，"你纵是凶神恶煞，你纵有无比淫威，我也要与你角逐，与你抗争，与你一拼高低。我不信，历史赋予我的权利、我的机会竟然会如此轻而易举地被你夺走?!"经过几天的思考与意志的搏斗，彭树智终于在心中筑起了一道坚不可摧的精神长城。

继续学习，勤奋学习，哪怕人生旅途已走到最后一程，也要学习。奋起的彭树智，决心下定，把疾病与死神放在一边。他离开病床，戴上口罩，重新返回教室，坐在远离同学的角落里，开始不平凡的读书生活。这是与疾病抗争、向死神挑战的学习，时间尤为珍贵。每天中午12点到下午4点，是肺结核病人的发烧期。为度过这几个小时，彭树智就静卧在病床上，默默地思考。其他时间里，他则坚持到校听课，到图书馆自习，坚持完成每门课程的作业，坚持读小说，记日记，写一些诗歌、散文、杂文或通讯。他每天的学习和写作丝毫不比一个身体健康的人做得少。在这段与病魔斗争的日子里，他读了吴运铎的《把一切献给党》、奥斯特洛夫斯基的《钢铁是怎样炼成的》。吴运铎与保尔那种身残志坚的革命斗争精神和乐观主义精神，使彭树智受到巨大鼓舞。他知道，自己不再是孤军奋战，不再是毫无意义地与死神搏斗。人与命运、与病魔的斗争，本来就存在着一个壮怀激烈的战场，只有精神上的强者，才有可能成为胜利者。彭树智在与病魔的抗争中找到了乐趣。他面对疾病，镇定自若，他曾在日记里作诗一首，表达乐观自信、幽默诙谐和全无惧色的心情。虽然这首诗随日记而逝，但我们可以感受到彭先生内心世界坚强的风采。

年轻的彭树智，凭借自己的毅力与勤奋，把青春年华紧紧抓住，以超人的坚韧精神克服种种困难。他的学习成绩不仅没有因病魔缠身而有所下降，反而在考试、讨论、投稿等方面都获得了进步，有了新的发展。命运之神也偏爱强者，在彭树智顽强拼搏、刻苦学习的过程中，经过一段时间的治疗，经过全面检查，透视、拍片、荧光屏和摄片上，未发现任何病变的痕迹，钙化斑点也没有。面对奇迹，西安结核病医院的吴霁棠大夫说，这种完全吸收的现象是结核病临床病例中极罕见的，当然也是医生最理想的治疗病例。当大夫与病人谈起这个鼓舞人心的检查结果时，不无感慨地说，病人的精神力量在治疗过程中起了巨大的作用。这是健康的心理状态、不懈的努力进取、积极配合医生治疗的典型范例。然而，在当时的医疗条件下，在死亡线上与病魔斗争，是需要病人付出极大的精神代价的。通过这场生与死的较量，锻炼了彭树智的意志，也增强了他掌握自己命运、献身科学事业的信念。在他的字典里，勤奋两字的脚注中，又多了一层新的含义，不仅在顺境中人要勤奋，在身临逆境时勤奋才更具有价值。

在大学学习期间，彭树智受到著名历史学家、时任西北大学的校长侯外庐先生的启发，找到了自己专业发展的"生长点"。这对他的一生都产生了重要影响。印度古老悠久的文明，苦难深重的殖民地社会史，可歌可泣的民族反抗斗争史，以及同中国人民传统的友好交往史，都深深吸引了彭树智，激发他去探索这片处土地。在做大学毕业论文时，他穷集所见各种史料，全身心地投入钻研，最后交出了一部15万字的毕业论文——《印度民族解放运动史》。楼公凯教授审阅了这部用毛笔楷书工整誊抄的论文，大为赞赏，给了"优秀"的成绩。楼教授鼓励这位才华出众的青年学子，并祝愿他成为一名印度史学家。

肩负着母校的重托，老先生的殷切期待，彭树智于 1954 年夏跨进了北京大学的校门。作为亚洲史专业的研究生，他有幸得到著名学者周一良、季羡林、陈翰笙等教授的耳提面授，专业技能和基本功得到进一步锻炼和加强。当时，北京大学学习研究的气氛浓郁，使他沉浸在刻苦学习、切磋研讨的氛围中。虽然遇到一些困难，如被一些人鄙视，基础比一些北大、清华来的学生差，等等，但这些困难与经济贫困或疾病的生死考验相比，已经不算什么了。年轻气盛、不甘居下的彭树智，用自己的勤奋学习与同学们展开了新的竞争。他把自己的读书计划安排好，并且制定了行动标准。"发挥自己优势，学习别人长处，是我的方针；赶上和超过先进者是我的目标；打好基础，提高实际能力，是我的原则；珍惜时间，奋发向上，是我的行动口号。"为了实现自己的理想，他星期天、节假日也不放过。在京学习三年，他没有回西安探一次亲。也没有去过长城八达岭、卢沟桥、周口店等名胜景点。

经过三年的艰苦奋斗、勤奋耕耘，彭树智掌握了英文、俄文，还写了多篇有质量的学术论文，其中 15 篇先后发表在《历史研究》、《北京大学学报》及《人民日报》等报刊上。这使同学和老师开始对这位西北来的农家子弟刮目相看。彭树智又一次品尝到勤奋美酒的甘醇。他的毕业论文七易其稿，最后得到周一良、季羡林先生的好评，被推荐发表在 1957 年的《北京大学学报》上。

三年时间的研究生课程的刻苦攻读和严格训练，为他一生的科学研究奠定了坚实的基础。在专业发展方面，他已小有名气并且以优异的成绩毕业，告别了北京大学，回到母校西北大学任教。彭树智制订了自己的科研规划。他预计拼搏数年，可以写出几本高质量的学术著作，并在南亚中东史方面作出一些建树。但是，时代的挑战降临了，一个不可抗拒的打击落在了他的身上。

在彭树智研究的领域，有一个问题涉及亚非拉国家民族民主革命的内容。在极"左"思潮盛行的年代，这个问题也被公式化、简单化的思维模式禁锢着。经过多年潜心研究，彭树智认为流行的一个观点，即无产阶级领导的民族解放运动是唯一正确的类型，这种观点不能全面解释亚非拉历史发展的客观情况。本着忠于科学精神、坚持真理的原则，他提出了自己的观点，即民族解放运动领导形式有多种类型。这个观点一经提出，立即给他带来灾难。

在一些人眼中这简直就是触犯天条。因此彭树智不断遭到批判，批判的"纲"上升到"修正主义"，并给他扣上了"反毛泽东思想"的大帽子。个别对彭树智的才华感到不安的伪君子，平时嫉贤妒能，这时也想方设法刁难和压制他，但无奈他的勤奋是无法抑制或攻击的。现在，天赐良机，他们正好利用堂而皇之的借口来达到自己内心不可告人的目的。在批判的浪潮之后，彭树智讲课和从事专业研究的权利被剥夺了。

对一个勤奋拼搏的学者来讲，剥夺他的研究权利，恐怕是最重最致命的打击。经济贫困，可以通过勤奋努力改变；病魔缠身，可以凭借乐观的精神去抗争。而政治迫害，剥夺一个人的研究权利，使彭树智深深陷入了痛苦之中。该怎么办？极"左"思潮是这个时代的潮流，一个人能抗拒得了吗？政治迫害代表着国家与组织的威严，能与之抗争吗？激烈的思想斗争，使彭树智的身心受到严重损害。他茶饭不思、夜不能眠，苦思冥想而不得其果。他的健康状况也日益恶化，先后得了胃溃疡、神经官能症等与情绪有关的疾病。

在那些痛苦的日子里，他又一次经受了生与死的考验。他再次选择逆流而上，抗争不能公开进行，只能自己默默地凭借坚强的毅力来孤军作战。在那些岁月里谁也看不到前途，谁也不知道极"左"的思想会持续多久。但彭树智坚信坚持真理不会有错，为真理而斗争就要付出代价。一个科学工作者，一个顽强的拼搏者，终于找到了自己的立足点，站稳了脚跟。从此，他不再消沉，而是开始了一种新的研究生活。

彭树智凭着特有的勤奋，每天坚持读书学习，从事秘密的研究。他找来几张《人民日报》放在桌上，听到有人敲门造访，便用报纸作掩护，躲过一些伪君子的耳目。当时，系里个别人为了自己的私利，防止彭树智暗中搞科研，不惜殚精竭虑、挖空心思来对付他。本来，他是学习亚洲史专业的，却有意让他去承担中国史方面的工作，意欲用疲劳战术压垮他。但是，在那些艰难的日子里，彭树智对亚洲史的研究一直坚持了下来，积累了大量的文稿，为日后决堤而出的著述浪潮作了充分的准备。

十年动乱期间，他被下放到农场劳动，暗中搞科研也无法进行了。在几只绿眼睛的盯视下，看书根本不可能了。他灵机一动，别的书不能看了，马克思、恩格斯、列宁的书也不让看吗？对，就读马克思等人的书。读马列的书，开始也遭到一些非议，有人怀疑他要"打着红旗反红旗"，但无奈没有证据，信口雌黄乱诌几日后，也就无计可施了。

彭树智用自己搞科研的勤奋精神，开始认真研读马列著作，认真思考问题，渐渐从学习中又找到了一个从事科研活动的"游击战场"。他在读马列著作中，发现国际共运史上有许多人物颇有争议，诸如巴枯宁、伯恩施坦、考茨基这些当时被口诛笔伐的人物。他认为有些基本问题并没有搞清楚。他发现了当时实行的极"左"政策和马克思主义原理之间的原则差别，从中萌发了探索真理的念头。在十年动乱期间，彭树智先后对巴枯宁、伯恩施坦、考茨基三个人物进行了较为全面的系统研究，写了数十万字的研究笔记。"文革"后，结合新材料，他整理出版了这三个人物的政治传记，合计百万余字，这在国际共运史研究领域引起了极大反响。中国国际共运史学会接纳了这位亚洲史学者，并且让他担任了学会常务理事，陕西国际共运史学会的副理事长。他所著的伯恩施坦的政治传记，是当时国内唯一的一部系统研究伯恩施坦的学术著作，许多杂志还刊登书评介绍了此书。它同时获得了陕西社科优秀成果二等奖，被推荐为 1985 年国际历史年会的重点书。他的另一部著作《无政府主义之父巴枯宁》出版后即有四家重要的学术刊物载文评论，盛赞此书的学术价值和理论意义，认为该书在有关巴枯宁的研究中独树一帜，是"巴枯宁学"和第一国际史研究方面的新贡献。

在这十余年中，积郁在彭树智心中的科研热情如洪水决堤，倾泻而出。积累在他箱底的研究手稿也终获新生。他知道时间的宝贵，紧紧挽住日月之梭，犹如青年人一样拼搏在教学与科研第一线。那时，有人还想对彭先生继续 20 世纪 60 年代的政治讨伐与迫害，但"无可奈何花落去"，只能是孤鸿哀鸣了。彭树智的著作一部接一部地出版发表，很快就形成一套系统的学术思想，为南亚中东史和民族主义运动史研究作出了突出贡献。

他的代表作之一《现代民族主义运动史》出版后，荣获陕西社会科学优秀成果一等奖，受到国内诸多学术刊物的好评。这部书，主要是研究两次大战之间亚非拉民族民主运动的进程和发展规律，在该领域内建立了一整套基础理论，得到学术界的广泛承认和采用。根据彭先生的研究成果，国家社会科学学科目录把沿用了80年的"民族解放运动"改为"民族民主运动"。

在南亚史研究方面，他接连不断发表重头论文，对印度史及甘地问题研究，对阿富汗问题的研究，对土耳其及凯末尔的研究等，都有新的突破和贡献。他的许多理论和观点已被世界史研究领域所公认，并在出版的大量有关专著、教材、文章中被引用或讲授。在大学历史课堂上，在研究生的必读书目中，彭树智的著作文章、理论观点，已成为经常讲授的内容之一。至今，他已出版了30余本著作，发表了180余篇学术论文。

迟到了20年的胜利与荣誉终于还是来到了，彭树智凭着顽强的毅力攀登上了科学的高峰。他已成为一名著作丰硕、桃李满天下的著名历史学家、教育家。在学术上，他是教授、博士生导师，也担任着中国中东学会副会长、中国世界现代史研究会副会长、中国亚非学会理事、陕西社联常务理事、陕西历史学会会长等职。在行政公职方面，他是西北大学文博学院院长、兼中东研究所所长、国家教委重点学科评审委员、国家教委优秀教材评审委员。在荣誉方面，他是全国教育系统劳动模范，是人民教师奖章获得者，是陕西优秀教师和先进教育工作者。他的事迹上了电视、报纸杂志，使他成为"新闻人物"。

但是，有人对他的学术成就与荣誉却不以为然，这样的人自己一生无所事事，却善于发现别人的"弱点"，说什么："历史系应该注重中国史的研究，彭树智呢，身为系主任，却出版发表了那么多的世界史方面的著作文章，还不是重世界史轻中国史嘛。"而此时，彭树智却正为筹划一项重大的教育改革呕心沥血，四处奔波，甚至连频频袭来的胆结石、脑瘤、腰肌劳损等病症都不屑一顾，哪有时间去管那些流言飞语！

1984年，彭树智作为中国教育部赴美考察团成员，对美国十余所不同类型的高等学校作了认真的考察研究。他在借鉴和吸取世界先进教育改革成果的基础上，从我国高等教育的实际出发，敏锐地率先提出创办新型文理工融会的文博学院的构想。他认为，我国的高等文科教育有两个尖锐问题，一是专业偏窄，偏专，基本理论、基础知识和基本技能不突出；二是如何适应社会发展的需要，目标不明确。针对这两个矛盾，彭树智提出，文科改革的基本途径是拓宽专业面，扩大知识面，增强适应性，要敢于在适应社会发展需要的基础上大胆创新，开拓前进。

此后，彭先生带领全系师生积极探索，在原来历史学、考古学两个专业基础上，先后建立了档案学、博物馆学和文物保护学三个新专业。在国家文物局和陕西省文物局的支持下，一所拥有两个基础专业、三个应用专业，体现当代文科教育改革潮流的新型学院——文博学院终于诞生了。西北大学文博学院与复旦大学文博学院是我国仅有的两所文博学院，它的出现引起了社会极大的反响。一些报纸杂志纷纷刊文评论、介绍，肯定了这项改革成果的历史贡献。

历史系变成了文博学院，但大家都深深感到，彭先生依然还是那个勤奋、谦虚、严于律己、宽厚待人的彭先生。有人当了官，地位变了，搞科研也就可有可无了，但是彭先生勤奋的身影依然耕耘在讲坛上、书案前。他总是抓住点点滴滴的时间，见缝插针地坚持科学活动。有些人不理解地问到："你已经年逾花甲，该得到的成就与荣誉都得到了，何必还要舍命工作、继续研究呢？"彭先生回答得好："我对自己从事的专业，是由爱到好，由好到乐的，乐在其中，其乐无穷，有什么理由不去追求呢？"

言传身教，榜样的力量是无穷的。30多年来，彭先生指导培养了20余名硕士研究生和近30名博士研究生，还有数不清的"俗家弟子"。这些人大都从导师那里秉承了勤奋、严谨的学风，甚至是写一张请假条，也有人开玩笑道："一看你就是彭院长的弟子。"

西北大学文博学院会议室里挂着"勤奋、严谨、求实、创新"八字院训，这是彭院长亲自拟定的，后来成为西北大学的校训。他解释说，勤奋是基础，严谨是要求，求实是原则，创新是方向。这种学风贯穿着三种基本精神：献身、科学和进取精神。

彭院长身体力行，几十年如一日勤奋耕耘，不曾懈怠。当庆贺第一批博士生毕业的酒筵刚刚散去，大家仍然沉浸在胜利的喜悦时，彭先生已悄然离去。谁能想到，这位桃李满园、著述丰硕的学者，这时已如小学生一样端坐在书案前，开始了他的新的著述长征。他承担着国家和省级社科重点研究项目，要出多卷本的中东通史，要承担多卷本的世界通史的分卷主编及编写任务……

附记：君子美德　师范垂青

大约在二十年前，我写过一篇文章，记述了我对我的老师，原西北大学文博学院院长、西北大学中东研究所所长、博士生导师、著名学者彭树智教授的一些感知。那时，我更多的是从勤奋、严谨等方面去体认先生的人格魅力，更多的是从近距离来感性地写真我的老师。其后不久，我离开了我读书、教书、写书十八年的西北大学文博学院和历史学圈子，踏入影视这个新的事业领域。虽然我对彭先生的崇敬与爱戴从未有过褪色，然而一年有数的见面或电话问候也渐渐在漂移着我的视线。劳作之余，但凡有些许闲暇，临风思省，我却总能感觉到彭先生的精神品德和人格魅力依然在影响着我。说不清楚这种精神纠结是什么，然而它的存在却毋庸置疑。我有心想再写点什么，惑惑然竟荡去经年。直到有一天，同窗学兄民兴来电话，说先生八十大寿诞将至，所里考虑出一本书，一本由彭先生的弟子们撰写的有关先生的书，是十分特殊的生日礼物。我当即响应：此意甚好！应是应了，但写什么呢？我的脑海里翻腾了不知多久……

1977年，我在考入大学前就知道先生的大名。刚进西北大学校门，我年轻气盛，去敲先生的家门，当时我既有虚荣与杂念，也有些茫然，没想到的是，这扇门打开的同时，我就三生有幸般与先生结下不解之缘。这扇门打开的同时，我的人生道路注定要发生重大变化了。我更没想到，开门的彭先生虽是学贯中西的大家，却又那么谦逊、平易近人。陋居之中，茉莉花茶，清香沁脾；问谈之间，先生挥挥洒洒，从容淡定。由此而后十八年，我一直跟着先生，在先生教诲、指导下，由一个好高骛远的毛头后生进步为助教、讲师、副教授、教授。彭先生治学严谨，一生不讲半句空话，要求我们学生亦十分严格；先生认为，治史不曲笔、不讲假话空话是科学的底线。

先生不仅在问道大学方面对我、对他的学生们、对一代后学影响甚深，更用毕生的言行实践着足以师范垂青的君子美德。1981 年春天，两位国学大师，季羡林、任继愈先生应邀讲学西北大学。因为彭先生是季先生的学生，他每天毕恭毕敬随其左右，我是彭先生的学生，每天跟在先生们身后，大师们的言行我看在眼里，记在心上，铭记一生。有一天，我们一行由草堂寺来到高冠瀑布、崎岖山径间，彭先生不断叮咛我要跟紧年已古稀的季先生，但我心里又顾忌着胃切除术后不久、尚在康复期的彭先生，急得不知所从。季先生箭步轻盈，笑谈古今，忽然指着落在后面的彭先生命令我道：你，扶着你的彭老师！闪了人，唯你是问！当我扶着彭先生时，先生的惶恐不安像一道闪电击中了我，尊师重教是先生骨子里的品德啊！这一瞬间，在我心中是永恒的。无论是多年后我写《半边楼》，或是又多年后我写《母校的背影》，甚或更多年后季先生仙逝时，我的脑海里一次又一次浮现出这个瞬间。之于学生，先生却从不要求回报。先生对学生总是诲人不倦、循循善诱，严格要求，但又从不苛求。

我刚留校当助教时，在大食堂和一个校工打架，事情发生后影响很不好。我心想坏了，这咋给彭先生交代呀。课余见着先生，他没有流露任何责怪之意，我主动认错，先生淡淡地说：看出来了，你已经有了反省，要紧的是，向前看。想想自己，到今天我也没有这样的修为道行，在单位里常常因别人出点错就大发脾气，指责不已。有念于此，先生真乃学生一生之师啊！彭先生敬师如父，亦爱学生如子，更是严于律己，宽厚待人，坚持与人为善，以德报怨。先生一生中多遇诘难误会、诽谤攻讦，尤其是学术出了成果、工作有了政绩时。我们学生们看在眼里气在心头，对那些龌龊之人义愤难耐。但先生淡然付之一笑，无半点怨恨或报复之心，甚至以德报怨，对反对自己的人，常常伸出援手、施以恩惠。先生的所作所为完全是一种境界，从不言表，并且只要求自己，不勉强别人。我经常遇到一些人，口口声声为人云云，一见诸行为，小的马脚立刻漏出来，让人喷饭。我一生以先生为荣的地方就在于先生是真的在境界中的。相形之下，那些自诩的正人君子不过乡愿而已！

我离开彭先生身边之后，由电视台而广电局、电影集团，六七年里连升三级官拜正厅，春风得意时去看先生，向先生解释疏于联络是忙等等时，先生仍是淡淡地问我：什么最难？我讲了人事、经营等等，先生均摇摇头，只讲了两个字：如莲。多年来，我谨记着这两个字，我深知要把持有多么难，但我把持住了。我的老师彭先生不仅教我做学问，也在教我们做人，先生在我心中的分量是无与伦比的，这是我能把持住的根本。读书做学问，做官做人，究竟又是为什么呢？仰望星空，或沉思或遐想；读四书诵五经，或入世或禅修；天地之间，临风君子！想于斯，渐渐明白了：我的老师彭树智先生即是一部博大精深的经典，学问修为、君子境界，是为后生晚学们追随一生也难望其项背的！先生君子美德足以师范垂青！

论彭树智先生的学术思想及教育贡献

于卫青

（湛江师范学院历史系）

　　古人有言：太上立德，其次立功，再次立言，是为"三不朽"。①
古往今来，天下最为盛德的事莫若设帐授徒、著书立说，立德、立功、
立言三者借此可以圆融成办。彭树智教授不仅著作等身，而且桃李满天
下。先生从教五十多年来，培养了专科生、本科生、硕士研究生、博士
研究生、博士后等各类人才。2001 年 10 月，彭先生七十寿辰之际，学
生们赠送"树人启智"的牌匾以示祝贺与敬意，巧借彭先生之名来彰
显他教书育人的德业成就。陕西师范大学刘念先教授在一首《七律·
书赠彭树智》中写道："最羡君门桃李盛，莘莘世纪创新人。"长期以
来，彭树智教授的身教、言教、书教深刻影响、塑造着他的学生们。时
值彭先生八十寿诞的殊胜因缘，自己不揣浅薄，探讨彭先生之学术思想
及教育贡献，以期得到同门及学界的指导。

一　精神追求与人生境界

　　君子务本，本立而道生。彭先生丰富的学术思想与教育实践不仅仅
在于微观上的"术"，更在于宏观上的"道"。他的"道"首先在于对

---

　　①　语出《左传·襄公二十四年》，见沈玉成《左传译文》，中华书局 1981 年版，
第 320 页。

人生境界的深刻觉解和精辟论述。

人生境界是人的精神追求和精神状态，是一种精神生活的方式。冯友兰先生根据人对宇宙、人生的觉解程度，把人生境界分为自然境界、功利境界、道德境界和天地境界。王国维先生在《人间词话》中提出"三境说"，它既是治学境界说，也是人生境界说。有学者认为，"昨夜西风凋碧树，独上高楼，望尽天涯路"不是指知识本身，而是指知识的目的，是指知识分子的终极关怀。如果没有终极关怀，他就进入不了"独上高楼，望断天涯路"的境界，他的学问就只能是小学问。① 终极关怀是人对如何超越生命的有限性和对人生价值的思考与探索。

彭先生一方面具有深厚的马克思主义理论修养，另一方面又继承了中国传统孔孟儒学的理性精神，在长时期的教学与研究过程中，结合自己的人生体悟，对终极问题进行了深刻的思考。

人的生命是一个自然过程。张载说："存，吾顺事；殁，吾宁也。"彭先生在对这个终极问题的深刻审视中，领悟出生命的价值和宝贵，认识到如何把握生命，提升生命的质量。

彭先生认为，在无限时空中，个人的喜怒哀乐、生老病死，都太渺小了。最为重要的是一个人在有生之年，让自己生活得更充实、更明智、更有乐趣。"有了宝贵得只有一次的生命，又知道这宝贵的生命必然走向死亡，那就应当站得更高，看得更远，远处着眼，近处着手，在面临的具体时间段完成自己应该而能够尽力完成的具体社会任务。自己的人生价值就一个又一个地具体体现在自我走过的人生之路上。到了死亡这一天，必不会因为虚度光阴而悔，必不会因为庸碌无为而恨，必不会面对死亡而恐惧！"②

在评介维克多·弗兰克的《活出意义来》时，彭先生指出："人生的意义和价值，主要不在于寿命的长久，而主要在于为世间付出的多少；不在于一时的豪言壮语，而在于持续掌握具体时间的具体任务的实

---

① 汪丁丁：《知识与信仰》，2000 年 6 月 4 日在清华大学的演说。载汪丁丁《记住'未来'——经济学家的知识社会学》，社会科学文献出版社 2001 年版，第 3 页。

② 彭树智：《人死观问题补议》，载《松榆斋百记：人类文明交往散论》，西北大学出版社 2005 年版，第 29—30 页。

践。恪尽做人的本分，于工作中得到快乐，这才是最踏实、最幸福的人生！"①彭先生在自己的教学、科研和生活中提炼出"奉献人生、快乐人生"的人生价值观。

马克思在《〈政治经济学〉批判序言》中把科学入口处比作地狱入口处。彭先生指出，这一比喻的实质是科学的奉献精神。"惟有奉献，尔后方有求实、求真、求是、批判的科学信仰和科学态度与方法。因为科学就是艰辛的创造性事业，它最需要的就是奉献；科学的核心就是奉献人类，奉献社会。"②彭先生近些年的"忙得"的书路经历，彭先生"入地狱，写中东史"的自勉和励众，都是这种奉献精神的坚定践履。他启发青年后学说："我曾多次向青年人讲，要倒看人生，从终点看起点，从死亡来审视自己人生的生命活动。只有如此，才会在做什么，如何做等人生行为问题上，保持理性的自觉。"③

在"奉献人生、奉献社会"的价值判断基础上，彭先生承续了中国文化审美的人生境界论，提出了"诗意治学"的主张。彭先生指出："我曾主张'诗意治学，审美做人，审美自觉'。……审美的自觉，就是要通过治学之路去认识到生命之美、人生之美。……要做到'审美自觉'，主要还体现在人生之路（包括治学之路）上体悟出的超越个人知识水平和经验的，发自内心的'灵感'产生的那种轻松感、自信感、成功感、乐趣感。"④彭先生进一步指出："这是一种最终极之美，是人生的一种敬业、崇善、求真之美。美是一种人生艺术，诗意的美和真、善一起保证着人生的质量。"⑤

著名美学家李泽厚先生把审美自觉视为人性的成熟与文化的理性的自觉。他说："最高（或最后）的人性成熟，只能在审美结构中。因为审美既纯是感性的，却积淀着理性的历史。它是自然的，却积淀着社会的成果。它是生理性的感情和官能，却渗透了人类的智慧和道德。它不

①　彭树智：《论文明交往的国家史例个案研究——中东国家通史卷首叙意》，载《文明交往论》，陕西人民出版社2002年版，第344页。

②　同上书，第342页。

③　彭树智：《人死观问题补仪》，载《松榆斋百记》，第25页。

④　彭树智：《悠得斋笔记（一）：惟有美育可以代替宗教》，载《书路鸿踪录》，三秦出版社2004年版，第779页。

⑤　彭树智：《书路心语：治学诗词杂话》，载《书路鸿踪录》，第31页。

是所谓纯粹的超越，而是超越语言、智慧、德行、礼仪的最高存在物，这存在物却又仍然是人的感性。它是自由的感性和感性的自由，这就是从个体完成角度来说的人性本体。"①

彭先生六十多年的读书、教书、写书的书路生涯，是通过审美自觉的诗意治学达到"乐"境的人生之路。彭先生曾经说："在大学教学岗位上，口授笔耕，对专业和职业融为如马克斯·韦伯所说的'志业'，即个人价值的自我肯定，可以满足心灵生活的'志业'。'志业'使我进入由'爱'到'好'，由'好'到'乐'的人生精神境界。"② 彭先生多年在课堂教学第一线，言传身教，口传心授，教学相长，深得其乐。他说，"我选择了教师职业，在做我喜欢做的提升自己人格、也提升学生人格的工作；它能促进自己、也帮助学生充分体验生活的乐趣，开掘智力潜能，充实精神世界的美。"③

著书也是教书的另外一种形式，它突破了有形的课堂局限，使著书者和读书者组成了一个无形的课堂，它的受众（读者群）更加广泛。这种无形课堂虽然不具直观性和形象性，但产生的影响会更加广泛、深刻而持久。彭先生对著书和读书有着深刻的思考和总结。他指出："事实上著书者、读书者都是书路上的跋涉者，真正关注的是生命，是他人的生命和自己的生命，是作者和读者实在的内心体验。"著书和读书的真理是追求生命的成长、形成和延续的真理，是对生命的敬畏和热爱，是对生命的凝视和深思，更是使自己的书路转向的递进螺旋线：由逻辑的存在——生命的存在——生命与生命的相遇、相知和相爱。"著书和读书久了，爱的线索会使人辨明书中所言的是非曲直，对自己、对他人，一句话，对人类文明的命运，会不断增添一份理解、耐心和信心。"④

无论教书还是著书，都是文明交往的一种形式。彭先生指出："人生其实就是一种交往，无时无地不在同周围自然与社会环境进行物质和精神的交往。人的个体生命结束了，整个人类群体的生命交往活动仍在

① 李泽厚：《美学三书》，安徽文艺出版社1999年版，第263—264页。
② 彭树智：《答〈追求者自白〉编者问》，载《书路鸿踪录》，第819页。
③ 彭树智：《序：雪泥鸿爪存，披览前踪在》，载《书路鸿踪录》，第1页。
④ 彭树智：《著书和读书》，载《松榆斋百记》，第73、74页。

延续，社会文明仍在发展。人类共享的文明交往的长河，川流不息。我愿作一滴水珠，融入江河，迎着太阳，奔向浩瀚的海洋，汇入人类群体，享受着不息生命的欢乐！"① 这体现出彭先生"寓小我于大我"的超越意识、"奉献着并快乐着"的审美境界。

彭先生把这种奉献、超越和快乐的审美意识进一步推向深入，他说："如果把审美意识深入到'慎独'的层次，那就是人生的审美自觉了。""毫不动摇地忠诚于真、善、美和德、智、体、美教育，和深信不疑地忠诚于科学求索的精神信仰一样，可以使人类进入万物一体的超越宗教的生活境界。"② 于是，彭先生通过高度的审美自觉，把自己的精神追求建立在万物一体的天地境界之上。他常用苏东坡的诗《和子由渑池怀旧》表达自己的心境感悟："人生到处知何似，应似飞鸿踏雪泥。泥上偶然留指爪，鸿飞那复计东西。"因此，彭先生的道德文章处处显露出他的高远、博大和深广。

二 学术成就与理论创新

彭树智教授早年就显露出优异的才华和历史学家的天分。大学期间他创作发表了多种类型的文艺作品。26 岁硕士研究生刚刚毕业时，彭先生就在《人民日报》、《北京大学学报》、《史学月刊》、《西北大学学报》、《历史教学问题》等重要学术刊物和报纸上发表了 7 篇学术论文。彭先生长期从事中东南亚史、世界近现代史、国际共运史和史学理论研究。迄今，彭先生出版专著 10 部，出版教材 12 部，主编著作 16 部。在《中国社会科学》、《历史研究》、《世界历史》、《史学理论研究》等国内学术期刊发表论文 180 余篇。

对于自己的学术历程，彭先生总结说："我在史学事业追求中所形成的学术思想和方法，很像一部移民创业史。""时代影响着他们（指史学家—引者注）的世界观，影响着他们的思维方式和对语言的运用，

---

① 彭树智：《面向太阳的审美自觉》，载《松榆斋百记》，第 225 页。
② 彭树智：《悠得斋笔记（二）：惟有美育可以代替宗教》，载《书路鸿踪录》，第779 页。

影响着他们对研究课题的选择和价值观的取向"。① 彭先生的治学之路
伴随着时代的变迁而延伸着。

　　青少年时代的彭先生具有深沉的爱国情怀。"为什么有着那么悠久
文明的中国，到今天却一直打败仗，受人欺侮"的内心困惑是彭先生
学习和研究历史的深层动因。他报考中文系，却以满分的成绩被西北大
学历史系录取。这是他步入历史研究的现实机缘。

　　大学期间，彭先生受到当时西北大学校长、著名史学家侯外庐先生
的启发，把印度史确定为自己的科研生长点。在勤奋阅读和大量写作的
基础上，彭先生撰写了长达 15 万字的毕业论文《印度民族解放运动
史》，被指导老师评为优秀。1954 年，彭先生考取北京大学历史系亚洲
史方向的研究生，在著名历史学家周一良先生、季羡林先生、陈翰笙先
生的指导下继续从事印度近现代史的研究，科研重点集中于 1857 年印
度民族起义。从此以后，彭先生在印度近现代史方面进行了系统的研
究，写成了一系列的论文和著作。在学术研究中，彭先生向来注重理论
思维。在对印度近现代史研究的学术观点和方法上，他注重整体性与独
特性、阶段性、联系性、实践性的理论分析，这实质上是哲学上的具体
问题具体分析理论在史学观上的运用。

　　1957 年，彭先生回到西北大学历史系任教。彭先生先后教授亚洲
史课程和世界近现代史课程，他把教学工作和科研结合起来，侧重研究
民族解放运动史，这是先生的第二个科研生长点。彭先生运用历史比较
法对欧、美、日本的无产阶级革命运动和亚非拉民族解放运动进行研
究，提出了"1923—1924 年民族解放运动持续高涨"的观点，为世界
现代史教科书认可和采用。1960 年的随着"反右倾"运动而来的批判
运动不容许理性的学术探讨，彭先生的科学研究和教学工作受到冲击和
干扰。他被迫沉默了多年，但没有终止对这个问题的探索。"文革"结
束后，学术研究进入了正常的氛围，彭先生积累多年的大量成果陆续发
表和出版。彭先生在《历史研究》、《世界历史》发表了一系列论文，
出版了《现代民族主义运动史》（西北大学出版社 1987 年版）和《东

---

　　① 彭树智：《时代、历史学家的步履和史学观》，载张艳国主编：《史学家自述》，武汉
出版社 1994 年版，第 577 页。

方民族主义思潮》（西北大学出版社 1992 年版）。在理论上，彭先生用统一性和多样性相结合的辩证关系来观察亚非拉的民族民主革命；在方法上，运用类型分析的方法来展现亚非拉民族民主运动的历史内容和历史趋向。在大量个案研究的基础上，彭先生的系列成果形成了系统的"现代民族主义运动史的理论体系"。彭先生在这一领域的研究成果得到学界的认同和接受，《现代民族主义运动史》获得 1990 年陕西省社科优秀成果一等奖，《东方民族主义思潮》获得 1995 年教育部人文社会科学优秀成果二等奖。国家学位机构采纳了彭先生的建议，在学科目录中把"民族解放运动"改为"民族民主运动"。

彭先生的第三个科研生长点是对国际共运史的人物研究，这是他在十年"文革"中学术研究的产物。由于政治运动的冲击，大学教师的正常教学和科研无法进行。当时，马列原著是被允许和鼓励学习的。彭先生根据过去教学中的记忆，确定通过学习马列原著来研究国际共运史上有争议的历史人物，考茨基、伯恩施坦、巴枯宁、布哈林等 10 个人物被彭先生列为研究对象。"文革"十年，荒废了许多人的宝贵时光，彭先生却系统地读完了《马克思恩格斯全集》和《列宁全集》这些大部头的经典原著。通过对马克思、恩格斯、列宁的直接论述的研究，彭先生力图恢复这些人物的历史的本来面目。他对这些人物的研究，没有像"文革"中那样对人物进行公式化、脸谱化的处理，没有使用简单的"功过十分法"贴标签，而是进行了实事求是的具体分析，作出了符合史实的中肯评价。"文革"刚结束不久，整个社会仍然处于"简单二分法"的思维惯性下，彭先生对国际共运史上的这些争议人物的具体事实的分析和肯定，显示了他追求和坚持真理的科学勇气。"文革"后，彭先生陆续出版、发表了自己的研究成果。《叛徒考茨基》（陕西人民出版社 1978 年版）、《修正主义的鼻祖——伯恩施坦》（陕西人民出版社 1982 年版）、《无政府主义之父巴枯宁》（陕西人民出版社 1985年版），共 100 多万字。其中，《修正主义的鼻祖——伯恩施坦》于 1983 年被评为陕西省社会科学优秀成果二等奖。《无政府主义之父巴枯宁》是彭先生着力最多的一部著作。该书资料丰富，有很多是第一手资料。在学术观点和方法上，彭先生强调时代性、研究创造性、注重复杂性，以思想发展为经，生平活动为纬，勾画出巴枯宁思想的五个发展阶段。他指出，民主主义、民主泛斯拉夫主义、民粹主义、沙皇泛斯拉夫主义和无政府主义多线性交织发展，构成巴枯宁思想发展复杂性的总特点，其中最重要的主线是无政府主义。该书出版后，《中国社会科学》、《史学月刊》、《人文杂志》、《西北大学学报》在同年相继发表书评，著名共运史专家汤润千教授给予了高度评价。

从 1980 年开始，中东研究成为彭先生新的科研生长点。早在 1958 年，彭先生就在《人文杂志》发表了长达 12000 多字的论文《略论阿拉伯民族解放斗争的新阶段》，由于种种条件限制，彭先生没有进一步研究中东史。1979 年年底，苏联悍然入侵中国邻国阿富汗，举世震惊，而我国学术界对阿富汗的研究一直非常薄弱。出于一个史学家的使命感和责任感，基于多年研究南亚和亚非民族民主运动的坚实基础，彭先生的科研生长点由南亚地区扩大到相邻的中东地区。中东史的研究是我国学术研究的薄弱环节，积累少、底子薄、起点低，研究困难重重。彭先生从积累资料、培养人才、加强学术联系、选择开拓性课题、建立学术基地等五个方面入手进行全方位的开拓性建设。西北大学中东研究所作为我国最早一批成立的国际问题研究机构之一，集中了一批精通各种外语的人才，积累了大量的外文资料。彭先生自 1982 年开始培养中东史的硕士研究生；1986 年，经过国家学位委员会批准，西北大学设立"世界地区史、国别史（南亚中东史）"博士点。这是我国第一个中东研究的博士点，对培养中东研究的高层次人才具有重要意义。彭先生以其敏锐的学术战略眼光和强有力的科研组织能力，把中东研究所建设成为一个高水平的研究群体，选择开拓性课题，进行集体攻关。在自己多年研究的基础上，彭先生组织有关科研人员，进行了中东史学科建设的第一个项目"阿富汗史"的研究工作。1993 年，近 40 万字的《阿富汗史》出版，这是我国学者撰写的第一本《阿富汗史》，弥补了长期以来没有中国学者撰写的中东国家通史著作的缺憾。在彭先生看来，这只是中东国别史系列研究的开始。阿拉伯国家史研究是彭先生规划的中东通史的研究项目，也是中东史学科建设的第二个重大项目。此前 1991 年彭先生主编的《阿拉伯国家简史》出版，它也是我国学者出版最早的阿拉伯通史性质的著作之一。该书被教育部确定为全国研究生教学用书，2002 年改名为《阿拉伯国家史》，第三次修订出版。断代史是以横向研究为主的方法，对中东史研究同样是必不可少的。彭先生首先选择和开展对中东近现代史的研究。1987 年，彭先生主持的国家社科基金课题"中东近现代史"得以批准立项。结合课题研究，彭先生于 1992 年出版了他主编的《二十世纪中东史》。2001 年，该书也被列为教育部确定的全国研究生教学用书修订出版。中东地区虽然是国际热点问题集中的地区，有越来越多的人关注中东地区问题，但问题是普遍对中东缺乏必要的基础知识。彭先生一直有志于撰写关于中东问题的概论性著作，以便把中东研究的成果普及到大众之中。1991 年，河南大学出版社出版了彭先生主编的 24 万字的《中东国家和中东问题》，它不但面向关注中东的知识青年，而且成为大学教师和国际问题研究者的参考书。与此同时彭先生展开了对中东问题的专题性研究。1997 年，彭先生主编的《伊斯兰教与中东现代化进程》出版。近年来，彭先生主持的中东国家通史研究取得了阶段性的标志性成果。2000—2007 年，商务印书馆陆续出版了彭先生主编的《中东国家通史》，这部包括 13 卷本、近 400 万字的巨著对中东各国进行了全方位、多层次的研究和论述。它的问世奠定了西北大学中东研究所在全国中东学界的地位。

彭先生向来重视学术研究中的理论思维与理论创新，从 1986 年开始，彭先生对"文明交往"问题一直进行着理论探索。20 世纪 80 年代，中国兴起了文化研究的高潮，文明问题成为最引人注目的问题，这与全球化程度日益提高、世界各国和各地区的交往越来越广泛和密切相关。彭先生敏锐地意识到，交往作为人类的基本实践活动在各个领域都具有普遍的重要意义，随即用交往的视角研究文明问题，发表了一系列论文与专著。1993 年，美国著名学者亨廷顿提出了"文明冲突论"，引起国人的热烈讨论。彭先生指出了亨廷顿理论的片面和局限，他说："我的'文明交往论'就是随着这场争论而加深理解文明问题的一种历史阐释、掘井及泉、纵横编织和关注人类文明和谐共存的理论。""我的文明交往论始于世界史学科建设，并非从亨氏始，而是从马氏始。之后又研究 20 世纪学术史，从斯宾格勒'西方文明衰落论'到汤因比的'文明多元论'，一直到以后诸多文明理论。尤其是汤因比的《历史研究》（上海人民出版社 2000 年版）中，有 7 种独立文明、7 种从属文明、16 种卫星文明和 6 种失落文明之分，充分说明了文明的复杂性和文明在空间占用和时间延续的交错性。所有这些都体现了不同文明互动交往的'金律'。问题是：要从横向视野走入历史深处！"①

　　彭先生的文明交往论，与他在北京大学研究生学习期间的业师周一良先生有学理上的传承。周一良先生对文化的研究多有创见。他把文化分为狭义、广义和深义三个层次，并第一次提出"深义文化"的概念。② 在此基础上，彭先生结合东方民族主义思潮的研究，从跨学科研究的趋势，补充了文化与政治学、宗教学、民族学和社会学等交叉而出现的"边义文化"概念。这在他的《东方民族主义思潮》和《伊斯兰教与中东现代化进程》等著作中得到阐发与运用。他在一篇文章中写道："业师周一良的亚洲史和中外文化交流史的事业，是我心中谨记传承的志业。我由南亚领域向西移动至西亚和北非，也就是中东地区，但主要还在西亚，而且是从人类文明交往视角进行研究的。这正是周一良老师关注的亚洲史和中外文化交流史学术领域。我用文明交往的视角，在《二十世纪中东史》、《阿拉伯国家史》和《中东国家通史》中，对人类不同文明在中东地区的互动交往作了多侧面探索，其思想动力的最初源头，乃是来自周一良老师在《中外文化交流史》中提出'深义'文化命题。"③ 2002 年以来，彭先生先后出版了阐释文明交往论的理论性专著《文明交往论》、《书路鸿踪录》和《松榆斋百记：人类文明交往散论》三部著作。这些论著是彭先生用力最深、着力最久的著作，是彭先生在书路生涯中勤奋耕耘而水到渠成的结果。这些论著是彭先生二十多年来在自己学术高峰期倾注了大量精力的成熟之作，是彭先生念兹在兹、为之寝食难安的心血结晶，是彭先生不断增删修改、屡易其稿的学术精品。"文明交往论"的提出是彭先生学术创新的最新成果。彭先生指出："综观学术史可知，学赖论以立，而论贵创新。创新是学术研究的真正价值所在。……但创新需建立在严肃、严谨的科学基础上。新论需要得之以理（理论）、证之以今（共时）、验之以古（历时）、明之以外（世界）、用之以内（本国）。……我在近十几年来，循此道

---

　　① 彭树智：《悠得斋笔记（二）：文明研究动态》，载《书路鸿踪录》，第 800 页。
　　② 参见周一良《中外文化交流史》，河南人民出版社 1987 年版。
　　③ 彭树智：《亚洲史研究的未了情——悼念何芳川教授》，载《史学理论研究》2006 年第 4 期。

从历史交往论深入到文明交往论的探讨。"① 对于"文明交往论"的学术影响与学术意义，我的学力不足以评判，大家可以参阅学术期刊网登载的五十余篇有关论文。

纵览彭先生的学术历程，其科研生长点随时代的变迁而不断扩大与延展。在研究对象上，彭先生从印度近现代史，到民族解放运动史，到国际共运史，再到中东史研究，研究范围逐步扩大。从理论探索上，彭先生从印度民族主义、阿拉伯民族主义、东方民族主义，到历史交往和文明交往，最近提出"文明自觉论"，始终贯穿着理论的探索。学无止境，彭先生指出："科学不是宗教信仰，它不但允许怀疑，允许质疑，而且认为以求真科学精神所导引的质疑是任何科学理论成熟的必由之路。由文明交往到文明自觉，仅仅是从理论层面讨论的开始。"②

三　珍贵的经验传授

彭先生步入历史研究的殿堂，在大学授课五十余年，积累了丰富的人生经验、教学经验和科研经验。

早在大学期间，彭先生就开始了明确目标、诗意治学、勤奋进取的学术历程。

明确目标就是培养科研生长点。时任西北大学校长的史学家和教育家侯外庐先生特别强调在大学时要选好科研生长点，受其启发，彭先生把印度史作为自己的生长点。即使在动乱的"文革"时期，彭先生依然执著地追求真理，艰苦探索学术研究的新路径。先生的科研生长点在艰难的现实条件下顽强地延伸到国际共运史领域。彭先生借董必武的诗来表达自己的学术韧性，诗曰：石压草不死，寒侵花亦开。迎春移石去，卉木长如催。彭先生曾经说过，一个富有生命力的科研生长点需要时代性和开拓性。他的科研生长点随着研究范围的扩大和深入而延展，由南亚到中东，由微观到宏观，由个案到理论，逐渐形成了具有鲜明学

① 彭树智：《书路新论：文明交往新说》，载《书路鸿踪录》，第11页。
② 彭树智、韩志斌：《从文明交往到文明自觉——访彭树智教授》，载《历史教学问题》2009年第2期。

术个性化的学术体系。

著名秦汉史学家陈直先生指授王国维的"治学三境",也启发彭先生开启了自己审美人生、诗意治学的书路历程。彭先生"诗意治学"的主张源于科学研究中的审美意识。他指出:"美的规律"是科学研究的最高境界的规律。科学研究贵在学术原创,它需要问题意识的指引和中国话语的表达,而这些都离不开对美的追求。美是一种深刻而长远的力量,科学研究中的审美意识是人类智慧中最宝贵的智慧力量。①

彭先生最宝贵、最重视、强调最多的经验是"勤奋"。彭先生的勤奋努力的气质源于少时的移民家庭背景。他曾经读到清朝学者赵翼的诗:"少小学书未能圆,只道功夫半未全;到老方知非力取,三分人事七分天。"当时,彭先生觉得赵氏太过轻视人的主观力量,自己题写了恒心力取的座右铭:"水滴石穿,绳锯木断,持之以恒,功效乃见。"此后的数十年,彭先生始终如一,"勤奋"成了先生的习惯。他曾经写道:"我长期的书路生涯,养成了一个无形的、然而发自心灵深处的习惯力量,在推动着自己无论走到何处,无论身在何处,总离不开读书,而且是不拿纸笔不读书,常记一些笔记,存而备忘。"②"据我的体会,手勤是眼勤和脑勤关键环节。记下平时的读书心得,及时写作笔记,适时写成论文,使写的过程成为消化读书的过程和思考、整理、提高的过程。"③彭先生特别强调"勤奋",认为一个人有没有成就的关键是勤奋,自己多年来最大的感受和"绝招"就是勤奋。彭先生指出:"如果一个人勤奋成了习惯,在他的科学事业上,在他能力限度内,就能发挥最大的作用,即使再有天才,不勤奋也不行。"④所以,彭先生提倡勤奋,鼓励勤奋,最喜欢勤奋的学生,主张给学生一个勤奋创新的宽松环境,使他们逐步形成学术的个性化品格。

对于不同的人,读书有不同的方法和境界。彭先生的六十多年来的书路生涯,始于读书,不随意懈怠。他提出了读书三有、三择、三多、

---

① 彭树智:《跋:雁别蓝天去,山迎白云归》,载《书路鸿踪录》,第 869 页。

② 彭树智:《弁言·秋华春实——一本关于文明交往问题笔记的诞生》,载《松榆斋百记》,第 1 页。

③ 彭树智:《读书和写作》,载《松榆斋百记》,第 7 页。

④ 彭树智:《漫谈世界现代史教学和研究》,载《书路鸿踪录》,第 638 页。

三境等宝贵经验。他指出：第一，读书须有志、有识、有恒，可称之为读书"三有"。有志，就是有追求真理的科学志向和旨趣。有识，就是有科学的鉴别力和鉴赏力。有恒，就是有科学的耐性、韧性和持久力。第二，读书须选择其类而分为精、博、弃三型，可称之为读书"三择"。读书贵在精其选、解其言、知其意、明其理，博览而约取。第三，读书须多思、多写、多行，可称之为读书"三多"。读书多思，受益多寡在于思考的广度和深度。多行是指读书要善于把书本知识和个人的人生经验相结合，读书追求的理想首先是以指导人生为重点。多写就是读书动笔，写下笔记、札记、随笔、批语等，读书动笔可以备忘、治懒、增智，可以多出成果。第四，读书须使自己逐步进入"爱"、"好"、"乐"三种递进的境界，可称之为读书"三境"。喜爱读书，这是入门。读书成为嗜好，这是中乘；真正的上乘是以读书为快乐。①

　　作为一位大学教师，兼顾教学和科研工作，需要处理好两者的关系。时下在教师中存在重科研、轻教学的倾向，有"教学是支出、科研是收入"的说法。繁重的领导工作和科学研究都没有使彭先生忽视教学工作。彭先生以一贯的严谨态度对待教学工作。他多年在教学一线，在长期的教学实践中提出"三个'之'字"的心得体验。他说："一生作教师，教课之功在三个'之'字：'无字之课'，即全面了解学生，备课先备'无字之课'；'有字之课'，即钻教材、览群书，是备'有字之课'；'无纸之课'，即讲课必须脱稿，胸有成竹，思路清晰，进入角色，是备'无纸之课'。"② 教学与科研相结合，是彭先生教学与著书相结合的重要经验。他说："我自己的路子就是教学结合科研走过来的。……教学脱离科研，或者科研脱离教学，在大学里都要两败俱伤。教学如何结合科研，我想，主要在于选择结合点和生长点，在教学中要选择一个科研生长点。我早期的做法是选择教学过程中产生的一些重点问题……再就是选难点，选很困难、很难解决的问题。……还有就是要选择空白点。……选择生长点要注意选择有开拓性的题目，有系列性发展的题目。……只要有了以科研为志向、以事业为乐趣的精神，总

---

① 彭树智：《书路心史》，载《书路鸿踪录》，第3—9页。
② 彭树智：《悠得斋笔记（一）：教课三"之"》，载《书路鸿踪录》，第763页。

是会选择生长点的。这是我的一个主要体会。"① 这些经验对于刚刚参加工作，不知如何处理教学、科研关系的青年教师具有很重要的参考价值。

在科研工作方面，彭先生总结、提出了更多的宝贵经验。他提出并倡导着治学的"三风"、"四训"、"五功"。"三风"是指尊师、敬业、乐群三方面，强调要尊重前人，并在科研群体中发扬协作精神。彭先生倡导"勤奋、严谨、求实、创新"八字四训学风，并指出这种学风贯穿着献身、科学和进取精神。彭先生在解释它的具体内涵时指出，它包括四个方面：一要重视理论思维，只有这样才能具有广博而深远的历史洞察力、选择课题的科学鉴赏力、对课题的分析辨别能力；二是要注重整体分析，整体的综合分析可以使立论全面、系统而深远；三是强调中外历史的结合，在比较研究基础上得出的结论更具有说服力；四是学习一切有用的理论和方法，有利于创新。② 对专业历史工作者，彭先生认为应该加强五个方面的基本功训练，并称之为"治史五功"：理论功底、知识功底、外语功底、古汉语功底、写作功底。在治学精神方面，彭先生反向提出了治学六"不"诫训，即是：不投热机走捷径，不入冷门钻狭径，不计利钝随风向，不易操守变气节，不标榜自我贬别人，不树立宗派封领地。彭先生的学术开放意识体现在"为学三法"上：打通古今中外各个领域的界限，参照不同学派和观点，进行时空纵横比较和异同比较。彭先生的学术经验是一笔取之不尽、用之不竭的宝贵财富。

中国哲学中，知行的关系是一个古老命题，千百年来争论不休。针对科研工作，彭先生提出了"困知勉行"的科研知行观。他认为，"'困而后知，勉而行之'是一种自强不息、艰苦奋斗的科研知行观，其要点是知和行的统一，其核心是自觉的科研意识，而标志是科研成果的多、少、优、劣。科研成果的取得，靠下苦功夫而不能急于求成，但必须有不安于现状的进取心和干劲。""自我勉励，加上提高悟性，持之以恒，即使天资不高，也必有所成。""仅有聪明而不愿'勉而行之'

---

① 彭树智：《漫谈世界现代史教学和研究》，载《书路鸿踪录》，第636—637页。

② 彭树智、韩志斌：《从文明交往到文明自觉——访彭树智教授》，载《历史教学问题》2009年第2期。

的人，到头来很可能一事无成。"① 其实，这种知行观不仅包含了实干精神，也蕴涵着进取精神、奉献精神和献身精神，也包含着生活与工作中的高度自觉，是当代学习型社会中不可或缺的一种工作精神。

针对当前的浮躁学风，彭先生呼吁历史工作者应该具有良知、责任感和使命感。他反对"曲学阿世"、"以学干禄"，特别是由此而演化为学术沦为庸俗"致用"的手段和政治的婢女；也反对从学术独立性走向学术抛弃思想而享清福，致使学术沦为缺乏人类关怀的装饰品。彭先生认为，纠正之法是：历史工作者应该具有良知、责任感和使命感所产生的人格和良知，这样才能以出世的态度研究学问，为学术而学术，不计个人利害而献身学术；以入世的态度关爱人间，以天下为己任，为实现人文主义目的而传播知识以造福人类。② 在社会风气和学界风气一并沉沦的形势下，彭先生警示青年学者要保持清醒，严格自律。他说："人类文明交往的有序运行，必须敬畏'三律'：自然律、法律、道德律。""对三律要存敬畏之心，也同样适用于学术自律。……我经常提醒青年学者，要严格自律，要从勤奋、严谨、求实、创新、协作的努力中获取学术上的自得，首先要有学术良知，要珍惜、要爱护自己的学术生命。学贵自得，尤其贵在学术自律。"③ 当今社会工具理性的思想观念泛滥，不少人为达到功利的目的不惜做出弄虚作假、抄袭剽窃、权钱交易等等严重背离道德、丧失良知的行为，不仅污染了学风，也败坏了社会风气。在这种条件下，强调敬畏"三律"，强调学术自律是多么重要。

希腊的戴尔菲神庙铭刻着希腊人的两句名言，"认识你自己"与"凡事皆勿过度"，这两句话说来容易，做来难。彭先生在多方面论及"度"。他指出："度是人生的钥匙，是人的自觉真谛。文明交往的新秩序中，度是重要环节。度不是调和折中，而是把握和谐的平衡点。""人生不但要选择度，而且要把握度，并不断从经验与教训中研究和总

---

① 彭树智：《〈伊斯兰教与中东现代化进程〉一书中的文明交往线索》，载《文明交往论》，第462—463页。

② 彭树智：《悠得斋笔记选录：历史学家的人格和良知》，载《松榆斋百记》，第295页。

③ 彭树智：《小议学术界三事》，载《松榆斋百记》，第220—221页。

结度。"① 彭先生说，度是社会生活中的文明交往哲学。在生活上，度的掌握在于节制。度虽然离不开他律，但关键是自律，就是管住自己。生活中的饮食有节、起居有常、情志畅遂，言因时而发，事因时而行，都是追求和谐与平衡。平衡→不平衡→平衡，是度在事物发展中的逻辑，是度的哲学。② 彭先生认为，学术研究中的问题意识也要"适度"。他说："真正有价值的学术研究，应游弋于问题意识和历史意识、当代眼光与历史眼光、主体性与客观性、批判激情与学术规范之间，找到它们之间的'度'。"③ 在学习、工作和生活中如何把握好"度"，是一个渐进过程，是一种历史智慧，是一种人生境界的体现。

四　学科建设与人才培养

彭先生既是一个桃李满天下的教师，也是一位纳贤聚才的管理者和教育、教学改革的先行者，在人才培养和学科建设方面成就显著。

自 1984 年以来，彭先生一直担任西北大学历史系、文博学院和中东研究所的领导职务，极大地推动了西北大学历史专业的学科建设。他在任内从适应社会经济发展和文化建设的需要出发，进行了大刀阔斧的改革。1984 年，彭树智教授任西北大学历史系主任。1985 年，在长期酝酿总结的基础上，彭先生提出"勤奋、严谨、求实、创新"八字系训，此内容后来被确定为西北大学校训。1986 年南亚中东史专业获博士学位授予权，中国近现代史和考古学专业获硕士学位授予权，彭先生成为国内中东研究领域的首位博士生导师。1984 年，彭先生作为中国教育部大学文科考察团成员，赴美考察了 16 所各种类型的大学。在对美国高等教育全面考察的基础上，彭先生研究了有关文理渗透、智能教育和创新教育等教育哲学思想，在原来历史专业和考古专业的基础上，创建了档案、博物馆、文物保护等应用型新专业。在历史系的基础上，通过联合办学，创建了全国第一所文博学院。文博学院的建立是文博事

---

① 彭树智：《悠得斋笔记（一）人生的钥匙在"度"》，载《书路鸿踪录》，第 778 页。
② 彭树智：《生活有度》，载《松榆斋百记》，第 19—22 页。
③ 彭树智：《问题意识的"度"》，载《松榆斋百记》，第 298 页。

业发展的重要标志，是教育改革的一个重要成果。它立足陕西、服务西
北、面向全国，很快成为中国西部培养历史、考古、博物馆、文物保护
和档案专业人才的重要基地和摇篮。

1987 年开始，彭先生兼任西北大学中东研究所所长。1992 年，彭
先生开始专任中东所所长。中东研究所是 1964 年经国务院批准设立的
全国高校首批国际问题研究机构之一，原名伊斯兰教国家研究所。由于
缺乏明确的学术方向和稳定的指导思想，该所无法充分彰显自己的优势
和特色。彭先生到任后确定了"现实与历史结合，科研与教学结合，
重在出人才和成果"的指导方针。除了中东南亚史博士、硕士学科授
权点和世界近现代史硕士点外，彭先生领导中东所教师与其他学科合
作，另行争取到了历史学博士后流动站和专门史（宗教史）硕士点。
在彭先生带领下，中东研究所在中国中东学界异军突起，成为中国中东
研究最大的人才培养基地。中东所在全国学界的地位和优势通过系列性
的持续而厚重的大量成果彰显出来。由彭先生主编、高等教育出版社出
版的《二十世纪中东史》（2001 年修订版）和《阿拉伯国家史》（2002
年版），均为教育部推荐全国研究生教学用书。作为西北大学"211"
工程标志性成果、商务印书馆出版的 13 卷本《中东国家通史》是彭先
生主编的近年来陆续出版的中东研究所的代表性成果。在彭先生的领导
下，中东研究所以其雄厚的科研实力取得了多项各级课题。2001—2006
年，中东研究所共争取到国家社科基金项目 5 项、教育部项目 3 项，省
社科规划项目、省教育厅项目 9 项。彭先生主持的"当代中东局势发
展及我国战略对策研究"为 2004 年度的国家社科基金重大项目，也是
该年度我国西部地区争取到的唯一国家社科基金重大项目。目前，中东
研究所为陕西省重点学科，设有世界史博士点和历史学博士后科研流动
站，世界史、专门史（宗教史）、国际关系学和宗教学 4 个硕士点。研
究所下设中东历史、中东经济、中东宗教文化和中东国际关系共 4 个研
究室。中东所现有正副教授 7 人，其中博士生导师 4 人；共 9 人有博士
学位。中东研究所培养的业已毕业的博士和硕士 160 多人（彭先生在
文博学院培养的硕士生另有 20 余人），遍布于全国各地，以各种形式
参与中东研究所的学术研究和学术活动。

在学科建设的各项工作中，彭先生特别重视教材建设。他指出，教

材建设要处理好几个方面的关系。第一，教材的规范性和多层次性的关系。教材的规范性是教材编写必须遵循的"本"，它是指：教材必须包括基本理论和基本知识，也指教材是教师教学和学生自学的基本规格和标准化要求。由于人才培养的层次不同和课程属性不同，教材也必须有不同的特点，即多层次性和多样性。第二，教学与科学研究的关系。教材编写是一种结合教学活动而进行的独特科学研究，是一种非常细致和包容性广泛的科学研究工作，其主要特点是稳定性和整体性。彭先生指出这种研究的特色是："教材的编写者……对知识贪馋会吃，消化力强，综合概括最大，可以把大量成果简明扼要地融入教材的独立体系中。这种'吃'法是教材编写者的独特研究。"① 第三，教材与教师的关系。彭先生把教材比作剧本，把教师比作导演和演员，指出教师使用教材是一种艺术，教师驾驭教材、发挥教材作用的过程是一个再创造过程。第四，对于如何保证教材质量，彭先生首先指出教材的特殊要求："正确的指导思想，吸收国内外最新研究成果，有作者潜心研究的课题，符合教学原则的编纂方法，有一定的研究深度，还要求做到科学性和实用性结合、稳定性和适应性结合，而且要具有可读性。"②

彭先生在教育方面的重要成就之一就是对高层次人才的培养。1982年，彭先生开始招收硕士研究生。1986年，他被国务院批准为南亚中东史博士生导师，迄今已经毕业并取得博士学位的有31人，在读3人。毕业的博士生已经成为博士生导师的有6人。

鉴于刚刚考取研究生的本科生，在学术上尚未入门，存在着自发性、盲目性，彭先生指出，研究生导师应该以科学理性思维为指导，持续不断地培养他们的学术自觉意识，它包括：第一，培育学术生长点的自觉意识，学术生长点是治学的基础。从学术生长点的选择到确定和发展，它也是研究者知识、能力的积累和科学人文精神的升华；第二，培育学术研究的主体自觉意识。学术研究要形成自己的个性化特色，要固本创新，不可"邯郸学步"，迷失自我；第三，培育学术理论思维的自觉意识，理论思维是治学的灵魂，是学术悟性的表现；第四，培养学术

---

① 彭树智：《布罗代尔的历史教材观》，载《松榆斋百记》，第167页。
② 彭树智：《时代、历史学家的步履和史学观》，载《书路鸿踪录》，第421页。

问题的自觉意识，问题意识是治学的关键，学术研究永远始于问题，终于问题；第五，培育学术道德的自觉意识。彭先生进一步指出，学术自觉归根结底是文化自觉、文明自觉和交往文明化的自觉。① 彭先生培养研究生有长远的规划、宏观的高度、切实可行的具体措施，他总结说："我培养研究生，着力于科研意识、科研基本功、科研生长点和科研成果四个方面，其中选择科研生长点属科研人员的长远发展方向，因此尤为注重科研生长点的选择。""做科学研究要有科学精神，首先在态度上须敬业；其次在方法上要宏观与微观相结合，做到'眼在远处，手在近处'；最后，也是最重要的，要在选准科研生长点的既定基础上，有计划有步骤、步步为营、针针见血地扎实前进"。②

近些年来，彭先生主要招收、培养博士研究生，他对培养博士研究生具有高度的使命感和责任感。他说："博士研究生是未来各学科领域的学术带头人，有的将成为国家各级领导部门、各条战线的骨干，这些人才虽然人数不多，但由于岗位的重要性，他们的政治素质、业务水平和组织能力的强弱直接关系到我国科学技术的发展水平，关系到我国社会主义现代化的进展速度。因此，培养质量高、数量多的博士研究生是党和人民的需要，是时代赋予我们的责任。"③

彭树智教授对博士研究生的培养具有两个鲜明特点：一是高度重视质量。他说："'质量第一'的指导思想，在任何情况下都不能动摇。"④ 所以，西北大学中东研究所的博士生从招生到毕业都坚持严要求、高标准，一丝不苟，宁缺毋滥。二是注重博士生学术个性化的培养。彭先生指出，创新是对博士生最基本的要求，也是最重要的质量标准。如何培养发掘博士生的创新能力？他考察了中外学术史上成功人士的范例，根据自己工作经验和心得体会，提出注重培养博士生的学术个性化的观点。培养博士生的学术个性化涉及学术研究、人才培养模式、

①　彭树智：《回归学术，培养自觉——谈研究生学术自觉意识的培养》，《学位与研究生教育》2008 年第 1 期。

②　彭树智：《〈沙特阿拉伯的国家与政治〉序》，载《书路鸿踪录》，第 321、322 页。

③　彭树智：《做好博士研究生指导工作的关键在哪里？》，《学位与研究生教育》1992 年第 3 期。

④　同上。

教学改革、教材建设、学科建设等方方面面。彭先生注重充分发挥博士生的潜力、爱好、兴趣，特别重视他们科研生长点的专业连续性，充分尊重他们的自主独立意识、个性意识和自我多样的选择性。他特别指出：学术个性化归结起来，是尊重博士生的独立人格，培养他们探索真理、追求真理的品格。① 从自己治学，到培养学生，带领、领导中东研究所学术团队，学术个性化是彭先生一以贯之的目标和原则。

博士学位论文是博士学术水平的标志。博士生的创新能力与成果，及其学术个性化特点集中体现在博士学位论文的写作中。在博士生的培养工作中，彭先生十分重视对博士学位论文的指导。对于每位博士生提交的学位论文，彭先生仔细审阅后，一定会写出数千字的修改意见和建议。笔者至今仍然珍藏着彭先生为自己的博士论文所写下的长长的修改意见书。彭先生认为，博士学位论文的作者可以分为知者、能者和智者三个层次。他指出，知者是学人治学从感性阶段进入知性阶段的标志。能者是文化自觉意识的表现，是对事物知之较深的理解性阶段的标志，是超越知性局限的突破性进展。智者是理性认识阶段的标志，其崇尚理性思考，具有治学自觉性，富有问题意识，乐于探索，能够确定自己在科学研究中的前沿位置，且经常清醒认识到自己的局限性而虚怀若谷。三者是递进上升而又相互依存和包容的，对应体现着学术研究中的"学"、"才"、"识"，共同具备的科学品质是学术道德、学术悟性和学术韧性。作为导师，应该为知者设立规则，为能者搭建桥梁，为智者提供钥匙。通过论文的写作，力争多出能者和智者。②

五　学术团队与学派建设

彭先生扎根西北大学六十余年，引领中东研究所的群体研究工作二十多年，已经形成了一个根深叶茂的学术群体。以彭先生为学术带头人的中东研究有一个坚实的学术基地和稳定的学术队伍，有一系列高水平

---

① 彭树智：《略谈博士研究生的学术个性化培养问题》，《学位与研究生教育》2003 年第 2 期。

② 彭树智：《博士学位论文作者三层次说》，《学位与研究生教育》2006 年第 2 期。

的研究成果，有遍布全国的诸多学者各种形式的加盟，一个独具特色的中东学派客观上已经俨然成形。

世界学术中的学派自古有之。古今东西方学派的形成，大致因师承、地域、问题的不同而分为三类：即"师承性学派"、"地域性学派"和"问题性学派"。在我看来，彭先生的中东学派兼具了三类学派的特点。彭先生指出，学术史的一条重要经验：学要薪传，一代一代接力向前；学如积薪，后来者理应居上；学贵创新，首要的是理论方法上的创新和学术上的个性风格。① 中东学派就是在创新和薪传基础上产生的。

彭先生很早就着手进行学科建设、学风建设、队伍建设、制度建设，迄今中东研究所的研究人员大多与彭先生有师承关系，自觉、自愿地运用文明交往论进行科学研究。

学派源于科学思想。没有科学的独立自由思想，就没有相互争鸣；同样，没有学派就难有科学的发展。学派的形成源于科学研究的客观需要，也是一个独特的学术群体持续发展的逻辑的必然结果。学派的形成是学派创建者在科学研究上独立创新、制度建设与队伍建设方面有意识多方努力的结果。彭先生指出：现代性是研究中国学术史一个颇具生命力的概念，在中西文化交汇、冲突中处于联结点的地位；中国现代学术转型的目标是现代性自主品格的确立，人文精神的重建。学科自主性是现代性对人文科学的根本内容，目标是学派的形成。② 彭先生提出了学派形成的条件和特点："学派要有代表人物（高度理论修养、博学通识、学术造诣高深）、学人群体（研究方法、学术旨趣、学术观点基本相同而又潜心学术）、学术上有连续性成果（学科建树、呕心沥血、锲而不舍、多年辛苦不寻常、穷年累月致力于学业，从而出现反映学派观点、体系的力作）"。③ "学派的特点是：①持共同理论治学的群体；②持相同的学术旨趣的群体；③有相通思想倾向的群体；④有相近的学术风格；⑤有互补的学术个性的群体。……学术群体有特殊的文化气息和

① 关于彭树智的文明交往论在国内的影响，参见罗婧《近十年来中国史学界对交往问题的研究综述》，《广西师范大学学报》2004年第4期；何建木：《论远古中南半岛与中国西南的整体性格局》，《史学月刊》2005年第8期。

② 彭树智：《悠得斋笔记选录：现代性》，载《松榆斋百记》，第311—312页。

③ 同上书，第312页。

文明交往规范。不仅习得知识，而且有人格、品质上的道德自律。最重要的是学者的敬业精神和对专业的深厚感情，不为眼前名利所动。共同的座右铭是：坐得住，沉得下，不浅尝辄止，要深入问题，对学术充满历史感、现实感与使命感，坚定不移地走自己的路。"① 西北大学的中东研究充分具备了这些条件，以西北大学中东研究所毕业生为成员的遍布全国的学术群体也具备了学派的特点。

中国文化的一个特色和传统就是重视师承道统。道统是一个永不终止的文化链，蕴涵着强烈的认同意识和弘道意识。认同意识是一种文化的自觉性，自觉自愿地接受它、践履它、传承它。弘道意识是一种责任感和使命感，孔子的"文不在兹乎"、孟子的"当今天下，舍我其谁也"，都是张载"为往圣继绝学，为万世开太平"的不同阐释。

从学术史上看，学派是由于学术群体师承而形成的学术派别。学派的建设与发展所体现的是师生之间的智慧生命的传承。彭先生在《师生情谊之歌》中写道："师生关系真，学问薪火传；师生关系善，心智润心田；师生关系美，心灵爱人间；师生关系好，珍惜勿污染；师生关系深，如同亲情暖；师生关系远，流长又源先。西大中东所，兴旺我所盼。学人共奋进，学派赖共建。"彭先生用"真"、"善"、"美"、"好"、"深"、"远"六个字概括了师生关系的特殊性，蕴涵着中国文化师承道统的深刻内涵。彭先生表示："我愿在长跑路上学有薪传，在自我职责创造的同时，把长跑变成接力跑，培养更多的后来者拿过接力棒，一代一代传下去。"② 彭先生援引郑板桥的《题画竹》诗来表达他的期许："新竹高于旧竹枝，全凭老干为扶持，明年再有新生者，十丈龙孙绕凤池。"

张载《西铭》有言"知化则善述其事，穷神则善继其志"，是讲道德修养、智慧成就俱佳者才能更好地传承前辈的志业。佛家《楞严经》有言"将此深心奉尘刹，是则名为报佛恩"，是讲要以极大的愿行报答师恩。我们后学只有深刻体会彭先生的精神追求与人生境界，吸取彭先生宝贵的人生与治学经验，才能更好地推进学派建设，更好地传承彭先生的精神财富。

---

① 彭树智：《学派源于科学思想》，载《松榆斋百记》，第 143—144 页。
② 彭树智：《跋：雁别蓝天去，山迎白云归》，载《书路鸿踪录》，第 870 页。

严谨、实效、人性化的教学[*]

——随彭老师读博士学位的感悟

李凡

（南开大学历史学院教授）

我是 1993 年 9 月入学的博士研究生，在彭老师指导的博士研究生序列中是第四届。第一届为 1987 年入学的黄民兴（西北大学教授）、孟庆顺（中山大学教授）、张润民（意外事故去世未毕业）三人；第二届为 1991 年入学的尚劝余（华南师范大学教授）一人；第三届为 1992 年入学的李忠海（香港）一人；第四届为我与师弟杨翠柏（四川大学教授）两人。我是 1996 年 7 月毕业后到南开大学历史系工作，从 1997 年开始指导硕士研究生工作，近年又增加指导博士研究生工作，通过亲身教学实践更感到彭老师教书育人方面使我受益匪浅。

一 彭老师的严谨教学

我第一次听彭老师授课是在 1986 年暑期世界现代史学会举办的烟台青年教师培训班。彭老师由浅入深的教学方法，严谨的教学态度，使

---

* 我收到民兴师兄邀请参加撰写"彭树智先生八十华诞纪念文集"通知后，就一直处于兴奋状态中，写什么内容最能体现自己的心情呢？我想写彭老师学术思想是最好的选题，彭老师发表了大量学术成果，像他这样的学者国内少有。可是，写彭老师学术思想内容，我无论从学识还是资历上又都感到不够格，不禁又犯了难！苦思冥想后逐渐地有了头绪，我决定在教书育人方面谈谈心目中的彭老师。

我们受益匪浅。我们都知道在国内一般高校历史专业课程中，有重视"欧美"轻视"亚非拉"的倾向，而彭老师有关发展中国家历史问题的授课，确实使我们青年人知识面扩大，对世界现代史问题有了比较全面的了解。这是我对彭老师严谨教学的初次领悟，也是从此下决心争取就读彭老师博士研究生的缘由。

成为彭老师指导的博士研究生后不久，我的博士研究生师兄，也是我在东北师范大学读硕士研究生时的同学李忠海私下告诉我，彭老师看研究生是从"铅字"里看！他提醒我注意，彭老师注重学生科研能力方面，而不是其他方面！这使我再次领悟到老师教学的严谨！

彭老师给我们讲第一堂课是有关史学研究方法问题，并结合自己的实践具体讲授。至今给我留下深刻印象的是：第一，史学研究贵在坚持，要做到持之以恒！彭老师说，史学研究者要有甘于奉献的精神！在市场商品经济大潮面前要能够坐住冷板凳，不为商品经济诱惑所吸引！史学工作者面对各种各样的困难要有坚忍不拔的作风。彭老师讲述他在"文革"期间利用各种时机坚持读书，撰写了大量读书笔记，"文革"结束后出版了大量有关国际共运史的研究成果。"文革"时期正是我上中小学时期，那时正是全民"读书无用论"盛行的年代，国内政治大环境也不允许安心读书，可是彭老师能不受外界环境的干扰专心于自己心爱的专业，确实对我们今后如何学习产生深刻影响。

第二，寻找自己有关科研发展的"生长点"。如何确定自己的硕士论文题目、博士论文题目，对于每位即将从事该工作的研究生都是艰苦的抉择！这就是彭老师对我们每位研究生所要求的寻找科研"生长点"问题。寻找自己的科研"生长点"，首先要对自己即将从事科研方向的史学研究动态非常了解，确认什么是最新研究领域。其次就要清楚自身实际情况，也就是认识什么是自己在科研方面的优势地位并加以利用，以及在未来科研道路上的可持续性发展问题。在这方面，彭老师在我的博士论文（《战后日本对中东政策研究（1952—1996年）》，天津人民出版社2000年版）出版的序言里有明确阐述：

李凡博士的著作《战后日本对中东政策研究》即将出版，他希望我写一篇序言。

　　这个提议使我回忆起他在西北大学中东研究所攻读博士学位的岁月。他原来研究日本史，早有科研积累，但尚未涉猎中东研究领域。记得入学之初，如何同中东研究接轨成为他面临的首要问题。

　　在科学研究上转移方向，如同人类迁徙一样，是经常发生的事。但科学研究上移位，必须考虑到原来的生长点与转向之间的连续性。尤其是博士研究生，只用两年多时间，要出前沿性创新成果，不仅要考虑到科研的连续性，还要在新方向上寻找薄弱点，方能有所突破。

　　符合以上两方面要求的正好是日本中东关系史，其重点课题应用是第二次世界大战后日本对中东政策的演变。中东由于它的古老文明，特别是重要的战略地位、丰富的石油资源以及民族、宗教冲突，历来同外部世界有着密切的交往关系。在当代国际关系中，中东始终成为热点地区。在我国，研究多关注中东与欧美大国的关系，在苏联中东关系史、美国中东关系史、欧洲中东关系史等都有专著问世，惟独日本中东关系史相对薄弱。为此，经过反复权衡，我终于确定了"战后日本对中东政策研究"这个课题，作为李凡的博士学位论文题目。

彭老师为我确立的博士论文选题不仅使我顺利通过学位论文答辩，而且为我今后长期学术发展确立了方向。如彭老师在该序言中肯定的那样：

　　现在看来，确定这个大课题是符合学科特点和李凡个人的实际情况的。新的选题成了他的新的科学研究生长点。在这个具有开拓性的课题的研究上，他先后发表了一系列有关文章，在此基础上，经过综合、拓展，完成了系统性的博士学位论文。到南开大学以后，又继续收集资料，思考日本对中东政策演变的关键问题，进一步深化这一课题的研究，提高了学术水平，取得了现在的可喜成果。

实际上，彭老师对我们每位博士研究生的论文选题都给予充分考虑，如仔细观察就会发现彭老师在中东科研领域里的战略布局。如果我们每位弟子都能够按照老师要求的所为，现在应该成为该研究方向的出色人才了！

指导研究生寻找自己的科研"生长点"，是彭老师教书育人方面严谨性的最大体现。按照我的理解，彭老师指出科研"生长点"问题，不仅要圆满完成眼前的学位论文，而且也要考虑未来几年或者十几年科研发展问题。就是说既要考虑"生"的问题，也要考虑"长"的问题。史学研究工作是需要长期积累的，只有在长期积累的基础上才能形成有一定分量的科研成果。如果只考虑"生"的问题，不断受环境影响顾眼前利益而赶时髦变换研究方向，这肯定缺少长期积累的过程，也就是缺少真正意义的"长"的问题。如何理智地选择科研"生长点"，是我们史学工作者所面临的长期课题。

最让我领悟的是体现彭老师严谨性教学在我出版学位论文的序言上。彭老师首先肯定了我学位论文的优点方面，接着话锋一转就提出了我的缺点。他认为我撰写的日本对中东政策缺少有关文化交流内容。同时，彭老师在该序言内为我论文不足部分给予填补。这就是我的导师与众不同的特点！现在导师为研究生出版学位论文作序是比较普遍的现象，可是没有哪位导师不仅给研究生出版专著提出明确缺点，而且还为那些不足内容亲自给予具体填补！这足以说明彭老师教学严谨的典型特征。

二　彭老师的实效性教学

彭老师指导过的我们每位博士研究生，都认为自己的学习过程收获巨大。实质上，我们认真思考后，会认识到彭老师在指导研究生过程中，采取了许多实效性的教学方法。如上面所谈论的彭老师非常注重指导研究生确定科研"生长点"问题，这实质上是非常重要的实效性的教学方法。准确定位自己的科研"生长点"，不仅使我们顺利完成学位论文，而且使我们在今后的史学研究工作中长久受益。

彭老师给我们每位研究生确定学位论文题目后，会要求我们围绕着该研究方向撰写并发表五篇学术论文，否则不与你讨论有关学位论文问题。围绕确定的研究方向撰写五篇学术论文，实质上等同于把所确定的学位论文有关问题进行了细致梳理，对于进一步撰写学位论文有极大帮助。当我听到老师这样要求后，感到压力巨大！也曾向老师提出能否网开一面减少论文数量的要求。老师则告诉我，你前面的同学都已经很好地完成了！我无话可说！实际上当完成五篇论文撰写工作后，再进入撰写学位论文的工作就非常顺利！

我认为彭老师最能体现出实效性的教学方法，应该是对我们博士学位论文撰写上的要求。彭老师说，实际上我们撰写博士学位论文的时间只有两年半，如果要撰写 20 余万字的论文，除非他已经有了前期雄厚的积累，否则是不现实的！另外，我们在论文答辩时要求提交五至六万字的论文纲要，答辩时你提交几十万字的论文，答辩评委不可能全部看完，也很难作出准确评价及提出有实质性内容的建议。等到论文答辩结束后，你再根据专家评委的建议进行认真修改，最后形成专著发表。

我认为这是非常务实的教学方法，如现在许多高校要求博士学位论文至少撰写 20 万字以上，如没有前期雄厚的科研积累是不可能完成的，特别是国家计划内招收的研究生，国家仅划拨三年补助金，超出三年时限就只能自己出生活费，对于一般缺少家庭经济资助的研究生，肯定要造成经济负担。为此，抄袭事件不断发生，论文废话连篇，许多博士研究生毕业了，其学位论文因缺少学术价值而无人问津！

对于提交五至六万字博士学位论文提要，我们每位即将参加答辩的博士研究生都感到了巨大压力。既要达到博士学位论文的水准，又要少而精地说明问题。我们都希望能够向专家评委说明自己学位论文的全部内容，但是又受到字数的严格限制，这就迫使我们把论文的论点、论据要非常仔细地梳理，论文每一段落、每一段落与整体论文的衔接关系要处理得十分完美。这样，我们每位即将参加博士学位论文答辩的研究生对自己的论文把握得十分精确，在答辩过程中自己心中也底气十足。如果哪位专家评委对论文有关内容提出质问，我们即刻能够给予进一步的详细解答。由于我们提交给每位专家评委的是五至六万字的论文提要，他们阅读十分方便，保证在规定时间内能完成阅读，同时也能够在答辩会上提出准确评价及修改建议。

另外，彭老师指导博士研究生实行"开放式"模式，让中东研究所全体教师参与指导工作。这点与现在某些研究生导师把研究生当做"私人"的事务形成截然相反的做法。西北大学中东研究所聚集了国内有关中东问题研究的各个方面人才，在我博士研究生复试阶段，彭老师邀请了中东研究所全体教师参加。每位老师从自己研究方向的不同角度提出问题，我再进行逐个答复，最后听取老师们的点评。我记得，彭老师当时向中东研究所的老师讲，指导博士研究生希望大家都参与，研究生们遇到什么样问题也会随时随地请教各位老师。通过这次录取复试过程，我也认识了中东研究所的老师们，为我此后与各位老师接触打下基础。我们在学习过程中，如遇到某些不清楚问题时，彭老师也会提议我们去请教所里有专长研究的老师。我在西北大学中东研究所读书三年与所里老师都有过接触和请教，甚至所里退休的老教师。

同样，在我博士学位论文的开题报告会、博士学位论文预答辩会阶段，彭老师也邀请中东研究所的全体老师参加。西北大学中东研究所十分正规严肃的开题报告会、预答辩会给我留下的印象十分深刻。举行会议要提前几天向每位参加的老师递交有关报告，会议给各位老师留下充分时间，请老师们针对报告内容提出问题，博士研究生们再认真回答。各位老师从自己研究专长提出问题，真正使我们能够从不同角度认识问题，分析问题，为此后正式答辩接受专家评委从不同角度提出质问打下基础。

彭老师邀请各位老师参加开题报告会、预答辩会，不是走形式或者敷衍。博士生们十分严肃认真地对待各种不同提议，认真考虑后，进行修改，并再次征求有关老师的意见，直至把问题彻底解决。

另外，在博士研究生学位论文答辩会结束时，作为指导教师的彭老师还会给自己的学生提出问题，让我们认真回答出自己论文的缺点与优点。记得我当时在说自己论文缺点方面比较认真，但说到我论文的优点时，内心有些不好意思，想敷衍对付以表示自己谦虚的态度，结果当场彭老师要求重新回答，我红着脸认真地答复了。最后是彭老师对我们的回答给予认真点评，指出我们学位论文的不足肯定优点。这对我们以后进一步修改学位论文及最终出版提供了非常宝贵的建议，也是非常有效的教学方法。

三 彭老师的人性化教学

凡是与彭老师接触过的人，都会感觉到这是一位和蔼可亲的老人。他嘴角总是带着平和的微笑，是那么平易近人，谦和而慈祥。

记得彭老师第一次与我及杨翠柏谈论如何攻读博士研究生学位时，最先谈论的是如何注意安全问题。彭老师说，第一届博士研究生入学后，他什么都讲了，可是就没有讲安全问题，结果却出了安全问题。他是指第一届博士研究生张润民因意外事故去世而未毕业一事。彭老师对张润民意外身故感到非常痛心。张润民最后参加的科研活动是彭老师主持的《二十世纪中东史》（高等教育出版社1992年版）的撰写工作。彭老师在该书后记里写道："他的早逝，使我痛心，也给本课题的研究工作带来了无法弥补的损失。我在修改他的遗稿时，尽量保留了原有写作风格，以资纪念。"

入学后，彭老师就如慈祥父母一般叮嘱我们，处处表现出细心的关怀。我的毕业论文选题为"日本对中东政策研究"，该问题在国内研究力量和资源缺乏，在日本同样也很少有研究成果问世。当师兄黄民兴到日本参加学术讨论会时，彭老师告诉他一定要帮助我找资料。而当黄民兴从日本带回大量有关资料后，我兴奋得难以言表，真似久旱逢甘露！当时彭老师为了进一步培养我学习日本外交史，为我争取到赴日本留学两年的名额，但我因个人家庭情况而放弃，至今自己想起还感到后悔，辜负了老师一片苦心！

在西北大学攻读博士研究生期间，学校发放生活补贴费每月为134元钱，这连吃饭问题都难解决。西安是国内外知名旅游城市，西北大学又位于城市中心区，所以物价比较高。如何让我们能够安心学习是当时彭老师很费心的事情。彭老师及师母曾经讲，他们家里也有与我同龄的儿子，所以非常理解我家庭经济状况。我们现在肩负事业、生活双重压力，希望我们能够坚强挺住，要看到未来发展的美好前景。我们生活压力过大时，要求提前一段时间返回家里缓解，老师从来没有拒绝。每当我们回家向老师请假时，老师都会说，回家后，请代问你爱人好。她在家照顾孩子、老人辛苦。

　　我在攻读博士研究生期间，发表的论文都经过彭老师的指导。他的细心指导，在文章上留下的字迹，使我难忘。细心的师兄李忠海曾经对我说，你注意彭老师对研究生的文章指导，或者在书写的信件里，从来没有出现过字迹涂抹现象，从来都是字迹非常工整。我认为这是老师对自己学生的人格的尊重。另外，我读博士研究生初期曾与李忠海交谈，他提醒我，说彭老师不喜欢别人称他为"先生"，所以今后我要注意。我曾就该问题询问过彭老师，他解释说，一般在学界里，把学问高的人称为"先生"，他自己感到还达不到这样的水平，所以最好不要称他为"先生"。但是当我们博士研究生毕业后，再与彭老师联系时，彭老师都会称我们为"同志"。每当举行博士研究生毕业论文答辩会时，彭老师一定会在西北大学校门口，早早迎候外校来的专家评委。按理说，彭老师的年龄及资历完全可以在会场等待外校的专家评委。我曾劝老师先到会场去，我们在这里迎接外校评委，但是彭老师坚决反对，坚持亲自在校门口迎接他们的到来！这就是彭老师为人处世的特征。

　　彭老师不仅指导我们写学位论文，而且还帮助我们找工作单位。我们读计划内研究生的都知道，毕业前寻找工作单位是非常头痛的问题！又要忙于撰写学位论文结尾部分，准备学位论文的答辩事宜，又要忙于到处寻找工作单位，处于一种极度混乱状态。这时候彭老师会不时地告诉我们有关招聘单位的信息，帮助我们向用人单位写推荐信。我与师弟杨翠柏都找到了理想单位，与彭老师为我们付出的辛苦密切相关。

　　彭老师教学育人这种严谨、实效、人性化作风，正如他经常引用的郑板桥的诗句："新竹高于旧竹枝，全凭老干为扶持，明年再有新生者，十丈龙孙绕凤池。"全心全意地扶持年轻人，使其早日成为国家有用之才。彭老师就是教师队伍中教书育人的楷模。

　　另外，我还想谈谈彭老师对母校——西北大学的热爱！记得当年中央电视台"东方时空"栏目组到学校录制介绍彭老师的专题节目时，我与李忠海师兄参与了录制活动。有一位青年录像师曾经对我们说他不了解西北大学。当时彭老师声情并茂地给他介绍起西北大学的悠久发展历史，由此可以看出彭老师对身为西北大学老师的自豪感。彭老师于1950年考入西北大学历史系就读本科，1954年又考入北京大学历史系攻读研究生，1957年毕业后返回母校西北大学历史系工作。任教50余年来，他不受任何物质利益诱惑，不为名、不为利，培养的学生遍布国内外，而他每日依旧过着清贫读书学习的生活。记得我毕业后与彭老师交谈提到工资收入问题，得知彭老师在西北大学每月工资收入与我这样的青年人收入差不多时，我曾随口建议劝老师换个单位。彭老师却告诉我："我是陕西人，我不能离开陕西，西北大学培养了我，我要坚持在西北大学工作！"我顿时感到很惭愧！与彭老师接触这么多年，怎么能够说出这样引起老师反感的话！西北大学正是因为有如彭老师那样忠诚的、中流砥柱般的专家支撑，才能够成为百年不衰的名校。热爱学生、热爱家乡、热爱母校，这就是我们的彭老师！

我博士研究生毕业到现在已 13 年多了，每当自己指导研究生学习时，都会想到彭老师对我的培养。前人栽树后人乘凉，彭老师教书育人为我们做出榜样，我们应该如何走，如何能不愧于对老师的苦心栽培是弟子们应该思虑的！

彭门学记

王新刚

（西北大学历史学院教授）

有缘投于彭树智先生门下为徒，实为人生一大幸事。然而，我两度师从于先生，且又是先生最后一届硕士生，时至今日仍有幸当面领受先生教诲，其缘之深，其幸之大，一句"人生一大幸事"又岂能涵盖。

一　初入师门识先生

初识先生是在 1986 年秋天。当时先生为研究生开设东方民族主义思潮课程，我去旁听。由于本科所学专业是英美文学，史学知识极度缺乏，浑然不知何为史学，何为中东研究，先生讲授的内容我完全听不懂。但是，课堂上先生儒雅的风度，课间简短对话中先生的和蔼可亲，给我留下了难以忘怀的、仿佛发生于昨日般清晰的印象。

次年，先生兼任中东研究所所长，从此与先生有了近距离接触。先生到任后，时常勉励所里青年人积极进取。1989 年我赴巴基斯坦访学前夕，偶遇先生提及出国的事，先生嘱咐道：巴基斯坦是我国友邦近邻，印巴关系历史与现实复杂多变，与刚结束苏联侵阿战争的阿富汗民族、宗教联系紧密，其自身政治、宗教等也动荡不定，要多关注其历史及现实问题。回想起来，先生是在为我指出一个潜在的科研生长点，可我并未完全领悟先生的用意，巴基斯坦之行成为我歆歔不已的沉默成本。1990 年归国后不久，第一次海湾战争爆发，基于中东地区是国际热点集中的地区，日益受到人们的关注，但社会上又普遍对中东缺乏必要的知识，先生主编了《中东国家和中东问题》一书。我承担了部分撰写工作。交稿后数日，先生与我面谈。展开书稿，我不禁大吃一惊，几十页书稿中，几乎每一页都有少则三五处，多则十几处修改，包括标点符号的修改。更让我感动的是，先生将删除部分又亲自撰写了两页半文字予以补充。未能完成好先生指派的任务，我深感愧疚。但是今天看来，这是我第一次参与正式出版著作的写作工作，在学史治学的起步阶段竟有幸得到先生的指点，这令我至今仍感慨不已。

一个在史学殿堂外蹒跚学步的青年，就这样一步步走到了先生的身边，来到了中国中东史研究的殿堂前。1993年在学长及同事鼓励下，我报考先生的硕士生，在彭门之外徘徊数年后，终于入门为徒。更为庆幸的是，这是先生招收的最后一届硕士生。

初入师门，问道于先生，我逐渐领会了史学之博大精深，也感悟到了先生为中国世界史、中东史研究付出的心血。

入学后我首先遇到的问题是：史学是什么？问题起因于先生对我的课程作业的一句批语："虽已登堂，尚未入室。"哪曾想，我迎面撞上的是一个"历史哲学家和职业史家曾不惜笔墨地辩论史学的特性，似乎至今还没有取得一致的意见"的问题。[1] 原以为文史不分家，国外史学界也有历史属于文学的说法（history as literature）。[2] 希罗多德和司马迁在文学及史学历史上同样享有崇高的地位。我略有语言文学基础，自以为史学并非深不可及。然而，"史学是什么"看似是一个"入门问题"，但却反映了史学的复杂性和特殊性。"史学是一门古老的学问，在中国如此，在欧洲和世界其他一些地区也是这样。中国不仅历史悠久，还拥有源远流长的史学传统；在欧洲，只有史学、数学和天文学在成为制度性的学科以前，就已经独立存在了两千多年。"[3] 对史学的本质特征，先生曾有精辟的论述："历史学是基于史实理解人类自身生存

①　李剑鸣：《历史学家的修养和技艺》，上海三联书店2007年版，第11页。
②　同上书，第11页。
③　同上书，第22页。

和发展的分析科学。"① 先生进一步阐述道："历史学是基于理解自然界、人类社会和人们内心世界的分析性科学。如果一个历史学者力求理解过去、现在和未来之间广阔的联系，关注普遍历史过程的综合和分析，他至少是在探求规律方面迈进了一步，虽然他不能奢望自己会发现社会规律，这如同自然科学家去发现物质的根本规律一样难。"② 马克思、恩格斯说："我们仅仅知道一门惟一的科学，即历史学。"他们认为历史科学的最高任务就是探索人类社会发展的规律。③ 作为马克思主义理论学养深厚的历史学家，先生对史学的认识和领悟无疑是深刻的。国外史学家中亦有近似看法。英国历史学家埃里克·霍布斯鲍姆认为："事实上，历史学已经从纯描写及叙述性转向了分析和说明；从集中研究独一无二和单个事件转向对规律的研究和推论。"④

　　20 世纪 80、90 年代"史学危机"的哀叹声曾不绝于耳，史学自身也"日益脱离社会，疏远大众。史学论著的读者一般不出专业圈，成果的价值主要靠同行来认定，而不必考虑社会接受的程度。于是，史学就成了一个在专业圈内部循环的、过度专业化的学科，这使它的社会声誉不高，在知识和教育体系中的地位也趋于下降，在资源分配和学生来源方面，也越来越落后于不少的新兴学科和应用学科"。⑤ 这些现象说明，史学一定程度上偏离了它的本质，进而成为被批评的鹄的。先生认为，"史学的性质、内容和作用说明，它虽然是一门基于历史资料而研究历史过程的综合性基础学科，但它既把历史过程的基础研究作为主要任务，又具有可供选择的广阔应用面；它既把科学性作为自己的根基，又具有强烈的时代性、阶级性和现实性。史学的社会功能，自然不能用实际物质利益来衡量。史学的社会功能归纳起来，主要表现为三个方面：资政功能，认识功能和教育功能。恰恰在这三个方面，体现了史学

　　① 彭树智：《时代、历史学家的步履和史学观》，载张艳国主编：《史学家自述》，武汉出版社 1994 年版。

　　② 彭树智：《文明交往和通史研究问题的思考——〈中东国家通史·叙利亚和黎巴嫩卷〉编后记》，《西北大学学报》2002 年第 2 期。

　　③ 转引自梁寒冰主编《历史学理论辑要》上册，中华书局 1982 年版，第 7 页。

　　④ ［英］埃里克·霍布斯鲍姆：《史学家：历史神话的终结者》，马俊亚、郭英剑译，上海人民出版社 2002 年版，第 71 页。

　　⑤ 李剑鸣：《历史学家的修养和技艺》，第 19 页。

与社会、与人类的密切关系。""历史学家要维持史学的地位",为此要做到:"第一,把历史研究和社会现实研究结合起来。……让人们看到史学的直接或间接的现实作用。第二,把学术研究和普及历史知识结合起来。在充分发挥史学认识功能的同时,发挥它的教育功能,使史学走向大众。第三,把严谨的逻辑分析与生动形象的叙述结合起来……第四,把历史学的科学性和历史学为国家、为人类、为大众利益服务的社会功能统一起来。真实性和科学性是历史学赖以生存的根基。只有在坚持真理、维护史学学科科学性的基础上最大限度地发挥史学的社会功能,史学才能克服一切困难,始终挺立于世界学术之林。"① 学生浅薄,不敢对先生的史学思想妄下论断,但先生的论述无疑是对唱衰史学及其史学危机论的有力回应,也使我对史学及其本质特征有了进一步的认识。

有学者认为:"我国的开放程度、政治环境、不同时期对外国学术成果的不同评价和取舍,一定程度上规定着我国世界史的研究水平。""学术上的苏联话语和中国政治上的革命话语相结合,决定了我国 20世纪 60—70 年代的世界史研究具有鲜明的时代主题和特征:各国各时期的革命史、资本主义殖民侵略史、殖民地民族解放运动史、国际共产主义运动史等成为世界历史研究的主要领域。"②

先生对自己的学术历程总结道:"我在史学事业追求中所形成的学术思想和方法很像一部移民创业史。……时代影响着史学家的世界观,影响着他们的思维方式和对语言的运用,影响着他们对研究课题的选择和价值的取向。"③

先生早年就显露出史家的才华和天分,受到侯外庐、周一良、季羡林等著名史学家的启迪和指导,进入中国世界史研究的主流领域。从求学时本科与研究生阶段对印度现代民族解放运动及 1857 年印度民族起义的研究,到 1957 年回到西北大学任教后对民族解放运动史的研究;从"文革"时对国际共运史及其历史人物的研究,到 20 世纪 80 年代

---

① 彭树智:《史学、社会和人类——谈史学的社会功能》,载《书路鸿踪录》,三秦出版社 2004 年版,第 501—502 页。

② 刘新成、刘文明:《新中国史学的发展与成就——中国世界史研究六十年》,《历史研究》2009 年第 5 期。

③ 彭树智:《时代、历史学家的步履和史学观》。

后的中东史研究，先生近六十载的学术生涯及其学术重点的变迁，折射出时代的脉搏。

然而，史学家个人的理性抉择、自觉意识，乃至胆略，却是理性、主观、能动的。先生青年时代以炽热的爱国情怀投入史学的殿堂，但选择世界史研究方向却显示了先生的勇气和胆识。1957 年 5 月 10 日，《人民日报》第三版发表了北京大学历史系世界史教研室主任杨人楩先生关于世界史的文章。他在文中无奈地呼吁道："我们的科学落后，当然不可能叫各门科学齐头并进，应当排排队，不妨把世界史排在末尾，只要不把它抛在外面。"① 由此可以想见，建国初期中国世界史研究的薄弱与落后。就在同一天《人民日报》的第二版刊登了彭先生的《百年前印度的人民起义》一文，这在北京大学历史系研究生中传为盛谈同时也给落后的世界史学科带来一丝希望。

1957 年先生回到史学积淀深厚的西北大学历史系执教。西大历史学科曾经是名家云集的地方，先后有黄文弼、陈述、周传儒、萧一山、王子云、谢国桢、马师儒、杨向奎、史念海等先生于斯执教。建国后，首任校长侯外庐是可与范文澜、翦伯赞等先生比肩的著名的马克思主义史学家。"文革"前后，西北大学历史学科仍荟萃了陈登原、马长寿、陈直等多位史学界顶尖学人②。然而在名家荟萃的西北大学历史系，却难觅世界史名家的身影，也鲜有重要的世界史学术成果出现。因此，世界史并非西北大学史学的优势学科，学术氛围和根基也不可与中国史研究同日而语。1980 年后先生开始了中东史的研究，但当时"整体上看来，我国的中东史研究一直是世界史学科领域中的薄弱环节，表现为学术力量不足，成果的数量与深度有待提高"③。就社会政治环境而言，"文革"结束前的动荡岁月，先生的科研、教学工作屡受干扰。

先生正是在学科整体落后，学术环境相对不佳，不断受到政治运动冲击的条件下，以独辟蹊径、独树一帜的胆识，以百折不挠、坚忍不拔的意志，以"入地狱之门"研究世界史的决心，以勇于探索、开拓创

---

① 转引自刘新成、刘文明《新中国史学的发展与成就——中国世界史研究六十年》。
② 陈峰：《西北大学历史系二三事》，《美文》2009 年第 8 期。
③ 张倩红：《文明交往语境下中东史学术体系的构建——〈中东国家通史〉读后》，《世界历史》2008 年第 5 期。

新的精神，在学术生涯的每一个阶段都取得了丰硕的成果，从而奠定了在中国世界史研究领域中的学术地位。

先生读本科时完成了 15 万字的毕业论文，研究生阶段以 1857 年印度民族起义为主题，在《人民日报》、《北京大学学报》等报刊发表学术论文。回西北大学初期，在侧重研究民族解放运动时提出了"1923—1924 年民族解放运动持续高涨"的观点，为各种世界现代史教科书认可、采用。受政治运动干扰时，先生的理性思考从未止步，特别是"文革"荒废的十年对先生来说并未"荒废"，他通过唯一被允许、被鼓励学习的马列原著，研究共运史及其历史人物。"文革"结束后不久，先生相继出版了《叛徒考茨基》（1978 年）、《修正主义的鼻祖——伯恩施坦》（1982 年）、《无政府主义之父巴枯宁》（1985 年）。《无政府主义之父巴枯宁》出版后，《中国社会科学》、《史学月刊》等多种学术期刊同年连续发表书评。1987 年在《答〈追求者自白〉编者问》中先生也认为，这是自己比较满意的一部著作。[①] 与此同时，先生在民族解放运动及民族主义研究方面，更是厚积薄发，在《历史研究》、《世界历史》等刊物发表系列文章，先后出版了《现代民族主义运动史》、《东方民族主义思潮》等著作。

中东史无疑是先生研究历程最长、倾注心血最多、学术成果最丰富、对中国世界史研究贡献最大的研究领域。先生的贡献体现在三个方面：第一，中东通史、断代史、国别史、专题史等开拓性成果。在先生的主持下，1991 年中国学者第一部阿拉伯国家通史性著作《阿拉伯国家简史》问世，1992 年中国学者第一部中东国家现代断代史著作《二十世纪中东史》出版，1993 年出版的、先生亲自参与撰写的《阿富汗史》，是中国学者首部中东国别史及阿富汗史的专著。上述三部著作创造了中国中东学界的"三连冠"。专题史的标志性成果是《伊斯兰教与中东现代化进程》（1997 年出版）。专题史方面，先生还主编了《世界十大系列》以及《外国人丛书》等普及性著作 30 余部。

中东国家通史研究无疑是先生着力最多的领域。1993 年《阿富汗史》出版后，先生开始全面谋划中东国家通史的撰写工作。先生"潜

---

① 彭树智：《答〈追求者自白〉编者问》，载《书路鸿踪录》，第 820 页。

心耕耘，十年一剑（1997—2007），终于推出了'跨世纪'之作——13卷本的《中东国家通史》，为我国中东史的研究进一步开展与学术体系的构建奠定了前所未有的基础。"① 《中东国家通史》等著作的出版，也了却了先生"要在中国人的书架摆上中国人编写的中东史著作"的心愿。

　　第二，文明交往论的提出。1986年后，先生开始了"文明交往论"的理论探索。我个人第一次较完整地接触到文明交往论，是在先生为学生开设的"马列经典著作选读"的课程中。先生在讲解《德意志意识形态》时，论述了文明交往打破了封闭的民族和国家壁垒，使世界联结成一个整体，使孤立的历史转变为"世界历史"的理论思想。《东方民族主义思潮》一书序言中，先生又从文化的角度阐释了文明交往的含义，在业师周一良先生狭义、广义和深义文化的基础上，提出了边义文化的概念。长期以来，"先生认真梳理、深入思考了经典作家关于历史交往的观点，结合国内外学术界关于交往问题的讨论，通过对世界上一些贯通古今的重大事件的比较，揭示了社会发展与文明交往的互动关系，并逐渐归纳、厘定出'文明交往论'的具体内涵、本质特征与发展规律"。② 先生正是"用文明交往的视角，在《二十世纪中东史》、《阿拉伯国家史》③、《中东国家通史》中，对人类不同文明在中东地区的互动交往作了多侧面的探索……"。④ 先生在三部理论精品专著《文明交往论》、《书路鸿踪录》、《松榆斋百记》中，对文明交往理论做了最全面的论述。"文明交往论"是先生继"现代民族主义运动理论体系"之后又一个创新性理论体系。

　　第三，创立自成一派的学术群。二十余年来，在先生的引领下，西北大学中东史研究已经形成了学术根基扎实、成果丰硕、团队稳定、学术特点鲜明的自成一派的学术群。1987年先生兼任西大中东研究所所长后，为该所确定了"现实与历史结合，科研与教学结合，重在出人

---

　　① 张倩红：《文明交往语境下中东史学术体系的构建——〈中东国家通史〉读后》。
　　② 同上。
　　③ 《阿拉伯国家简史》2002年修订再版后改为现书名。
　　④ 彭树智：《亚洲史研究的未了情——悼念何芳川教授》，《史学理论研究》2006年第6期。

才和成果"的发展方向。先生以学术战略眼光和强有力的组织能力，选择课题，组织团队，集体攻关。《中东国家通史》、《阿拉伯国家史》、《二十世纪中东史》、《阿富汗史》、《伊斯兰教与中东现代化进程》等，都是集体攻关的结晶，也彰显出中东研究的在全国中东学界的地位和优势；在科研成果不断涌现的同时，也锻炼培养了队伍，形成了高水平的科研团队，取得了既出精品又出人才的"双丰收"。1986 年以系所结合所形成的优势，西大世界史专业获博士学位授予权，成为国内首个中东、南亚博士点，而先生成为国内中东研究领域首位博士生导师。在先生带领下，西大中东研究所在中国中东学界异军突起，成为中国中东研究最大的人才培养基地。以先生主持的 2004 年度国家社科基金重大项目"当代中东局势发展及我国战略对策研究"（也是该年度我国西部地区争取到的唯一的国家社科基金重大项目）为标志，自 2001 年以来，西北大学中东研究学术群几乎每年都争取到国家社科基金项目（含一般、青年、西部项目），从而显示出整体性、高水平的科研实力。西北大学中东史学术群与先生都有师承关系，受先生的熏陶，在理论思想、研究方法、学术风格等方面，都自觉地传承了先生的"文明交往论"等理论的特点和方法。特别是先生的文明交往论已成为该学术群最具个性化的特征，在中国中东学界自成一派，在中国世界史研究领域独树一帜。在先生引领、培育下，西北大学中东史研究从此脱颖而出，成为学界公认的优势学科群，同时也一举改变了中东史在中国世界史研究中"起点低、底子薄、积累少"的局面，为中国世界史研究作出了贡献。

二　再入师门识殿堂

　　1997 年再入师门为徒，跟随先生读博士，使我幸得再度在先生足下领受指教的机缘。此时，先生引领下的西北大学中东史研究在中国世界史学界已无出其右者，处于毋庸置疑的领先地位。中东研究所更是成为中国中东研究最大的人才培养基地。

　　与此同时，我也跨入了一个先生精心培育的人才济济的博士群。先生在教育方面最重要的成就之一就是对高端人才的培养。1986 年，先生获国务院批准为世界史博士生导师，迄今先生亲自指导的博士生已有

31 人毕业取得博士学位。而这个博士群又进一步延伸，先生的再传博士弟子数量也甚为可观。截至 2010 年 6 月，西北大学世界史博士点共毕业博士 65 人。西北大学中东、南亚研究博士群，在当今中国中东学界被戏称为"西北军"。此"西北"乃西北大学之"西北"也，非相对落后和欠发达的彼"西北"也。这个博士群的学子们在读博期间，就展示出各自的长处和特点。部分人在读期间就获得了国家社科基金项目，在《世界历史》等权威学术期刊发表了论文。他们是时下中国中东研究的重要力量，他们活跃在各自的学术领域中，大多数正处于学术研究的高峰期。这里不能不敬佩先生的战略眼光。当学子们来到先生门下时，先生有意识地引领他们寻找不同的学术科研生长点，或不同的国家或不同的领域。由此扩而展之，先生的学生几乎在中东研究的所有领域都占据一席之地，且大多数学有所成。目前，这个博士群已走出博士生导师 7 人、教授 20 人。翻看国家社科基金各年度立项目录，几乎都能看到这个博士群里熟悉的名字。更有拔乎其萃者，这个博士群中已有两人担任大学副校长。而先生的两位弟子更是长期担任中东研究所所长、副所长，精心呵护着弟子们的精神家园。当然也有出乎其类者，弟子中也出现了佛学、文学、国际法学等领域的知名学者，甚至有弟子成为英语语言文学专业的教授。

　　在我的博士论文答辩会上，陕西师范大学刘念先教授曾不无感慨地赋诗一首：《七律·辛巳冬博士论文答辩会书赠老友》。诗中写道："同窗三校忆青春，谊过古稀倍惜珍。难得知交情义重，故教晚岁往来频。一年一聚评文论，半议半聆助识真。最羡君门桃李盛，莘莘世纪创新人。"先生也曾表示："我愿在长跑路上学有薪传，在自我职责创造的同时，把长跑变成接力跑，培养更多的后来者拿过接力棒，一代一代传下去。"[1] 先生援引郑板桥《题画竹》诗表达自己的期许："新竹高于旧竹枝，全凭老干为扶持，明年再有新生者，十丈龙孙绕凤池。"[2]

　　读博期间，我逐渐领悟到先生关于培养研究生的深入思考。先生对

---

　　①　彭树智：《跋：雁别蓝天去，山迎白云归》，载《书路鸿踪录》，第 870 页。
　　②　彭树智：《做好博士研究生指导工作的关键在哪里？》，《学位与研究生教育》1992 年第 3 期。

研究生的培养这样总结道："我培养研究生，着力于科研意识、科研基本功、科研生长点和科研成果四个方面，其中选择科研生长点属科研人员的长远发展方向，因此尤为注重科研生长点的选择。""做科学研究要有科学精神，首先在态度上须敬业；其次在方法上要宏观与微观相结合，做到'眼在远处，手在近处'；最后，也是最重要的，要在选准科研生长点的既定基础上，有计划有步骤、步步为营、针针见血地扎实前进"。① 先生对研究生的培养也展现出高度的使命感和责任感。先生曾说："博士研究生是未来各学科领域的学术带头人，有的将成为国家各级领导部门、各条战线的骨干。这些人才虽然人数不多，但由于岗位的重要性，他们的政治素质、业务水平和组织能力的强弱直接关系到我国科学技术的发展水平，关系到我国社会主义现代化的进展速度。因此，培养质量高、数量多的博士研究生是党和人民的需要，是时代赋予我们的责任。"②

　　令我感悟更深的是先生对研究生个性化的培养。先生曾自问："我国人文社科界为何很长时间没有出现公认的大家和大师？"对此，先生"发现……在于缺乏一个多样的学术个性成长的环境和多样的学术个性化培养的途径。教育行政部门的宏观管理和导师对研究生的严格要求，完全是应当的。但是这一切工作的目标，在于增强研究生的创新能力。""须知在人们精神劳动的复杂过程中，个人的主动性是最具有学术生命活力的因素。""博士生创新的关键之所以在学术个性化的培养，这是由创新的本质要求所决定的。学术贵在创新，最主要的原因，就在于创新是理性思维、逻辑思维、形象思维、直觉思维和灵感思维等思维方式的综合体现，是治学的高层心理状态。"先生特别指出：学术个性化归结起来，是尊重博士生的独立人格，培养他们探索真理、追求真理的品格。③ 先生就时下对研究生的评价也采取量化的标准提出了个人的看法，认为"量化评价的优点在于简化了标准体系，提高了工作效率，可计量、可比较，便于行政操作。但是弊端很多，如激励短期行为、强

---

　　① 彭树智：《〈沙特阿拉伯的国家与政治〉序》，载《书路鸿踪录》，第 320、322 页。

　　② 彭树智：《做好博士研究生指导工作的关键在哪里？》。

　　③ 彭树智：《略谈博士研究生的学术个性化培养问题》，《学位与研究生教育》2003 年第 2 期。

化长官意志、误识良莠人才，特别是扼杀了学者个性。……最大的问题是政事不分、数量质量混淆，把学术问题简单化了。对于培养人才和学术发展，尤其是对精英人才的个性成长，极其不利。"①

正是在先生精心培养和呵护下，西北大学中东研究所走出的每一位学子，大多都业有所成、事有所就。而我作为该群体的一员，也不无荣耀之感。

在读博期间，我也感悟到先生多样化、国际化培养博士生，以及因材施教的艺术和理念。先生在立足国内培养博士生的同时，也利用国外资源、条件，走国际化培养的途径。对此，因我个人的经历而体悟尤为深刻。先生的第一届博士生中，就"有一名博士研究生，是同英国埃克塞特大学中东研究所联合培养的，……在资料积累、吸收和研究方法上都有所受益。在回国后的博士论文答辩中，得到答辩委员会全体委员的一致好评……"② 我再入师门后，巧有机遇赴叙利亚访学（事后方知，此次出国是先生的安排）。启程前，先生嘱咐我，要在硕士在读期间和已有的叙利亚研究的基础上，进一步深化对叙利亚国家政治、历史、文化、宗教等问题的认识与探索，通过此次叙利亚之行，要为博士论文的写作打好基础，力求对叙利亚的研究有进一步深入和扩展。有先生的耳提面命，也有巴基斯坦之行的前车之鉴，赴叙利亚期间我不敢丝毫懈怠，并依照行前先生的嘱咐和自己的计划，顺利完成了访学行程。回国后，我在访叙研读的基础上，在从大马士革大学、叙利亚国家图书馆、黎巴嫩美国大学图书馆、中国使馆文化处及约旦大学等搜集到的资料基础上，发表了叙利亚历史、经济、文化、外交、改革及叙黎关系等方面的学术论文，顺利完成了博士论文。其间还受先生指派，完成了《中东国家通史·叙利亚和黎巴嫩卷》（商务印书馆 2003 年版）的撰写任务。就此，跟随先生读博的求学经历画上了句号。我的读博经历是彭先生多样化、国际化博士生培养理念的具体体现，是先生诸多培养方式与个案之一。当然，我仍然在先生身边工作并求教于先生。

回国后与先生交往的一件事令我至今记忆犹新。访叙期间，在一旧

---

① 彭树智：《略谈博士研究生的学术个性化培养问题》。
② 彭树智：《做好博士研究生指导工作的关键在哪里？》。

书地摊上以极低的价钱觅得一部英文版《叙利亚史》（History of Syria –
Including Lebanon and Palestine）。作者是菲利普·K. 希提（Philip
K. Hitti）。我向先生提及此事，先生命我将书取来。先生仔细地翻阅
着，从扉页到目录，从前言到正文，从出版年代到出版公司。看到书中
大量的阿文、法文、英文批注，以及大量的外人并不理解的各种记号，
先生感叹道：书主人一定是个有心、用心的史家。站在先生桌前，望着
先生的神情，我似乎悟到了此书的价值。此前也曾阅读过菲利普·K.
希提所著的《阿拉伯通史》汉译本，但是对作者在阿拉伯史学地位的
了解，对著作的学术意义的认识，却是在先生《文明交往和通史研究
问题的思考——〈中东国家通史·叙利亚和黎巴嫩卷〉编后记》一文
发表后。先生在文中谈道："这里要特别提到美籍黎巴嫩裔学者菲利
普·K. 希提（Philip K. Hitti），他对通史的贡献，是在《阿拉伯通史》、
《叙利亚史》和《黎巴嫩简史》以及《近东史》等一系列著作中，把
地区和国别通史的通识、综合、全局和局部融为一体。……希提在阿拉
伯、叙利亚和黎巴嫩史的卓越成就，反映了不同文明的交往，堪称为黎
巴嫩'侨民史学'的代表人物。"① 先生是"英雄惜英雄"、慧眼识
"真金"！先生也对我幸得此书而欣喜，曾在后入学的博士研究生中多
次提及此事。

　　《中东国家通史·叙利亚和黎巴嫩卷》完稿后，一如各卷本完稿后
一样，先生撰写了编后记。在后记中，先生根据对叙利亚（大叙利亚
地区②）"文明十字路口"历史演变的思考，论述了商贸活动在文明交
往过程中不容忽视的作用，认为叙利亚因其优越的地理位置与悠久的商
业传统，商贸活动异常活跃，并吸引了来自中亚、东亚等地的商贾。来
自各地的商品通过叙利亚被转运到希腊、罗马世界，甚至遥远的欧洲，
"在叙利亚地区，随着时代的发展，我们看到的环海和沿草原与欧亚大

---

　　① 彭树智：《文明交往和通史研究问题的思考——〈中东国家通史·叙利亚和黎巴嫩
卷〉编后记》，《西北大学学报》2002 年第 2 期。
　　② 1946 年以前，叙利亚一词不是国家的称谓。历史上的"叙利亚"指的是亚洲西部南
起西奈半岛，北到陶鲁斯山脉，西起地中海东岸，东到叙利亚沙漠的广袤地区。它包括今天
的叙利亚、黎巴嫩、以色列、巴勒斯坦、约旦以及土耳其南部的伊斯坎德伦等地区。参见
彭树智主编、王新刚著《中东国家通史·叙利亚和黎巴嫩卷》，商务印书馆 2003 年版，
第 7 页。

陆地带的贸易，已愈来愈成为跨地区的文明交往。"① 交往的结果是不同文明的互动、相融。在论述商贸活动的文明交往、并与阿富汗"文明十字路口"比较之后，先生论述道："叙利亚'文明十字路口'交往汇聚区的最突出之点，在于它是世界性宗教文明的发源地、融合地和扩散地。""它创造了一神教，这在精神上和智力上都是文明的伟大成就。这种对上帝的特殊观念，既与埃及、苏美尔—阿卡德、印度和希腊宗教思想和情感相通，也与犹太教、袄教、基督教和伊斯兰教相同。从宗教意义上讲，犹太教代表着古代叙利亚文明。""基督教文明来源于叙利亚文明，它是叙利亚文明和希腊文明融合体基础上交往的产物。""叙利亚文明因素和希腊因素，同样在伊斯兰教中也是根深蒂固的。""因此，在文明交往过程中，基督教和伊斯兰教都是叙利亚和希腊因素在叙利亚'文明交往十字路口'汇聚交融的产物。"② 叙利亚文明在古代东西方交往中的重大作用及其历史地位已被历史学家们高度认可，汤因比在《历史研究》中就把叙利亚作为西亚国家的代表进行研究。

通过对"编后记"的学习，我既对"文明交往论"有了全新的认识，更对古叙利亚文明有了更深入的理解。这里又回想起一件往事。在一次交谈中先生嘱咐我，要对叙利亚古代文明多加着力，古叙利亚文明的重要性与国内史学界一片空白的研究现状存在巨大反差，力争出一些研究成果。先生当即从书架上取出汤因比的《历史研究》交给我。此书还保存在我手中，但至今我也未能完成先生的嘱托，内疚感溢于言表。

先生为《中东国家通史》各卷本撰写的"编后记"是对每一部著作在理论上的升华，是对各卷内容的高度凝练，是每一卷的精华所在；而每一卷中先生撰写的"《中东国家通史》卷首叙意"更是如此，它大大提升了《中东国家通史》的理论层次和学术品位，也使得这部因多人参与而必不可免的理论、思路、结构、体例等不尽协调、统一的情况得以匡正。

事实上，先生在主编的所有著作中都以科学、严谨、求实的态度撰

① 彭树智：《编后记》，载王新刚《中东国家通史·叙利亚和黎巴嫩卷》，第422页。
② 同上书，第428—429页。

写绪论、序言以及后记等。另外，长期以来多方学者仰慕先生，登门求序者络绎不绝。先生并未因工作繁忙等予以婉拒或草草了之，而是在认真审读、深入思考的基础上，以渊博的史学知识、宽阔的学术眼界，特别是结合自身的研究如"文明交往论"等，认真撰写每一篇序言。当求序者满意而归时，先生已经以他人之序，发自我之言，完成了一篇高质量的学术论文。在先生的理论专著《书路鸿踪录》等著作中，收录了大量的序言、绪论、后记等，每一篇都是严谨、规整的学术论文。依我之浅见，以序发论，以序言与后记，完善全书，并表明心志，是先生多年来学术研究的特点之一。

三　未说完的话

我有幸两度师从于先生，跟随先生学史问道、学史治学，认识了先生，也进入了中国中东史研究的学术殿堂。先生的道德学问，令我仰之弥高，探之弥深。同门共同的精神家园——先生创建的中东史研究的学术殿堂——西北大学中东研究所也时时令我引以为荣。求学经历之外，我长期在先生身边工作，但我从不敢以同事自居，而是深感庆幸，时常有机会当面聆听先生的教诲。今天，我能执教于大学讲堂，从事于史学研究，离不开先生的引领，先生执著学术的精神和百折不挠的正气，更成为我行走世间的航标。作为一名受业多年的弟子，我始终视先生为道德文章的楷模，尤其敬佩先生的坦荡胸襟。而对于这一学术殿堂走出的每一位同门所取得的进步与成绩，在备感欣慰之时，也常常促我见贤思齐，引为榜样。

时值先生八十寿辰，将心中所想记录于纸上，以表弟子的感恩之意！

"三"的智慧　诗的才情

——感悟彭树智先生

梅晓云

（西北大学文学院教授）

　　我随彭先生读书，是跨了学科才得以拜在先生门下的，怕先生以为我史学根底浅，遂反复言说"文史一家"，云云。及至入了师门，得先生亲授学问方法，才深愧当年的饶舌。惶恐中做了三年学生，听先生课，读先生书，深感先生正是文史相通的榜样。现在，我有一些感悟写在这里，或许能够从一个侧面反映彭先生为师治学的特点。

　　我在读彭先生的书的过程中，发现先生喜欢"三"，表现出一种对"三"的智慧的自觉；也体悟到先生喜欢诗，不仅用诗明理启智，也写诗畅志怡情。

　　先生爱"三"。每言及学习、学问、学理、学术、学人、学格等，多喜用"三"，涉及方法、理论、志业、为人、教学、情思等诸多方面。如：

　　三书：读书、教书、写书。

　　三知：知己、知人、知心。

　　三有：有志、有识、有恒。

　　三择：择精、择博、择弃。

　　三多：多思、多写、多行。

　　三境：爱境、好境、乐境。

　　三自：自尊、自知、自制。

　　三课：无字之课、有字之课、无纸之课。

　　三之：文史之旅、文史之论、文史之著。

　　三种科学精神：献身、进取、韧性。

　　三段十六法：问题、方法、结论三段及其十六种组合排列。

　　论郑板桥诗有"情"、"思"、"怨"三态观；论治学诗词而有"心灵"、"心志"、"心思"三心说；先生《大学忆》诗则有"求是楼中吟'三境'"句；论李叔同则生发出"物质（衣食）"、"精神（学术）"、"心灵（宗教）"三个世界统一的认识；论人类文明交往有"自然律"、"法律"、"道德律"三律，并引申为学术上的三律，因为学术有"求真"、"向善"、"爱美"三种境界……

　　先生似乎有一种对"三"的思维的自觉，他说：

　　"为学中'打通'（古今中外、各个领域）'参照'（不同学派、观点）'比较'（纵横与同异）是三种主要方法。它是学术开放意识，而不是画地为牢、自我封闭。清醒头脑、深刻洞察力、广纳百家，警惕一个中心和二元对抗思维方式。"[①]

　　这里不仅谈到为学的三种方法，而且明确地反对一元中心观和二元论思维，我认为这正暗含了先生的文化哲学和方法哲学。在文史研究中，我们今天往往见"一"见"二"，追求是"一"是"二"，而不知不觉地忘记了东方哲学"不落两边"的中道智慧，也不知不觉地忘记了我们自己传统的"执其两端用其中"的思维优势，而这即是求"三"的智慧，是"二而三之"、"合二为三"、"一分为三"的为学方法，为人方法，为师方法。我读先生书，每见"三"的回归，"三"的思维，书中大量用"三"、论"三"，不也正是中华文化中"尚三"传统的鲜活体现吗？

　　最近读到一本书，是哲学家庞朴的《一分为三论》，领悟到先生为师治学的特点由来有自。因为能"三"才能"参"，"三"的大写就是"参"，而这个字的意义是如此深刻和重要：参考、参照、参议、参悟、参透、参见、参观、参革、参省、参加、参与、参决、参验、参酌……所有这些词都是"三"的状态和思维，是在"二"中的再加入。我从

---

　　① 彭树智：《〈悠得斋笔记〉序》，载《书路鸿踪录》，第763页。

先生的论著中读出这么多"三",也由此体会到先生教学的智慧、治学的智慧、方法的智慧。见先生人,读先生书,闻先生语,确能体会到先生往往在两反之中取一中道,立论必平实,做人必通达,为师必亲严的智慧。而这,不正是与先生爱"三"用"三"有密切的关系吗?

先生爱诗。言心情、论治学、道人生、讲世事,用诗;议书路心史、说学科建设、道师生情谊,也用诗。情到浓处,非赋诗言志不为雅乐,不为畅快,常常思绪所至,必以诗心诗情抒怀。先生文集《书路鸿踪录》之名就出自古诗"飞鸿雪泥"的典故。① 先生为历史学者,知识广洽,见闻博杂,举凡中西哲学,经史子集,宗教经典,自然科学,文学艺术,方言戏曲,文人笔记,美学禅悟,社情世事,人伦物理,经济思想,乃至现代、后现代理论,从柏拉图到海德格尔,从孔夫子到鲁迅,从西方古典哲学、当代存在主义、马克思主义、人类学理论、解释学方法到中国先秦理性、近代社会思潮,哪一样不涉及不议论呢?而所涉诗文之广,也是非常惊人的。先生所引诗涉及《诗经》、楚辞、汉赋、唐诗、宋词、元曲乃至现代白话诗;诗人有春秋屈原,西汉司马迁,晋陆机,南朝刘勰、江淹,唐李贺、杜甫、李白、孟郊、白居易、韩愈、吕温、张继、杜荀鹤、卢廷让、刘禹锡、王之涣、李商隐,宋苏轼、张载、朱熹、陆游、晏殊、柳永、李清照、王安石、刘克庄、黄庭坚、秦少游、欧阳修,金元时期的元好问,清人叶燮、赵翼、袁枚、李惺、郑板桥、蒲松龄、李渔、吴大澂,清末康有为、王国维,现代董必武、李叔同、胡适、赵元任……外国诗涉及古希腊荷马,古印度《吠陀》,英国的莎士比亚、雪莱,法国的雨果,德国的歌德、荷尔德林,美国的庞德、马克·吐温、爱默生、凯鲁亚克、金斯堡、斯奈德,以及 G. 科索、W. 巴勒斯、J. C. 霍姆斯、P. 奥洛夫斯基、P. 惠伦等。

彭先生喜引诗不是显博杂,而为明理言志。先生特别提出"诗意治学"的理念,非常值得我们学习和思考。先生认为历史科学与诗的美学相通,可以"用诗心、诗力去治学";又强调"文理融会"的通才训练,认为人文学科乃文化的核心,人文教育是最重要的教育,是思维

---

① 先生多次引苏轼诗"人生到处知何似,恰似飞鸿踏雪泥。泥上偶然留指爪,飞鸿那复计东西"说自己为学心路。

教育、道德教育、才情教育。先生自己正是得益于文理融会、诗意治学的方法，因此，先生的学问才不是"淡水"，而是"浓茶"，有"理趣"，而不会"乏味"。

先生在坐六望七之年引贺铸《浣溪沙》词句"不信芳春厌老人，老人几度送余春。惜春行乐莫辞频"，以明"及时行教书、读书、写书三乐"之志；又引刘书润诗《学感》"勤学不是口头禅，贵惜时日动笔砚。空口喊上一万遍，不如夜阑写两言"，以励志奋学；感慨人生苦短，华发早生，而对镜吟出"口耕笔耘乐，生涯在镜中。惟将两鬓霜，悠然对热风"的豁达诗句；论书路崎岖，思绪所至，不禁赋诗抒怀："书路入崎径，惑与不惑间。芭蕉新心处，何畏风雨残。书人与书社，两相逢机缘。蓦然回首时，往事如云烟。"作为历史学家，先生著"治学诗词杂话"一文，强调用诗词的深厚审美情趣来美化治学者的心灵世界，而且多次引张载的咏芭蕉诗，强调其"新"、"心"于人文科学研究的意义，尤可见先生"诗意治学"的思想。彭先生说："学人之心，自然有诗，虽不是诗人，也会有治学的审美自觉。"作为著述甚丰的前辈，先生依然念念于后学，有《大学乐》寄语青年学子；七十华诞之际，亦题诗赠诸同学，"以颂人类师生美好的情谊"。

先生喜诗，喜欢的是那些有理趣、有风骨、有深情的好诗。先生做诗，做的是感怀诗、言志诗、怡情诗。先生的诗学与史学，在更深的层次，是相知相通的，如此，才能够知人论世，治学育人。

对于文学，我们常说"言之无文，行而不远"。历史学家的文章不也应该这样吗？所谓文史相通，诗哲一理。司马之史，正是无韵之离骚，杜甫之诗，却是有韵之历史。或可谓，我入史门，师入诗门，其启发正是文史应该贯通的学问之道！

先生之史文，亦是美文。先生之史德，更是诗德。先生之精神，是求真向善立美的精神！

从"类型分析"到"现代化"

——彭树智先生的现代民族主义运动研究

刘云

（浙江师范大学非洲研究院教授）

彭树智先生是国内著名的历史学家，他对我国世界史研究的贡献和影响力是史学界公认的。彭先生的学术贡献并不仅仅局限于国内，他的大多数著作早已摆在了美国国会图书馆和大英图书馆的书架上。彭先生毕生致力于世界历史研究，涉猎领域很广，著作等身，且有研究方法与思想观点的不断创新。从世界史的断代看，彭先生的研究包括世界古代史、世界中古史、世界近代史、世界现代史以及当代史；从区域看，彭先生对欧洲史、美洲史、亚洲史、非洲史均有研究，其中尤其对南亚史、西亚史、北非史倾注心血最多；从专题角度看，有现代民族主义运动史研究、东方民族主义思潮研究、现代化研究、文明交往研究、国际共产主义运动研究、宗教问题研究、高等教育研究等。适值恩师八十华诞之际，笔者仅就彭先生对民族主义运动的研究谈一谈自己的心得体会。

彭先生对民族主义运动的研究，大致可以分为三个层面，第一个层面主要是民族主义运动中的政治领域，他在这方面的主要贡献是对民族主义运动的类型分析；第二个层面是对东方民族主义思潮的研究；第三个层面是对现代亚非拉改革运动与现代化的研究。实际上，类型分析和现代化的思考贯穿彭先生现代民族主义研究的所有方面。

一　类型分析与民族主义政治运动

　　彭先生将自己大部分的学术心血与时间倾注在亚非问题的研究上，并能将马克思主义理论应用于世界历史的具体研究之中。在《马克思对世界史研究的贡献》一文中，他系统总结了马克思运用其理论研究世界历史的经验和成果。① 当然，用马克思主义的方法进行学术研究不论在过去还是现在都是国内学术界的一种比较普遍的现象，但先生对于马克思主义的经典著作进行了精深钻研，有独立的思考与理解。马列主义在彭先生那里不是僵硬的教条，而是灵活的理论武器。先生早年的学术论文多是从政治斗争的层面研究亚非民族主义运动。改革开放以前，国内学术界普遍认为亚非拉民族解放运动是无产阶级世界革命的组成部分，只有无产阶级领导的民族解放运动才能取得胜利。彭先生不拘泥于理论教条，而是对历史事实进行深入分析，具体问题具体解决；先生并没有将眼光局限于无产阶级领导或为主的政治斗争中，而是对殖民地半殖民地各个阶级的反帝斗争进行了深入思考。

　　早在 20 世纪 50 年代，彭树智先生就开始了对印度、中东地区的民族解放运动的研究，先后发表了《米勒特的起义》、《略论阿拉伯民族解放斗争的新阶段》、《1946 年的印度海军起义》、《1857—1859 年印度民族大起义的原因》、《1905 至 1908 年的印度独立运动》、《近代印度大资产阶级的形成及其特点》、《铁拉克——印度民族解放运动的伟大先驱者》、《略论 1919 年朝鲜的"三一"运动》等学术论文，对亚非拉民族解放运动的具体问题提出了自己的独到看法，对这些斗争的历史价值给予充分的肯定，认为它们具有反帝反封建的意义，1857—1858 年的印度民族大起义是"印度这一古老伟大民族，在走向独立，进而走向新的社会政治制度的长征中，一个壮烈威武的开始"。② 在资产阶级对民族解放运动的作用被普遍否定的年代里，彭先生大胆提出了资产阶级的

---

① 彭树智：《马克思对世界史研究的贡献》，《世界历史》1990 年第 5 期。
② 彭树智：《1857—1859 年印度民族大起义的原因》，《历史教学》1979 年第 11 期。

领导作用问题，认为不能把无产阶级对民族解放运动的领导作用绝对化，要承认在一定的历史条件下资产阶级可以领导民族解放运动取得胜利的。① 在当时的政治环境与学术氛围中提出这种观点无疑是平地惊雷，振聋发聩。

彭先生对民族主义运动中的领导阶级研究的大量学术论文发表在20世纪80年代，他对我国民族解放运动研究的学术贡献也主要是在这一阶段。彭先生于1981年在《历史研究》杂志发表《凯末尔与凯末尔主义》一文，认为凯末尔革命和改革创造了亚非史上民族革命和现代化改革的开端，是资产阶级领导的民族解放运动的典型，肯定了民族资产阶级在许多殖民地半殖民地国家民族解放运动中的领导作用。② 这篇文章的学术价值与学术影响是巨大的。正是这篇论文的发表，使我国学者对民族主义运动的研究有了重大的突破，开创了民族主义运动研究的新时代。因为直到改革开放初期，资产阶级在民族解放运动中的领导作用并没有在我国史学界得到普遍承认，大多数教科书根据毛泽东《新民主主义论》有关凯末尔革命的论述，把它写成是一次"失败的革命"。也有许多学者发表文章，对凯末尔的革命和改革甚至所有非无产阶级领导的民族解放运动都是否定的，认为这些革命最终要归于失败。③ 彭先生则运用丰富的史料，全面而深刻地论述了凯末尔的革命的和改革，认为这一革命沉重地打击了国际帝国主义，而凯末尔的改革也是同时代大放异彩的改革运动，在现代土耳其史和亚非现代史上创造了民族革命和现代化改革的胜利开端。④

彭先生又出版著作《阿富汗三次抗英战争》（商务印书馆1982年出版）等著作，并在《历史研究》、《世界历史》、《史学月刊》、《历史教学》、《西北大学学报》等刊物上发表了《阿富汗第二次独立战争百年祭》、《1908年印度孟买大罢工概述》、《凯末尔的对外政策》、《凯末

---

① 彭树智：《无产阶级的领导是殖民地半殖民地革命真正胜利的根本保证》，《人文杂志》1960年第1期。

② 彭树智：《凯末尔与凯末尔主义》，《历史研究》1981年第5期。

③ 卢孔德：《从基马尔革命看资产阶级独立革命的前途》，《云南大学学报》1981年第3期。

④ 彭树智：《凯末尔与凯末尔主义》，《历史研究》1981年第5期。

尔的改革》、《列宁晚年的民族殖民地问题理论》、《论甘地的非暴力抵抗运动》等学术论文,对资产阶级的领导作用进行深入研究,肯定了资产阶级在民族主义运动中的历史贡献。在《论甘地的非暴力抵抗运动》一文中,彭先生指出:"它沉重地打击了英国在印度的殖民统治势力,动摇了英国在印度的殖民统治基础,唤起了广大人民的民族觉醒,使人民群众在更广阔的范围和规模上参加了反帝斗争。从总的方面说,非暴力抵抗运动是持续了四分之一世纪的、印度人民民族解放运动的重要形式。"① 彭先生的研究在学术界引起了巨大反响,林被甸、林承节等学者也开始撰文肯定资产阶级在民族解放运动中的作用。② 从此之后,国内学术界完全改变了对亚非民族主义运动领导阶级的教条式的看法,开始普遍肯定资产阶级的领导作用。

彭先生从不满足于已经取得的学术成果和学术思想,他总是将自己的学术研究与思考推向更高的层次。在民族资产阶级的领导作用得到学术界的普遍认可之后,彭先生进一步对小资产阶级、封建王公贵族、部落酋长等阶级领导的民族主义运动进行研究。后来彭先生又在其著作《印度革命活动家提拉克》(商务印书馆 1982 年出版)中,对印度小资产阶级知识分子在民族主义运动中的作用进行了深入探讨。《青年阿富汗派的历史作用》、《阿富汗杰出的民族主义者塔尔齐》等论文,充分肯定了封建王公贵族在民族解放斗争中的历史作用。1984 年发表的《列宁晚年的民族殖民地问题理论》一文,认为在东方各国中,社会经济关系和经济结构比欧洲要复杂得多,而且发展水平也极不平衡,一些国家的资本主义关系有了较大发展,产生了资产阶级和无产阶级,形成了这两大阶级的政党和政治组织;在另一些国家中,资本主义关系比较薄弱,资产阶级和无产阶级还不能形成独立力量;还有一些国家,经济发展更为落后,封建宗法关系,甚至原始部落经济占统治地位,资产阶

---

① 彭树智:《论甘地的非暴力抵抗运动》,《历史教学》1986 年第 1 期。

② 彭树智先生之后国内学术界肯定资产阶级在民族解放运动中发挥作用的文章,请参考林被甸:《现代亚非拉民族资产阶级的革命作用》,《世界历史》1985 年第 3 期;《凯末尔和土耳其革命》,载齐世荣等著《人类历史的进程》,人民教育出版社 1988 年版;林承节:《甘地在印度民族运动中领导权的确立》,《南亚研究》1985 年第 1 期;黄思骏:《论甘地的阶级属性——兼论印度资产阶级的性质》,《世界历史》1986 年第 12 期。

级和无产阶级还没有产生。"由于各国社会经济结构和阶级力量对比不同，各国民族革命运动的领导者和参加者的力量也不同。在 1919—1923 年的第一次民族解放运动高潮中，东方各国广大阶层参加了反帝反封建斗争。无产阶级、民族资产阶级、城市小资产阶级、爱国的封建地主和部落酋长都被卷入到运动中来。"在这篇文章中，彭先生将1919—1923 年的民族主义运动分为五个类型：一是以中国为代表的、无产阶级领导的民族民主革命运动；二是以土耳其为代表的、民族资产阶级领导的民族革命运动；三是以伊朗为代表的、小资产阶级革命民主派领导的民族革命运动；四是以阿富汗为代表的、爱国封建主领导的民族革命运动；五是以摩洛哥为代表的、爱国部落酋长领导的民族革命运动。"这些类型的运动都是反对帝国主义、争取民族独立的，因而是民族革命运动。这些类型的革命运动正因为具有这种性质，因而是进步的和革命的。"① 这是彭先生首次从领导阶级的角度提出了民族解放运动的五个类型。

1987 年，彭先生在《世界历史》发表了《两次世界大战之间亚非拉民族民主运动的类型分析》一文，② 将类型分析扩大到两次世界大战之间的民族主义运动之中，认为中国、朝鲜、越南的民族民主运动是无产阶级领导类型；土耳其、印度、埃及是资产阶级领导类型；尼加拉瓜、伊朗是小资产阶级领导类型；阿富汗和埃塞俄比亚是爱国的封建贵族领导类型；摩洛哥的里夫部落起义则属于爱国部落酋长领导的民族民主运动。彭先生指出："反帝运动是最能把更广大爱国阶层吸引进来的人民革命运动。不同阶级和阶层不仅在一定条件下都能参加反帝运动，而且各个爱国阶级和阶层，在一定的条件下还有可能举起反帝的旗帜，领导民族民主运动。"③ 这样，小资产阶级、爱国的封建贵族、甚至部落酋长领导的民族民主运动也得到充分的肯定，这就使我们看到了民族解放运动的丰富多彩和多样化。这篇文章彻底抛弃过去民族主义运动研究的旧理论和旧体系，创立了民族主义运动研究的新的体系、理论和方

---

① 彭树智：《列宁晚年的民族殖民地问题理论》，《西北大学学报》1984 年第 1 期。
② 彭树智：《两次世界大战之间亚非拉民族民主运动的类型分析》，《世界历史》1987年第 3 期。
③ 同上。

法。从此以后，国内学术界关于民族主义运动的面貌焕然一新。这是彭先生对我国亚非问题研究的又一次重大推动和贡献。

1987 年 12 月，彭树智先生所著的《现代民族主义运动史》（以下简称《运动史》）一书在西北大学出版社出版。这本书对各种类型的现代民族主义运动进行了深入而系统的分析，可以说是彭先生对民族主义运动研究的成熟之作和集大成之作。在该著作中，彭先生将现代民族主义运动分为三个层面，即政治运动、改革运动和民族主义思潮，并对每一个层面都进行了类型分析。著作出版后引起了学术界的巨大反响，许多学者撰文，给予这本著作很高的评价。如岩宕认为该书"从理论与方法上摆脱了'解放运动'的模式，用大量新的资料与内容，完全树立起一整套新的思路，开阔了研究的视野"。① 知名学者王春良也认为，《运动史》突破了那些不正确的偏颇观点，建立起科学的论述体系；彭先生的类型分析是寻找解决亚非拉民族民主运动多样化发展的途径，现代民族主义运动史的研究因此从宏观上大大地深化了；彭先生的著作拓宽了民族主义运动史的研究领域。②

1999 年，彭树智先生与几位博士生共同出版了《第三世界的历史进程》一书。该书在继承《运动史》一书体系基础上有进一步的创新，例如民族民主运动领导力量中增加了宗教领袖一类，现代化改革的地域类型中的中东类增加了沙特阿拉伯依靠宗教复兴国家的亚类，而民族主义思潮中则增加了胡斯里的阿拉伯民族主义的类型。其次，书中将第三世界的世界史划分为前史（15 世纪的地理大发现至第二次世界大战结束）、正史（1945 年至今）两大时期，并且提出"'第三世界'一开始就是一个历史概念……它存在于世界近代、现代和当代的全部历史进程之中，其深远根源同遥远的古代也有着联系"。③ 同时，书中运用历史交往的视角和框架，全面分析了第三世界的形成、发展和演变，从而得出了自己的结论。作者认为，地理大发现是一次重大的历史交往，它将世界划分为资本主义国家体系和受其统治的殖民体系，从而构成第三世

---

① 岩宕：《〈现代民族主义运动史〉的理论特色》，《人文杂志》1989 年第 3 期。
② 王春良：《〈现代民族主义运动史〉评介》，《世界历史》1989 年第 1 期。
③ 彭树智、黄倩云：《第三世界的历史进程》，中国青年出版社 1999 年版，第 2 页。

界的历史源头。而正是作为人类最大的战争交往的第二次世界大战的结束，开创了三个世界并存的国际格局。但另一方面，第三世界也通过自己与外部的交往，"建立世界性交往组织，创立了世界性交往原则和方法，成为反对霸权主义、维护和平与促进发展的举足轻重的力量"。① 随着冷战的结束，作为历史概念的"第三世界"，也已"凝固在过去的世界历史之中"，亚非拉国家正在探讨进入新世纪的角色。显然，注重整体观和联系观的历史交往理论为人们理解第三世界和世界历史，提供了一个独特而意义深远的视角。②

二 "科学鉴赏力"与东方民族主义思潮

人类历史所取得的一切成果无不得益于思想，思想的发展对人类的历史实践起着巨大的指导和推动作用，反过来历史实践又不断丰富与完善着思想。亚非拉民族主义运动也是如此，民族主义思想与民族主义运动如影随形、密不可分。民族主义思潮是民族主义运动的一个重要侧面。但在改革开放以前，国内学术界对无产阶级之外的丰富多彩的东方民族主义思潮几乎没有研究。

彭先生十分重视理论思维。他认为从事历史科学的任何一个专业，都必须有历史哲学的修养，才能具备"广博和深远的历史洞察力"。③ 这种洞察力表现在选择课题方面，即为"科学的鉴赏力"，也就是选择值得深入研究、具有发展前途的研究方向与课题的冷静分析与辨别能力，这种能力会使研究者更有远见，不把自己局限于已有的知识和眼前的问题上。④ 正是因为具有了一个历史学家的独到眼光和"科学鉴赏力"，彭先生发现和开拓了东方民族主义思潮这一民族主义运动研究的国内新领域。对东方民族主义思潮的研究成果是彭先生在类型分析之外的又一大史学贡献。

---

① 彭树智、黄倩云：《第三世界的历史进程》，中国青年出版社 1999 年版，第 10 页。
② 参见松涛《从历史交往观看第三世界——读〈第三世界的历史进程〉》，《西北大学学报》2000 年第 1 期。
③ 彭树智：《历史科学的发展与历史哲学的创新》，《人文杂志》1988 年第 1 期。
④ 彭树智：《东方民族主义思潮》，西北大学出版社 1992 年版，第 1—2 页。

彭先生这方面的研究在对现代民族主义运动进行类型分析的同时就已经开始了。1981 年发表的《凯末尔与凯末尔主义》除了探讨凯末尔革命和改革之外，还对凯末尔的思想进行了研究，这是彭先生最早发表的关于东方民族主义思潮的学术论文。该文认为凯末尔主义是土耳其民族资产阶级的思想体系，顺应了土耳其历史前进的方向，符合土耳其社会发展的要求，是进步的、反帝的、反封建和发展民族经济的思想体系。① 这样，就从凯末尔革命到凯末尔主义全面肯定了凯末尔的历史进步作用。后来，彭先生又在国内主要学术刊物上发表了许多有关亚洲民族主义思潮的文章，主要有《阿拉伯民族主义思潮的发展轨迹》、《亚洲民族主义思潮》、《孙中山与亚洲民族主义思潮》、《甘地思想的整体性和独特性》、《甘地的印度自治思想及其国家观》、《甘地的农村经济思想及其道德观》、《论萨提·胡斯里的泛阿拉伯民族主义》、《东方民族主义思潮与政治文化》、《从伊斯兰改革主义到阿拉伯民族主义》等，对各式各样的东方民族主义思潮的历史作用进行了充分客观的评价。

在对甘地思想进行精深研究之后，彭先生认为，甘地的思想充满了矛盾性、复杂性和独特性。从整体上看，甘地思想体系中的哲学思想、政治思想、经济思想和社会思想构成了一个统一体；甘地主义基本上是民族资产阶级的思想体系，其主流是积极的、进步的，但又包含着小生产者的观点和要求，渗透着宗教意识，因而在理论上和实践上充满了矛盾性；② 甘地的政治思想集中表现在他的"印度自治"思想上，而在"印度自治"思想中，他的独特的国家观尤其值得注意。甘地国家观的最独特之处，是他的非暴力国家的高度分权的社会结构，特别是这个机构的最广大的基层结构即小而独立的、自给自足的村社治理思想；③ 甘地思想在经济方面的独特之处，表现在它的农村经济模式上，其中尤为独特的是农村经济与道德观之间关系的构思与实践；对西方物质文明的批判，是甘地农村经济思想的出发点；经济正义和经济平等，是甘地农村经济思想的主要理论支柱；"手工纺织运动"是甘地农村经济思想的

---

① 彭树智：《凯末尔和凯末尔主义》，《历史研究》1981 年第 5 期。
② 彭树智：《甘地思想的整体性和独特性》，《历史研究》1985 年第 5 期。
③ 彭树智：《甘地的印度自治思想及其国家观》，《史学集刊》1989 年第 1 期。

主要实践活动。甘地的农村经济思想及其道德观，是东方大国印度在西方资本主义现代化浪潮冲击下的社会文化反应和社会改革思潮的主要表现之一。①

阿拉伯民族主义思想是东方民族主义思潮的重要组成部分，它不仅包含了反对奥斯曼帝国和西方列强统治，建立阿拉伯国家的内容，而且对当今阿拉伯世界的政治、经济、社会生活以及国际关系有着重要的影响。彭先生对阿拉伯民族主义的研究颇为深刻。《从伊斯兰改革主义到阿拉伯民族主义》一文从中东全局纵览了伊斯兰改革主义与阿拉伯民族主义的关系。认为阿拉伯民族主义作为一种地区政治文化，在思想渊源上同伊斯兰改革主义相交融而生，在政治背景上应阿拉伯统一运动之运而发，在经济基础上伴同民族经济的成长而成长，在文化上随着现代化与传统的矛盾的发展而发展，近代伊斯兰改革主义构成阿拉伯民族主义的重要源头和出发点。② 在《阿拉伯民族主义思潮的发展轨迹》一文中，认为阿拉伯民族主义实际上是东方政治文化的一个重要组成部分；在阿拉伯民族主义思想发展轨迹曲线上，其政治中轴无疑是阿拉伯民族的独立运动，而其理论核心则是民族国家问题，其发展总趋势是建立阿拉伯世界的民族主义国家体系；在民族主义国家体系形成以后，在联合、团结、合作方面，又形成了新的发展轨迹，这个发展轨迹围绕着战争、和平、冲突、发展以及变革的中轴线进行。它曲折反复，一直演进到当前，而且还要延续到未来。③

彭先生不但分别深入研究东方民族主义思潮的各个方面，而且注重整体性的研究。他认为，历史研究的整体观既可反映世界历史密不可分的现实，又可避免孤立、片面的错误。在对东方民族主义思潮进行整体研究方面，彭先生发表的论文有《亚洲民族主义思潮》、《东方民族主义思潮与政治文化》等。1992 年彭先生又出版了东方民族主义思潮研究的集大成之作《东方民族主义思潮》（以下简称《思潮》）一书。在《东方民族主义思潮与政治文化》一文中，彭先生认为，东方民族主义

---

① 彭树智：《甘地的农村经济思想及其道德观》，《南亚研究》1989 年第 2 期。
② 彭树智：《从伊斯兰改革主义到阿拉伯民族主义》，《历史研究》1991 年第 3 期。
③ 彭树智：《阿拉伯民族主义思潮的发展轨迹》，《世界历史》1992 年第 3 期。

思潮是 19 世纪下半叶、特别是 20 世纪以来东方国家和地区思想文化领域内的主要倾向之一，集中反映了这一时期东方社会、经济、政治和文化的相互关系。它不仅是一种政治思潮，而且是一种政治信仰、情感和文化价值观。这种思潮属于政治文化领域，决定了东方民族的政治参与形式、文化结构模式，成为社会发展的主要文化因素。同时，彭先生在周一良先生提出的文化分为狭义、广义和深义三个层次的见解之后，进一步提出了"边义文化"的层次，并用"政治文化"概念对这个层次作了具体论证，[①] 从而使我们看到了东方民族主义的整体性特征，从一个侧面说明了世界现代史在多样基础上的整体性。

《思潮》一书对东方民族主义的整体性与多样性进行了综合研究。彭先生认为，通过对东方民族主义思潮的研究，可以理解和估量 20 世纪初东方的觉醒，两次世界大战之间东方的政治、思想和改革运动，第二次世界大战后的"国家要独立，民族要解放"的政治高潮。[②] 可见，彭先生不但是从民族主义运动的层面来看东方民族主义思潮，而且把东方民族主义思潮看成是整体性的世界历史的组成部分。彭先生所说的东方主要是指亚洲。书中将亚洲民族主义思潮按地域分为四个板块，即东亚和东南亚的民族主义与政治文化、南亚的民族主义与政治文化、中东北层的民族主义与政治文化、阿拉伯东方的民族主义与政治文化。认为东亚和东南亚是以中国儒家文化为辐射点和伊斯兰教、印度教文化及当地文化相互融会为特征；南亚则是以印度教文化、伊斯兰教文化、锡克教文化等并存为特征。除了东亚以外，其他地区都是以宗教与政治结合为特征。[③] 彭先生在研究东方民族主义思潮时，并不是面面俱到，而是选择真正具有时代性的代表人物，研究他们在东方政治文化上的地位和作用，以及通过他们发现东方民族主义思潮的深度和广度。《思潮》一书的出版同样引起了学界的高度关注和好评。孟庆顺认为，《思潮》在东方民族主义思潮与政治文化的联系中，揭示了东方民族主义思潮的整体性和独特性，是我国学术园地收获的新的重要成果。[④] 复旦大学的李

---

① 彭树智：《东方民族主义思潮与政治文化》，《西北大学学报》1992 年第 1 期。
② 彭树智：《东方民族主义思潮》，第 15 页。
③ 同上书，第 16—17 页。
④ 孟庆顺：《在民族主义与东方政治文化的交汇点上》，《人文杂志》1993 年第 2 期。

宏图教授在《思潮》出版近 20 年之后的今天仍然发表文章充分肯定该著作的学术价值与学术贡献。[①] 在彭先生的推动下，东方民族主义思潮的研究成为学术界关注的热点，许多学者发表论文来回应彭先生提出的问题。自《思潮》出版之后，每年都有许多学者研究东方民族主义的相关问题并且引用彭先生的学术观点，这一现象延续至今。[②] 由此可见，《思潮》的出版对我国学术事业的推动是巨大的，也说明《思潮》一书的学术生命力的旺盛。

三　现代化与亚非国家的改革运动

现代化是彭树智先生研究亚非民族主义运动的一个重要视角。彭先生是国内最早用现代化理论研究亚非问题的学者，在《伊斯兰教与中东现代化进程》一书出版之前，我们可能找不到彭先生以"现代化"为标题的论文和著作，但他对亚非现代化的研究可以追溯到 20 世纪 80 年代。彭先生早期对亚非甚至拉丁美洲的现代化问题的研究散见于他 80 年代的许多论文和著作之中。《凯末尔与凯末尔主义》、《凯末尔的对外政策》、《阿富汗杰出的民族主义者塔尔齐》、《论凯末尔的世俗化改革》、《礼萨汗在伊朗的改革》、《两次世界大战之间亚非拉民族民主运动的类型分析》等论文，《运动史》等著作均对中东地区的现代化问题有所论述。20 世纪 90 年代初期，彭先生出版了《东方民族主义思潮》、《二十世纪中东史》、《阿拉伯国家史》等著作，对亚非拉改革运动的现代化研究更进一步深化。

彭先生早期对亚非国家的现代化审视，主要集中在亚非拉国家的改革运动方面。在《两次世界大战之间亚非拉民族民主运动的类型分析》一文和《运动史》一书中，彭先生将两次世界大战之间亚非拉国家的

---

① 李宏图：《改革开放以来的西方思想史研究》，《史学月刊》2009 年第 5 期。

② 据作者检索，《东方民族主义思潮》出版后，至少有 52 篇学术论文在讨论书中提出的相关问题，并且引用了《东方民族主义思潮》一书的观点。引用《东方民族主义思潮》的最新学术论文有：任剑涛的《窘迫的民族主义》，《中国图书评论》2009 年第 8 期；李宏图的《改革开放以来的西方思想史研究》，《史学月刊》2009 年第 5 期；韩志斌的《复兴党民族主义的原初理论初探》，《史学集刊》2009 年第 1 期。

改革运动分为三个类型,一是中东地域型改革,包括凯末尔改革、伊朗礼萨汗改革、阿富汗的阿马努拉改革;二是北非地域型改革,有埃及的柴鲁尔改革、阿布德·凯里姆在里夫共和国的改革、海尔·塞拉西一世在埃塞俄比亚的改革;三是拉丁美洲墨西哥的改革。这实际上是对亚非拉国家不同的现代化道路与模式的思考。彭先生认为,凯末尔改革是为了避免沦为殖民地,以工业化为手段,自上而下沿着西方路线进行的改革;土耳其的现代化是从农业基础上起步的,但它的成功却体现为政治上的世俗化和民族主义原则;凯末尔主义是现代化思想与民族主义思想的结合,凯末尔第一次明确提出了土耳其的现代化问题。[1] 对阿富汗的阿马努拉改革,彭先生认为其目的是要把一个闭塞、落后的封建主义国家变成现代的资产阶级君主立宪国家,是要在经济社会的发展方面,为建立民族资本主义生产关系创造前提条件。[2] 彭先生分析了阿马努拉改革失败的原因,认为阿马努拉不顾阿富汗的历史条件和社会发展水平,照搬土耳其的经验是其失败的主要原因之一。[3] 另外,彭先生对伊朗的礼萨汗改革、埃塞俄比亚的海尔·塞拉西一世的改革、墨西哥的卡德纳斯改革都进行了现代化的解读与研究。

值得注意的是,彭先生在亚非拉现代化改革运动的研究中,提出了现代化改革与传统文化的关系这一重要命题,尤其是对伊斯兰教与中东国家现代化的关系问题进行了深入思考。彭先生指出,"在中东地区,早期的改革没有不触及伊斯兰教传统的",只要进行现代化的改革,必然要遇到传统力量的反抗;当然,伊斯兰教也在世界改革潮流中前进,于是出现了伊斯兰现代化的复兴运动。[4]

1997 年彭先生组织西北大学中东研究所的研究人员写出《伊斯兰教与中东现代化进程》(以下简称《进程》)一书。作为该书的主编,彭先生不但撰写了绪言部分和各章导言,而且规划了全书的框架与结构,最后还对全书进行了统稿,使这一集体成果在逻辑、内容、观点、方法等方面达于一致。所以说,这本著作的内容、方法与观点是所有参

---

① 彭树智:《现代民族主义运动史》,第 107、121 页。
② 同上书,第 144 页。
③ 同上书,第 153 页。
④ 同上书,第 212—213 页。

与者的成果，也是彭先生的成果。

《进程》一书是彭先生对亚非国家现代化研究的成熟之作，从内容到体系再一次体现了一个历史学家的睿智。该书出版之际，正值国内关于现代化问题的研究方兴未艾之时。学术界在对发展中国家的现代化研究中，普遍将关注点集中在工业化、城市化、政治制度的西方化、传统与现代化的关系等方面。而传统与现代化的关系中，学者们大多受马克斯·韦伯的影响，将注意力放在传统文化及其文化背景下个人经济行为的关系上，很少有学者探讨现代化过程中传统文化与国家行为的关系。《进程》的出版，则为我们拓宽了现代化研究的视野。

彭先生认为民族独立国家的建立是现代化的前提条件，没有这个条件，现代化便无从谈起。"中东觉醒和奋起，中东民族独立国家取代帝国主义殖民体系，都是中东现代化的重要内涵，是中东现代化进程的必要阶段。"[①] 因此，在彭先生那里，中东地区争取民族独立的斗争和建立民族独立国家的努力成了中东现代化的关键环节，《进程》始终站在国家的层面看待中东现代化进程。这样，中东国家的早期改革、民族解放斗争、现代中东国家体系的形成、国家层面上的经济现代化努力、中东国家现代化的挫折都成为该书的重要内容。这本著作同时重点探讨了伊斯兰教在上述所有方面的作用。彭先生认为，研究伊斯兰教与中东国家的现代化时，不能简单地将两者之间的关系与儒教、佛教等宗教与现代化的关系进行类比，因为伊斯兰教有其独特的特点，如强烈的政治参与性传统，公平的商业性经济传统，交往的世界性传统等；伊斯兰教与中东现代化的关系是双向互动关系，不但伊斯兰教对现代化产生了作用，同时现代化对伊斯兰教也形成了冲击与影响，在中东现代化进程中，"伊斯兰"和"现代性"都在历史交往中互变，"伊斯兰"不仅是本土的，还包括同外来文化相互作用而融入自身的因素，"现代性"也不是已经完成现代化的社会所独有的，它已渗入到中东社会生活变革之中；关于伊斯兰教对中东现代化进程的作用，彭先生认为不能简单地肯定或否定，而要对不同的历史时期、不同的国家进程进行具体的分析与

---

① 彭树智主编：《伊斯兰教与中东现代化进程》，西北大学出版社 1997 年版，第125 页。

考察。① 这就使我们看到，现代化是一个复杂而综合的过程，伊斯兰教对中东现代化的不同层面、不同时刻所起的作用是不同的；彭先生也使我们看到伊斯兰教本身的多维性与变化性及其对中东现代化作用的复杂性。

《进程》出版后，得到了学术界的好评，认为这本著作体现了新视角、新方法、新材料和新观点。② 此书的学术贡献不仅在于它自身对中东现代化理论体系的创新，也不仅在于书中的新观点、新材料与新方法，还在于彭先生提出的问题得到了国内学术界的广泛响应，自此之后国内掀起了研究中东现代化问题的热潮，大量的相关学术论文与学术著作接连出现，而且不少都引用了《进程》一书。正如肖宪教授指出的："《伊斯兰教与中东现代化进程》除了它本身的价值外，这种开拓一片研究新天地的意义，也是不可低估的。"③

---

①　彭树智主编：《伊斯兰教与中东现代化进程》，第16—17页。

②　张倩红：《中东研究的新视野》，《人文杂志》1997年第6期。

③　肖宪：《认识伊斯兰教才能了解当代中东》，《西亚非洲》1997年第5期。

文明中的神圣与神圣中的交往

——彭树智先生论宗教在人类
文明交往中的作用

李利安

我作为彭树智先生本科和博士求学阶段的学生，一直对彭先生在历史研究中的思辨情趣和理论创新非常仰慕和赞佩，尤其是先生的文明交往论，更令我陶醉，并对我的宗教研究产生了直接的指导和理论启发作用。记得彭先生曾经多次要求我在研究中把"沉潜的考索"与"高明的独断"结合起来，鼓励我"在保持独立原创力强劲不减的同时，让思想锋芒的智慧之光更加闪亮"。① 作为学生，我将老师的这种希冀永藏于心。当老师八十华诞之际，我想以宗教在人类文明交往中的作用为题，简要回顾一下先生在这个问题上的学术探索与基本观点，以作为对先生的祝寿与感恩。先生在这方面的探讨和观点散见于他的很多著述之中，本文仅以《文明交往论》和《书路鸿踪录》为资料来源，对笔者比较感兴趣的部分进行学习性综述。我的理解和把握可能很不到位，甚至有偏颇之处，还望读者明鉴，并请先生指教。

一　小引

在我看来，彭先生的文明交往论，是从对全人类古今历史综合考察

---

① 彭树智：《〈观音信仰的渊源与传播〉序》，载李利安《观音信仰的渊源与传播》，宗教文化出版社 2008 年版，第 10 页。

的高度，审视人类社会发展的内在机制，从而总结出文明交往在各民族、各国家、各地域及同一地域内各地区、各领域、各阶层、各文化体系之间的广泛存在，以及这种存在对一个地区、一个国家、乃至整个人类社会众多历史现象和总体进程的重要意义，由此得出如下结论：文明交往既是人类历史的核心，也是人类历史发展基本体系的支撑；既是人类历史发展的永恒动力，也是人类历史变革和社会进步的标尺；既是历史发展走向的主导因素，也是人类未来的希望所在。文明交往作为人类从古到今最基本的实践活动，成为研究人类历史进程、理解人类历史规律、把握人类历史趋势的一把金钥匙。

彭先生说："文明交往是基于生产力发展的世界各民族、各国家之间的历史联系。文明交往是以生产力发展为基础，并且作为生产实践的前提而在世界历史进程中发挥作用的。"① 而"文明交往史观是一种哲学、历史学、文化形态学、社会学的综合历史观。它的研究单位不是国家，不是一般的文明，而是不同文明之间的交往，是不同文明之间的互动发展"，② 并从这种互动发展中考察人类历史的进程，而其现实意义则突出表现在"有助于深化研究文明问题和文化战略问题，为建立健全国际新秩序，提供历史和理论上的参照"。③

在《论人类的文明交往》一文中，彭先生对人类文明交往进行了全面的论述，同时他强调，研究文明交往论的基本课题，不能从理论到理论，作纯抽象的探讨。所以他对文明交往的研究总是要落到具体的问题上。在对文明交往诸要素的考察中，彭先生提出宗教与文化的问题，认为"宗教是文化基因的价值核心和内在精神，所有民族文化的各门类，都体现了该民族文化的宗教精神。同时，宗教的具体表现形式又与文化的各种表现形式并列，从而成为文化的一部分。宗教与文化的密切联系，使之成为文明交往的基本要素"。④ 所以，在彭先生的文明交往

① 彭树智：《用文明交往论的观点叙说第三世界》，载《文明交往论》，陕西人民出版社2002 年版，第 573 页。

② 彭树智：《〈伊斯兰教与中东现代化进程〉一书中的文明交往线索》，载《文明交往论》，第 461 页。

③ 彭树智：《论帝国的历史、文明和文明交往》，载《文明交往论》，第 505 页。

④ 彭树智：《论人类的文明交往》，载《文明交往论》，第 24 页。

研究中，宗教始终是一个极为重要的观察对象。

在宗教学术领域，无论是西方还是中国的学者，目前对宗教比较一致的认识就是认为它是一种神圣性的文化现象或社会实体。神圣可以体现在宗教理论和宗教信仰的各个方面，始终是宗教区别于其他文化现象和社会现象的基本标志。所以，我们可以说，宗教是人类文明中的神圣资源，而这种具有神圣意义的文明与其他世俗性文明一样，也总是处于交往之中，并在交往中发展变化，在交往中影响人类历史的进程，可谓文明中的神圣与神圣中的交往。

二　宗教是人类文明交往的核心要素

彭先生在《论人类的文明交往》一文中认为，文明交往是人类跨入文明门槛之后，直到现在、而且还将持续发展的基本实践活动。而交往不仅是物质交往，它还包括人与人之间的感性和精神变换活动。这就是人们精神生产活动及其能力、精神产品交换和交流的交往力。精神交往改变着人们的主观世界和人与人的精神关系，并且使精神生产的理论成果，凝结成 政治、法律、宗教、文艺、道德、科学、教育、哲学等意识形态上层建筑。从这个意义上讲，宗教是人类精神交往的历史凝结。作为人类精神生产的理论成果之一，宗教是文化基因的价值核心和内在精神，所有民族文化的各门类，都体现了该民族文化的宗教精神。

"古往今来，人类文明总是在交往中发展，在交往中丰富，并在交往中发挥其塑造心灵、影响自然和改造社会的作用。在文明与交往的互依互存的一系列互动因素中，宗教成为文化传播与交流的一个重要载体。"① 彭先生认为，宗教与文化的关系，在似乎无宗教传统的中国表现为各种形态和精神文化元素而渗透在人们的意识之中。他说，在历史上，宗教并不是一种孤立的存在。作为一种信仰性的精神因素，宗教以其具体的表现形式与文化的各种表现形式并列，从而成为文化的有机组成部分。正是因为宗教与文化的密切联系，使之成为文明交往的基本要

---

① 彭树智：《〈印度古代观音信仰研究〉序》，载李利安《印度古代观音信仰研究》，陕西人民出版社 2006 年版，第 1 页。

素。具体来说，宗教与科学、文学、艺术等均有不可分割的关系。彭先生说："宗教和科学不总是对立的，宗教对科学是有贡献的。文明与宗教的主题是：多样性的发展观与共通性根底的联系。宗教与文学、宗教与艺术、神性与诗性，交织着不同文化的'异相'和'共相'。"①

彭先生在论述伊朗文化时对此有具体的阐释。他说："宗教和文化的密切联系，构成了伊朗文明交往的基本要素。从古到今，宗教都是伊朗文化的价值核心和内在精神。伊朗各民族的各个门类文化，都体现了各自的宗教精神。同时，伊朗各时期各宗教的具体表现形式，又与文化的各种表现形式并列，从而成为文化的一个部分。伊朗的文明可以说是宗教文明。伊朗在历史交往过程中，不仅离不开宗教价值系统带来的强烈文化政治归属性，而且宗教因素深深渗入社会生活底层之中，凝结为群众社会心理。"②

的确，文明交往离不开宗教或近似宗教的价值系统带来的强烈文化政治归属性。所以，各个宗教文明体系之间往往以某种主要的宗教为象征，并在这种宗教文明的并立与交往中呈现出不断开又和相互磨合的关系。但彭先生不同意西方学者关于文明冲突的总体判定，他认为，"世界宗教文明之间，虽然存在冲突，但绝不像亨廷顿所说，是彼此互不相容、互为排斥异质文明的绝对对立的状态"。他说，"亨廷顿的'文明冲突论'是冷战时期两极对立模式的继续。它的前提是：西方基督教文明、儒家和伊斯兰文明的支持者们从本性上说是互相对立的，除了冲突之外别无其他交往"。彭先生接着说："这不符合文明交往的历史，也不会是未来文明交往的发展轨迹。"③

作为人类文明交往的核心要素之一，宗教与其他文明交往因素也是有密切联系的。如地缘，彭先生认为："地缘性交往在农耕畜牧的自然经济时期，由原始狭小地域的点线空间交往，发展为区域空间的文明中心之间的面上交往。农耕世界与游牧世界之间不同形式的交往特别频繁。交往主体随地缘的扩大而表现为种族、民族、国家乃至宗教共同

---

① 彭树智：《论人类的文明交往》，载《文明交往论》，第24页。

② 彭树智：《伊朗史中的文明交往与文明对话问题——〈中东国家通史·伊朗卷〉编后记》，载《文明交往论》，第290页。

③ 彭树智：《论人类的文明交往》，载《文明交往论》，第25页。

体。"① 再譬如语言，彭先生认为："语言文字是文明的载体和形式，是文明交往的工具。""每一个大宗教，一个大帝国，都有自己的语言文字，并通过这种语言文字把宗教和帝国的独特文明，传播开来，形成自己的文明圈。"②

与此同时，宗教这种文明交往要素也随着文明交往形式的变化而在不同时间不同地域呈现出不同的态势。彭先生以中华文明为例，认为"中华文明是人类历史上有数的独立起源的古文明之一，自古以来，绵延流传，未曾中断，举世罕见。这种连续型文明的主要根源在于它在包容和弹性结构之下持平衡状态。中华文明没有陷入极端宗教主义，外来宗教传入之后，都不那么狂热，而是变得温和，很少带有攻击性。这种包容和弹性结构，导致很多宗教观点共存。"③ 而与此同时，世界上存在着暴力的文明交往形式。彭先生认为："暴力交往在农耕世界和工业世界之间，以及在工业世界之内，也是频繁进行的交往形式，而且规模越来越大。西方工业文明的扩展，是在炮舰政策之下进行的，它是建立在政治、文化甚至宗教基础之上的强权对弱小民族的交往关系，其本质是不平等的交往。"④ 在这种不平等的交往形式中，宗教也充当了不平等交往的重要因素。关于这种历史现象的本质，他认为："冲突与整合表面上是政治文化方面的矛盾或统一，实际上是不同文化传统人们之间的碰撞或选择，核心问题在于如何对待不同文化观点的人，而根源是政治和经济的利害关系。如持续百年的阿以冲突，就是以宗教冲突为具体表现的政治和经济权益之争。"⑤

三　宗教在帝国文明交往中的作用

彭树智先生将宗教作为与民族、地缘、语言、利益并列的几个因素之一，认为宗教在帝国文明交往中具有重要作用。他在《帝国兴衰丛

---

① 彭树智：《论人类的文明交往》，载《文明交往论》，第9页。
② 同上书，第26页。
③ 同上书，第14页。
④ 同上书，第18页。
⑤ 同上书，第37页。

书》总序中说:"宗教是人类生活的基本要素,是文明的核心,也是帝国文明的基础。每一个帝国都有自己的宗教文明或近似宗教的文明。帝国的文明交往,无论是内部或外部的交往,都离不开宗教价值系统带来的强烈的政治归属性。"①

他通过对帝国历史的系统考察,认为在古代帝国的文明交往中,宗教即在相当广泛的地区内移植和生根,发芽和成长,从而不但成为推动、维系、乃至改变交往关系的一种重要因素,也积淀为帝国间相互交往的历史成果,成为影响一方精神核心,架起不同地域之间文明交往的宏伟蓝图。他举例说:"起源于西亚的基督教的西传,在一个长时期内成为全欧洲社会的精神支配力量而影响各西方帝国。印度的佛教也传播到东亚和东南亚,成为中华帝国和日本帝国文明的重要组成部分。阿拉伯帝国把伊斯兰教传遍中亚、西非和北非,后来又进入南亚、东南亚和东南欧,形成了与欧洲基督教世界并立的伊斯兰世界。中国的儒家思想是一个近似宗教作用的伦理文明体系,它也传遍东亚和东南亚,在朝鲜、日本、越南等国,影响特别大。"② 在《中东国家通史·巴勒斯坦卷》的编后记中,彭先生也同样表述了宗教在帝国文明交往中的历史作用:"在阿拉伯帝国统治的长期伊斯兰化和阿拉伯化过程中,巴勒斯坦阿拉伯人也成为阿拉伯民族一部分。他们和历史上的犹太人以及后来从各地区返回巴勒斯坦的犹太人,都是不同文明、不同民族的巴勒斯坦人。这两个不同文明的民族,在巴勒斯坦经历了复杂的联系,建立了多变的关系。这些联系和关系,组成了堪称史家探索不尽的文明交往史。"③

在《〈中东国家通史·叙利亚和黎巴嫩卷〉编后记》中,彭先生对叙利亚历史上所经历的帝国历史也进行了文明交往论的审视。他说:"叙利亚地区文明在政治方面同阿富汗地区颇为类似,它长期处于帝国争夺的分裂状态。早在公元前 3000 年,叙利亚北部和南部就被苏美尔

---

① 彭树智:《论帝国的历史、文明和文明交往——〈世界帝国兴衰丛书〉总序》,载《文明交往论》,第498页。

② 同上。

③ 彭树智:《巴勒斯坦阿拉伯人与犹太人的冲突——〈中东国家通史·巴勒斯坦卷〉编后记》,载《文明交往论》,第470页。

—阿卡德和埃及兴起的王国所占领。公元前 2000 年后半期，埃及和赫梯瓜分了叙利亚。从公元前 8 世纪起，叙利亚先后被许多帝国、王国和公国占领或瓜分，其中有亚述帝国、新巴比伦王国、阿赫明尼德帝国、托勒密王国、塞琉古王国、罗马帝国、十字军建立的各公国、伊斯兰邻国、奥斯曼帝国，直到法国和英国。文明十字路口的叙利亚的这种政治变迁，表明了它的文明交往活动在中东史上的重要作用。"① 而近代以来奥斯曼帝国与西方殖民帝国的文明交往又给叙利亚的宗教文化增添了全新的交往内涵。奥斯曼帝国对叙利亚的统治长达四百年，此后又是法国二十多年的殖民统治，叙利亚和黎巴嫩既以同西方文明交往密切而著称，又以民族、宗教和语言多元社会的特征而置身于阿拉伯国家的群体之中。这两个国家居民的大多数都信仰斯兰教，但都有相当数量的基督教徒。例如，当今叙利亚约有 14% 的居民信奉基督教，而在黎巴嫩，基督教徒占到了 46%。尤为独特的是它的教派林立，伊斯兰教和基督教分属 17 个不同派别。除了宗教、血统的多元性以外，这两国在语言上既都以阿拉伯语为国语，同时又广泛地使用法语和英语。彭先生认为，这些情况都显然是历史上同阿拉伯帝国、法国和英国殖民帝国的文明交往的结果。

宗教在帝国文明交往的过程中总是伴随着冲突与融合相互交织的历史进程。彭先生对这种特征也有多次论述。他认为，一方面所有宗教总是包含着劝人为善、博爱、和平等种种教义，这些思想有利于各个宗教之间以及信奉这些宗教的民族之间的宽容与和睦相处。"但不同宗教对世界的不同理解，特别是宗教一旦与民族、集团的利益相结合时，蕴藏的异己力量的巨大差异性就会爆发出来。"② 他说，从 11 世纪欧洲各帝国开始进行的第一次十字军东征，直到 1272 年英王爱德华一世开始的第八次十字军东征，这长达两个多世纪的宗教冲突，是最典型的例子。彭先生认为，"宗教之所以成为冲突的重要因子，是因为它与地缘、文化、习惯、生活方式、资源的天然联系，并以神灵形式'武装'着不

---

① 彭树智：《文明交往和通史研究问题的思考——〈中东国家通史·叙利亚和黎巴嫩卷〉编后记》，载《书路鸿踪录》，三秦出版社 2004 年版，第 346 页。

② 彭树智：《论帝国的历史、文明和文明交往——〈世界帝国兴衰丛书〉总序》，载《文明交往论》，第 498 页。

同民族。科学和真理在宗教气氛浓烈地区都无能为力。各个帝国之间的对抗，也无法摆脱宗教的影子。"① 在《书路新论：文明交往新说》一文中，彭先生对这种暴力交往方式又提出新的例证："在人类古代历史上，游牧世界和农耕世界之间的暴力交往最为突出。3—6世纪以日耳曼人和匈奴人为主体的游牧民族的入侵浪潮，7—13世纪阿拉伯半岛游牧民族的东征西伐，13—15世纪蒙古草原民族的纵横驰骋，是古代历史上三次大的暴力交往。游牧世界和农耕世界之间的暴力交往，实质上是两个文明的冲突，也是两个文明的交融。它以巨大的冲击力扩大了文明交往范围，并导致游牧民族被农耕民族所同化。"② 彭先生指出，与此同时，农耕世界的各帝国之间，因开拓疆域、迁移人口、掠夺资源、控制商路所发生的暴力交往，也出现过多次。亚述帝国的扩张、波斯帝国的攻战、亚历山大的远征、罗马帝国的征讨、奥斯曼帝国的征伐，就是其中最大的暴力交往。彭先生认为，农耕世界各种文明，通过这些战争的交往形式，沟通和融合的速度也加快了。

从帝国文明交往的历史审视近代以来的西方殖民帝国的对外扩展，这是彭先生观察近代历史的一个新视角。他在《论帝国的历史、文明和文明交往》一文中认为，近代殖民帝国所引发的宗教文明冲突，若从哲学角度来探寻其根源，就是"将己方奉为主体，将他方视为顺从和受支配客体的'主—客'式的交往观。殖民帝国把这种交往观奉为对外扩张和统治的信条。他们将基督教文明奉为惟一文明。把西方现代化奉为惟一的现代化模式，把西方的价值观奉为惟一的价值观。这种西方中心论式的全球交往观，盛行了几百年，至今余孽仍存。"③

在《伊拉克民族国家问题六记》一文中，彭先生对这种西方中心论式的交往观再次提出质疑。他认为，英美的一些理论家怀有一种新的白人优越感，企图用"西方文明"旗号去征服其他文明。他们都奉行文化霸权主义，在政治、经济、军事和文化四条战线上同时发动攻势，

　　① 彭树智：《论帝国的历史、文明和文明交往——〈世界帝国兴衰丛书〉总序》，载《文明交往论》，第498—499页。
　　② 彭树智：《书路新论：文明交往新说》，载《书路鸿踪录》，第14页。
　　③ 彭树智：《论帝国的历史、文明和文明交往——〈世界帝国兴衰丛书〉总序》，载《文明交往论》，第499页。

实行主宰世界的"美国式的和平"。消解西方帝国文化霸权、改变西方理论界的固定思维模式,确非易事。特别是"9·11"事件之后,早在上世纪90年代就开始的关于冷战结束后世界秩序的"新帝国主义",被英美政府以露骨的军事干涉交往方式应用在国际关系中。彭先生认为,"这是全球政治方向的危险转向,它使全球文明交往笼罩上野蛮主义阴影"。[①]彭先生指出,21世纪是人类交往文明化的世纪。"大时空"的全球化时代,需要人类物质、精神、制度、生态等文明交往的"大智慧"。面对"新帝国主义"这种漠视文化多样性的倾向,关注亚非民族国家在全球化中的一体化危机,十分需要古希腊哲学家们追求真理的"对话艺术"。

四　东西方文明交往两大枢纽上的宗教文明传播

中东在古代世界历史上是欧亚大陆各地文明交往的中间地带,随着历史的演进,逐渐形成两大东西方文明交往枢纽,并由这两大枢纽支撑起两大文明交往的蓝图,将古代世界最著名也最重要的几大文明区域连接起来。彭先生在《中东国家通史·叙利亚和黎巴嫩卷》编后记中对此进行了比较深入系统的论述。他说:"编审完《中东国家通史》的《叙利亚和黎巴嫩卷》以后,在我的研究中东的视野中,出现了两个互相区别、互相联系的东西方文明交往的历史交通枢纽汇聚图:第一个是我在《中东国家通史》的《阿富汗卷》中已经描述过的、以阿富汗地区为'文明十字路口'的历史交通枢纽汇聚图;另一个是以叙利亚地区为'文明十字路口'的历史交通枢纽汇聚图。"[②]

彭先生认为,在世界古代文明的数千年历程中,中东地区一直处于创造力的中心,而叙利亚和阿富汗地区又是中东地区最古老的文明中心。不同时代的东西方文明,犹如从四面八方驶来的车辆,以车辚辚、马萧萧之声势,纷纷纳入中东的叙利亚和阿富汗这两个地区的文明交往

---

① 彭树智:《伊拉克民族国家问题六记》,载《书路鸿踪录》,第369页。
② 彭树智:《文明交往和通史研究问题的思考——〈中东国家通史·叙利亚和黎巴嫩卷〉编后记》,载《书路鸿踪录》,第342—343页。

序列之中，经过冲突和融合之后，又向邻近地区扩散而去。

　　关于阿富汗这个文明交往枢纽，彭先生首先从自然与人文地理位置的角度进行把握。他指出，阿富汗在地理上连接中亚、东亚和南亚，并与西亚的叙利亚"文明十字路口"辐射区毗邻，成为东西方各种文明接触的聚会点和扩散地。彭先生对这个枢纽区有非常精确而具体的勾画："从古文明的交往中心区（巴尔赫、赫拉特、坎大哈、加兹尼和喀布尔）向周围辐射的地理交通图，可以看清楚这种交往的状况。这个'文明十字路口'，北部由巴尔赫经铁门关、撒马尔汗通向伏尔加河流域，西北通向马尔古斯（亚历山大里亚马尔吉亚纳、梅尔夫）。正西由喀布尔经赫拉特经由里海通向巴比伦、美索不达米亚和安纳托利亚，西南经由加兹尼、坎大哈通向普罗费萨西亚以至哈马丹、巴比伦和波斯湾。南部由坎大哈通向印度河三角洲，东南经由开伯尔山口通向恒河流域。东北由马尔赫和卡皮萨通向中国，这是一条从长安到中亚、中东和欧洲的丝绸大道，它像一条文明纽带把阿富汗和叙利亚两个'文明十字路口'连接起来。"①

　　彭先生认为，阿富汗这个文明交往枢纽区最突出的特点，首先是文明交往的多样性。欧亚大陆的游牧文明、印度文明、希腊文明、贵霜文明、叙利亚文明、中华文明、西方文明、俄罗斯文明等，先后在这里相互辉映、交聚闪烁，又先后从这里四散扩张，迸发出令人目眩的多彩文明交往景观。其次，在这些文明中，欧亚大陆游牧文明对这一地区影响最为深远。同时，这里又是邻近各大帝国争夺的政治舞台，波斯阿契美尼德帝国、蒙古帝国、帖木儿帝国、俄罗斯帝国和英印帝国，如历史上走马灯般的侵略干预，以至于左右这里的政局。各种文明和帝国政治的历史交往，游牧民族的社会遗存，特别是伊斯兰文明给予阿富汗地区的影响，都同它所处的"文明十字路口"的内外交往息息相关。

　　同阿富汗"文明十字路口"相比，叙利亚这个"文明十字路口"在人类文明交往历史上有其显著的特点。彭先生认为，这些同异之处主要有以下几点：

---

　　① 彭树智：《文明交往和通史研究问题的思考——〈中东国家通史·叙利亚和黎巴嫩卷〉编后记》，载《书路鸿踪录》，第344页。

第一，像阿富汗地区一样，叙利亚"文明十字路口"，就其历史地理位置上的广义而言，其地域并不限于今日叙利亚和黎巴嫩两国疆域。阿富汗地区指乌浒河、药杀水和印度河流域之间的地区。叙利亚则比阿富汗更为广泛，它包括了北阿拉伯草原、地中海东岸、安纳托利亚和亚美尼亚高原南坡，其中心是被称为"肥沃的新月带"，包括今天的叙利亚、黎巴嫩、以色列、巴勒斯坦、约旦等国家和地区以及土耳其南部的伊斯坎德伦（叙利亚称之为亚历山大勒塔）。叙利亚"文明十字路口"有三条交通路线通向阿富汗地区，其终点都是印度。第一条由坦弗里克经过西幼发拉底河通向里海、乌浒河、药杀水流域和印度。第二条由尼西比斯通向里海、波斯湾和印度。第三条分别由阿勒颇经尼斯福里姆和由帕尔米拉通向波斯湾和印度。这三条路线实际上是西亚古文明和中亚、南亚古文明的连接线，它也延伸到中华文明地区。

第二，叙利亚"文明十字路口"交通线与阿富汗地区不同之处，在于它是面向欧洲和非洲的交往方向。叙利亚有三条交通线通向欧洲。它的西北部有两条分别由塞巴斯蒂亚、凯撒里亚巴扎和奇里乞亚山口通向爱琴海、黑海海峡和欧洲。它的正西部从安条克和加沙经过地中海而通向直布罗陀海峡和大西洋而到达欧洲。这三条环海路线的意义非同寻常，它构成了叙利亚文明交往环岛区域的主要特点。这是区别于阿富汗内陆文明交往的相异点。也正是基于这一点，使叙利亚文明具有接触西方希腊文明、基督教文明并且相互影响的直接有利条件。这种外部和内部的文明交往对叙利亚的影响特别深远，包括黎巴嫩在内，许多社会问题都可以从这里找到根源。尤其是叙利亚和黎巴嫩的宗教文化状况，有别于其他中东国家的缘由，都要追溯到历史地理上的"文明十字路口"这个文明源头。

第三，叙利亚"文明十字路口"的西南路线和南部路线的交通状况，也相当重要。西南方向由加沙通向北非尼罗河流域的交通线，把中东两个古老的文明（苏美尔文明和埃及文明）联系在一起。这种交往的后果，在人类文明史上的作用，远远超过了一般的人类活动范围的扩大。南方的两条路线，有两个不同方向：一个方向是由耶路撒冷、加沙、佩特拉、马安通向麦地那、麦加和也门；另一个方向是由大马士革、马安、埃拉特通向红海、印度洋和太平洋。前者把叙利亚"文明十字路口"同伊斯兰教的圣地直接联系起来，这对叙利亚在阿拉伯文化中所起的作用，创造了得地独宜的优越条件。从公元7—16世纪，在这9个世纪中叙利亚作为阿拉伯和伊斯兰世界的一部分，它代表着中世纪的先进文化的一部分。它在伊斯兰教文明的中心地位超过了西班牙（安达卢西亚）、埃及、伊拉克和伊朗。后者则表现了叙利亚环海地区的开放性，在红海地区尤其发挥着传播文明的作用。

对叙利亚这个文明交往枢纽区的详细勾画应该说也是彭先生的独到见解。对这个枢纽区在历史上的作用，彭先生作了全面的分析。他说，叙利亚"文明十字路口"的交通路线，反映了密集于新月带多种文明的交往特点。因为在上古时期，它处于两个古老文明之间，一个是伊拉克的苏美尔—阿卡德文明，另一个是埃及文明。而且，向它挑战的既有来自北方的小亚细亚文明，还有来自阿拉伯地区的游牧文明和来自地中海的欧洲文明。它是传播者，又是应战者。它吸取了阿卡德、埃及、爱琴海和赫梯文明的因素，成功地创造了自己的文明。彭先生认为，在叙利亚自己的文明中对世界最有贡献的：一是发明了字母拼音的文字体系；二是创造了一神教；三是对西地中海和北非的大西洋沿岸地区的探险和移民，在航海距离上超过了有史记载的苏美尔人和埃及人。

因为中东地区是世界主要宗教的发源地、融合地和扩散地，所以，这两大文明交往枢纽区也是人类宗教传播的核心阵地和不同宗教文明相互交往的主要平台。彭先生对此都有详细的论述。以阿富汗地区为例，这里是祆教的发源地和扩散地。祆教日后成为萨珊朝波斯国教并由阿富汗东传至中亚和中国。同时这里还是佛教的传播中介区，产生于南亚地区的佛教主要通过这个地区传播到中亚、东亚地区。彭先生认为，叙利亚地区在宗教文明交往中的地位比阿富汗更加突出。因为这里创造了影响极为深远的一神教，这是精神上和智力上的伟大成就。这种对上帝的特殊观念，既与埃及、苏美尔—阿卡德、印度和希腊宗教思想和情感相通，也与祆教、基督教和伊斯兰教相同。彭先生指出，希伯来人创造的犹太教，在公元前2世纪已经吸取了祆教的上帝灵魂和最后审判的因素，也就是在那时它与希腊文明在叙利亚科埃莱山区发生了宗教和意识形态的冲突。基督教文明也来源于叙利亚文明，它是叙利亚文明和希腊文明融合体基础上交往的产物。基督教最初是作为法利赛人的犹太变种在加利利出现，然后在安条克形成为新宗教而由此传遍希腊世界的。叙利亚文明因素和希腊因素，同样在伊斯兰教中也是根深蒂固的。伊斯兰教反对基督教偏离犹太教一神论的希腊化倾向，但并没有回到犹太教严格的反希腊传统。相反，希腊哲学和科学逐渐变成伊斯兰文明的一部分。因此，彭先生认为，在文明交往过程中，基督教和伊斯兰教都是叙利亚和希腊因素在叙利亚"文明交往十字路口"汇聚交融的产物。

五　阿富汗在域外宗教传入中国历史中的地位

众所周知，彭先生对阿富汗历史有很精深的研究。尽管他的研究是以近现代历史为主的，可是由于阿富汗历史的复杂多变以及古今特有的密切贯通关系，彭先生认为只有从源头上进行彻底的探索才能领悟阿富汗现代历史的深刻渊源。彭先生在《丝路枢纽地区的文物考古和人类文明》一文中说，阿富汗"曾是游牧世界文明和农耕世界文明经常冲突和彼此吸收涵化的临界地区，也是各强大邻国和民族争夺的前沿地区。更重要的，它在古代世界史上又是游牧文明、波斯文明、希腊文明、印度文明、中国文明以及原始宗教、祆教、希腊宗教、佛教、印度教直到伊斯兰教等宗教辐射传播的交汇地区。阿富汗不但有特殊的地理环境，还有特殊的民族构成、人口分布、社会结构和经济形态，因而必然与四邻有不同的文化形态。阿富汗古代文化有四个主要特征：第一，移民文化的外来特征；第二，东西方各时期主导文化的开放特征；第三，多元文化的共存特征；第四，逐步形成与当地传统结合的统一文化的趋向性特征"。[1]

宗教是古代文明的载体，在宗教传播的过程中闪烁着人类文明之光。正是借助阿富汗这样一个特殊的文明交往平台，南亚和中东地区的很多宗教传入到中国境内。彭先生对这一历史作了详细的考证，除了《中东国家通史》中的阿富汗卷有专门的论述之外，彭先生这方面的主要成果有：《丝路枢纽地区的文物考古和人类文明——阿富汗与古代东

---

[1]　彭树智：《丝路枢纽地区的文物考古和人类文明——阿富汗与古代东西方文明交往》，载《文明交往论》，第137—138页。

西方文明交往》、《阿富汗与中国的关系》、《阿富汗的古代城市文明》、《前伊斯兰时期阿富汗的文化形态》、《文明交往的丰厚馈赠——论阿富汗地区的犍陀罗艺术》等。

总体上看，通过阿富汗传入中国的域外宗教主要有佛教、祆教、摩尼教、基督教和伊斯兰教。彭先生在《丝路枢纽地区的文物考古和人类文明》一文中以其优美的文笔，勾画出这样一幅历史蓝图："传教士们像游牧部落、各帝国武士、外交官、商人一样，在历史上匆匆过客般地东来西往，经过阿富汗这块被称为'世界征服者的舞台'，播种着文明的种子。世界上三大宗教（佛教、基督教和伊斯兰教）在丝绸之路这条连接亚欧大陆贸易线的枢纽地——阿富汗，都留下了深深的历史印迹。"①

彭先生认为，祆教、景教和摩尼教主要是波斯人通过阿富汗这个东西方交通要道传入长安，而后来成为世界三大宗教的佛教、基督教和伊斯兰教的传入则是阿富汗更为重要的历史贡献。

关于佛教通过阿富汗向中国的传播，彭先生指出，公元前3世纪的孔雀王朝阿育王统治期间，佛教已经传入阿富汗，并通过阿富汗传播到希腊、埃及、叙利亚、马其顿等地，一跃而成为世界性的宗教。他举例说，1958年和1969年在坎大哈发现的石柱法敕说明早在公元前3世纪的阿育王时代，印度佛教已经在这里盛行起来。而巴米扬的两尊大佛以及遍及阿富汗的佛龛，也生动地证明了佛教在这里的广泛影响。到了迦腻色迦时代，阿富汗终于变成了真正的佛教圣地。彭先生认为，这个时期阿富汗地区盛行的犍陀罗佛教雕刻艺术流派就是东西方文明交往中融合特征最重要的表现。因为它用希腊艺术的手法，来雕刻佛像和佛经的故事。也就是在希腊化时代，佛教文化通过阿富汗开始传入中国。彭先生以《三国志·魏志》的记载为根据，认为公元前2年（汉哀帝元寿元年），统治阿富汗地区大月氏贵霜王朝派使者来中国，向西汉博士弟子景卢口授佛经，这是中国佛教的第一步。此后，来自阿富汗的高僧还有支娄迦谶、支曜、支谦等人，他们在翻译佛经、注经、传经上，都作

---

① 彭树智：《丝路枢纽地区的文物考古和人类文明——阿富汗与古代东西方文明交往》，载《文明交往论》，第130页。

出了贡献。至于中国高僧法显、玄奘，都是经过阿富汗而到印度求佛法的，尤其是玄奘来往都经过阿富汗，不仅在《大唐西域记》中记载该地佛教文化，也有历史、地理、社会生活等文化交往的记述，成为宝贵的文化典籍。

关于基督教通过阿富汗向中国的传播，彭先生认为这常常被人们所忽视。他以在西安发现的《大秦景教流行中国碑颂并序》来说明阿富汗僧侣在中国传播基督教的历史作用。明朝天启三年（或五年，公元1623年或1625年），在西安府（现改为周至）大秦寺遗址发现了上面刻着十字架和百合花图案的《大秦景教流行中国碑颂并序》的石碑。景教碑文下端中间，刻有一段古叙利亚文，记载了景教碑的立碑者的情况："时在希腊纪元1092年（公元781年），吐火罗巴尔赫城教会长老米利斯之子、克姆丹（唐都长安）主教兼长老耶质蒲吉（Yesbusid，一译为叶侯布锡德）建立此碑石。"① 吐火罗即巴克特里亚，公元4世纪起称为吐火罗斯坦。巴尔赫城，即巴克特拉城，就是碑文中称为"王舍之城"。所以，该碑建造者耶质蒲吉就是来自阿富汗巴克特拉城，是该城主教之子。

彭先生说，景教为基督教一派，由叙利亚人聂斯脱利创立于公元5世纪，因而又称聂斯脱利派。它在公元7世纪以后广为传播，据说信徒达百万，有25个大主教区，250个主教区。在阿富汗的巴克特拉城设有景教主教区，上述米利斯即该区主教。彭先生不同意学术界一般所认为的该教派由波斯传入中国的观点，认为景教实则是由波斯经阿富汗传入中国的，因此巴克特拉城是景教向东方传播的策源地。他指出，《大秦景教流行中国碑》碑文的作者为波斯人景净。此人是中国北部景教教会的领袖，是景教经典的翻译家和佛经助译。在碑文中他叙述了景教徒"占青云而载真经，望风律以驰艰险"到长安传播景教文化的情况。碑文中用相当多的篇幅叙述了"远自王舍之城（巴克特拉），聿来中夏"的众多景教僧人的代表伊斯的德行。伊斯不但热心于宗教事业，而

---

① 参见冯承钧《景教碑考》，商务印书馆1931年版。另参见伯希和《唐元时代中亚及东亚之基督教徒》，冯承钧译，载《西域南海史地考证译丛》第一卷，商务印书馆1962年版。外国学者对此碑的译注达40种之多，汉文著作有25种。见《中西初识》，大象出版社1999年版，第167—192页。

且是一位杰出的阿中文明交流使者。①

在《阿富汗和中国的关系》一文中，彭先生特别强调指出："以伊斯为代表的、来自巴尔赫城的众多景教徒，不仅仅是为了传教而来到中国的。他们是吐火罗和西域九国发兵助唐、协助平定安史之乱的外援军队的一部分。唐朝和阿富汗地区的吐火罗国关系密切。天宝年间，唐朝曾以安息兵助吐火罗击败吐蕃的进攻。肃宗平定安史之乱时，伊斯等景教徒参加吐火罗军从柘羯军入唐，以补充唐军力之不足。肃宗诏其隶属郭子仪的朔方行营，征战于灵武、凤翔一带。在唐代宗永泰元年（765年）的香积寺之战中，作为唐军的侦察部队的伊斯等景教徒，参加了收复两京的战斗。当然，军旅之时，伊斯等景教徒并未忘教旅任务。在戎马倥偬之中，由于伊斯等景教徒的政治行动，仍获得了在灵武等五郡建立景教寺院的诏许。"②

关于伊斯兰教通过阿富汗向中国的传播，彭先生在《丝路枢纽地区的文物考古和人类文明》一文中更有系统的研究。他说，7世纪中期的时候，阿拉伯人在阿富汗境内（加兹尼、赫拉特、锡斯坦、吐火罗斯坦）征战，逐步占领赫拉特等很多地区。公元742年，阿拉伯人在巴尔赫建立了第一个清真寺。尽管阿拉伯人征服阿富汗的过程相当困难，但阿富汗的伊斯兰化过程却十分顺利。所以，从公元7世纪下半期开始，阿富汗迅速成为伊斯兰教文明圈的组成部分，从而逐渐结束了阿富汗的前伊斯兰教时期。经过8—9世纪的激烈演变，到公元9世纪至12世纪伊斯兰教在这里已经取得统治地位。彭先生同意学术界的一致看法，认为伊斯兰教从公元651年（唐永徽二年）最早传入中国。此后，波斯人经过阿富汗在中国更广泛地传播伊斯兰教。

六　贯穿于印度、中国、日本、美国之间的宗教文明交往

彭树智先生具有文明交往的敏锐视角，许多很通俗、很浅显、很细

---

① 详见彭树智、黄杨文《中东国家通史·阿富汗卷》，商务印书馆2000年版，第333—335页。

② 彭树智：《阿富汗和中国的关系》，载《文明交往论》，第153—154页。

小的问题，在他看来都可能挖掘并说明某种深刻的人类文明交往内涵。彭先生曾到苏州寒山寺参观，他由寒山寺钟声联想到贯通印度、中国、日本、美国之间的宗教文明交往。他在参观后的回忆文章中写道："那次我被这跳动的钟声所感染了。我觉得张继笔下的寒山寺的'夜半钟声'，其实是历史回荡之声，是我们时代对宗教文化的感受。这钟声，既响传着佛教的情思，又涵化着人文的古韵，那凝重而雅厚的波音，是广纳百川的中华文史之声。这种情境，不禁使人耳畔不断响起人类文明交往活动所化出的袅袅余音。"①

　　佛寺中所悬挂的大钟，出自古代印度，梵文原为 Ghantā，音译为"犍稚"，又称梵钟，此类钟用金属制成，佛教徒作法事用作法器。来自印度的一种文化现象在中国获得空前的发展，后来又传到日本。康有为曾经有诗云："钟声已渡海云东，冷尽寒山古寺风。"彭先生赞佩康有为深知人类文明交往史，称其是最知文明真谛的学术大家。因为他知道这钟声的文明内涵。但同时，彭先生又指出，康有为只知道寒山寺的钟声已远播日本，但他未料到今天寒山寺的大钟，竟是日本友人重铸的佛家法器。所以，今天的钟声已经不是中国佛教向日本传播的单向交往，而是中日文化的互动交往之声了。

　　在那次游览过程中，彭先生针对"夜半钟声为谁鸣"的问题，就同行的黄文浩教授所说的"钟为湖北张继鸣"，而提出"钟为陕西寒山鸣"。因为寒山是唐代陕西咸阳人。彭先生由此进一步评价说，寒山钟声所包含的文明交往"不但有外部的印度、中华、日本之间，又有秦陕、吴、越之际"，"在寒山寺这座姑苏城外的浓郁风景线上，钟声成为它沟通古今中外文明交往的主旋律"。

　　后来，彭先生又将把文明交往的视角转向大洋彼岸的美国，进一步观察寒山对世界的影响。对此，彭先生的确是感慨不已，他说"谁能预想到七世纪末至八世纪初中国唐朝时位于天台山的诗僧寒山，竟影响到 20 世纪 50 和 60 年代的美国社会？寒山缘何在姑苏留下了以他命名的'寒山寺'，又缘何使寒山的精神如寒山寺的千年悠扬钟声，长鸣于

---

① 彭树智：《文史之旅拾遗：钟为陕西寒山鸣》，《文史与书画》2001 年第 1 期。

美国文坛和政坛?"① 他认为"这就是人类不同文明交往的威力所使然"。他说，20世纪60年代，美国社会发生了动荡。这就是被称为"愤怒的爱"和"背包革命"的反战学生运动和嬉皮浪潮。作为它的前奏，是50年代发端于旧金山的精神领域的"和平革命"。寒山这位中国唐朝的诗神，被著名的"垮掉一代"（The Beat Generation）作家杰克·凯鲁亚克（Jack Kerouac），请到了他的文学活动的祭坛之上。寒山、拾得的禅诗及其精神，经过"垮掉"派的推广，他们的神秘而狂放的山林之旅，他们的悲寒超脱和深邃顿悟，成为美国许多青年的追求。他们不满社会失衡、文化失衡而带来的心理失衡，厌恶西方发达物质文明带来的精神文明危机，因而从寒山和拾得的禅的精神中，寻求摆脱和超越，从而训练出一种不受客观环境和主体情识左右的精神境界或心理状态。彭先生从这种历史得出结论："寒山的钟声在美国响起了不同文明之间交往的回音。"具体来说，彭先生认为，"美国曾鸣寒山钟"也说明了文化具有继承性和借鉴性，它的许多内容并不是某一时代、某一国家所特有，也不仅仅为某一时代、某一国家所专用。文化因继承和借鉴的本性而成为人类共同财富，文化代代传递而使不同文明在互动中交往。这也是人类文明交往的"金律"。

　　寒山寺钟声作为一种文化象征，其核心内涵则是佛教禅宗。彭先生尽管没有专门研究禅宗，可是他以其智慧的眼光对禅宗进行了基本的观察和判定，得出的结论不但切中禅法之要，而且颇有独到之见。他认为"禅宗扩大了禅的'静坐凝心专注观境'观念，重在'修心''见性'，以觉悟众生本有之佛性为目的。禅宗使禅法多样化、规范化和可操作性，加上某些神秘主义的体验和诱惑性，使它具有很强的诱惑力。这就在人类文明交往中开拓了一个以调整和控制人的心理活动为手段、以充分调动人的主观能动性为目的精神领域"。他还进一步指出，"禅宗理论的禅有三个特点：第一，怀疑论的矛盾破灭感，表现为最乐观的禅语和莫名其状的哀愁、饱含睿智的机锋和极度深沉的悲痛、诅咒世界的冷冰寒意和内心的热血沸腾的复杂交织。第二，出世论的矛盾超脱观，表现为淡泊中的炽热、深沉内省中的消沉、冷静中的悲凉，难言执著中的

---

① 彭树智：《文明交往史例：美国曾鸣寒山钟》，载《书路鸿踪录》，第49页。

孤独。第三，神秘论的矛盾思维模式，表现为理性思维与原始逻辑思维并存，惊世的神异功能与高超语言文字功能的艺术运用并存，以及传说中的神话与事实混而为一"。① 这些观点都是相当精辟的论断。

七　传统与现代之间的宗教文明交往

文明交往既有不同地区的不同文明之间的交往，也有不同历史时代的不同文明之间的交往。从宗教文明的角度来看，因为宗教文明的历史悠久性和信仰的传统性，使宗教成为世界各地具有普遍意义的传统文明的代表，于是传统与现代之间的文明交往便突出地体现为宗教文明与现代其他文明尤其是西方文明之间的交往。在彭先生的研究中，这种文明交往关系广泛存在于中东和南亚近现代的历史进程中，彭先生在研究凯末尔、甘地等人的思想与革命实践时均涉及这个问题。几乎所有的传统宗教文明在进入近代社会以后都遇到与现代文明交往的崭新课题，当然最典型的还是体现在传统的伊斯兰教与现代西方文明的交往之中。

彭先生主编的《伊斯兰教与中东现代化进程》一书比较集中而全面地研究了伊斯兰教在传统与现代的文明交往模式中的处境与作用。宏观来看，当中东历史进入 19 世纪的时候，西方列强已经给中东强行带来了新的时代主题，这就是伊斯兰教与中东现代化的关系问题。这个问题一直到现在依然存在，只是增添了更多新的内容。彭先生说："由于现代化发展带来的挫折和困难，具有伊斯兰教悠久历史和深厚传统的中东社会，备受不满和失望、愤怒和失落的困扰。对于中东所有的穆斯林而言，最重要的、甚至可以说是第一位优先的课题，是重新解释伊斯兰教古老纯朴的传统启示，以决定在多大程度上和以何种方式扬弃 14 个世纪以来积累的历史文化遗产，从而适应现代化的社会发展进程。"② 可见，伊斯兰教在传统与现代的交往中具有多么重要的位置。

彭先生认为，从世界历史看，伊斯兰教与中东现代化并不是孤立的

---

① 彭树智：《文明交往史例：美国曾鸣寒山钟》，载《书路鸿踪录》，第 56 页。

② 彭树智：《〈伊斯兰教与中东现代化进程〉一书中的文明交往线索》，载《文明交往论》，第 433 页。

问题，它实质上是包括中国在内的所有发展中国家在现代化进程中所面临的共同问题：即传统与现代化的问题。发展中国家在现代化发展阶段、水平和速度上千差万别，但在 20 世纪 80 年代以来，却以不同方式突出地提出了传统与现代化这样一个共同性的问题。世界瞩目的"东亚奇迹"的群体经济起飞，提出了重新评价传统儒学的问题；震动全球的中东"伊斯兰潮"，提出了重新解释伊斯兰教的传统问题。异曲而同工，都反映了传统与现代化作为发展中国家社会经济变革中面临的共同的新的大课题。彭先生的这种观察与判定是很有眼光的。

彭先生从整个世界现代历史发展进程的角度考察伊斯兰教在传统与现代交往关系中的处境与作用。他以 20 世纪 70—80 年代为界限，将这一进程划分为两个阶段，认为在此之前，传统与现代化之间的矛盾是在西方殖民化和东方反殖民主义的政治军事斗争的历史背景下进行的，其表现形式主要集中在东西方文化的冲突上。20 世纪 60—70 年代，西方殖民主义体系解体和东方民族独立国家体系形成。在这个大变化之后，东方各国的经济优先性就取代了政治优先性，传统与现代化之间的矛盾随之就发生了新的变化。这一矛盾更多地直接表现为传统与现代市场经济之间的矛盾，尤其突出地表现为传统价值观与现代市场经济发展所带来的价值观念之间的矛盾。彭先生认为，不光中东是这样，所有发展中国家在这个时期都面临着传统与现代化这一共同而重大的新课题。

中东在传统与现代关系的演进历史中具有它的独特性。彭先生指出，中东"伊斯兰潮"不同于东亚的经济发展"奇迹"，伊斯兰教自然也不同于儒学。伊斯兰教作为世界三大宗教之一，在人类文明交往的实践活动中，表现了它传统的凝聚能量和适应能力。因此，彭先生特别强调要从文明交往的新角度，全面考察伊斯兰教在中东现代化这个历史大转折进程中的变迁。

彭先生说，伊斯兰教是在中东和欧亚的广泛文明交往中产生、形成和发展起来的世界性宗教。伊斯兰教的变迁和许多伟大历史转折点息息相关，它的传统特点就是长期文明交往的直接结果。这些特点大致可以概括为如下四点：第一，强烈的政治参与性，这是一种入世性的传统。第二，兼容的深义和边义性文化传统。也就是说，从宗教信仰与政治融合的跨学科的"边义文化"而言，伊斯兰文化是一种宗教政治文化；

就文化的本质特征看，伊斯兰教文化则是一种有着深刻哲理与完整体系的宗教文化。这种融合"深义文化"和"边义文化"的兼容精神不仅在宗教哲学、教育和艺术方面形成了伊斯兰的特色，不仅给予人文社会科学和自然科学技术赋予伊斯兰的精神，而且成为沟通东西方，使历史变为世界历史的巨大文化纽带。彭先生认为，伊斯兰教兼容的深义性和边义性的文化传统，是在历史交往的深层实践活动——思想文化交往过程中形成的。而这次历史交往发生在东西方的时间和空间交错点上：在时间上，它处于古希腊、罗马文化已经衰落与近代西方文化尚未开始之间；在空间上，它处于亚、非、欧三大洲的古埃及、两河流域、印度、伊朗和古希腊、罗马等古典文化所在的东西方交汇地区。所以，概括地说，伊斯兰阿拉伯文明是以伊斯兰教为指导思想，以阿拉伯语为表现形式，综合而又发扬了诸多东西方古典文化内容的宗教文明。第三，公平的商业性经济传统。第四，交往的世界性传统。伊斯兰教广泛地采用了各种交往方式，特别是军事征服的"圣战"交往方式，在广大地域实现了伊斯兰化，在中世纪就建立了以中东为主体的，横跨亚、非、欧三大洲的"伊斯兰世界"。虽然阿拉伯帝国在经过繁荣之后解体了，但经过长期历史交往，使阿拉伯民族得以形成，并强化了伊斯兰教交往的世界性传统。①

　　伊斯兰教正是带着以上所说的这些传统，尤其是交往的世界性传统，进入了世界性的现代化过程，并在传统与现代的架构中开始了新的文明交往。所谓现代化，彭先生认为就是人类社会实现从传统农业社会向现代工业化社会的变革过程。它的核心是以实现工业化为主要内容的经济变革，根本动力是科学技术作用于生产过程使生产力发生变革，从而影响到政治、经济、文化、社会结构等各领域的发展过程。现代化作为一个世界性的历史进程，它的本质要求是开放与合作，因而也导致了国际社会与国际关系的变革。

　　彭先生把中东现代化划分为三个阶段。三个阶段中均存在着传统与现代的交往模式，而且随着历史进程的不断推进，这种交往模式中的伊

---

① 彭树智：《〈伊斯兰教与中东现代化进程〉一书中的文明交往线索》，载《文明交往论》，第435—440页。

斯兰教也呈现出不同的处境，发挥着不同的作用。

彭先生把第一阶段称之为"艰难的序幕"（1719—1908 年），认为这个时期，伊斯兰教失去适应时代发展而变革的活力，而西方基督教经过文艺复兴走出中世纪，并借助经济的迅速发展而走向世界各地。奥斯曼帝国在民族危机日益严重、军事上节节失利的严峻挑战面前，统治集团中的改革派、伊斯兰宗教人士、知识分子意识到伊斯兰传统已不足以与西方现代化的先进军事技术抗衡，所以要想使帝国再度强盛，必须借助西方的文明，在政治、经济、法律、教育和社会文化生活等领域进行全面的改革。传统与现代的交往就是在这种被动的历史际遇下展开的。但英国的殖民化浪潮淹没了埃及和整个奥斯曼帝国自上而下的现代化浪潮。此后，兴起以贾马鲁丁·阿富汗尼和穆罕默德·阿布杜为代表的伊斯兰现代改革主义运动，试图重新寻找传统与现代之间的契合。

彭先生把第二阶段称之为"成功的突破"（1908—1945 年）。在此阶段，与欧洲关系密切、有长期改革历史的土耳其，得风气之先，成为中东现代化潮流的中心，而关键性的突破是建立了政教分离的现代土耳其共和国。其中起决定性作用的是凯末尔主义。这种思想包括了共和主义、民族主义、平民主义、国家主义、世俗主义和革命主义等六项原则。其中世俗主义表示土耳其共和国要永远摆脱伊斯兰教神权势力对政治生活和文化的束缚，在实践上表现为涉及政治、法律、教育、文化及社会习俗各方面的世俗化改革。当然，彭先生同时指出，凯末尔的世俗主义并不是一概反宗教，而是要求宗教不干预政治。在《土耳其研究的几个问题》一文中，彭先生进一步明确指出，作为亚非民族独立国家体系中的首批国家之一，土耳其共和国是凯末尔按照西欧国家和社会模式建立的，"它采取了西方文明的政治制度，实行了宗教与国家分离，但同时保留了土耳其的文化传统，允许伊斯兰教在私人生活领域发挥其固有文明的作用。从土耳其共和国成立到现在，这两种文明交往过程波澜起伏，在社会生活和政治生活中形成了曲折的轨迹。现代性的思想，即欧洲的民族主义，取代传统性的伊斯兰宗教思想，成为土耳其主要的民族认同标志和有利于加快现代化进程的力量。但是伊斯兰的乌玛观念（认为所有信徒都是同一民族和共同体的成员），以及涵盖了所有信徒从生到死的生活所有方面的伊斯兰文明，同样在占人口绝大多数群众中发挥着巨大的作用"。① 这样，在中东现代化进程中出现了土耳其这种具有浓厚世俗化特色的传统与现代交往模式，并在中东引起了连续反响。彭先生认为，无论是土耳其的成功、伊朗礼萨汗改革的成效，或是阿富汗阿马努拉改革的失败，从中东现代化的进程看，都标志着社会的变革和伊斯兰教的变迁正在进入一个新的历史阶段。而沙特阿拉伯的伊本·沙特的伊斯兰现代化改革，则是本阶段成功改革的另一个突破，因为除了经济方面的发展之外，在圣俗之间以及传统与现代之间也开始了新的尝试。

　　彭先生把第三阶段称之为"历史性的转折"（1945 年至今）。中东现代化的前提条件，是反对帝国主义的殖民统治，建立独立的民族国家，这也是政治现代化的第一步。彭先生认为，中东国家现代化一开始就把政治置于优先地位，其集中表现为反对帝国主义和反对封建主义的民族民主运动，而目标正在于建立独立的民族国家。民族民主运动从19 世纪已初具规模，20 世纪上半期出现高潮，第二次世界大战后又出现了新的飞跃，并在 50—70 年代建立了一系列民族独立国家。对此，彭先生的学生黄民兴教授也有系统的论述。② 中东民族独立国家体系取代帝国主义的殖民体系，这是中东现代化进程中的历史性的转折，彭先生在他主编的《世界史·现代史编》下册中将此也作为世界现代史上的重大转折。③

　　彭先生认为，伴随着这一历史性的转折，伊斯兰教也经历着曲折的变迁。彭先生分别从中东民族国家的不同政治类型及其建立前后的历史来看伊斯兰教在传统与现代交往中的处境和作用。正如大家所知，在中东建立民族独立国家体系的过程中，形成了君主制和共和制两大政治类型。总体上看，在民族独立国家建立前，北非和阿拉伯半岛南部一些国家，宗教阶层和伊斯兰知识分子领导了民族运动；埃及和新月带，世俗民族主义成为领导力量；突尼斯和阿尔及利亚，民族运动先由宗教集团

---

　　① 彭树智：《土耳其研究的几个问题》，载《文明交往论》，第 371 页。

　　② 黄民兴：《论伊斯兰教在阿拉伯现代民族国家形成中的作用》，《西亚非洲》1996 年第 3 期。

　　③ 彭树智主编：《世界史·现代史编》下卷，高等教育出版社 1994 年版，第168—221 页。

掌握领导权，后被世俗民族主义力量所控制。在民族独立国家建立后，共和制国家加强世俗性，但也对伊斯兰采取了用宗教来加强政权的合法性，并在对外政策中实行世俗化的政策。在世俗化趋向的同时，宗教情绪强烈的青年知识分子，对政府现代化政策持有异议，因而转向伊斯兰的复兴；而不满世俗化的宗教界也从事反政府活动，加强了伊斯兰复兴运动的势头。伊斯兰组织与反政府运动的共和主义浪潮主流同时并存。20 世纪 70—80 年代之后，随着中东石油经济的迅速发展，广大穆斯林的物质生活与精神生活发生了巨大的变化，在传统与现代的交往过程中，伊斯兰教开始面临新的问题。伊斯兰教复兴潮流成为中东现代化进程中一直涌动的时代主线，它使中东国家在选择发展模式上和政治文化意识形态上，带有各种形式的伊斯兰色彩。彭先生比较赞同约翰·沃尔1982 年在美国出版的《现代世界的伊斯兰教》一书中的观点，在该书中作者以宗教传统与现代化的关系为主线，以政教关系为依据，把穆斯林国家分为五个类型：传统君主制、激进世俗主义、激进民族主义、激进阿拉伯社会主义和温和的共和国民主制。与此同时，把原教旨主义也分为传统、温和与激进诸类型。因为彭先生深感当代伊斯兰复兴运动是一个极为复杂的社会现象，具有双重甚至多重性质，而且正在变化之中。彭先生认为，穆斯林民众的宗教回归感有其深刻的历史背景与诸多现实因素。但从根本上说，是中东社会正处于关键性的剧烈变革阶段。作为深层影响重要因素的伊斯兰教传统，以其特有的宗教、政治和文化连续性线索，同这种社会变革线索形成了交叉。于是，在历史交往的坐标图上迸发出了伊斯兰教传统的复兴潮流。

　　通过对中东现代化进程三个历史阶段的考察，彭先生认为，"伊斯兰教是一个富有活力的世界性宗教。它有着丰饶的历史积累，它体现着民族的智慧和感情，兴衰和荣辱。它在现代化起步较晚的中东地区，使这一后发型的现代化进程，具有一系列伊斯兰教传统的特色和宗教心理的文化认同。中东后发型现代化由于丧失了历史机遇而必须从外引进先进思想、文化、科学技术以及制度，所以又是一种'外引型'特点。在中东伊斯兰教国家，这一特点必然同'伊斯兰性'宗教、政策和文明传统发生冲突。同时，中东国家的现代化的后发型和外引型特点，还表现为在外力驱动下的被迫选择。它由早期的西方挑战和被动的回应这种不平等的双向文明交往，转向后期的主动选择与内部驱动，并同西方的平等与主动文明交往，必然要经过许多发展阶段。中东地区从 19 世纪以来，特别是第二次世界大战以来，现代化一直走着崎岖不平道路的根本原因，即在于此。"①

彭先生认为，首先，中东国家现代化过程中所经历的这种文明交往历史的经验是：现代化改革必须同穆斯林的承受力相适应，一旦超越了他们的承受力，或者对他们崇尚的伊斯兰教传统的价值观构成直接威胁，就必然引起对现代化的抗拒。这一点也正是中东现代化进程屡遭挫折的重要原因之一。其次，伊斯兰教在政治上的"涉世性"传统，即强烈的政治参与性传统，又赋予它某些适应社会发展的特征。伊斯兰教在文化上的兼容传统，同样蕴涵着吸收科学和自我调节的社会基因。此外，伊斯兰教的世界性的交往传统，也包含着全球性的国际开放因素。总之，这些传统如果条件具备、处理得当，能够在一定程度上加深伊斯兰教同现代科学和理性的联系，从而完成自身的宗教与文明模式的创造性转换；同时与不断发展和变化的现代社会及其政治、经济、文化等方面相互协调、同步前进，最终实现伊斯兰世界的现代化。

关于中东国家今天依然普遍存在的传统与现代的关系，彭先生总的看法是：面对新世纪的到来，绵延千余年的伊斯兰教，作为东方伟大的传统之一，能否在现代工业信息社会中保持和发扬，关键是在社会发展中实现自我更新和自我丰富的程度以及与时代接轨的程度，从而对社会发展发挥积极作用。经历了两个多世纪文明交往的伊斯兰教，在它的变迁历程中已经积累了丰富的自觉求变、求发展和在变化中求恒常、在发展中求延续、求发扬的经验。在中东现代化进程中，"伊斯兰性"和"现代性"都在文明交往中互变。"伊斯兰性"作为伊斯兰教传统的核心和"现代性"作为已经完成现代化所具有的基本特征，都已经不是绝对对立的、不相容的事物。"伊斯兰性"不仅是本土的，它还包括同外来文化相互作用而融入自身的因素。世界进入普遍性的文明交往时代，保持发扬民族传统，不能离开同其他民族文明的相互作用。"现代

---

① 彭树智：《〈伊斯兰教与中东现代化进程〉一书中的文明交往线索》，载《文明交往论》，第 449—450 页。

性"也不是已完成现代化社会所独有，它已深深渗入中东社会革命生活之中。我们会看到"伊斯兰性"与"现代性"在中东社会的有机结合，当然这需要时间和实践经验。①

八　小结

　　彭先生在宗教研究方面建树颇多，几乎可以说已经涉及宗教的方方面面。如果仅仅从宗教与文明交往的角度来看，本文所述应该属于彭先生在这方面比较重要的学术成就和基本观点。通过这些方面的介绍，可以发现彭先生在文明交往论的研究中对宗教文化的高度重视，以及研究的系统深入和见解的深刻独到。

　　除了小引和小结之外，本文主体部分共有六节，分别从六个方面介绍了彭先生在宗教文明交往研究中的基本观点。这六节看似零散，其实是密切联系、相互统一的，并形成一个相对完整的宗教文明交往研究体系，以图比较宏观而清晰地把握彭先生在这方面的理论架构与基本旨趣。

　　主体部分的第一节是从总体的视角分析彭先生对宗教在人类文明交往中之地位的判定，从中不但可以发现彭先生对宗教文化在文明交往中的重要性的充分肯定，而且可以非常清晰地领悟宗教在人类文明交往中的核心地位，从而对人类文明交往中的宗教交往有一个总体的认识和把握。

　　主体部分的第二节关注彭先生对帝国之间文明交往的论述。从政权与国家的角度来看，帝国可以说是人类历史上影响最大的社会实体。这种统治地域辽阔、实力强劲、结构庞大、影响深远的巨型社会实体，不但自身依赖宗教在意识形态方面的支撑，而且它们相互之间的交往也总是在政治经济利益的背后潜伏着宗教文明方面的深刻背景，并最终使这种宗教文明交往成为最深刻也最具长远历史意义的遗产。所以，帝国文明交往中的宗教传播与对话，的确是一个涉及宗教与经济、宗教与政

---

　　①　彭树智：《〈伊斯兰教与中东现代化进程〉一书中的文明交往线索》，载《文明交往论》，第451页。

治、宗教与民族、宗教与地域、宗教与文化、宗教与语言、宗教与生活等很多领域的重大问题。彭先生对帝国在宗教文明交往中的作用的研究，可谓抓住了要害。

主体部分的第三节关注彭先生对古代人类两大文明交往枢纽的论述。欧、亚、非三大洲是古代世界人类最重要的活动区域，也是人类主要文明的诞生地和传播地，对人类的历史产生了巨大的影响。直到今天，我们在观察人类古代历史以及探讨人类文化时，几乎依然是在这三大洲之内徘徊不出。近代之前的这一世界存在着极为复杂的文明交往，但是从宏观的角度进行审视，彭先生发现了两大文明交往枢纽，并指出正是通过这两大枢纽，才架构起古代世界人类最重要的文明交往网络，向东链接了遥远的东亚、南亚，向西，链接了欧洲，向南链接了非洲，向北链接了茫茫草原。人类历史上最重要的文明均通过这一枢纽展开往来，并借助这一枢纽，实现互补与不断发展。所以，我认为，彭先生的这一枢纽图是理解地理大发现之前人类宗教文明交往的一把钥匙，借助这个枢纽图，古代世界几乎所有重大文明交往历史均可得到清晰的理解。

主体第四节是从上节交往枢纽图派生的一个问题，之所以作为一节来进行介绍，是因为中国古代的文明交往主要是通过丝绸之路而展开的东西方之间的文明交往。而且这种交往可以说是古代世界距离最远、延续时间最长、涉及民族最多、文明类型最丰富、交往方式最和平、影响最深刻而长久的一种文明交往。可是，这一东西方文明交往的大通道是经由阿富汗这一枢纽而架构起来的。作为对中国历史文化热爱而熟悉的中国学者，彭先生对这一问题的研究是其所有文明交往研究中比较早行的部分。我认为，彭先生对这一问题的研究是目前国际学术界最系统、也最深刻的成果，它为我们揭示了一幅近代之前中西方文明交往的核心架构，通过这个架构体系，我们可以深刻理解域外宗教文化向中国的输入以及中国文化结构的不断扩充与变革，也有利于我们理解今天中华文化的基本结构和基本特色。

主体第五节是彭先生宗教文明交往研究中的一个小个案。一个小小的寒山寺钟，彭先生能从中聆听到人类文明交往的袅袅之声，并从这袅袅之声中领悟一种跨时空、跨民族、跨文化的文明交往内涵，而且这种跨越在时间上从唐代到 20 世纪 60 年代，延续一千多年；在空间上，从古代印度翻山越岭到中国，从中国东渡大海到日本，再飞跃浩渺的太平洋到遥远的美国；在文化上，从印度文明的传播到中华文明的包容，再到日本文化的塑造，到美国后则是与西方文化的相互激荡。一个并不起眼的钟鸣，能够蕴涵如此丰富的文明交往内涵，实在可以看出彭先生文明交往史观的敏锐嗅觉。借助彭先生的这一研究，我们对古今之间、东西方之间以及多个民族、多种文化之间的复杂交往关系有了更加清晰的认识，对人类宗教文明交往又多了一份全新的感悟。

主体第六节关注彭先生对传统与现代交往关系中伊斯兰教处境与作用的研究。可以说这是彭先生文明交往研究中的核心内容，也是他最得意的成果之一。文明交往是人类从古到今最基本的社会实践，并最终为人类的现实生活提供精神的支撑与未来的指引。近代以来全球发展进程始终纠缠在传统与现代的复杂关系之中，而这种关系的演进又是在宗教文明交往中实现的，所以，把握传统与现代交往中的宗教处境与作用，是理解现代世界诸多问题的关键。从宗教文明交往的内涵方面来看，传统与现代的关系应该说是最宏观、也最本质性的把握。彭先生在这方面的研究将宗教文明交往的视阈扩大到古今纵贯、东西汇通的高度，这种视野所包含的历史性、全球性、现实性、理论性是非常明显的。

总之，本文从总体定位、最大交往实体、两大交往枢纽、中外核心通道、跨时空交往个案、传统与现代等六个方面分别介绍了彭先生对宗教在人类文明交往中的作用的研究，作为一种视角和例证，可以看出彭先生在这个问题上的高屋建瓴和精妙细微。随着对彭先生研究成果的进一步学习与领会，如果我们再从其他角度进行观察，相信还会看到彭先生更多的深刻研究和精辟见解。

文明交往论的个案阐释
——彭树智先生与伊朗史研究

冀开运

（西南大学历史文化学院教授）

伊朗在中东的地位类似于中国在东亚的地位，甚至伊朗的现代化过程也与中国具有强烈的可比性。伊朗历史悠久，文化源远流长，从古至今，文明发展基本没有中断。伊朗是中东的文明中心，在吸纳其他文明成果的基础上对周边国家和地区产生了持久而强大的影响。伊朗不仅是历史中的地区强国，而且是现实中的地区强国。在当今的国际政治舞台上，伊朗具有举足轻重的作用和无法替代的角色。伊朗的历史在融入中东历史的整个过程中始终保持自己的特殊地位，伊朗的民族意识和国家意识很早就已形成，并且十分顽强。研究中东历史就必须深入研究伊朗历史，没有伊朗历史的中东历史是残缺的。从 1978 年开始，彭树智先生在他三十多年的学术生涯中对伊朗史的研究倾注了极大的心血，深入思考了伊朗历史文化和文明交往的很多重要问题，发表了一系列论文和著作，在学术界引起了极大的关注。纵观他 30 多年的学术研究活动，可以发现，彭先生对伊朗史的研究具有连续性的特征，同时也具有明显的阶段特征。本文将梳理彭先生对伊朗史研究的学术历史，并评价彭先生在伊朗史研究上的杰出贡献。

一　以专题史的形式考察伊朗历史

1987 年和 1992 年由西北大学出版社先后出版了彭先生《现代民族主义运动史》、《东方民族主义思潮》。在这两本系列专著中，彭先生从两次世界大战之间民族民主运动的类型出发，分析了伊朗的反帝运动和礼萨汗改革的特点。彭先生在分析了世界民族民主运动的共性以后，又从地域文化的角度分析了各国民族民主运动的差异性和特殊性，并特别指出伊朗在第一次世界大战期间出现民族民主运动的历史背景和大不里士的希阿巴尼派起义；还分析了 1919 年《英伊协定》的签订如何激发了伊朗的民族主义运动。先生详细论述了伊朗的吉朗共和国成立的原因和失败的教训，在分析吉朗共和国的过程中，他坚持马克思主义阶级分析的思想观念，深刻剖析了吉朗共和国的内在矛盾和伊朗共产党的历史功绩和历史局限性。先生从历史唯物主义和辩证唯物主义的理论出发，全面而深刻地解析了礼萨汗的现代化改革，并特别指出礼萨汗改革与凯末尔改革之间的历史联系，深刻揭示了礼萨汗的专制独裁与其现代化改革之间的微妙关系；并认为，礼萨汗时期伊朗的对外政策的指导思想是"第三国主义"，即在伊朗传统的敌国英、俄两国之外选一个第三国为友，这个国家就是德国。他企图借德国的投资和技术来复兴伊朗，借助德国的势力平衡和抵制英、俄的势力。这是伊朗当时的现实主义选择，是迫不得已的选择，后来也成为导致伊朗悲剧的选择。

1992 年彭树智先生在其主编的《二十世纪中东史》（高等教育出版社出版）中将伊朗历史置于 20 世纪中东史的整体之中，指出伊朗立宪革命属于中东的觉醒；伊朗的民族民主运动属于中东民族主义运动的第一次高潮；伊朗礼萨汗改革属于中东地区的现代化改革运动的有机组成部分；德黑兰会议和伊朗陆桥表明战时中东的地位；伊朗石油国有化运动属于中东民族主义运动的第二次高潮；伊朗的经济发展具有中东产油国经济的共性；伊朗"白色革命"导致伊朗君主制的崩溃和伊斯兰革命的成功；巴列维国王的民族主义思想属于中东的世俗的民族主义思想；伊朗伊斯兰共和国的建立和伊朗政治经济文化的伊斯兰化属于当代国际伊斯兰复兴运动的标志性事件，并直接或间接导致两伊战争的爆发。2001 年先生主编的《二十世纪中东史》第二版由高等教育出版社出版。它再次将伊朗历史置于中东地区史的整体之中，以国别史丰富地区史，以地区史考察国别史的宏观背景，比较国别史的共性和个性。从这里我们发现研究伊朗历史的四个视角，即从国别史角度研究伊朗，从地区史角度研究伊朗，从宗教史和文化史角度研究伊朗，从世界史角度研究伊朗，可谓"横看成岭侧成峰，远近高低各不同"，从而为客观认识和正确评价伊朗历史文化奠定了坚实的基础。

1997 年由彭先生主编的《伊斯兰教与中东现代化进程》由西北大学出版社出版。先生认为礼萨汗进行民族化、世俗化、现代化改革以期冲破伊斯兰教束缚，把伊朗变成一个独立的现代化国家。改革失败的原因是伊朗的现代化进程起步较晚，19 世纪的现代主义改革之风在伊朗一吹而过，难以立足；西方资产阶级思想在伊朗的影响相对薄弱，思想、物质准备不足。礼萨汗改革失败的第二个原因是没有凯末尔改革那样的国家意识形态；同时，依靠暴力独裁强制推行改革激起民怨沸腾。第三个原因是伊朗的什叶派势力根深蒂固，在民间具有极大的影响力。先生认为，伊朗的白色革命完全脱离了伊朗的文化传统和现实的国情，导致了伊斯兰什叶派与巴列维王朝之间的激烈冲突，使伊朗现代化陷入了严重的危机。他认为伊朗伊斯兰革命是伊朗人民对巴列维国王不成功的现代化的一种伊斯兰式的回应。伊朗由巴列维王朝向伊斯兰共和国的转变以及伊斯兰共和国建国以来的实践表明：伊斯兰社会走向现代化的发展道路是艰辛而曲折的；现代化是历史的必由之路，是当今世界不可逆转的潮流，伊斯兰国家必须协调宗教和世俗、传统与现代化关系，从而探索出一条符合国情的现代化发展之路。

先生从民族主义运动和民族主义思潮两个角度探讨了伊朗民族民主运动的基本特征，又从伊斯兰教与现代化的互动关系分析了伊朗现代化历程的特殊规律，为伊朗通史的写作打下了坚实的基础。

二　以文明交往论为指导主编《中东国家通史·伊朗卷》

彭树智先生晚年精心思考、构建和阐释文明交往论。先生认为伊朗为中国古代物质文明的西传作出了伟大贡献，那是因为在古代东西方的交通要道上伊朗有着重要的地理位置，也是因为伊朗有悠久的历史。中国和伊朗的历史交往延续了几千年，在这强大的历史惯性的作用下，伊朗才能源源不断地把中华物质文明西传。第三个原因是伊朗本身有古老的文化传统，而伊朗文化与中国文化都是迄今未中断文化传统的古老文化。先生根据法国籍伊朗裔历史学家阿里·马扎海里的深刻见解，认为中国和伊朗文化具有选择性的相似之处，那是因为中国文化和伊朗文化都对各自的周边民族具有影响力，都面对着外来游牧民族的入侵和骚扰，都面临着西方列强的侵略和奴役。正因为这样，伊朗文化与中国文化双向交往到处可见。伊朗在吸收、传播、影响中国文化方面具有持续性的特点。先生分析了伊朗古代袄教的文化内涵，认为它是一种绿洲农耕文化，先生还认为，唐代的长安是袄教文明交往的舞台，并指出在中国传播袄教的主体是波斯人。袄教东向传播的特征之一是它的地缘性扩散。特征之二，是以多种方式流行于中国的北方和南方。袄教传播的第三个特征是中国历朝政府设立了专门的袄教管理官员。彭先生由袄教在隋唐长安的传播得出一个历史结论，即长安文化的多样性和世界性。

　　2002 年彭先生主编了中国第一部有着民族特色的伊朗通史，即《中东国家通史·伊朗卷》。他认为，伊朗通史是一部写不完的文明交往史，仅仅从伊朗同中华文明之间的广泛、悠远和互动的交往而论，就是经久不衰、开发不尽的历史研究资源。伊朗是一个产生过多种文明、吸纳过多种文明和经历过诸多文明交往的大国。先生认为在伊朗通史之中，宗教与文化的密切联系构成了伊朗文明交往的基本要素。从古到今宗教都是伊朗文化的价值核心和内在精神。伊朗各民族各个门类的文化都体现出各自的宗教精神。伊朗的文明可以说是宗教文明。伊朗经历了同异并存、求同存异、异中求同、同中化异和互斥、互动、互容、互相渗透的各种文明交往，其内化基线是一条民族涵化的基线。传统与现代文明交往在伊朗有着典型的体现。伊朗的现代化就是在寻求传统性和现代性的相互契合线和适合度。伊朗文明交往中始终伴随着冲突和整合的对立统一的环节。伊朗的文明冲突的基本途径是在本土文化基线之上的整合，即取长补短、转化集成、宏观继承与综合创新。因为人类文明从来就是相异与相通、本土性与世界性同时存在的。先生高度评价了哈塔米的文明对话论，认为这体现了伊朗政治家所表现出来的明智之举和开放气魄。伊朗通史在文明交往论的指导下开始具有了中国视角和中国特色，《中东国家通史·伊朗卷》2002年第一次印刷，2004年第二次印刷，在伊朗的中国外交官几乎人人拥有这本书，从中国澳门、台湾和香港来伊朗旅行和商务考察的华人都会携带此书进入伊朗。

三　以文化比较的视野思考伊朗历史文化的特殊性

2005年1月，彭先生出版了自己的《松榆斋百记》，在此书中，先生提出伊朗是两个体系的矛盾者。首先，1979年霍梅尼革命后，伊朗成为反对以美国为主导的国际体系的民族独立国家。伊朗一改1953年后巴列维王朝的亲美立场，成为世界格局中按照自身体系进行革命的独行者。伊朗作为什叶派统治的国家同占伊斯兰体系主流的逊尼派也同样存在着尖锐的矛盾。伊朗面对美国主导的国际体系和以逊尼派为主导的伊斯兰体系。彭先生指出伊朗文明的能动性、运动性和可变性，以及伊朗文明交往的内在规律，提出伊朗人民在漫长的历史发展过程中，创造了自己的文明，形成了自己的宗教传统。保持本民族优秀文化传统，发扬传统文化的精华，是伊朗在全球文明交往中发展前进的正确选择。因此，什叶派与伊朗伊斯兰文明的关系是一个文明交往的课题，具体化为伊斯兰教波斯化，因此，应该从什叶派自己的隆重传统节日阿术拉节寻找波斯文化的根源。先生认真反思了《中东国家通史·伊朗卷》存在的纰漏，认为本书忽略了席亚尔王朝的历史（中文译为泽亚里德王朝，统治伊朗的区域为里海南岸的泰伯利斯坦，即今天的伊朗戈尔甘、马赞德兰、吉郎，强盛时控制哈马丹和伊斯法罕，先后有6个君主即位）。在伊朗历史上也存在着三国鼎立的时期，即伊朗中北部的席亚尔王朝（928—1043年）、东北方的萨曼王朝（892—999年，也称萨曼帝国，9个君主先后统治中亚和呼罗珊地区，首都为布哈拉）和伊朗西南的白益王朝（938—1056年，也称白益帝国，是第一个什叶派波斯本地王朝，先控制法尔斯省，强盛时控制伊朗的西南部和今天的伊拉克，设拉子是其首都）。

先生在阅读《卡布斯教诲录》（商务印书馆1993年中译本，作者为波斯人昂苏尔·玛阿里）的过程中把中国的谚语"少小不努力，老大徒伤悲"与这部伊斯兰文明的百科全书进行比较，同时把孔子的学说与其中的思想进行比较研究。先生还对北周和隋代祆教文化交往的历史规律进行比较，探讨了七圣刀与祆教的关系。先生把波斯的著名诗人菲尔多西称之为"诗圣"，说明菲尔多西在波斯诗歌中的地位相当于杜甫、李白在中国诗歌中的地位。随着先生晚年思考的深入，不断地从理论和历史的细节来反省伊朗通史的运行规律和基本特征，并且反思《中东国家通史·伊朗卷》中出现的一些疏漏，这一切说明先生在年事已高的情况下仍然保持着旺盛的学术精力，不断地深入思考和推进伊朗史的研究。在这些文章中，我们看到的不是一位年近八旬的老人的状态，而是一个充满了青春活力和进取精神，思想新锐的一个学者的形象。

四　阐释伊朗文明交往的内涵

早在 2200 多年以前，中国就开始了解伊朗。在中国的历代典籍中对伊朗的历史文化都有生动细致的描绘。在祆教、摩尼教、景教、佛教、伊斯兰教传入中国的历史过程中，伊朗人都发挥了独特而伟大的作用。从伊朗传入中国的动植物、科学技术和文化艺术丰富了中国人民的物质文化生活，增强了中国文化的多元性和包容性。波斯语是伊斯兰世界东部的国际语言，在蒙古帝国和元朝时发挥了沟通东西方的伟大作用。波斯语和波斯人融进了中华民族的有机体之中。在中国属于穆斯林的十个民族中，波斯语在宗教生活和日常生活中留下深刻的烙印。

伊朗是欧亚地理和文化的桥梁，是丝绸之路的中转站。伊朗不仅吸纳了中华文明成果，而且将中国的文明西传到地中海世界。伊朗不仅是世界上很多宗教的摇篮，而且是传播各种宗教的先锋和主力军。伊朗经历了丰富深刻的波澜壮阔的文明交往，古代伊朗游牧文化与农耕文化以及商业文化之间存在千丝万缕的联系，中国与伊朗的关系、伊朗与西方世界的关系无不彰显文明交往的魅力与丰富内涵。

近三十年来，中国学者运用不同的学科理论探索伊朗的历史文化和对外关系，出版了一些研究伊朗的著作，发表了很多见解深刻的论文。

彭先生研究伊朗历史的指导思想早年是民族主义思潮与实践，中间经过国别史与地区史的辩证关系、伊斯兰教与现代化的互动关系，最后上升到历史哲学的高度，即形成文明交往论的理论框架和体系。先生从文明交往的角度把握伊朗历史的宏观、中观和微观规律，深刻揭示了伊朗历史和文化的特殊性，总结了伊朗历史文化与其他历史文化，特别是与中国历史文化的共性与相通性，刻画了伊朗文化的层次性，充分肯定伊朗人民对世界文明所作的伟大贡献，勾勒了伊朗吸纳其他文明的历史画卷，阐释了伊朗现代化与宗教的艰难互动关系。他用文明交往论指导伊朗历史研究，用"和而不同"诠释伊朗的历史进程，强化伊朗历史研究中的中国特色和中国视角，增强了研究伊朗历史的客观性和生动性，增强了对伊朗历史研究的深邃的洞察力，进而提升了研究的理论高度和视野。

记得最后一次与先生谈话时他说，进行学术研究必须有"心"，同时，必须创"新"。尽管中国学者对伊朗的研究取得长足的进步，但与发达国家相比，我们的伊朗研究水平仍然比较落后。我愿意学习先生的治学精神，深刻领会文明交往论的内涵，专心致志地研究伊朗历史，以提出自己的一得之见。

略评彭树智先生的南亚研究

杨翠柏　黄云松

（四川大学历史文化学院教授；四川大学
南亚研究所副研究员）

毕业于西北大学历史系的彭树智，于 1954 年起师从周一良、季羡林、陈翰笙等先生研习亚洲史。他曾任西北大学历史系主任、文博学院院长、中东研究所所长，现为西北大学中东研究所名誉所长、博士生导师。彭先生在南亚研究领域辛勤耕耘近三十年，凭借其深厚的历史学功底，取得了许多学术研究成果，为我国的南亚研究事业作出了重要贡献。

一　彭先生的生活和治学经历

彭树智 1931 年 10 月生于陕西泾阳，在那战火纷飞、国贫民弱的年代他经历了无数的坎坷和磨难，10 岁时险些因为日军攻入潼关而失去家园。国家的苦难和民族的屈辱在他的内心留下了深深的感伤和困惑。那时他不只一次地求教老师，询问有着悠久灿烂文明的祖国如何竟会遭此噩运，致使兵祸连年，受尽外夷的侮辱。尽管老师的回答总是无法澄清他内心的疑问，但追寻真相和答案的执著却成为促使彭树智发奋学习的巨大动力，在学业上始终领先于多数同辈。在高中时，彭树智已经成为学校里的国文"高才生"。

1950 年，彭树智考入西北大学历史系。当时的西北大学由著名的历史学家侯外庐担任校长，是与北大、南大等校齐名的全国十大综合院校之一，学风淳厚，学术气氛浓郁。虽然彼时西北大学的学习条件非常艰苦，家庭能够给予他的支持也十分有限，但自小养成的坚强性格使彭树智丝毫不受影响。用他自己的话来说，无论多么艰苦，心中唯一的信念就是要学习下去。在西北大学的四年中，彭树智不仅广泛阅读，而且还在全国各类报刊上发表了大量文章，成为西安名噪一时的"大学生写手"。稿酬不仅帮助彭树智解决了生活上的困难，而且还让他的写作功力日益精进，唤起了内在的自信和才思，为他日后的研究和著述工作奠定了根基。1954 年，彭树智进入北京大学历史系攻读亚洲史硕士。北京大学素以实事求是、扎扎实实做学问的严谨学风著称，并且为学生提供了良好的学习环境和优越的图书资料条件。在北大的三年时间里，彭树智终日以书为伴。他不仅充分利用图书馆的藏书资源，而且还将自己的工资几乎全部用在购书上。彭树智相信莎士比亚的名言："书籍是全世界的营养品，生活里没有书籍就像大地没有阳光；智慧里没有书籍就好像鸟儿没有翅膀。"

从北京大学毕业后彭树智回到西北大学任教，开始了五十多年的执教生涯。自 1957 年以来，他在亚非民族运动、国际共运史、南亚民族主义思想、中东史等领域潜心研究，完成了许多高质量的研究成果，尤其是在南亚民族运动领域的研究成绩斐然，并以此在南亚学界赢得了稳固的学术地位。在"文革"那段动荡的岁月里，他克服了政治运动带来的干扰，以阅读经典著作的独特方式努力坚持学术研究。彭树智先生在南亚史上的深厚功底为他日后转向中东的阿富汗历史研究打下坚实基础。尽管自 1979 年以后逐渐将研究重点转向中东问题，但彭树智先生从没有放弃对南亚的关注。在 20 世纪 80 年代中后期，他又发表了一系列有关甘地的民族和政治思想的专著和论文；1987 年，在彭先生的努力下，西北大学建立了"世界地区史国别史（南亚中东史）"博士点。

截至 2004 年，彭树智先生已经先后培养了尚劝余等五名南亚方向的博士研究生。他在博士培养中坚持创新要求，以培养学术个性化、重视质量标准为指导，对人文科学和教育科学的现代人才培养模式、教学改革、教材建设和学科建设等一系列问题提出了自己的主张：首先是要充分发挥青年人的潜力、爱好和兴趣，尤其是注重其科研生长点上的专业连续性；其次是充分尊重其自主独立意识、个性意识，鼓励他们在勤奋、严谨、求实基础上的自我多样的选择性；再次是多角度、多侧面启发其问题意识，使之掌握有疑和无疑的治学辩证法；最后是尊重博士生的独立人格，培养他们探索真理、追求真理的品格。现在，彭教授指导的这些博士已经成为南亚研究的新生力量，并在南亚政治人物研究、中印佛教交流、印度文化研究、独立后的印度对外关系和巴基斯坦研究等领域取得了突出的学术成绩。

二　彭树智先生南亚研究的缘起和经历

彭树智先生学习和研究南亚历史既有偶然的机缘，也是时势的必然。他在读高中时不仅国文学得好，历史成绩也特别优秀。尽管他的高考第一志愿填报的是中文系，但由于他高考历史科目获得满分，所以被西北大学历史系录取，从此便与历史研究结下了终身情缘。而说到时势的必然则不得不提到彭树智的坎坷家世。他的祖父和外祖父早年都是从外省逃荒而来，经过一路的颠沛流离才定居陕西。而出生于战乱时期的他，即使是生活在战争的大后方，小小年纪也体会到日寇入侵和常年战乱给人民带来的苦难和恐惧。和那个时代所有的青少年一样，彭树智始终被一个问题所困惑："为什么有着那么长文明期的中国，到今天却一直打败仗，受人欺侮？"这个问题直指古老文明在近代衰落的根本原因，而面临相似处境的还有中国的近邻——印度。同样的历史命运难免吸引真理的探求者驻足思忖，其中的联系能否向人们揭示一个令人伤感而又诧异的定律？从这个角度来说，浩浩荡荡的历史洪流似乎在彭树智揪心于祖国命运的同时，早已把他同民族解放运动激荡起伏的南亚历史隐约地联系起来。

彭树智先生对南亚研究的意兴始燃，在很大程度上还要归于国学大师章太炎的影响。作为清末民初著名的民主革命家、思想家、学者，章太炎对同处于殖民统治下的印度进行了全面而透彻的研究，在醉心于印度佛教哲学和古典文化的同时，还对当时中国和印度的命运之艰难和相似发出了很多感慨。1906 年开始，章太炎出走日本，受孙中山之邀主编同盟会机关报《民报》。支持亚洲各国革命是他担当《民报》之后的基本指导思想，曾先后发表支持亚洲各国民族解放运动的文章 26 篇。在章太炎的推动下，《民报》对印度的革命运动给予了格外的关注和支持。此外，在《国家论》、《印度人之论国粹》、《中华民国解》和《支那印度联合之法》等一系列论著中，章太炎还就中印两国历史和文化的深厚渊源，以及中印之联合自新慷慨陈词。尤其是他"推我赤心，救彼同病"、"相互保持，屏蔽亚洲"、"维持世界之真正和平"的动情话语，深深地触动并激发起彭树智投身南亚研究的热情。彭树智在西北大学的毕业论文《印度民族解放运动史》成为他学习和研究南亚历史的正式开端。

彭树智在南亚研究的道路上遇到了两位史学研究大家著名学者季羡林先生和陈翰笙先生。季先生作为彭树智的印度史学习方面的第一位启蒙老师，给予了他莫大的帮助和鼓励。彭树智在北大亚洲史研究生班学习期间，正逢中国史学界筹备印度大起义一百周年纪念的学术活动，这使得他的兴趣几乎完全倾注在印度近代史方面。在季先生的悉心指导下，彭树智完成了他的第一篇印度史学方面的习作——《百年前印度人民起义的历史意义》，并于 1957 年在《人民日报》上公开发表。此后在季老的关心和指导下，彭树智又完成了他的研究生毕业论文——《1857—1859 年印度反英大起义略论》。陈翰笙先生也是彭树智学习印度史过程中的良师益友，关心无不细微，教诲无不严厉。他在审阅彭树智的书稿《提拉克》和《印度独立运动》时，不仅肯定和鼓励了彭树智的研究工作，而且也不留情面地提出切中要害的批评。虽然这两部书稿在十年动乱中被付之一炬，但在陈翰笙先生的鼓励下，彭树智动笔重写了一本提拉克传。

三 彭树智先生的南亚研究成果

彭树智先生的学术研究可谓硕果累累，在与南亚历史和现实问题有关的领域，他先后出版了四部专著，参与了三部世界史教材的编著，在《人民日报》和各类学术刊物上发表论文二十余篇。彭树智先生在南亚历史的基础教育方面作出了积极贡献。他先后三次参与有关南亚部分的世界史教材编写工作，其中包括 1983 年版《世界现代史》的两次世界大战之间的南亚部分、1994 年高教版《世界史》中近现代史编的南亚部分，以及 2006 年高教版《世界史》近现代卷和当代卷的南亚部分。

彭先生从大学时代便开始关注印度近现代历史，尤其是印度的民族运动史，围绕该领域的研究成果包括：《百年前印度人民大起义的历史意义》（《人民日报》，1957 年 5 月 10 日）、《1857—1859 年印度反英大起义略论》、《1857—1859 年印度反英大起义前夕的社会经济和阶级关系》、《德里的起义》、《米勒特的起义》、《甘地在印度民族解放运动中的作用》、《1946 年的印度海军起义》、《1905—1908 年的印度独立运动》、《近代印度大资产阶级的形成及其特点》、《论第三次帕尼帕特战争在印度近代史上的作用》、《1857—1859 年印度民族大起义的原因》、《论游击战争在印度民族大起义中的地位》、《1908 年印度孟买大罢工概述》、《〈民报〉与印度独立运动》和《印度当代史上历史交往的政治个案》。

彭树智先生用开放的眼光来审视印度民族解放运动，对印度大起义、印度民族主义革命思想、社会经济和阶级关系的开拓性研究不仅在当时的学界产生了积极的反响，而且还为他以后对亚非拉民族解放运动史的整体研究提供了很好的切入点。彭树智先生于 1987 年完成了他的第一部有关民族解放运动的专著，即《现代民族主义运动史》。在这部著作中，他根据领导力量的不同对亚非拉的民族民主运动进行了类型区分，把印度与土耳其的民族民主运动划分为由民族资产阶级领导的民族民主革命运动，并对印度的非暴力抵抗运动进行了深入的分析和阐述。此外，彭树智先生就有关 20 世纪 20 年代亚非拉民族解放运动的传统观点和看法提出了不同意见。他针对"1924—1927 年亚非民族解放运动低落"的传统说法，针锋相对地提出了这一时期民族运动"持续高涨"、东方并非世界革命的配角的观点。这一观点在改革开放以后已被许多世界现代史教材所采纳，证明其独创性的思维角度和结论得到了学界的普遍赞同和支持。这种由此及彼、由点到面、跨区域跨时空的主题和类型研究实际上是在他的南亚民族解放运动研究工作的基础上展开的，是在南亚研究基础上的高度扩展思维，体现了彭树智先生对 50 年代亚非拉民族解放运动高涨期的敏感性，以及他在确定研究生长点上的务实和钻研精神。

　　除了南亚的民族运动史以外，彭树智先生的另一个研究主题就是南亚民族运动领袖的革命思想，尤其是甘地和提拉克的思想体系。围绕这一主题，他出版了两部专著和数篇论文，包括：独著《印度革命活动家提拉克》（商务印书馆1982年版）和合著《论甘地》（上海社会科学出版社1988年版），论文《铁拉克——印度民族解放运动的伟大先驱者》、《甘地思想的整体性和独特性》、《论甘地的非暴力抵抗运动》、《甘地的印度自治思想及其国家观》和《甘地的农村经济思想及其道德观》。彭先生认为，甘地主义区别于其他现代民族主义的特征就在于它以宗教道德为基础。宗教道德贯穿于它的哲学、政治、经济、社会观点的各个方面。甘地主义的独特性、矛盾性和复杂性，都同这个总体特征有着直接的关系。他关于甘地主义宗教道德特征的论断，体现了相当深刻的洞察力和研究功力，对于我们研究甘地主义的内涵、作用及其地位都有非常重要的意义。1992年，彭树智先生在《东方民族主义思潮》一书中系统介绍了甘地主义的政治文化特征，以及甘地的政治、经济和社会观。该书于1995年荣获教育部的人文社会科学优秀成果二等奖。

四　彭树智先生的学术新追求

　　作为中国南亚学界的早期研究人员，彭树智先生不仅在南亚研究领域成绩斐然，而且也是中东历史研究的领军人物，如今年届八旬高龄的他早已是功成名就。但是，先生并没有就此止步，放下自己衷心热爱的史学研究，而是继续潜心研究，笔耕不辍。彭先生认为，一个学术带头人，除了自己要有高尚的科学道德修养、严谨的治学态度、科学的治学方法和丰硕的研究成果外，还应具有学术战略眼光和科研组织能力。他在南亚研究领域积累下来的近百万字的研究成果，为后继的研究人员提供了丰富的资料和可贵的研究方法，他真正做到了社会科学研究为历史和现实服务。

　　近年来，彭树智先生又将目光投向了引起学术界热议的文明交往领域，这也曾是令他的启蒙老师季先生醉心的研究课题。早年间，季先生从哲学、宗教、艺术乃至科学技术等方面深入探讨过中国和印度之间的文明交流，给予后来的学者以很好的启迪和激励。现在，彭树智先生又循着导师的脚印，在更广大的范围内审视东、西方文明。他认为，文明的生命在于交往，许多古老文明的消失，从一定程度上说都是因为缺少交往；而交往的价值在于文明。21世纪的交往应走向文明化，各种文明要互相汲取，互相促进；所有的交往都会产生冲突，会有妥协，会有渗透。迄今为止，他已经出版了多部有关文明交往的著作。我们真诚祝福彭树智先生以全新的角度为南亚研究作出新的贡献！

书　　评

历史研究中的"科学鉴赏力"与求实精神

——从《东方民族主义思潮》看
彭树智先生的治学方法*

孟庆顺　范若兰

（中山大学教育学院教授；中山大学亚太研究院教授）

美国史学家汤普森曾将历史学比作"跨越时间洪流、把过去和现在联结起来的一座巨大的桥梁"，史学家和他们的著作将这座克里奥大桥变成了"处处雕栏玉砌的一条康庄大道"。① 一部优秀的史学著作既是作者心血的结晶，也是作者展示自己学术功力和治学方法的窗口。因此，仔细研读优秀的史学著作，领会和借鉴作者的治学态度与治学方法，无疑会对青年史学工作者的成长有所裨益。《东方民族主义思潮》（西北大学出版社1992年版，以下简称《思潮》）就是一部值得认真研读的著作。该书是彭树智先生从事亚非史研究的成熟之作，较为集中地体现了彭先生在此领域学术研究的高度，也展示了他深厚的学术功力和独到的学术品格。该书一经问世，便获得学术界的关注，并获得国家教委主办的第一届高校人文社科研究优秀成果二等奖。该书问世已近二十年，学术界出版的有关民族主义的论著数量繁多，但《思潮》在许多问题上的论述仍占据着东方民族主义研究的学术前沿。本文试图通过

---

　　* 本文原载《史学理论研究》2010年第3期。

　　① J. W. 汤普森：《历史著作史》上卷，谢德风译，商务印书馆1988年版，著者序言第i页。

《思潮》一书，谈谈我们对彭先生治学方法的粗浅体会。

一

在《思潮》一书中，彭先生借鉴自然科学家的说法将一个很重要的学术概念——"科学鉴赏力"引入史学领域，并具体阐述了科学鉴赏力在确定研究方向和研究课题方面的重要意义。他认为，"科学鉴赏力"是科学实践中普遍存在的思维技巧，是一种对选择课题的冷静分析与辨别能力，只有爱好科学、以科学研究为乐的人，通过总结本人和他人的经验并经过长期的深思熟虑才能具备这种能力。善用这种能力者能"发现具有发展前途的研究方向和课题，比别人更有远见，能预见到它可能产生的效果，而不是把自己的思维局限在已有的知识和眼前的问题。"①

"科学鉴赏力"所要发现的就是彭先生多次谈到的学术研究的"生长点"。早在20世纪80年代中期，他就提出，一个史学工作者应该"自觉地选择有开拓性、上下左右能联系、有发展的"重点、难点和空白点问题，作为自己学术研究的"生长点"。② 而在近期总结自己的学术生涯时，他再次谈到这个问题的重要性："学者为学，以学术为生命，首先要将自我的生命同研究的对象相结合，并且必须落实到一个有开拓性的科学研究生长点上。"③ 东方民族主义这一科学研究"生长点"的选择，就是"科学鉴赏力在思想和行为中自觉或不自觉起了作用"的结果。

在彭先生凭借"科学鉴赏力"确定东方民族主义作为研究课题的过程中，至少考虑了三个方面的因素，即该课题是否具有研究价值，它是否存在尚待解决的问题以及该课题是否与自己的学术经历、研究兴趣相契合。

课题的研究价值可以从理论价值和实际价值两个方面来衡量，而不论从哪个方面来看，东方民族主义都符合科学研究"生长点"的要求。

① 彭树智：《东方民族主义思潮》，西北大学出版社1992年版，第2页。

② 彭树智：《漫谈当前世界现代史研究与教学》，《中国世界现代史研究会通讯》第3期，1986年11月。

③ 彭树智：《〈中东史〉的书前书后》，《西北大学学报》2009年第4期。

从实际价值来看，彭先生确定将东方民族主义作为自己的主要研究对象时，正值苏军入侵阿富汗、中东作为世界热点日益引起国际社会关注之际，对东方民族主义的研究无疑会满足社会公众对学术研究的期望。从理论价值来看，近代民族主义兴起后，对人类历史的发展产生了巨大的影响。在某种程度上说，不理解民族主义的发展史，就无法搞清人类社会的近现代历史。因此，研究民族主义问题的著名学者霍布斯鲍姆在《民族与民族主义》一书开篇即指出："若想一窥近两世纪以降的地球历史，则非从'民族'（nation）以及衍生自民族的种种概念入手不可。"[1] 法国学者吉尔·德拉诺瓦同样认为："民族与民族主义两百年以来一直占据着政治的中心地位。""从其广度、韧性、变化来说，民族现象主宰了整个 19 世纪和 20 世纪的历史。"[2] 民族主义浪潮自西向东，奔腾不息，影响范围遍及全球。第二次世界大战后，作为西方国家殖民地的亚非国家纷纷摆脱西方国家的控制，实现了民族独立。在 1944—1968 年之间，亚洲和非洲殖民地、半殖民地实现独立的国家达 63 个之多，新兴独立国家成为国际舞台上一支不可忽视的力量。这个过程中形成的东方民族主义显然有理论研究的巨大价值。

　　第二个要考虑的因素就是该课题是否存在尚待解决的问题，是否存在尚未研究清楚的重点、难点和空白点问题。再重要的问题，如果学术界已着力甚多，基本问题已经解决，就不适宜作为自己的科研生长点。东方政治文化恰恰是存在众多亟须研究而又研究不足的领域。彭先生发现了一系列有开拓价值、需要着力探讨的问题，如青年阿富汗派及其代表人物塔尔齐的思想，就是一个有待深入研究的空白点；土耳其的凯末尔主义和印度的甘地主义长期受到批判，但缺乏真正的科学研究；阿拉伯民族主义、伊斯兰改革主义和泛伊斯兰主义问题，都尚待探讨。与之相联系，苏加诺的印尼民族主义和孙中山的民族主义也同样是需要大力加强研究的课题。由此看来，东方民族主义是一个能够不断生发出新的研究领域的学术研究的"富矿"。

---

　　① 埃里克·霍布斯鲍姆：《民族与民族主义》，李金梅译，上海人民出版社 2000 年版，第 1 页。

　　② 吉尔·德拉诺瓦：《民族与民族主义》，郑文彬译，三联书店 2005 年版，第 14 页。

　　第三个要考虑的因素是，该课题是否与研究者的学术背景、研究经历、研究兴趣相契合，研究者是否有兴趣将该课题进行到底，是否有愿望和能力交出一份优秀的研究成果。如果并不具备从事该课题研究的能力和兴趣，即使偶然发现了值得下工夫研究的课题，也只能半途而废，不了了之。彭先生在长期的学术生涯中积累了丰富的研究经验，对东方政治文化的研究既具有浓厚兴趣，也做好了充分的理论准备。他在研究生学习阶段攻读的就是亚洲史专业，随后长期从事印度民族解放运动史的研究，在世界近现代史，特别是南亚史研究方面卓有建树。将研究领域从南亚扩大到亚非各主要地区，是一个相对容易适应的过程。即便如此，彭先生对东方政治文化的研究仍采用了层层递进、步步深入的研究步骤。他先是在1987年完成了《现代民族主义运动史》一书，从民族独立斗争和现代化改革的角度全面描绘了现代民族主义运动的广阔图景；继而深入到民族主义思潮的层面。从运动到思潮是一个重大的变化，民族运动只是民族主义的外在表现形式，而思潮则是民族主义的指导思想。英国著名历史哲学家柯林伍德极为重视思想的作用，他甚至断言：一切历史都是思想史，"史学要发见的对象，并不是单纯事件，而是其中所表现的思想。发现了那种思想也就是理解了那种思想"；"当史家知道了什么事的时候，他已经知道它何以会发生了"，因为他已掌握了其中的思想。[1]　要探索东方民族主义的深层动因和多重影响，就必须从表面现象深入到内部根源，从行动观察其思想，透过各种形式的民族运动揭示东方民族主义思潮的共性与差异。因此，《思潮》一开始就建立在较高的研究起点上。

　　值得注意的是，彭先生在确定研究课题时关注社会现实的需要，但不受社会潮流的左右和流行风气的影响，因为学术研究课题需要相对的稳定性，需要较长时间的刻苦研究才会拿出高质量的成果，时刻追随所谓的热点问题只会产出一些理论准备不足、学术质量不高的"次品"。同20世纪五六十年代民族主义的兴盛期相比，民族主义在七八十年代处在一个相对的沉寂期，有人甚至认为作为民族主义具体体现的民族国

---

　　①　柯林伍德：《历史的观念》，何兆武、张文杰译，中国社会科学出版社1987年版，译序第24页。

家的命运也出现了问题。如美国著名未来学家阿尔温·托夫勒在 20 世纪 80 年代就断言：民族国家"正受到像钳子一样上下压力的夹攻"，老国家正"处于分崩离析的危险之中"。他指出："对于国家规模的经济来说，民族国家曾是必要的政治容器。今天这些容器不仅已经有了漏洞，而且被它自身的成就摆弄得过时了。"① 霍布斯鲍姆在 1991 年出版的著作中也认为，民族主义在经历了 17 世纪的童年期、18 世纪的青年期、19 和 20 世纪的壮年期后，正进入其失去活力的老年期："虽然民族主义是一种不可能避得掉的历史力量，但它的确不复具有全盛时期那种呼风唤雨的神效。"② 不管民族主义的现实影响力如何，彭先生一旦确定自己的选题，就义无反顾地坚持研究下去。当他的研究成果问世时，由苏东剧变引发的新一波民族主义浪潮波及全球，民族主义再次成为学术界关注的热点。由此亦可看出，彭先生自觉或不自觉的"科学鉴赏力"具有深远的历史洞察力。

二

"科学鉴赏力"引导下选定的课题，需要坚忍不拔的求实精神来完成。在学术研究中，彭先生特别重视学风的重要性。他在一篇文章中写道："总结 30 多年求学治学生涯，我认为最根本的是学风问题。我把正确的学风概括为八个字：勤奋、严谨、求实、创新。"③ 我们认为，在这四项内容中，求实是核心，只要具有求实、求真的科学精神，就会形成勤奋、严谨的治学态度，也会力争达到创新的治学目标。彭先生特别推崇范文澜先生的一副名联，"板凳要坐十年冷，文章不写一句空"，认为充分体现了求实的科学精神。从事课题研究的过程，就是求实精神发挥作用的过程。彭先生对这一过程进行了具体的描绘："方向和课题一经确定，便要持之以恒、甘于清苦、不畏困难，勇于攀登，扎扎实实地做，而不能朝秦暮楚，畏难而退。课题要一个一个地做；坚持质量第

---

① 阿尔温·托夫勒：《第三次浪潮》，朱志焱、潘琪、张焱译，三联书店 1984 年版，第 409、425 页。
② 埃里克·霍布斯鲍姆：《民族与民族主义》，第 202、223 页。
③ 彭树智：《勤奋、严谨、求实、创新》，《育才报》1987 年 1 月 21 日。

一；做深入具体研究，在占有大量材料基础上进行科学概括；先个别研究，后分析综合。"① 在求实精神的指导下，《思潮》建基于丰富的历史材料和严密的论证，经过深入的分析，得出了不少具有说服力的结论。

首先，《思潮》采用了点、线、面结合的分析框架，而将重心放在点上，保证了研究的深度。《思潮》以东方政治文化作为研究主题，涉及内容极广，如处置不当，很有可能出现大而泛的弊病。彭先生以地域作为基本框架，以民族主义作为主导线索，以具有时代性的代表人物作为研究重点，从而巧妙地解决了这个问题。彭先生一贯主张，学术研究应该注重点面结合，既要有广度也要有深度。他在谈到科研生长点时说："选择好了生长点，还要坚守生长点，与研究对象熔于一炉，你中有我，我中有你，在学术生命的持续活动中，生根、长叶、开花、结果，由点到线、由线到面，表现出生机和实力。"② 沿着这一思路，《思潮》选择了东亚和东南亚、南亚、中东北层以及阿拉伯东方的十几个主要代表人物，通过主要代表人物和主要思潮两者的结合，分析了东方民族主义思潮的复杂面貌。关于主要人物的历史作用，恩格斯曾有这样的看法："主要人物是一定的阶级和倾向的代表，因而也是他们时代的一定思想的代表，他们的动机不是从琐碎的个人欲望中，而正是从他们所处的历史潮流中得来的。"③ 因此，通过主要代表人物来研究东方民族主义思潮既可以清晰地把握时代的潮流，又可聚焦重点，深化研究课题。

其次，该书从总结历史经验的角度探讨了东方民族主义思潮在现代化实践中的成败。西方历史经验表明，民族主义是国家现代化的重要动因。美国学者格林菲尔德认为，"民族主义是导致经济活动一再趋向于发展的决定因素"，因为"现代经济的持续增长特性并非自我维持的，它需要民族主义的激励和支撑"。"民族主义是现代经济发展背后的伦

---

① 彭树智：《东方民族主义思潮》，第 2 页。
② 彭树智：《〈中东史〉的书前书后》。
③ 恩格斯：《致拉萨尔》（1859 年 5 月 18 日），《马克思恩格斯选集》第 4 卷，第 343—344 页。

理动力。"① 东方民族主义同样具有推动国家现代化的迫切要求，它不仅是东方国家争取民族独立的指导思想，而且也是东方国家走向现代化的向导。东方民族主义思潮的代表人物看到了西方文化的长处，但大都反对跟在西方后面亦步亦趋。萨提·胡斯里认为，主张全盘西化很像流行故事所说的那位愚蠢的裁缝一样，按一个旧裤子式样为一个英国士兵做新裤子时，竟连旧裤子上的补丁也照着做在新裤子上。在他看来，接受西方文化应该是主动融合各种不同学说。② 孙中山认为，西方"霸道文化"的优点是物质文明发达，东方"王道文化"具有比西方优越的精神文明和道德文明。中国应在恢复固有文明的基础上，"学欧美之所长"，达到"和欧美并驾齐驱"的目的。东方国家独立后，民族主义思想家描绘的美好蓝图得到实践的检验，其成败得失为后来者留下了一份宝贵的精神遗产。凯末尔主义是继孙中山的"三民主义"之后，在东方出现的又一个自成体系的民族主义理论。在它的指导下，一个宗教气氛浓厚的国家成功地进行了一场现代化的、世俗化的和民族化的改革。凯末尔改革所以成功，是因为他充分认识到面临的种种困难，采取了正确的改革方针。他并不企图同时解决所有问题，而是谨慎地把它们一个个分开，在实行每一项改革时，他争取不同阶层人们的支持或默许，把反对势力减少到最低程度。这种"费边主义"策略，再加上有军队和土耳其共和人民党做坚强后盾，凯末尔主义的实践开创了现代东方第一次成功的现代化改革。③ 青年阿富汗派仿效凯末尔在社会经济极端落后的阿富汗进行了改革。但改革者急于求成，不切实际，生搬硬套凯末尔的经验和西方的一些做法，没有总体设想和方案，也缺乏具体执行的步骤和要达到的目标，最终导致改革失败。印尼的苏加诺一味强调革命和运动，完全忽视了经济问题，经济问题越严重，他越是醉心于政治上的浮夸，热衷于长篇大论的激情演说和国际活动，把自己淹没在轰轰烈烈的政治运动中，这是他的悲剧所在。④《思潮》的分析表明，东方国家

---

① 里亚·格林菲尔德：《资本主义精神——民族主义与经济增长》，张京生、刘新义译，上海人民出版社2004年版，第1、29、73页。

② 彭树智：《东方民族主义思潮》，第391页。

③ 同上书，第278页。

④ 同上书，第105页。

要进行成功的改革，必须有一个坚强的领导核心和群众的支持，要扎扎实实，循序渐进。这些经验无疑具有借鉴价值，并赋予《思潮》一书以重要的现实意义。

再次，通过深入的研究分析，《思潮》对一系列重大学术问题提出了自己的看法。以前人们只把凯末尔革命视为民族革命，《思潮》认为，凯末尔主义包含着大量反对封建专制主义和封建神权主义，主张建立资产阶级共和国的民主主义内容。无论是战争或者是作为其延续的现代化改革，凯末尔革命的民主性之浓郁在东方民族主义思潮史上都很突出。甘地反对发展西方式的大工业，主张恢复以手纺车、犁等为代表的传统文明。这种经济思想到底是出于空想还是有一定的实际可行性，长期以来一直是研究者争论的问题。《思潮》认为，甘地主张的农村经济模式，旨在保证小农经济的发展，以避免资本主义社会的弊病重演。然而，他无法阻止现代化大生产的发展，也不能取消商品交换。正如恩格斯所说，在经济学的形式的谬误后面，可能隐藏着非常真实的内容。甘地把生产型的人和道德型的人融为一体的设想，表明他重视人的价值和力图消除物对人的奴役、实现人的自身解放的愿望，也包含着对人的自我实现和对人的个性的重视。《思潮》的分析揭示了甘地思想的纷繁复杂而多姿多彩的内涵。关于纳赛尔主义在现实中遭遇重重障碍、纳赛尔无法完成自己复兴阿拉伯民族的抱负的悲剧，《思潮》认为这是东方民族一代杰出人物的悲剧。他们既无法摆脱本民族传统的压在肩头的沉重负担，也不能抗拒现代化改革的巨大潮流。为了缩短国家的现代化进程，纳赛尔选择了强化民族意识和动员全民族热情的道路。"他时而把传统当作阿拉伯革命这部机器的燃料，时而又加以修正，最后以原封不动地保持其文化和权威的方式，套用外国计划化、国有化模式，并和传统结为一个整体。"[①]纳赛尔的悲剧也是历史发展进程的必然结果。1905年以后，东方各民族进入了民族国家的创建期，争取实现民族独立、经济上推行国有化、政治上实行集权化成为这一时期东方民族国家历史发展的主旋律。第二次世界大战以后，民族解放革命的高潮已基本成为过去，世界范围内开始涌现改革调整的浪潮，纳赛尔的缺陷就在于他没有

---

① 彭树智：《东方民族主义思潮》，第432页。

觉察到这一点并采取相应的措施。同以往人们的做法不同,《思潮》没有把纳赛尔的悲剧仅仅归因于他本人和埃及社会,而从时代的影响和东方民族主义代表人物面对传统与现代化的冲突时所表现的困惑来加以研究,从而对问题的研究深入了一步。

三

"科学鉴赏力"帮助确定了一个具有开拓价值的研究课题,求实精神促使该课题转化为一个个扎扎实实、根据充分的新发现,而两者的结合推动着课题研究进入了充分反映研究者学术品格的思路开阔、立意高远、眼光独到的新境界。如果说第一阶段为研究奠定了一个较好的出发点,第二阶段通过深入的研究使课题获得了稳固的立足点,而第三阶段则帮助课题占据了学术研究的制高点。尽管在实际研究过程中第二、三阶段常常联系在一起,无法区分,但出于理论分析的需要还是可以区别它们的不同:第二阶段主要集中在点的研究上,第三阶段则突破了点的限制,主要在点与线、面之间发挥作用,理论思维如生双翼,在课题范围之内纵横驰骋,将单个问题上的思想闪光点汇聚为对课题的全新认识。其运行方式主要是借鉴其他学科的研究方式,用比较的、联系的观点探讨更加广泛的问题以及有意识地视需要采用多种研究方法。

《思潮》在探讨东方民族主义这一重大历史现象时,采用了政治文化的角度,从而提升了研究问题的高度。政治文化是政治学的一个学术概念,政治学家西德尼·维巴将其定义为"由得自经验的信念、表意符号和价值观组成的体系,这个体系规定了政治行为所由发生的主观环境。"[1] 彭先生认为,东方民族主义本身就是东方社会特有的政治文化的组成部分,"东方民族主义思潮不仅是一种政治思潮,它还是一种政治信仰、情感和价值观,是 20 世纪东方政治文化的重要组成部分。它的发生发展过程,决定了东方各民族在政治上的参与形式,在文化上的

---

① 迈克尔·罗斯金等:《政治科学》(第 6 版),林震等译,华夏出版社 2001 年版,第 131 页。

结构模式，成为社会发展的主要文化因素"。① 但彭先生并不是把文化概念引入政治学中，而是在研究东方民族主义思潮的过程中，从政治思想深入到文化方面。这一独特的视角可以更清楚地认识东方民族主义的特点及趋势。如第二次世界大战后，尼赫鲁、苏加诺、恩克鲁玛和肯雅塔等一些新兴国家的领导人，几乎获得了近乎神圣的地位，被尊奉为引导人民进入新时代的先知和救世主。著名学者安东尼·史密斯据此认为："民族主义在某个层面上表现为政治意识形态，而在另一些层面上，则表现为一种公共文化和一种代理的政治宗教形式。"② 《思潮》从东方国家政治文化的历史特点出发，认为东方国家置身于儒学文化、伊斯兰教文化、佛教文化、印度教文化和锡克教文化等文化圈中，离开宗教，就无法理解当地的政治文化。东方民族主义通过玄而又玄的宗教世界观、俗而又俗的外在表现形式，反映了东方民族个体与群体相结合的精神追求。透过民族主义思潮，宗教突出表现了它的世界性、历史性的政治文化特征。《思潮》的论证显然更具有说服力。

　　《思潮》把东方民族主义思潮放在世界历史的范围中考察，从而具有更宽广的视野。东方民族主义思想家生活在一个世界日益成为整体的历史时期，西方的政治、文化冲击就是警醒东方民族的警钟。《思潮》通过大量史实揭示出，作为东方民族的代言人，孙中山、苏加诺、塔尔齐等民族主义领袖一方面从自身古老的传统文化宝库中汲取营养，另一方面也吸取了西方的先进文明。如甘地在宗教、哲学、道德方面受到俄国托尔斯泰的极大影响，而英国鲁斯金的社会经济思想和美国哲学家索罗的文明不服从思想则构成甘地思想的重要来源。尽管东方思想家的理论来源十分庞杂，但传统文化的影响则更为深厚。东方民族主义思潮作为东方的政治文化现象，也受到西方民族主义的影响。欧洲民族主义始于 1789 年法国革命，到 1870 年形成了欧美民族国家体系。在彭先生看来，东方的 1905 年很类似西方的 1789 年。从 1905 年开始，东方也走向建立民族国家的历史趋势，最终在 20 世纪 60 年代建立了东方民族主

---

① 彭树智：《东方民族主义思潮》，第 15 页。
② 安东尼·史密斯：《民族主义：理论，意识形态，历史》，叶江译，上海人民出版社 2006 年版，第 36 页。

义的国家体系。《思潮》高屋建瓴地概括了东方民族主义兴起的两大世界历史意义：一是东方民族主义是 20 世纪与社会主义和自由主义并存的三大社会政治文化思潮之一；二是东方民族主义所导致的东方民族主义国家体系是 20 世纪与社会主义国家体系和发达资本主义国家体系并存的三大国家体系之一。

《思潮》还在横向比较中把握东方各种民族主义思潮的特点。东方民族主义者面临着救亡图存、变革社会的重任，他们除从外国、从历史寻找出路外，还相互借鉴对方的经验。越南民族主义代表人物潘佩珠正是受了孙中山民主精神的熏陶，才接受了建立民主共和政体的主张。而苏加诺也是在读到孙中山的三民主义讲演集后，才走出世界主义的泥潭。据苏加诺本人讲："在他的著作三民主义中，我受到了教育，揭破了巴尔斯教给我的世界主义。我的心就从那时起，在三民主义的影响下，深深地树立了民族主义的思想。"[①] 孙中山则从甘地主义那里借鉴了非暴力不合作的斗争手段。在东方民族主义兴起的时代，新与旧、传统与现代经历着激烈的碰撞。东方民族主义思想家大都受到具有相似特征的东方传统文化的影响，宗教等传统因素在各地政治文化中大都占有重要地位，新的因素也逐渐渗透进来，从而使各国民族主义思潮带上独特的色彩。甘地政治哲学的思想特点，是它出自印度教的"自我控制"、"苦行"等内省和净化的宗教道德伦理观念。由于甘地把宗教与政治的关系视为"鼻子和呼吸"一样不可分离，甘地的民族主义可归纳为宗教道德型民族主义。苏加诺根据印度尼西亚的国情，提出了"纳沙贡"（民族主义、宗教、共产主义）的新概念，形成为综合型民族主义。纳赛尔接过了阿拉伯社会主义的旗帜，但他的政治视野更新更广阔。他认为，埃及处于阿拉伯世界、非洲和伊斯兰教世界这三个"同心圆"的中心，而最重要、也是与埃及关系最密切的是阿拉伯圈。因此，埃及应努力促使阿拉伯民族锻铸成"一个坚固的实体"。在广泛吸取反帝反封建内容的基础上，纳赛尔主义形成为包含着民主主义内容的民族主义。孙中山大量吸取了社会主义的内容，他不仅多次论述"大同社会"，而且接受了列宁关于世界被压迫民族联合起来共同反对

---

① 彭树智：《东方民族主义思潮》，第 50 页。

帝国主义的思想，还提出联俄联共的主张，从而使他的理论发展为革命民主主义的民族主义。

《思潮》的独到见解和深入分析同它灵活运用的研究方法联系在一起，多种研究方法的并用又深化了民族主义研究的内容。在《思潮》一书中，有四种研究方法较为突出地体现了该书的特点。一是整体研究。作者认为，甘地主义最突出的特点是它的宗教道德特征，这一特征表现在甘地思想的各个方面，因此必须从甘地思想的整体性上才能理解一些具体问题。如甘地的经济思想实际就是他的宗教道德哲学的延伸，贯穿经济正义和经济平等的中心思想则是非暴力原则，经济正义和经济平等的普遍规范是道德规范。整体研究的方法使作者触及一个以往被人们忽视的问题，即甘地经济思想所反映出的道德与经济的关系问题，从而开辟了甘地研究的新领域。二是比较研究。《思潮》一书多次运用比较方法，作者将东方民族主义者对待第一次世界大战的不同态度进行了对比：甘地以及越南的民族主义者为美国总统威尔逊的"民族自决权"主张和英法允许独立的许诺所欺骗，积极主张投身战争；凯末尔反对土耳其参战，因为他不相信德国会在战争中获胜；孙中山反对中国参战，则是因为这是一场"一国的帝国主义和别国的帝国主义相冲突的战争"，他试图利用战后的和平机遇，依靠民众的觉醒，反对外国帝国主义和本国军阀，以期振兴中国。经过这样的对比，《思潮》指出，把世界大战同民族主义思潮的发展联系起来加以考察，正是孙中山高于同时代民族主义革命家的地方。[①]《思潮》还比较分析了孙中山的三民主义和凯末尔主义，揭示了两者之间的不同特点。它指出，从理论的系统性来看，两者可以相互辉映；从其理论与实践的成果来看，凯末尔主义比三民主义更加丰富；但在理论深度方面，凯末尔主义则要稍逊于三民主义。[②]三是层次分析法。以往有人把纳赛尔视为阿拉伯民族主义者，也有人视其为阿拉伯社会主义者。《思潮》认为纳赛尔主义经过了三个不同的发展层次，即埃及民族主义、阿拉伯民族主义和阿拉伯社会主义，三个层次之间的关系是基础、延伸和深化的关系，构成三个层次中心线

①　彭树智：《东方民族主义思潮》，第30页。
②　同上书，第282页。

索的就是民族主义。这一分析清楚地说明了纳赛尔主义思想体系的逻辑框架。四是多角度研究法。东方民族主义思潮存在多种形式，相应的研究方法也不应该限于单一。甘地主义这种具有某种神秘色彩而似乎不可行的理论，却得到印度各个阶层的广泛拥护，这一问题使得许多人感到疑惑不解。《思潮》指出，由于印度是一个宗教氛围浓厚的国家，包括甘地在内的印度爱国者在寻求救国之道时，总是求助于印度浓厚的宗教文化传统。这也许是生活在南亚文化圈中的民族主义者的共同社会心理特征。甘地的哲学思想，特别是他的"人格神"主宰等理论，恰好反映了南亚文化圈中人们的地域民族心理。甘地的哲学主要面向印度广大的小生产者，他们的社会地位和生活环境散漫窄狭，又处在宗教传统思想影响极大的氛围中，因而幻想有一个"人格神"作为主宰，[①]甘地的理论恰恰满足了他们的这种心理需要。《思潮》一书把文化分析法、民族心理分析法和阶级分析法结合起来进行论述，因而更具有说服力。[②]

　　总之，彭先生在《思潮》一书中具体展示了"科学鉴赏力"和求实精神完美结合的治学价值，为学术园地呈现了一份宝贵的学术精品。

　　那么，一个研究者如何才能具备科学鉴赏力和求实精神？这当然有赖于个人的学养、理论思维能力、恒心和毅力，尤为重要的是对学术的尊重和对学问的热爱，彭先生用自己的身体力行为我们树立了典范。他在《文明交往论》的后记中曾谈到自己的治学心态："矢志向学已成为愈久弥坚、老而益深的旨趣，已适合我的性情，是滋润我心田的生活方式。一日不思则似有所失，一日不写则坐立不宁。"在修改书稿时，他"每逢疑难处，则念念不能忘，往往呆不他顾，寝食不安。"[③]彭先生此时所处的状态实际上也就是王国维先生在《人间词话》中所言成大事业、大学问者必经的第二种境界："衣带渐宽终不悔，为伊消得人憔悴。"经过这个艰难的阶段，达到第三境界"众里寻他千百度，蓦然回首，那人却在，灯火阑珊处"也是自然而然，水到渠成。因此，一个

---

　　①　彭树智：《东方民族主义思潮》，第 142 页。

　　②　参见孟庆顺《在民族主义与东方政治文化的交汇点上》，《人文杂志》1993 年第 3 期。

　　③　彭树智：《忙悠交集人生路》，载《文明交往论》，陕西人民出版社 2002 年版，第 635 页。

学问的追寻者应以学问为嗜好、以学问为至爱、以追求学问为至乐，好而成癖，爱而深思，乐而忘忧，与学问融为一体，方能实现学术生命的自觉，打开生命创造力宽敞的大门，步入神圣的学术殿堂，一窥其堂奥，这大概是彭先生对后学者最重要的学术启示。

文明交往语境下中东史学术体系的构建

——《中东国家通史》读后[*]

张倩红

（河南大学犹太研究所教授）

  位于欧、亚、非三大洲之间的中东，具有极其重要的战略地位，也是人类早期文明与三大一神教的发祥地，对人类文明的演进与当今世界格局的变化产生了重大影响。中国的中东史研究起步于 20 世纪 50 年代，随着新中国把支持亚非拉民族解放运动作为外交政策的重点，第一代学人开始把教学与研究的视野转向中东。20 世纪 60 年代，中国社会科学院西亚非洲研究所、西北大学伊斯兰教研究所（现中东研究所的前身）等机构相继成立，学术群体初步形成。半个世纪以来，中国学者围绕着中东地区史、断代史、专题史、热点问题以及国情介绍等方面推出了一系列研究成果。^① 但从整体来看，我国的中东研究一直是世界史研究领域中的薄弱环节，主要表现为学术力量不足、成果的数量与深度有待提高等。在有限的中东史研究成果中，国别史研究更为滞后，直到 20 世纪 90 年代后期，除了埃及、阿富汗等少数国家之外，大部分中东国家还没有一本中文通史著作问世。多年来，我们使用的一直是 20 世纪 70 年代由中国学者集体翻译的一套早已过时的中东国别史著作，

---

  * 本文原载《世界历史》2008 年第 5 期。收入文集时个别文字作了变动。

  ① 参见姚大学、李芳洲《新中国中东史研究五十年》，《内蒙古民族大学学报》2005 年第 1 期。

这种状况显然与中东地区的历史贡献和现实地位极不相称，也不能完全适应当前教学与研究的需要。为了改变这种局面，西北大学中东研究所所长、我国著名中东问题专家彭树智先生组织国内一流的学术队伍，潜心耕耘，十年磨一剑（1997—2007 年），终于推出了"跨世纪"的力作——13 卷本的《中东国家通史》（商务印书馆出版），①为我国中东史研究的深入展开与学术体系的构建奠定了坚实的基础，也可以说是我国世界史学界一件可喜可贺的大事。

一

　　《中东国家通史》系西北大学"211"工程的标志性成果，也是第一部由中国学者撰写的中东各国的通史性著作。全书包括 13 卷，每卷由一个国家或国家群组成。各卷依次为：《阿富汗卷》、《沙特阿拉伯卷》、《以色列卷》、《巴勒斯坦卷》、《伊朗卷》、《土耳其卷》、《伊拉克卷》、《叙利亚和黎巴嫩卷》、《埃及卷》、《也门卷》、《海湾五国（科威特、阿曼、阿拉伯联合酋长国、卡塔尔、巴林）卷》、《约旦卷》和《塞浦路斯卷》。每卷为 25—30 万字，全书共计 300 余万字。从体例与叙事上看，《中东国家通史》具有以下几个特点：

　　第一，"通古今之变"是《中东国家通史》努力追求的目标，也就是说采用历史的叙事方式，由古及今地阐释现有中东边界范围内不同国家的发展过程。重点是不同人群如何在交往中加强联系，最终形成文明、民族和国家的历史，以及不同文明之间相互交往和彼此影响的历史。对资料相对丰富、研究基础比较好的一些国家来说，"通古今之变"也许不太困难，但对于像塞浦路斯、海湾五国、也门、巴勒斯坦这些国家来说，则有一定难度。为实现这一目标，著者花费了大量的精力与心血。"通古今之变"更深层次的内涵是发现并总结古今社会变迁

---

　　① 《中东国家通史》立项于 1997 年。13 卷本的出版时间前后不一，首卷出版于 2000 年 12 月，末卷出版于 2007 年 10 月。著作面世以后，深受读者欢迎，其中《以色列卷》、《沙特阿拉伯卷》、《巴勒斯坦卷》、《伊朗卷》、《土耳其卷》、《埃及卷》、《叙利亚和黎巴嫩卷》、《伊拉克卷》均第二次重印，《阿富汗卷》已重印三次。此外，文中涉及该书各卷的引文只标注页码。

中的特征与规律，这并不是某一个课题、甚至某一代人所能实现的目标。但《中东国家通史》以此为理念，力图在现有资料的基础上去理解过去、现在和未来之间的联系并探索其规律，这至少为后来者奠定了一定的基础，提供了一种导向和学术追求的境界。

目前，我国的中东研究不同程度地存在这样一种倾向：一些初涉学门的年轻人紧跟媒体，追逐热点，很少愿意静下心来研究当今事件背后复杂的历史背景，挖掘其深层次的社会根源。因为历史研究需要长期不懈的毅力，需要"板凳不怕十年冷"的耐心与毅力，更需要扎实的学术功力。《中东国家通史》所体现出来的学术风格是"以一贯之"，"即注重历史与现实之间的双向考察与反思，从现实出发，追溯历史，再从历史高度审视现实，注重'关照现实'与'反思历史'的一致性"。①从通识、综合、比较等不同层面实现历史与现实的有机统一，这正是整体史观的一种表现，赋予历史以现实感，并反过来使现实具有了历史感。例如，在阿富汗内战问题上，作者不仅一般性地描述了"乱多于治"的表象特征，突出了阿富汗特殊的地缘环境——"二狮之间的山羊"，而且强调阿富汗的局面不能仅仅归因于外部势力的干预与影响，也不能以某一种原因来取代对其他因素的分析。作者深入探讨了进入阶级社会以来，阿富汗社会经济发展的不平衡性与差异性所引发的各种矛盾，如部族矛盾、宗教派别矛盾、地区矛盾等，这些矛盾又导致了不同利益集团间不可调和的政治矛盾。作者还分析了在这样一个建国时间较短的落后山国里，传统社会文化所蕴涵的地方离心力对中央政府的巨大冲击。又如，在黎巴嫩的教派之争问题上，作者分析了自公元7世纪以来，黎巴嫩教派割据的形成，以及19世纪以来教派分权制政治体制的确立，从这种由来已久的独特的国家组织形式中寻找现实矛盾的根源，从而使"历史和现实问题，在通古今之变中都便于理解了，在究天人之际中都易于领悟了"。②

第二，弥补"大地区史"的缺陷，揭示不同国家的多元性与差异

---

① 彭树智：《〈中东史〉卷首叙意》，《中东研究》1999年第1期。

② 彭树智主编，王新刚著：《中东国家通史·叙利亚和黎巴嫩卷》，商务印书馆2003年版，第432页。

性，这是《中东国家通史》关注的重点问题。目前，我国中东史研究的主要成果体现在地区史研究方面，注重从政治、经济、社会、文化、宗教等方面探讨中东地区的一般发展模式与共有特征，西北大学中东研究所在地区研究方面已经取得了令人瞩目的学术成就。① 我们知道，史学研究的通常方式是从特殊个案到一般共性，从国别史到地区史。地区史研究固然重要，但不能代替国别史的研究，而且通过对某一个国家深入、系统、全面的研究不仅可以弥补"大地区史"的缺陷，还能为地区史研究提供新的视野。学术史和学科史的发展充分证明，对各国通史的撰述，最能反映一个国家、一个学术群体的研究水平，也是学科建设发展程度的重要标志之一。其作用具体表现为：国别史研究能使我们从各国的国情出发，获得系统、全面、深入和厚重的历史知识，避免"地区中心史观"的偏差；能使我们对有关国家的来龙去脉、前因后果和内在文化传统的连续性有系统理解，对于时空的变迁和世代的兴衰更替有理性的认识，从而为地区史研究打下更厚实的基础。

《中东国家通史》依照国家通史的体例，来把握中东地区的整体面貌，各卷自成一体，又互为联系。通过对不同国家进行全方位、多层次的扫描，"扩大对中东地区的视野，丰富中东史的内容，活跃和深化对有关中东史许多问题的思考。入史的众多事实和历史细节，也是增强厚重的历史感、正确认识中东历史和做出科学评价不可缺少的前提条件"。② 我们知道，一些中东国家同处一方水土，同顶一片蓝天，同操一种语言，同信一种宗教，但却形成了不同的政治体制与生活方式。以伊斯兰原教旨主义为例，这一蔓延整个伊斯兰教世界的政治思潮与社会运动，虽然都认同伊斯兰教原旨教义，但对教义的基本内涵与实现方式的解释、对世俗政权的态度却因国别、环境、时代的差异而不同。埃及与沙特的伊斯兰原教旨主义就存在很大的区别，即便在埃及国内，不同

① 彭树智先后主编出版了《中东国家和中东问题》（河南大学出版社 1991 年版）、《阿拉伯国家简史》（福建人民出版社 1991 年版）、《二十世纪中东史》（高等教育出版社 1992 年版）、《伊斯兰教与中东现代化进程》（西北大学出版社 1997 年版）等。中东研究所还搜集、翻译、出版了大量阿拉伯文、波斯文、普什图文、英文、德文、俄文、法文等语种的资料，培养和储备了一批国内一流的中东史研究人才，具备承担重大研究课题的学术基础。
② 《〈中东史〉卷首叙意》。

的原教旨主义组织也有不同的主张与目标。因此，只有在认真研究不同个案的基础上才能全面把握中东地区伊斯兰原教旨主义的整体特征。又如，位于地中海东部的塞浦路斯与欧洲密切联系，它的主体民族希腊族与希腊人同宗同源，有着共同的语言和文化传统以及一脉相传的基督教文化背景，独立后的塞浦路斯仍然面向西方发展，成为中东地区唯一的欧盟成员国。对于这样的国家，地区史研究很难拢括其特殊性，而一些被忽略的"边缘地带"往往能演绎出色彩斑斓的历史画面。

马克思在《马志尼与拿破仑》一文中指出："现代历史著述方面的一切真正的进步，都是当代历史学家从政治形式的外表深入到社会生活的深处才得到的。"①《中东国家通史》注重从社会生活的各个领域，包括家庭、生活、人口、信仰、风俗、教育、艺术、学术价值观念以及与之相关的自然环境、气候、物产、灾变等，以"小历史"与"大历史"② 相结合的叙事方式，展示了中东国家的独特风貌，勾画了中东社会的多元化特征。

第三，《中东国家通史》注重挖掘"小国史"中的"大舞台"。在世界史学术体系的构建过程中，学者们多注意大国、富国、强国，而小国、穷国、弱国的历史往往被边缘化，这是学术界存在的不正常现象。其实，小国的历史同样有广阔的研究空间，同样蕴涵着丰富的历史智慧。

中东堪称小国林立的地区，在 18 个国家中，阿富汗、以色列、黎巴嫩、科威特、阿拉伯联合酋长国、卡塔尔、巴林、阿曼、约旦、巴勒斯坦和塞浦路斯等 11 个国家属于小国之列。这些国家在有限的国土上殚精竭虑努力开辟"大舞台"的举措，使人感触颇深，受益匪浅，也为发展中国家提供了很多值得学习的经验。例如，在中东小国中，约旦是治国建树良多的沙漠王国。长期以来约旦遭受英国的殖民统治，第二次世界大战以后获得国家独立，但社会经济十分落后。它既不像海湾国

---

① 《马克思恩格斯全集》第 12 卷，人民出版社 1962 年版，第 450 页。

② 近年来，在史学理论界一直存在着"大历史"（即 History，指"宏大叙事"）与"小历史"（即 Histories，指"小叙事"）的讨论。后现代主义者极力主张恢复"小历史"的叙事方式。参见马敏《追寻已逝的街头记忆——评王笛著〈街头文化：成都公共空间、下层民众与地方政治，1870—1930〉》，《历史研究》2007 年第 5 期。

家那样拥有丰富的油气资源，也不像埃及、土耳其和伊朗等国那样拥有一定的工业基础，而是一个资源匮乏、工农业基础十分薄弱的国家。但是，约旦政府"能够尽可能地根据约旦的实际情况独辟蹊径，扬长避短，并采用灵活、务实、理性的政策，妥善处理内外关系，努力克服各种困难，使约旦在发展经济和繁荣社会的道路上取得了一系列重大成就，推动国家的现代化发展"。① 不仅如此，约旦长期处于不利的地缘政治环境中，是各种矛盾的集合区，外部生存条件非常恶劣，但是，侯赛因国王及其继承者阿卜杜拉二世坚持"外交立国"，奉行积极中立的政策，以灵活务实和相对平衡的"多元外交"为杠杆，面对周边强邻与世界大国，一次次做出正确的抉择，不仅处理好与以色列以及巴勒斯坦的毗邻关系，稳定与伊拉克、伊朗及其他海湾国家的交往关系，而且兼顾了与美国、欧盟、俄罗斯、中国、日本等世界大国的合作关系。约旦的领导者在不足 10 万平方公里的国土上，充分演绎着"大外交"灵活多变的功能，在全世界赢得了很高的声誉。

　　1948 年建立的现代以色列国家被称作是"从大屠杀的灰烬中锤炼而出的金凤凰"。当战争的阴云渐渐散去之后，一系列经济与社会问题迅速凸显。当时的客观条件是经济混乱、财政拮据、百业待兴。但是，以色列人凭借着数千年的传统积淀凝练而成的民族精神，凭借着建设新家园的巨大热情与坚强意志，凭借着全世界犹太人的大力支持，充分利用一切有利的国际环境，发展国民经济，稳定社会局势，建设民主政治，繁荣民族文化，并初创了国防体制。尤其在经济领域，以色列人走出了一条充满奇特性与创新性的现代化之路，创造出战后经济发展的奇迹，被联合国认可为"高收入的国家"，西方经济学界称之为"中东的瑞士"、"西亚的日本"、"地中海的香港"等。以色列人的现代化成就不仅在中东地区独树一帜，而且为全世界的发展中国家提供了历史经验。

---

　　① 彭树智主编，王铁铮著：《中东国家通史·约旦卷》，商务印书馆 2005 年版，第 9 页。

在中东诸小国中，卡塔尔是一个连国民身份都含糊不定的国度。①
20 世纪六七十年代以来，随着石油收入的大量增加，卡塔尔实现了经济腾飞，国民收入位于世界前列，居民"刚从木船和骆驼背上下来，就直接坐进了德国的豪华奔驰汽车"。然而，卡塔尔并没有像许多因石油而暴富的国家那样出现严重的经济发展与政治进步脱节、贫富分化、社会畸形等问题。2006 年世界银行发展报告高度赞赏卡塔尔："不仅成为阿拉伯世界法制化程度、政治稳定程度最高的国家，在阿拉伯国家反腐败和政府效率评比中名列前茅，同时也是世界上为数不多的几个政治保持稳定、法制不断健全、经济持续增长的国家。"② 根据 2005 年联合国公布的《世界人类发展报告》，卡塔尔在阿拉伯世界位居榜首，在全世界排名第 40 位，联合国发展规划要达到的大部分目标（包括贫困率、识字率、婴儿死亡率、传染病控制率等）都在卡塔尔提前实现。卡塔尔这个在 1989 年才开放国门、开始给外国人发放旅游签证的国家，近 20 年来在树立国际形象、提高国际地位方面取得了很大的成就，尤其是在发展体育与传媒事业方面的一系列非常规举措，给国际社会留下了深刻印象。卡塔尔的半岛电视台作为"新闻自由"理念的楷模被许多阿拉伯国家所模仿，已成为"各种思想交流撞击的论坛，同时也是跨越时空传播教育的媒介，并在一定程度上推进了阿拉伯地区的开放、自由和民主发展"。③

第四，《中东国家通史》强调历史本体、回归历史真实，但并非"板着面孔"叙事。彭树智先生一向主张历史研究的目的就是要回归历史的真实，而不是以单纯的逻辑推理作为最后的结论。"这种历史真实不是以世界某个'中心'为出发点，推导出一个涵盖全体的公式及规律，而是要从各个国家的具体国情出发，作系统深入的研究，进而揭示历史真实。"④《中东国家通史》的立足点是要多层面地反映各个国家兴

---

① 在卡塔尔的 80 多万居民中，来自印度、巴基斯坦和东南亚国家的外籍人口占国家总人口的 70%，本地人口的比例仍在急剧下降。参见彭树智主编、钟志成著《中东国家通史·海湾五国卷》，商务印书馆 2007 年版，第 308 页。

② 钟志成：《中东国家通史·海湾五国卷》，第 309 页。

③ 同上书，第 316 页。

④ 彭树智：《中东国家通史·卷首叙意》。

衰更替的来龙去脉，客观描述重大事件的前因后果，并对时间、空间的变迁与世事演变作出理性的解释。在叙事风格上，《中东国家通史》的特点是专业研究与大众言说相结合，在简明扼要、清晰易懂的表达方式中，保持其学术性。

彭树智先生认为，文学是"社会之镜"，文学在处理它同政治、历史的关系中能成为"人类之魂"。在中东国家中，伊拉克文学以最富政治性而著称，文学与民族的命运与国民的心声紧密联系在一起。因此彭先生在《伊拉克卷》的"编后记"中以伊拉克为个案，分析了文学、政治、历史之间的关联性："文学是社会的镜子，它反映着政治的现实。但是这面镜子所反映的政治现实的深层，却背负着沉重的历史文化遗产，是民族心理世界的映象。只有处理好现实政治、文学与历史文化之间的关系，才能看到政治、文学在历史进程中的密切联系。"[1]《中东国家通史》对文学作品的广泛运用，不仅增添了丛书的趣味性、可读性，而且赋予历史著作以动态性的活力与扣人心弦的感染力。

诗歌是阿拉伯世界民族文化的精粹，被称为阿拉伯"文学中的文学"，海湾地区又是阿拉伯世界典型的"诗歌之乡"。《海湾五国卷》在对海湾国家的描述中，引用了科威特女作家哈耶达·苏哈坦·萨利姆在《海湾拾贝》中的开篇词："海湾，多么美丽的名字……"它以恢弘的气势、炙热的激情、悠扬的笔锋、美丽的语言勾画了海湾地区多姿多彩的历史画面，概括了海湾文明的发展历程，从而把读者引入一个令人神往的学术领域。

第五，从资料占有上看，丛书参考了英文、俄文、阿拉伯文、波斯文和普什图文等多种语言的资料，尤其是《阿富汗卷》使用了除阿拉伯语之外的以上所提到的语言资料，包括一些原始文献。《伊拉克卷》、《塞浦路斯卷》、《海湾五国卷》、《约旦卷》、《沙特阿拉伯卷》、《也门卷》等参考了大量比较新的外文著作，吸取外国学者的最新研究成果。《中东国家通史》所选用的照片有些是首次出现，如《沙特卷》中有陕西省马良骥阿訇访问沙特的照片，《埃及卷》有一些优秀的自摄照片，

---

① 彭树智主编，黄民兴著：《中东国家通史·伊拉克卷》，商务印书馆 2002 年版，第 392 页。

《土耳其卷》运用了土耳其使馆提供的最新总统照片。难能可贵的是，承担课题的作者都受过中东历史研究方面的系统训练，其中大部分作者如王铁铮、黄民兴、郭宝华、肖宪、王新刚、黄维民、林松业、冀开运等都有在所研究的国家学习、访问的经历，参观过收藏大量中东古文物的罗佛宫博物馆等、大英博物馆、埃及博物馆、以色列博物馆等，对研究个案有一定的理解与感知，并建立了一定的国际联系，为课题研究提供了扎实的资料储备与深厚的学术积累。

二

《中东国家通史》各卷的理论线索是文明交往论，也就是说"以文明交往的历史主线来贯通中东各国的内部和外部诸多联系，来沟通中东各国社会各方面的联系，来汇通各种交往方式，力图勾勒出中东各国的历史面貌和国情特征"。[①]

其实，关于文明交往与国家史的关系，在马克思、恩格斯的论著中有过系统深入的论述。他们提出国家的产生是文明交往的结果，文明交往又以国家为基地向全世界扩展，进而打破封闭的民族和国家壁垒，使世界联结为一个整体，使孤立的历史转变为"世界历史"。自 20 世纪 80 年代以来，彭树智先生认真梳理、深入思考了经典作家关于历史交往的观点，结合国内外学术界对"交往"问题的讨论，通过对世界历史上一些贯通古今的重大事件的比较研究，揭示了社会发展与文明交往的互动关系，并逐渐归纳、厘定出"文明交往论"的具体内涵、本质属性与发展规律。[②] 长期以来，西北大学中东研究所形成了一支老、中、青相结合的充满活力的研究群体，从文明交往的角度审视历史个案，并从个案研究中进一步丰富、凝练"文明交往论"的内容已经成为该群体最为明显的个性化学术特点。中东地区的地理位置及其在人类发展史上的独特地位，使这块土地自古以来就是世界文明交往的大舞台。《中

---

① 彭树智：《〈中东史〉卷首叙意》。
② 这一方面的代表作是彭树智先生 40 万字的学术著作《文明交往论》（陕西人民出版社 2002 年版）。

东国家通史》就是把中东国家置于世界文明交往的宏观背景之下，关注不同时间、不同空间、不同人群在物质文明、精神文明、制度文明和生态文明交往过程中所表现出的整体的、动态的历史进程。由于作者审视历史个案的角度不同，因而产生了一些新的认识。在此，仅以几个在文明交往中表现出明显特质的国家为例加以说明。

阿富汗是一个非常典型的中东国家，历史上曾经是游牧文明与农耕文明经常冲突、彼此涵化的临界地区，也是各大强邻和民族争夺的焦点地区。《阿富汗卷》与国内学术界现有相关研究成果的不同之处，就在于它完全从历史交往的角度来考察阿富汗历史的全过程，不仅描述了阿富汗特殊的地缘政治环境，分析其复杂的民族构成、人口分布、社会结构和经济形态，而且特别关注阿富汗在世界文明交往中的特殊地位，花费大量的篇幅研究原始宗教、祆教、希腊宗教、佛教、印度教、伊斯兰教等宗教在阿富汗的碰撞、交流与融合。阿富汗文明与东西方文明的交往充分体现了文明发展的多元共存的特点，在冲突与融合的过程中，本土文明吸收了新的血液，外来文明趋向于本土化。

埃及国家通史是一个时代久远、时空辽阔、富有文明特征的研究个案。《埃及卷》以"法老时代的历史变迁与文明交往"为切入点，展示了发生在埃及大地的文明撞击交融的一幅幅历史画面。埃及位于亚洲与非洲的交合点，通过巴勒斯坦和叙利亚环岛区把两大洲联系起来。便于交往的地理条件使埃及和美索不达米亚最先迈进了文明社会。文明时代的标志是国家的出现，国家作为制度文明的集中体现，"它的成熟程度、完备化、组织性、持续性以及主体与更新的关系，决定着文明的兴衰存亡"。[①]埃及法老专制的国家体制在与三大政治文明（波斯、希腊、罗马）的交往过程中发生了命运的改变，罗马文明使埃及变成了基督教的埃及。随着法老国家的消亡，辉煌一时的古埃及文明成了过眼烟云。从文明交往的内外驱动因素与影响力来考察文明兴衰，埃及也是一个难得的个案。因此，《埃及卷》从近代以来埃及与西方国家的不平等交往入手，分析埃及社会面临的种种困惑与挑战，尤其是"西方化"

---

① 彭树智主编，雷钰、苏瑞林著：《中东国家通史·埃及卷》，商务印书馆 2003 年版，第 421 页。

与"本土化"、"宗教性"与"世俗性"的悖论与对抗。

叙利亚在古代东西方交往中的重大作用已被历史学家们高度认可，汤因比在《历史研究》中就把叙利亚作为西亚国家的代表进行研究。《叙利亚和黎巴嫩卷》根据叙利亚（大叙利亚地区①）的历史演变，关注商贸活动在文明交往过程中不容忽视的作用。叙利亚因其优越的地理位置与悠久的商业传统，商贸活动异常活跃，并吸引了来自中亚、东亚等地的商贾。来自各地的商品通过叙利亚被转运到希腊、罗马，甚至遥远的欧洲，"在叙利亚地区，随着时代的发展，我们看到的环海和沿草原与欧亚大陆地带的贸易，已愈来愈成为跨地区的文明交往"。② 交往的结果是不同文明之间的互动与交融。

《伊朗卷》突出了伊朗文明发展过程中的两个重要因素：宗教与文化的关联性。从古至今，宗教一直是伊朗文化的价值核心与内在精神的体现。伊朗民族文化的各个门类无不体现着各自的宗教精神。"伊朗各时期各宗教的具体表现形式，又与文化的各种表现形式并列，从而成为文化的一个部分。伊朗的文明可以说是宗教文明。伊朗在历史交往过程中，不仅离不开宗教价值系统带来的强烈文化政治归属性，而且宗教因素也深深渗入社会生活底层之中，凝结为群众社会心理。"③ 在人类文明交往的大舞台上，任何特质的精神财富都有其独特的影响力，具有宗教特质的伊朗文明也不例外，伊朗伊斯兰教苏菲派的伟大诗人贾拉里丁·鲁米（1207—1273）就是一个明证。由于鲁米的作品诗化了苏菲派的神秘教义，阐释了人类文明相知相通的哲理，因而吸引了成千上万陷入信仰空虚的现代人。这位生活在 700 年前的异域作家，在 20 世纪 90 年代成为美国最受欢迎的"心灵诗人"，他的诗作在美国的发行量达到 50 万册，让所有的当代作家望尘莫及。这位神秘诗人的影响力甚至超越文学界，产生了巨大的社会效应，与同时期盛行于美国的"文明

---

① 1946 年以前，"叙利亚"一词不是国家的称谓。历史上的"叙利亚"指的是亚洲西部南起西奈半岛，北到陶鲁斯山脉，西起地中海东岸，东到叙利亚沙漠的广袤地区。它包括今天的叙利亚、黎巴嫩、以色列、巴勒斯坦、约旦以及土耳其南部的伊斯坎德伦等地区。参见王新刚《中东国家通史·叙利亚和黎巴嫩卷》，第 7 页。

② 王新刚：《中东国家通史·叙利亚和黎巴嫩卷》，第 422 页。

③ 彭树智主编，王新中、冀开运著：《中东国家通史·伊朗卷》，商务印书馆 2002 年版，第 432 页。

冲突论"弹出了不和谐的音符。

《中东国家通史》中，《塞浦路斯卷》比较系统地把文明交往论贯穿于各个不同的历史时期，尤其是比较深入地分析了民族和宗教问题在文明交往中的重要地位，探讨了不同历史时期民族与宗教关系的特殊内涵与发展态势，最后指出："塞浦路斯问题的由来和发展，特别是民族和宗教之间的交往，在时间段上往往超出了一般人思维想象力所能达到的漫长程度，从而持续活在一代又一代人的心灵中。民族和宗教作为人类文明交往的主要因素，是历史上异乎寻常的创造物。它如此古老而年轻，又如此强大而持久，过程既曲折又复杂，或直接，或间接，或明显，或隐蔽地把过去、现在和未来联结成一个统一的整体。"① 民族和宗教之间的复杂关系仍然是当今塞浦路斯动荡不安的根源，因缺乏国籍认同而演化出来的民族主义的极端性成为悲剧的诱因。

自古以来，海湾五国一直是人类文明交往的中心地区之一。在早期的文明交往活动中，海湾就同两河流域文明、希腊文明、罗马文明、波斯文明、印度文明、中华文明及非洲文明之间存在着政治、商贸、文化等方面的联系。在阿拉伯帝国时期，海湾的伊斯兰文化使该地区发生了历史性剧变。由于内部和外部的复杂交往，海湾五国形成了阿拉伯性、伊斯兰性和海湾地缘性相统一的文明特征。《海湾五国卷》以文明交往为视角，不仅追述了古代时期发生在海湾地区的重大历史事件，而且比较详细地回顾了在奥斯曼帝国统治及英国殖民统治时期，阿拉伯—伊斯兰文明和西方文明之间的交往关系、交往特征以及交往活动对双方的影响。作者还特别阐述了第二次世界大战以后，海湾五国在英国殖民体系崩溃的形势下，如何获得独立、建立民族独立国家体系，并以新的文明姿态，在现代化、全球化的趋势下进行新的内外文明交往。

早在汉代，中国就是东西方交往的重要地区，"丝绸之路"成为联结东西方的纽带。盛唐时期，中国与阿拉伯帝国、伊斯兰教文明之间频繁的官方和民间往来构成了国际关系史上的重要篇章。《中东国家通史》在关注中东国家内部文明交往活动的同时，也注重研究中国与中

---

① 彭树智主编，何志龙著：《中东国家通史·塞浦路斯卷》，商务印书馆 2005 年版，第398页。

东国家的交往活动，在每卷的最后都设有专章来集中叙述中国与不同中东国家的全方位的联系。内容既包括历史上的文化往来、商业贸易、宗教之旅，也探讨当代的政治、经济及外交关系的演变。对相关内容的探讨与研究是一项拓荒性的工作，尤其是对古代中国与中东国家关系的梳理，需要花费大量的时间与精力，从浩如烟海的中外史料中寻找蛛丝马迹，并进行大量的考证、分析与推理。《中东国家通史》不仅较为系统地一一展示了中国与不同中东国家友好交往的历史事实，而且宏观分析了古代中华文明的"华夷一统"秩序与"阿拉伯—伊斯兰"秩序在营造各自国际体系的过程中产生的冲突、对抗以及力量的此消彼长。13卷里有关中国与中东国家关系的内容累计约有 20 万字，实际上形成了我国学者首次推出的较为系统的有关中国与中东各国关系的学术专著，不仅体现了这套《中东国家通史》的本土特色，也体现了中国中东史学者的历史使命感和社会责任感。

三

《中东国家通史》比较全面地反映了中东各国历史的发展进程，是考察和分析扑朔迷离的中东问题和中东政局变化的极有价值的参考书，为我国制定对中东国家的政策和进一步发展同中东国家的交往提供了有益的借鉴。同时，《中东国家通史》立足学术前沿，探求"自得之见"，在学术创新方面颇有建树，反映了目前国内中东国家通史研究的最高水平。

第一，《中东国家通史》对中东古代史进行了比较深入的探索，尤其对上古历史与伊斯兰历史的贯通研究，具有十分重要的价值。中东国家通史有一个研究上的难点，即本地区在古代出现过许多国家，其领土相互重叠，如何确定各卷的写作内容，使之彼此关联而又不相互重复是作者们不得不面对的难题。不仅如此，中东地区是人类文明的摇篮，在两河流域、叙利亚地区、海湾地区、尼罗河流域先后出现了一系列零零碎碎的王国、公国及相互间的军事文化交往事件，而国内的相关研究又十分薄弱，留下了许多学术盲区，再加上资料极度缺乏，因此，判断早期国家的领土范围与制度特征，并为此寻找有说服力的史料依据，都需要作者潜心研究，付出大量的心血。

《中东国家通史》所做的一个极好尝试是：它把中东地区的上古历史与中古时期以来伊斯兰教历史融合在一个宏观视野之下，探讨上古历史对伊斯兰历史的影响，关注政治、经济、军事、文化的历史变迁与宗教思想的关联性、互动性。由于宗教学与历史学被划分在不同的学科门类之下，再加上思想认识上的偏差，长期以来，在我国学术界在一定程度上存在着把中东上古史与伊斯兰教历史割裂开来的现象，未能对两个时期的历史进行完整的分析，继而从深层次上研究上古历史与伊斯兰历史的关系，这就给历史研究与宗教研究带来一定的缺憾。因此，《中东国家通史》的研究思路对我国今后的学科建设以及学术体系的建立，具有重要的借鉴意义。

第二，为研究中东民族主义与民族国家体系问题奠定了必要的学术基础。民族主义作为一支相对独立的政治思想成为影响中东历史的最持久、最深刻的因素之一，是改变中东格局的主要力量。民族主义在不同国家、不同政治环境中有独特的历史根源与现实表现。民族主义的发展导致现代民族国家的出现。20世纪中东历史上的最大事件当数民族独立国家体系的形成。《中东国家通史》注重从宏观角度解析民族国家体系形成的阶段、特征、政治内涵以及时代挑战，梳理阿拉伯民族主义、土耳其民族主义、波斯民族主义和犹太复国主义在争取民族独立、构建民族认同方面的共同点，同时也深入挖掘了不同国家在民族国家的建设过程中所处的不同背景、所面临的不同问题。

从时间上来看，中东民族独立国家体系的建立先后经历了两个阶段：第一阶段为1906—1941年，即从"中东觉醒"到第二次世界大战期间，先后有8个国家获得独立；第二阶段1941—1988年，中东地区先后出现了11个国家。

从国别角度看，《伊拉克卷》特别分析了伊拉克民族国家的建构问题，指出其面临的最大困难是社会的多元化。伊拉克位于阿拉伯世界的边缘，民族多元化与教派多元化的现象十分明显；定居人口与游牧人口的矛盾也是十分突出的问题，"曾经是古代文明摇篮的伊拉克，自中世纪以来继续遭到大量游牧民族的入侵，如突厥人和蒙古人，而近代仍有来自阿拉伯半岛的游牧民的大规模移入，从而对定居人口的经济给予沉重打击，延缓了经济发展和社会整合，阻碍了民族国家的发展"。① 海湾五国建立现代民族国家的历史相对比较短暂，有的还正在建构之中。为此，《海湾五国卷》主要深入考察了在国家认同、民族认同、部落意识和宗教信仰等观念相互重叠、彼此冲突的情况下，该地区民族国家建构历程的复杂性与多变性。

另外，《中东国家通史》还分析了曾在建立中东民族独立国家体系的过程中起了前导作用的民族主义，在国家独立以后却向大民族主义、地区霸权主义的方向发展，表现出非理性的民族情绪。宗教的极端化和民族冲突相结合，为外来干涉留下了政治空间，致使问题复杂化、国际化。新建立的中东民族独立国家体系在诸多因素的影响下，特别是在全球化浪潮的冲击下，成为一个不稳定的、脆弱的体系。对它的走向进行深入研究，是当代亚非拉民族独立国家体系发展中的重大课题之一。

第三，《中东国家通史》深入探讨中东国家的现代化历程、总结其经验教训，为发展中国家的现代化建设提供了有益的借鉴。本书从社会形态史观的社会学取向出发，以传统社会向现代社会的转变为视角，一一考察了现代化进程中的国家个案，聚焦了政治、社会、人口、文化、国际交往以及经济、资源、技术等诸多层面，重点描述了不同国家政治模式的确立与演变，经济现代化的曲折历程以及国民文化建设的不同道路，突出了以色列、埃及、约旦、伊朗、伊拉克、阿富汗、也门等国的现代化特征。

《中东国家通史》特别关注了伊斯兰教与社会变革之间极其微妙的依存关系。在中东国家由传统社会向现代社会的转变过程中，伊斯兰教与世俗主义在政教关系、法律与宗教的关系以及民众世俗教育与宗教教育的关系等方面产生了一系列难以调和的矛盾。但伊斯兰教并非一味墨守成规，而是自觉不自觉地卷入现代化、世俗化大潮，在政治建设、社会事务、道德准则以及生活方式等方面表现出更多的折中性与兼容性。可见，伊斯兰教伴随着中东国家的现代化事业在交往之中曲折演进。沙特阿拉伯、苏丹、土耳其和埃及等国在处理伊斯兰性与现代性的关系方面积累了一些经验。特别是沙特阿拉伯在"现代化之父"费萨尔的带

---

① 黄民兴：《中东国家通史·伊拉克卷》，第6页。

领下实现了"科学地、文明地发展沙特社会"的目标，又保留了伊斯兰社会固有的精神基础与文化传统。"沙特阿拉伯的现代化改革既立足本国的传统根基，又着力解决伊斯兰经典有限性与世俗事务发展无限性之间的圣俗矛盾。它的政策的出发点是伊斯兰精神和原则，但又能从世界眼光看待民族性，在当代世界的坐标上寻觅传统宗教与现代世俗之间的适应点。"①

《伊朗卷》重点突出了中东民族国家如何艰难地在传统与现代之间寻找平衡点。从巴列维王朝的两次"西化"改革到伊斯兰共和国的政治变革，无不处于"传统"或"现代"的困惑之中，"经验和教训都集中在传统性与现代性的相互契合线和选择的适合度上。所谓契合线和适合度，是指谨慎寻觅传统性与现代性的深层联系、使之适合于市场经济和民主政治的发展阶段。"②《以色列卷》、《埃及卷》、《巴勒斯坦卷》则重点强调了宗教极端主义派别及恐怖主义势力对现代化成果造成的严重危害。

第四，《中东国家通史》论证了战争与文化交流之间的关联性。中东地区历来是冲突与战争的策源地，当和平与发展成为 20 世纪的世界主旋律的时候，中东地区仍然战火不断。战争并不总是和文明对立，而是国家与国家、民族与民族之间政治交往的形式之一，或者说战争是"以军事语言表达了政治需要"。战争无疑会给人类带来灾难与痛苦，但是战争的作用是多重的。正如彭树智先生所言："战争在深远地影响着历史，它是历史季节的标志，它时而在打开，又时而在关闭着历史时间的大门。它和人类的历史进程如影随形，表面上好像消失但实际上依然存在。"③ 在中东历史上，我们会反复看到战争的结果与过程无不与文化交往密切相关。在相当长的历史时期内，阿富汗作为东西方陆路交通的大动脉——"丝绸之路"的枢纽，战争作为一种政治交往形式往往与文化交往交织在一起。在周边大国的争夺中，阿富汗是战场，同时

---

① 彭树智主编，王铁铮、林松业著：《中东国家通史·沙特阿拉伯卷》，商务印书馆 2000 年版，第 336 页。

② 王新中、冀开运：《中东国家通史·伊朗卷》，第 433 页。

③ 彭树智：《松榆斋百记：人类文明交往散论》，西北大学出版社 2005 年版，第 200 页。

又是文化交往的舞台。"早期的祆教化、希腊化、佛教化、伊斯兰化，以及近现代以来的欧化、苏化和当前的伊斯兰复兴，都反复说明了文化交往是伴随政治交往而来的深远变化。"① 伊拉克自文明初现即成为各方逐鹿的场所，肥沃的两河流域曾经吸引了无数的入侵者，阿摩利人、亚述人、迦勒底人、埃兰人、米底人、波斯人、马其顿人、帕提亚人、萨珊人、阿拉伯人一次次互相征战，"金戈铁马，狼烟滚滚，古老的文明遭受蹂躏。但是，在征服之后令人惊奇的现象是，侵略者却最终为两河文明所同化，波斯居鲁士大帝陵墓的金字塔形结构所反映的是两河塔庙的风格"。②

发生于天宝十年（公元 751 年）的怛逻斯之战是中国与阿拉伯关系史上规模最大的一次战争，其结果是唐军大败。其后，中华帝国的历代王朝（除元代以外）基本对中东地区处于防御性的守势状态；但也正是在怛逻斯之战后，中国的造纸术传到了中亚、西亚，后来又传到欧洲；同时，中国也出现了第一本记载伊斯兰教与穆斯林生活的汉文书籍《经行记》，成为后人研究中国伊斯兰教发展史的重要原始文献。

当今世界，战争与社会进步、和平发展的关系仍然是一个热门话题。也门不仅历史上屡遭战乱，而且在当代也很少有持久的和平。独立战争、边界冲突、内战迭起，战火烟云似乎掩盖了南北方的历史、文化与民族基础。"也门的统一虽历经曲折、冲突以至战争，虽具有内外诸多因素的错综交织，但它只能是曲折迂回地走向统一，而不是相反。也门统一过程中的政治交往方向是政治统一。社会冲突的一条基本原理，是一致基础上的冲突，有助于双方关系更趋于完善。战争在也门统一事业中，也有其客观上的催化作用。"③ 在 1973 年 10 月，埃及发动了对以色列的"十月战争"，战争打破了美苏两国极力维持的"不战不和"的局面，继而又有萨达特的耶城之行、戴维营协议等历史景观的出现。

第五，《中东国家通史》强调和平对话是解决巴以冲突的根本途径。《中东国家通史》认为，巴以和平进程是当代历史交往中最复杂、

---

① 彭树智、黄杨文：《中东国家通史·阿富汗卷》，第 352 页。

② 黄民兴：《中东国家通史·伊拉克卷》，第 5 页。

③ 彭树智主编，郭宝华著：《中东国家通史·也门卷》，商务印书馆 2004 年版，第 357 页。

最漫长的典型案例，它涉及地区政治、经济形势，又涉及巴以双方以及外部势力的利益、意愿、信任程度及干预力度，在各方和解条件不具备的情况下，协议与备忘录的签署并不说明最终和平的到来。中东和平是一个逐步实现的目标，进程本身比最终目标更为现实，因而，应该从历史交往的长河中估量其发展的阶段性。《以色列卷》高度赞赏犹太哲学家布伯的对话主义哲学与社会本体论，称之为"希伯来精神在交往理论上的再现"。① 布伯的理论对当代文明交往的理论与政治秩序建设提供了有益的思考。《巴勒斯坦卷》指出，巴以冲突不仅是领土之争、民族之争、宗教之争、文明之争，而且是工业文明和工具理性的演变结果，是一场现代化之争。2006 年 3 月 6 日的《纽约时报》发表了美国学者托马斯·弗里德曼的文章，称巴以冲突"是一个成功实现现代化的发达社会和一个没有实现现代化、并想归咎于他人的不发达社会之间的紧张关系。"② 针对托马斯·弗里德曼的观点，《巴勒斯坦卷》指出，考察现代化问题确实为研究巴以关系提供了新的视角。在过去的半个多世纪内，中东的冲突与战争，在一定程度上掩盖了社会演进与经济变革，"和平、发展与现代化在中东呈现出隐隐约约的缓进状态"。但是，以色列与巴勒斯坦在现代化程度上的巨大差异不能仅仅归咎于巴勒斯坦领导人的短视。问题在于现代化的政治前提是民族独立国家的建立。"没有独立的巴勒斯坦国家，哪里谈得上实现现代化这条道路的机会！……巴勒斯坦人的民族主义目标，正是为了建立一个独立的巴勒斯坦国，而以色列恰恰是不允许巴勒斯坦实现现代化的这一政治前提。这正是巴以冲突的症结所在。"③《巴勒斯坦卷》强调解决巴以冲突的唯一抉择是和解，这也是"巴勒斯坦阿拉伯人和犹太人历经苦难和用鲜血生命代价换取的现实结论"。④ 和解是一个文明理性化的自觉过程，需要以"理解和宽容取代敌视和仇恨，用对话和合作代替对抗和排斥"，⑤ 需要国

---

① 彭树智主编，肖宪著：《中东国家通史·以色列卷》，商务印书馆 2000 年版，第 349 页。

② 转引自彭树智主编，杨辉著《中东国家通史·巴勒斯坦卷》，商务印书馆 2002 年版，第 367 页。

③ 杨辉：《中东国家通史·巴勒斯坦卷》，第 368 页。

④ 同上书，第 368—369 页。

⑤ 同上书，第 369 页。

际社会的通力合作。

此外，阅读《中东国家通史》时常会被彭树智先生那种浓厚的学术情怀所感染。作为新中国培养出来的第一代中东史专家，先生具有很强的使命感与责任感，他在"卷首叙意"中描述了编写该丛书的目的："我相信，中国学者撰写的系列《中东国家通史》，必将和外国作者的同类书籍并列在我国图书馆的书架上，供莘莘学子普及历史知识、培养历史意识、获取历史智慧、探索历史启示和提高历史素质之用。"当《中东国家通史》被西北大学列入"211"课题之时，彭先生已到了"坐六望七"的高龄，也充分认识到了承担这一课题的困难与艰辛，但先生学志犹在，追求未了，给自己立下了"入地狱，写中东史"的誓言。当本书的最后一卷《海湾五国卷》付梓出版之际，先生洋洋洒洒，反复修改写成了两万多字的"卷终六记"，欣慰之情、释然之感，溢于言表，感人肺腑。在当今中国学术界，徒有虚名的"主编"并不少见，而彭先生的一向风格是名副其实，勇挑重担。他不仅仔细审阅了整套丛书，亲笔完成《阿富汗卷》，而且撰写了《中东国家通史》"卷首叙意"与13篇"编后记"，累计字数达13.5万字。这些"编后记"实际上是一系列形散而神不散的编后体学术论文，每篇除了补充本卷内容的不足、提炼学术精华以引导学人之外，还就某一主题展开思路，抒发己见。他尊重集体智慧，称"一书之成，端赖众力"。所有这些都充分体现了编者认真负责的态度与高瞻远瞩的学术境界。

当然，作为一套卷帙浩繁的学术著作，《中东国家通史》也不可避免存在一些不足与遗憾。如个别卷目存在观点陈旧的问题，《伊朗卷》在"史前伊朗"一章中，作者仍沿用了美国学者莫维斯的理论。但事实上，20世纪50年代以来，莫维斯的观点已引起很大的争议，贾兰坡、裴文中等中国学者对莫维斯的理论进行了有力的反驳。近年来东亚地区也不断有新的考古发现证明他们的观点。另外，各卷体例与风格上不尽一致。由于是多人合作，水平不一，各卷对体例的理解与把握，对文明交往论的领会与贯通等也存在差异。例如，《土耳其卷》缺少前伊斯兰时期的内容，与其他分卷不一致，而这一时期土耳其恰恰有着十分辉煌的历史。《伊朗卷》中对古代中伊关系的内容论述太少，没有展现出两国交往史上一段高峰时期的丰富内涵与特色。《叙利亚和黎巴嫩

卷》对当代黎巴嫩历史的记述偏于简单，对一些重大问题的根源挖掘
不够。各卷的专有名词还有不统一的地方。期望在修订或再版的时候能
够加以完善。

文明交往:解析全球化的新路径
——读《文明交往论》[*]

巨永明

（河南师范大学社会发展学院教授）

全球化是 20 世纪 90 年代以来国内外政治、经济、文化等许多领域广泛使用的一个概念，以致有影响的《全球大变革》的作者们警告："全球化现在有沦为我们时代的陈词滥调的危险。"① 因为大量关于全球化的论著既缺少清晰的分析方法，又缺乏系统的理论建构和严密的逻辑推导，是故难以阐明全球化的来龙去脉。如果说国外学者对全球化问题的研究尚有一些理论和分析方法探索的话，那么国内学者除了翻译、评介之外，真正能够有一套以自己创新理论来系统解析全球化的著作，笔者认为首推著名世界史学家、西北大学中东研究所名誉所长彭树智先生所著的《文明交往论》。作者用文明交往这样一种全新的理念，从不同的维度，深刻阐明了正是人类连续不断的文明交往，才使自身从分散走向整体，进入"人类历史上空前的、规模宏大的文明交往"的全球化时代。② 所以，作者自序："文明交往论正是推动不同文明之间交往相互关系的研究，成为有助于全球社会文明和谐问题的科学课题。"由此可见，《文明交往论》贵在为我们搭建一个系统认识、理解全球化文明

---

* 本文原载《世界历史》2003 年第 3 期。

① ［英］戴维·赫尔等：《全球大变革——全球化时代的政治、经济与文化》，杨雪冬等译，社会科学文献出版社 2001 年版，第 1 页。

② 彭树智：《文明的真谛》，载《文明交往论》，陕西人民出版社 2002 年版，第 59 页。

交往历程的思维坐标和理论平台。

一　全球化是什么？

　　关于全球化的概念有很多说法，但人们还是发出了"全球化到底是什么"的疑问，[①] 其原因在于多数全球化的概念存在盲人摸象的缺陷。极端全球主义者认为，全球化标志着传统的民族国家已经成了全球经济中不和谐、甚至不可能继续存在的活动单位。怀疑论者认为，全球化必然意味着一种世界范围完全整合的经济，是国民经济之间的互动。变革论者认为，全球化是推动社会政治以及经济快速变革的中心力量。左派马克思主义者认为，全球化就是全球资本主义化。不过，人们更多地认为，现今的全球化主要是经济全球化。

　　被哈佛大学"全球化问题研究"课程列为重要参考书的《全球大变革》的观点有些接近《文明交往论》，前者认为，全球化是"一个（或一组）体现了社会关系和交易的空间组织变革的过程——可以根据它们的广度、强度、速度以及影响来加以衡量——产生了跨大陆或者区域间的流动以及活动、交往以及权力实施的网络"。[②] 这里作者已经注意到了交往的重要性，只是仅仅把交往看成是全球化的一部分而不是全部。而《文明交往论》认为，"全球化的根本内涵是人类各种不同文明的交往"。[③] 全球化是"与'世界历史的转变'共生、共存和共同发展而来的人类文明交往的历史趋势"。[④] 文明交往既包括物质交往，也包括精神交往。一句话，全球化是一个多维文明交往的历史过程。文明交往论大大提升了对全球化认识的高度，从而能够使人们俯视人类文明交往的复杂而多姿多彩的全球化进程。

①　《环球时报》2002 年 11 月 14 日第 7 版。
②　戴维·赫尔等：《全球大变革》，第 22 页。
③　彭树智：《土耳其研究的几个问题》，载《文明交往论》，第 370 页。
④　彭树智：《丝路枢纽地区的文物考古和人类文明》，载《文明交往论》，第 139 页。

二　全球化的动力

是什么因素在推动着全球化？不同的全球化观念，各有各的回答。极端全球主义者认为，全球化的动力是资本主义和技术；怀疑论者认为，国家和市场是全球化的动力；吉尔平认为，全球化很大程度上是美国发起的多边经济秩序的副产品；变革论者认为，现代性的各种力量共同作用推动了全球化，即西方现代性在全球的扩散，也即西化；《全球大变革》的作者们认为，"权力是全球化的根本特征"。① 这实际上是传统政治现实主义权力观在全球化认识中的翻版。

而《文明交往论》认为，"文明交往是人类社会发展的动力。"（见自序）正是由于"与生产力相伴随的交往力的发展，在当代形成了以文明交往为显著特征的全球化潮流"。② 这种把文明交往作为全球化动力的观念，有效地解决了许多复杂而争论不休的问题，尤其是对全球化动因的理解一下子清晰化。特别是作者把文明交往放到人性这样一个最根本的层次阐明文明与交往的内在逻辑联系，进而论证了文明交往是人区别于动物的本质追求，因而事实上，把全球化的动力通过文明交往这样一个纽带而置于人性的本质之上，从而勾勒出人——文明交往——全球化的历史图景。诚如作者所说："文明交往从哲学上讲是人的本质的媒介，从历史发展上讲，它是人的全面发展、人与自然协调的前提。这就同世界现代化潮流（全球化）、汇通东西方文化、建设世界新文明的方向紧紧联系在一起了。"③ 所以，文明交往论所追求的是交往文明化的全球化，这是文明交往全球化动力观的必然归宿。

三　关于全球化的解析

不同的全球化理论，必然导入不同的分析框架。无论是极端全球主

---

① 戴维·赫尔等：《全球大变革》，第38页。
② 彭树智：《土耳其研究的几个问题》，第369页。
③ 彭树智：《〈伊斯兰教与中东现代化进程〉中的文明交往线索》，载《文明交往论》，第460页。

义论、怀疑论，还是变革论甚或左派马克思主义理论，其具体的分析过程不管多么细密，都始终无法走出自我定义的狭窄巷道，研究结果即使具有新意，彼此之间也只能徒增争论。当然，它们为此而建构的理论模型或有可以参考的价值。

《文明交往论》则不同，作者通过持久的历史哲学思维，依托扎实的世界历史研究能力，在强大的文明交往理论的支持下，充分运用中外考古学、人类学、民族学、宗教学、民俗学、社会学等多学科的最新研究成果，从微观、中观到宏观三个层面上，系统解读了人类文明交往的纵横错置、经纬交织的多维文明"链条"，特别是作者所进行的细致入微的个案研究，将文明交往的全球化的"化"的过程凸显出来，使文明交往从理论抽象进入社会现实，用史实印证了文明交往的全球化规律。同时，作者从全球化的角度，对全球化与文明交往的关系作了极富哲理而又耐人寻味的阐释："全球化对文明交往而言，意味着各民族文化通过交往而在人类的批判中获得文化认同和文化资源共享。"①

综合上述，用文明交往作为分析全球化的理论架构，可以说是中国学者在全球化研究中的一种理论创新，它必将为中国学界在国际社会的全球化研究领域争得一席之地。从现实性看，文明交往论用"和为贵"的理念关照全球化，同样具有重要的实践意义。

---

① 彭树智：《论人类的文明交往》，载《文明交往论》，第41页。

立足于现实和时代需求，寻觅史学科研生长点
——读《书路鸿踪录》*

陈天社
（郑州大学历史学院副教授）

如何确立科研方向，如何创新，是当前史学界，特别是青年史学工作者面临的重大课题。为此，探讨和学习、借鉴老一辈史学家的治史经验，意义不言而喻。

《书路鸿踪录》是彭树智先生治史生涯的集大成之作，是继《文明交往论》之后作者的又一部重要论集。该著收录了作者半个世纪学术生涯中在多个领域具有代表性的文章，比较全面地反映了作者的史学研究理念及其重大成果。全书近 70 万字，既有作者在中东史、南亚史、东方民族主义思潮、国际共运史等不同领域研究的代表作，也有作者在学科建设、教材编写及指导博士研究生方面的心得体会，还有作者对自己治史经验的总结和闲暇之余的诗文。在体裁上，除了学术论文，还有大量的序言、会议发言和读书笔记。读罢全著，笔者深深地为彭先生对史学研究的坚忍不拔精神和取得的丰硕成果①而震撼，更为他在科研生长点方面的探索所折服。本文将就彭先生在科研生长点方面的探讨作一介绍。

---

* 本文原载《西北大学学报》2005 年第 4 期。
① 孟庆顺、王铁铮：《彭树智与世界近现代史研究》，《世界历史》1995 年第 3 期。

　　第一，科研生长点是学术立命之基。

　　所谓"科研生长点"，简言之，就是学人在一定时期内科学研究的领域和长期坚持的方向。能否确立适合于自己的科研生长点，事关每一位史学工作者个人的研究方向与发展前途，也是其能否取得重大成果的前提。尽管《书路鸿踪录》内容丰富，但如何确立科研生长点并由此继续发展，是贯穿全著的一条主线。在各类文章中，都直接或间接地体现出作者对这一问题的思考。确立了适合的科研生长点，是作者总结的个人成功秘诀之一。作者最初选择亚洲民族民主运动作为研究方向，后又相继进入国际共运史、东方民族主义思潮、中东史等研究领域。正是在这些科研生长点上，作者孜孜以求，取得了一系列重大成果。作者还善于适时调整自己的科研生长点。书中特别提到作者本人在"文革"期间选择科研生长点的情形。当时学术、科研活动无法正常进行，但对学习马列主义著作是大加提倡的，作者随后选择了国际共运史作为研究方向，深入研读了马列主义原著，不仅大大提高了马克思主义理论水平，还取得了出人意料的重大成果，出版了《叛徒考茨基》、《修正主义的鼻祖——伯恩施坦》、《无政府主义之父巴枯宁》三部著作。这虽是特殊情况，但反映出作者能够因时制宜选择科研方向及对科研事业的执著精神。

　　作者不仅身体力行，还将科研生长点问题与博士研究生的培养相结合，十分重视博士研究生科研方向的确立。他说："我培养研究生，着力于科研意识、科研基本功、科研生长点和科研成果四个方面，其中选择科研生长点属科研人员的长远发展方向，因此尤为重视科研生长点的选择。生长点必须在硕士研究生阶段确立，并在加强科研意识、训练科研基本功的同时，初步体现为系列的科研成果。"① 他积极帮助研究生选择合适的科研生长点，称"导师的任务就在于区别博士研究生不同特点而在研究方向上加以恰如其分地引导，帮助他们在各自的基础上发现、确定在科学研究方面带有长远性的'生长点'"。② 在具体实践中，作者根据所带的每一位博士研究生的个人情况，帮助其确立不同的研究

---

①　彭树智：《〈沙特阿拉伯的国家与政治〉序》，载《书路鸿踪录》，第 320 页。
②　彭树智：《做好博士研究生指导工作的关键在哪里？》，载《书路鸿踪录》，第 659 页。

方向。如一位博士生第一外语是日语并长期从事日本外交研究，作者为其确立了"日本与中东国家关系"这一科研方向。再如一位来自青海的回族穆斯林博士生，作者为其确立了"青海河湟地区的文明交往"这一课题。这些博士生在学研读期间和毕业后，长期坚持自己的研究方向，发表了许多高质量的学术成果，从而表明作者的努力是富有成效的。

第二，科研生长点必须具有现实性和开拓性。

结合自己的探索，彭树智先生在书中提出了选择科研生长点的基本原则：一是必须与现实、与时代相结合。他指出："史学家应当有时代赋予的使命感、责任感，立足现实需要是科研生长点选择的基本标准"，① "史学家如果脱离了时代，如果处于无思想状态，也就没有了生命力。史学应强调立足现实，体现时代精神，提倡创造性研究，从内容到风格上给人们以深层次启迪和智慧力量"。② 对当前社会转型时期的史学，作者认为它"扮演着转型时期的老师的角色"。为实现史学的这一角色任务，作者特别提倡史学研究的现实性："历史研究者要通过社会现象需要而选择新的课题，总结历史经验，直接或间接为经济建设提供近期或长远咨询成果，使历史具有活力和生机。"③

从史学的现实性出发，作者特别强调对当代史的研究，称其为"史学工作者在思考自己社会责任时的一个主要方面"，④ 是"史学生命力之所在"。⑤ 结合自己研究世界史的特点，作者常常以革命导师马克思研究欧洲1848年革命、巴黎公社为例来激励学人研究世界当代史。针对当前高校的思想现状，作者深刻揭示了研究世界当代史对培养社会主义人才的重大意义："史学工作者的社会责任应在于从历史的角度帮助人民（首先是青年）了解世界，对第二次世界大战以来的当代世界史有一个基本认识。许多大学生对西方国家发展的新情况缺乏全面的了

---

① 彭树智：《时代、历史学家的步履和史学观》，载《书路鸿踪录》，第412页。
② 同上书，第426页。
③ 彭树智：《历史学需要脚跟硬的理智者——〈二十世纪初的秦巴山区〉序》，载《书路鸿踪录》，第545页。
④ 彭树智：《史学工作者的社会责任和当代史研究》，载《书路鸿踪录》，第483页。
⑤ 同上书，第485页。

解，是其对马克思主义产生怀疑的一个重要原因。我们培养的人才，迫切需要了解中国与世界当代史而无处可得，或者听到一些传闻而得不到科学的回答，对当代史一无所知或知之甚少，而又靠他们来从事'两个文明'的建设，恐怕是靠不住的。"①

论为适时而发，书为应运而生，是作者学术研究中始终坚持的一个基本原则。从作者的学术历程中可以清晰地看出，他所选择的科研生长点具有强烈的现实性，富有时代感。20世纪50年代是亚非民族民主运动风起云涌之时，那个时期在上大学和读研究生的作者即把研究目光投向这一浪潮，发表了《百年前印度人民起义的历史意义》②。在1958年伊拉克革命爆发的次日，作者即挥笔写成《略论阿拉伯民族解放斗争的新阶段》③一文，对伊拉克革命热情讴歌。在1979年苏联入侵阿富汗的隆隆炮声中，作者将研究视线投向阿富汗，撰写了《阿富汗三次抗英战争》（商务印书馆1982年版）一书。20世纪80年代以来，随着中国的对外开放，中国与中东关系日益密切，作者又把研究重心转向中东地区，发表了大量论文，出版了多部著作。乃至对巴以冲突、伊拉克战争、全球化、伊斯兰教与中东现代化等当代中东的这些热点问题，都留下了作者探索的足迹。对博士研究生的培养，作者也遵循这一原则，主张博士研究生的课程"要从当前实际出发，做到基础与应用兼顾，使整个培养过程都与现实息息相关，特别是要注意引导博士生关心当前国际政治，研究当前所发生事件的背景和历史"。④

二是要具有开拓性。作者认为，选择生长点，要注意选择有开拓性的题目，有系列性发展的题目，不要选择在一个孤立的小点上，那样会自生自灭，不易发展起来，要选有开拓性、上下左右能联系的、有发展前途的生长点。⑤作者就是这一原则的实践者。除去"文革"这个特殊时期涉足国际共运史外，作者是从民族民主运动延伸到东方民族主义思潮，从南亚扩展到中东，再扩展到世界史整体领域，呈现出不断向纵深

① 彭树智：《史学工作者的社会责任和当代史研究》，载《书路鸿踪录》，第484页。
② 彭树智：《百年前印度人民起义的历史意义》，载《书路鸿踪录》，第63—69页。
③ 彭树智：《略论阿拉伯民族解放斗争的新阶段》，载《书路鸿踪录》，第151—167页。
④ 彭树智：《做好博士研究生指导工作的关键在哪里?》，载《书路鸿踪录》，第658页。
⑤ 彭树智：《漫谈世界现代史研究和教学》，载《书路鸿踪录》，第636页。

发展的趋势。

作者敢于否定传统观点，敢于向未知领域探索，富有开拓进取精神，取得了骄人的成果。如《凯末尔与凯末尔主义》①、《甘地思想的整体性和独特性》② 两文纠正了长期存在的否定民族资产阶级对亚非拉民族民主运动领导作用的极"左"观点，肯定了在特定历史条件下该阶级的历史进步作用。《青年阿富汗派的历史作用》③ 一文揭示了长期被忽视的青年阿富汗派在阿富汗独立运动中的作用。《阿富汗与古代东西方文化交往》④ 则阐述了阿富汗在古代东西方交往中的独特地位和作用，填补了该领域研究的空白。

此外，作者还提出要善于在教学中寻觅科研生长点，主张选择教学过程中产生的一些重点问题、难点问题和空白点作为研究方向，走科研与教学相结合的道路。

第三，科研生长点的根本在于创新。

作者认为创新是学术研究的真正价值所在，指出"学赖论以立，而论贵创新"，⑤ 因为"创新是理性思维、逻辑思维、形象思维、直觉思维和灵感思维等思维方式的综合体现，是治学的高层次心理状态。它要求把个性教育深入到学术品格的心理层次，把个性发展与学术创造性紧密地结合在一起"。⑥ 何以创新？作者称创新之本在于"贯彻马克思主义最本质的东西、活的灵魂——具体地分析具体情况"，⑦ 学术个性化是创新之路。学术个性化就是不人云亦云，而要经过自己的研究得出自己的结论。作者把自己的书斋命名为"悠得斋"，意即强调学术贵在悠然而自得，称"自得是守持学术个性化的本性"。⑧

---

① 彭树智：《凯末尔和凯末尔主义》，载《书路鸿踪录》，第171—190页。

② 彭树智：《甘地思想的整体性和独特性》，载《书路鸿踪录》，第213—240页。

③ 彭树智：《青年阿富汗派的历史作用》，载《书路鸿踪录》，第190—213页。

④ 彭树智：《阿富汗与古代东西方文化交往》，原载《历史研究》1994年第2期。作者在把文章收入《文明交往论》时将题名改为《丝路枢纽地区的文物考古和人类文明——阿富汗与古代东西方文明交往》，陕西人民出版社2002年版，第103—139页。

⑤ 彭树智：《书路新论：文明交往新说》，载《书路鸿踪录》，第11页。

⑥ 彭树智：《略谈博士研究生的学术个性化培养问题》，载《书路鸿踪录》，第662页。

⑦ 彭树智：《探索·创新·致用——读〈冷战后大国与海湾〉》，载《书路鸿踪录》，第374页。

⑧ 彭树智：《〈悠得斋笔记〉序》，载《书路鸿踪录》，第757页。

　　作者不仅自己实践着学术个性化这个原则，还将其视为培养博士研究生创新的关键，将其归结为尊重博士研究生的独立人格，培养他们探索真理、追求真理的品格。① 通过多年尝试，作者总结出三条经验：（1）在教学上，要注重培养博士生学术前沿性的创新智能，使其在坚实的宽厚理论基础和系统深入专门知识的前提下，提高理论和知识的再生能力与科学研究的广泛适应能力；（2）要为博士生创造一个多样性的成长环境；（3）博士学位论文必须贯彻学术个性化原则。② 其中第三条是关键。在具体指导博士学位论文过程中，作者充分发挥博士研究生的潜力、爱好和兴趣，尤其注重其科研生长点上的专业延续性；充分尊重他们的自主独立意识、个性意识，鼓励其在勤奋、严谨、求实基础上的自我多样性的选择；多角度、多侧面启发其问题意识，使之掌握有疑和无疑的治学辩证法。作者的主张，为博士生提供了广阔的学术发展空间，使他们既吸收而又不拘泥于导师的学术领域，有利于他们主观能动性的发挥。

　　总而言之，《书路鸿踪录》能够把对科研生长点问题的阐述与作者自己的实践相结合，说服力强，体现了老一辈史学家的治史心得。在学界浮躁之风盛行、低水平重复之作充斥之时，作者的观点无疑对史学界同仁，特别是对青年史学工作者、史学博士研究生有深刻的启迪意义。

---

① 彭树智：《略谈博士研究生的学术个性化培养问题》，载《书路鸿踪录》，第664页。
② 同上书，第663—664页。

学术论文

全球史观和中国史学断想[*]

于沛
（中国社会科学院世界历史研究所研究员）

　　全球历史观 20 世纪 50 年代在英国萌生后，半个世纪以来得到较为迅速的发展，在近 20 年尤其如此。2000 年 8 月，在挪威奥斯陆举行第 19 届国际历史科学大会时，"全球史的前景：概念和方法论"被列为会议的三大主题之一。来自 70 多个国家的 1800 余名史学家，对这个问题给予了充分的关注，即说明了这一点。在中国，全球史观同样引起了人们的广泛关注。而且这种关注又是在"经济全球化"的背景下，和当代中国历史科学的建设密切联系在一起，因此格外引人注目。大约四年前，笔者曾撰文讨论这个问题。[①] 此后期间，无论是包括"经济全球化"在内的世界历史进程，还是中国社会的发展以及中国历史科学的发展，在不长的时间内都发生了深刻的变化。这样，在新的形势下，促使人们不能不对"全球史观和中国历史科学"所面临的新问题，进行新的思考。本文即是思考中的一些不成熟的想法，多是一得之见，不妥之处，敬请学界诸同仁和各界读者指正。

一

　　全球史观的基本理论特征之一，是对"欧洲中心论"的批判。英

　　[*]　本文原载《学术研究》2005 年第 1 期。
　　[①]　于沛：《全球化和全球历史观》，《史学集刊》2001 年第 2 期。

国史学家 G. 巴勒克拉夫在其论文集《处于变动世界中的史学》（1955）中，最先明确提出这个问题，以后又在《当代史导论》（1967）、《当代史学主要趋势》（1978）、《泰晤士世界历史地图集》（1978）等著述中对其作了进一步阐释。他的观点在西方史学界有一定的代表性，因为他的理论阐释并不仅仅停留在历史的阐释上，同时也在西方历史学家的多种历史著作中鲜明地体现出来。G. 巴勒克拉夫强调：主要从西欧的观点来解释历史已经不够了，因此，西方史学需要"重新定向"，史学家应该"从欧洲和西方跳出，将视线投射到所有的地区和时代"。① 他清楚地看到第二次世界大战后人类社会历史已经发生和正在发生的变化，以及这种变化不可避免地在历史学上的折射，所以他明确地提出，"今天历史学著作的本质特征就在于他的全球性"，世界史研究的重要任务之一，是"建立全球的历史观——即超越民族和地区的界限，理解整个世界的历史观"。② 只有这样，才能抛弃西欧中心论的偏见，"公正地评价各个时代和世界各地区一切民族的建树"。③ G. 巴勒克拉夫强调的历史研究的这种"全球性"，平心而论，只不过是恢复了社会历史进程的本来面目，以及在此基础上强调"历史研究从事实出发"应有的研究思路和价值取向。然而，在"欧洲中心论"占绝对统治地位的欧美史学界，不仅在理论上提出与"欧洲中心"相悖的"全球性"，而且还将这一理论具体体现在研究实践中，这确实是不容易的。

　　不仅在西方，即使是在中国，做到这一点也是不容易的。因为在中国史坛真正做到肃清根深蒂固的"欧洲中心论"的影响，还有许多事情要做。这个问题不解决，所谓理解或认识"全球史观"的积极内容，只能是一句空话。在中国，不仅旧有的"欧洲中心论"——主要表现在历史进程中"欧洲中心论"的影响没有肃清，而且在新的历史条件下，"欧洲中心论"的另一种影响——主要表现在历史学自身发展中的

　　① G. 巴勒克拉夫：《处于变动世界中的历史学》（Geoffery Barraclough, *History in a Changing World*），牛津 1955 年版，第 27 页。

　　② 杰弗里·巴勒克拉夫：《当代史学主要趋势》，杨豫译，上海译文出版社 1987 年版，第 1、242 页。

　　③ G. 巴勒克拉夫主编：《泰晤士世界历史地图集》，邓蜀生编译，三联书店 1985 年版，第 13 页。

"欧洲中心"却在开始显现。它主要表现为不加分析地、盲目地照抄照搬西方的史学理论，轻率地否认唯物史观的理论指导，主张指导思想多元化，放弃自己的话语权。我们应该清醒地看到，在当代中国史学发展中确实存在着既有联系，又有区别的两种意义的"欧洲中心论"，不去认真地认识、分析和解决这些问题，是不可能站在"中国化"唯物史观的立场上去理解"全球史观"的现实意义的。

　　中国历史学家对"欧洲中心论"的批判由来已久，远非自今日始。这种批判的过程，从某种意义上说，也是逐渐建立、彰扬中国学者心目中的"全球史观"的过程。这就是说，"全球史观"这个概念在今天可能是个"新概念"，但其内容却并非如此，除去人们熟知的周谷城先生外，①　以故去的雷海宗先生为例，可充分看到这一点。

　　1928年3月，雷海宗先生写下《评汉译韦尔斯著〈世界史纲〉》，在《时事新报》上发表。这可能是他在美国获得博士学位归国后公开发表的第一篇文章。在这篇书评中，他对韦尔斯的《世界史纲》提出了尖锐的批评，认为这部著作是"专门发挥某种史观的书"，而作者韦尔斯是"西洋著作界一个富有普通常识而缺乏任何高深专门知识的人，所以在他的脑海中'历史'一个名词就代表'西洋史'，而他的历史观也就是他以西洋史为根据所推演出来的一个历史观"。这样，韦尔斯在运用史料，进行历史叙述的时候，一定要以"西洋历史"为根据，在"参考其他民族史籍的时候，不知不觉中，一定是只将可以证明他的历史观的——至少不同他历史观相悖的——事迹引用；其他的事迹若也引用，岂不是自己打自己的嘴巴"？雷海宗教授还以15—16世纪"地理大发现"为例，对"欧洲中心论"进行批判。他说，"地理大发现"一词，是欧美资产阶级历史学者的一个惯用名词，后来在殖民地化或半殖民地化的大部世界也不假思索地予以援用，……"发现"一词乃欧洲立场的名词，其中含有浓厚的侵略及轻蔑的意味，把欧洲以外的地方视

---

　　①　例如，周谷城在其代表作《世界通史》中，不是因袭以西欧为中心的观点，而是从整体出发研究全球的历史，提出了自己的世界历史体系。1961年，他在《光明日报》、《文汇报》先后发表《评没有世界性的世界史》、《迷惑人们的欧洲中心论》，强调指出，"世界史，顾名思义，应该是关于世界整体的历史，应该具有世界性"，强调"建立具有新观点新体系的世界史的时候已经到了"（《周谷城史学论文选集》，人民出版社1983年版，第144、151页）。

为发现、开发、剥削的对象。……至于中国，当然也是被"发现"的对象，过去西欧人虽知中国，但始终不够明确，进入 16 世纪，才真正"发现"了中国。雷先生认为：无论是何种社会，人民都是历史的主人，所以在世界史上，即或是先进的地区对于落后的地区，也不当用"发现"一类的词语。若用此类的词语，那就等于在世界上的国家及人民间，定出宾主之分，有的居主位，是"发现者"，有的居宾位，是"被发现者"，在未"被发现"前，等于不存在。因此雷先生建议今后在世界史中只用"新航路的发现"或"新航路的开辟"，而不用"地理大发现"。[①] 半个世纪过去了，雷先生当年提出的问题至今仍有现实的意义。

雷海宗教授还以"上古时的中国"为例，具体阐述了历史研究中"中国与世界"的辩证观点："我们在学习世界历史的过程中要注意两个问题：第一要注意中国与世界其他地区的联系和彼此间的相互影响；第二要注意中国对世界人类文明发展的贡献。同时，我们中国人学习世界历史，则必须要从中国的角度来看世界，这样就能够在很大程度上纠正过去把'世界史'看成是'西洋史'的错误看法。"[②] 这就是说，中国人的世界历史研究，从内容上讲应该是"世界"的，而且这个"世界"，理所当然地应该包括中国，中国是世界的中国。而从研究的立场、观点，即文中所说的看世界的"角度"，则必须是中国的，中国历史学家"必须要从中国的角度来看世界"。因此，中国的世界历史研究，只能是中华民族的世界历史研究，而不是食洋不化，不加选择地重复外国人的观点。

近代以来，中国世界史研究和中国社会历史发展的脉搏始终一起跳动，回答中国现实社会生活发展提出的一系列理论问题和实际问题。1840 年鸦片战争后，中国开始沦为半封建半殖民地社会，中华民族面临着"亡国灭种"的实际危险。"救亡图存"、"求强求富"，成为中国世界史研究产生和发展的动因。1949 年后，中国的世界史研究是和建设社会主义新中国联系在一起的。改革开放，建设有中国特色社会主

①　雷海宗：《世界史上一些论断和概念的商榷》，《历史教学》1954 年第 5 期。
②　雷海宗：《伯伦史学集》，第 578 页。

义，需要借鉴外国的历史经验。"改革开放的中国"这个大环境，为我国世界史研究的发展提供了新的历史机遇。时代的呼唤使我国的世界史研究得到迅速发展。

但是，"世界历史研究"和"中国历史研究"却存在着人为割裂的现象，强化了它们表面的差异，忽略了它们之间内在的共性。近代中国世界史研究从其萌生时起，就存在着脱离中国传统史学的倾向。这在当时固然有一定的积极意义，借助西方史学的理论和方法，批判中国传统史学中的糟粕，但是，如果走向极端，则会全盘否定中国传统史学。这样，一方面不能主动地汲取中国传统史学的有益内容来丰富、完善中国的世界史研究；另一方面，不能从中国史学的传统和实际出发，科学地认识和分析西方史学理论中的精华和糟粕，使一些人盲目地、不加分析地将自己的研究纳入西方史学理论和方法的框架之中。这种盲目性来源于这些研究者历史思维、历史认识中的一个误区：似乎中国传统史学对于中国的世界史研究没有任何价值，它们之间没有任何联系，要进行世界史研究，只能借助于外国史学的理论与方法。

中国世界史研究的真正动力，在于对当代中国、当代世界复杂的现实问题的思考。因此，要独立地对世界历史进行认识和思考，就不能试图在别人的概念体系中完整地阐释自己的观点。不能离开了别人的命名系统就寸步难行。在全球化的背景下，讨论这些问题尤其重要。我们不是去适应强势文化国家的全球化模式，以及这一模式在史学领域中所体现出的种种规范；也不是去抵制全球化时代的到来，拒绝西方史学理论与方法中的积极内容；而是在全球化背景下，自觉地建构有中国风格和特点的新的世界史研究理论体系和话语系统。我们首先应该实现当代中国历史学家，同时也是整个中华民族的价值目标，只有这样，我们才能真正地理解"全球史观"，并汲取其有益内容，为当代中国历史科学的发展作出积极的贡献。

二

全球史观和"经济全球化"，有着直接的联系。不可否认，没有"经济全球化"这一特定的历史背景，全球史观不会在国内外产生如此大的影响。但是，应该指出的是，"经济全球化"并不是一个没有歧义、人人都在同一理念中普遍接受的概念，而事实却恰恰相反。因此，我们有必要明确这种联系，主要表现为"经济全球化是当今世界发展的客观进程，是在现代高科技的条件下经济社会化和国际化的历史新阶段，……今天，经济全球化已成为强劲的时代潮流"。但是，"经济全球化并不是宁静的伊甸园，有时会带来风暴和灾难。……经济无国界化使主权国家的经济安全受到空前巨大的压力，其中对发展中国家的负面影响更应引起注意"。① 这和西方政治家所鼓吹的"全球化意识形态"有着本质的区别。虽然从长远、从整体上看，经济全球化有利于世界经济的发展，但是在世界范围内，却存在着对全球化的抵抗，反对全球化的运动始终没有停止。例如，2001 年和 2002 年 7 月，在意大利热那亚先后发生大规模的反对全球化的抗议活动；2002 年 9 月，美国华盛顿有 2000 余人举行反对全球化的集会，600 余人被捕。

迄今为止，"全球化意识形态"所涉及的内容十分宽泛，作为一个概念很难用一句话，或几句话概括。人们对它的了解，更多的是和西方学者批判全球化的理论联系在一起。例如德国汉斯—彼得·马丁等著的《全球化的陷阱：对民主和福利的进攻》（1996）；格拉德·博克斯贝格等著的《全球化的十大谎言》（1998）；英国贾斯廷·罗森伯格著《质疑全球化》（2000）等。世纪之交，法国学者布迪厄的《遏止野火》问世，这是迄今为止对"全球化"进行最为严厉批判的著作之一。在作者看来，"全球化"是西方新自由主义宣传的产物，正像"野火"一样在世界蔓延，势不可当地成为西方的"主流"意识形态。这部作品的主要内容是："全球化"口号本是西方新自由主义的人为宣传，而新自由主义是跨国公司的意识形态。"全球化"是跨国公司摧毁各民族国家经济主权乃至政治主权，在经济上控制全球的战略口号。作者反复强调："全球化"不是一个"自然的过程"，而是一种有预谋、有组织实施的"政治行为"，是一场"旷日持久"的"思想灌输工作"在人们

---

① 汪道涵：《序全球化与中国经济》，载乌·贝克等《全球化与政治》，王学东等译，中央编译出版社 2000 年版。

心目中强加的信仰。① 布迪厄在书中提出的各种观点虽然有待于进一步讨论，但一些西方大国在"全球化神话"下，大肆宣扬"全球化意识形态"，强行推行"美国的模式"，以剥夺、削弱民族国家的主权，却是不争的事实。

因此，我们讲全球化背景下的"全球史观"时，注意分析"全球化"和"全球史观"等概念的内涵，注意和西方资产阶级的"全球化意识形态"划清界限，是十分必要的。十余年前，一些西方国家的学者曾指出要警惕"全球化"正在变成一种新的"意识形态"，现在，这已经成为事实。不难看出，当年他们谈论这个问题时，也并非是空穴来风。那么，如何正确地认识"全球化"呢？当我们认真研读马克思"世界历史理论"中所阐释的内容时，相信会给我们以有益的启示。虽然马克思的"世界历史理论"并不等于"全球化"理论，但却是认识、分析或评价"全球化"以及"全球史观"的重要理论武器。

在《德意志意识形态》中，马克思首次提出了世界历史概念并逐渐形成了自成系统的世界历史理论。在马克思的历史视野中，历史有两个层次：一个是民族的历史；另一个是世界性的历史。马克思说：资本主义生产与交往的发展，"各个相互影响的活动范围在这个发展进程中愈来愈扩大。各民族的原始闭关自守状态则由于日益完善的生产方式、交往以及因此自发地发展起来的各民族之间的分工而消灭得愈来愈彻底，历史也就在愈来愈大的程度上成为全世界的历史"。② 显然，在前资本主义时期，不存在"世界历史"。马克思笔下的"世界历史"是相对于"民族历史"而言。生产力的发展，使各个民族之间开始有了交往，后来变成了经常性的交往，从而有可能在世界的范围内创造着历史。正是在这个意义上，马克思强调："世界史不是过去一直存在的，作为世界史的历史是结果"。③ 马克思主义学说，正是建立在人类社会发展进入了世界历史时代的基础上。在马克思主义创始人看来，世界历史分为资本主义世界历史时代和共产主义世界历史时代，从资本主义走

---

① 参见河清《全球化与国家意识的衰微》，中国人民大学出版社 2003 年版，第 3 页。
② 《马克思恩格斯选集》第 1 卷，人民出版社 1972 年版，第 51 页。
③ 《马克思恩格斯全集》第 46 卷（上），人民出版社 1974 年版，第 48 页。

向共产主义是人类历史发展不可逆转的趋势。

马克思的"世界历史理论"是唯物史观的有机组成部分，也是从我们的历史观和价值观出发理解和运用"全球史观"的理论基础。不能正确理解"世界历史"是怎样形成和发展的，也就无法从唯物史观的立场出发去理解什么是科学的"全球史观"。在探究马克思所揭示的"民族的历史"如何走向"世界的历史"的过程中，我们不仅可以深入理解"历史向世界历史的转变"这一著名命题的理论意义，而且有助于具体地理解各民族在各经济形态中的相互影响，以及这种相互影响在人类历史进程中独特的、不可替代的作用。尽管历史矛盾运动的世界性并不等于各民族国家历史发展的特殊性，但是，这些"特殊性"已截然不同于前资本主义时代各个民族或国家的特殊性，而是"世界历史时代"的"特殊性"。这些民族和国家的历史已不再是孤立的历史，而是在世界历史时代民族或国家的历史。只有这样，才能科学地理解"全球史观"，即在历史认识中，尽管历史认识客体可能是个别的民族或国家，但认识主体始终要站在世界历史的高度，要有全球的眼光。

三

对包括"全球史观"在内的任何一种外国史学的理论和方法，都不能简单地照抄照搬，不加分析地简单套用，而是要从中国史学的传统和现实出发，有选择地、批判地借鉴和吸收。对当代中国史学来说，所谓"全球史观"，对我们来说更重要的是一种历史思维、一种历史认识的"方法"，而非理论基础。只有坚持历史唯物主义关于人类社会基本矛盾的理论，才能科学地理解"全球史观"。当代中国历史科学的指导思想和理论基础，只能是唯物史观。如果认为"全球史观"是全球化时代"最先进"的历史观，可以代替唯物史观，或者可以和唯物史观"相提并论"，那这种认识完全脱离事实，是不可取的。

唯物史观和剩余价值理论，是马克思的两个伟大发现，也是马克思主义的两大理论基石。唯物史观是马克思主义哲学的重要组成部分，是关于人类社会发展一般规律的科学，是科学的历史观和认识社会改造社会的一般方法论。唯物史观破解了"历史之谜"，揭示了人类历史发展的客观规律，由这一客观规律所决定，社会历史发展呈现为一种自然历史过程，表现为不同社会经济形态的依次更迭。它同唯物辩证法亦即辩证唯物主义有机构成一整套先进世界观、人生观、价值观和方法论体系。

马克思主义诞生是人类思想史上的一次伟大革命。她广泛汲取人类优秀文化遗产，是一个开放的理论体系。她自诞生之日起，始终随着历史的发展而发展。《共产党宣言》发表 150 多年来，世界政治、经济、文化、科技等发生了一系列重大变化，唯物史观也必定要随着时代、实践和科学的发展而发展。英国著名历史学家杰弗里·巴勒克拉夫在其主持的联合国教科文组织的项目成果《当代史学主要趋势》中，充分肯定了唯物史观对当代历史学的巨大影响，强调"在马克思主义史学中，没有唯心主义史学家任意挑选来作为标准的'诸如自由、个性、民族和宗教等乱糟糟的主观主义概念'"。"马克思主义的影响之所以日益增长，原因就在于人们认为马克思主义提供了合理地排列人类历史复杂事件的使人满意的唯一基础。"①

和唯物史观相比，全球史观所阐释的显然不是一个层次的内容。"唯物史观"所回答的内容，远远不是"全球史观"所能涵盖的。那种认为在全球化的背景下，"唯物史观"可以为"全球史观"所取代的认识是错误的。当然，这也不是说"唯物史观"和"全球史观"是完全对立的，只是说在借鉴"全球史观"的有益内容时，无论是"理论"、"方法"，还是具体的内容的借鉴，均应在唯物史观的理论指导下进行，"择其善者为我所用"，这完全是必要的。如何理解"全球史观"的"全球性"？作为一种社会意识形态的"历史观"，实际上并不存在所谓"全球性"，而只能有不同国家、不同民族的历史观。即使是同一个国家或民族的历史观，其主流思想，在不同的历史时期也有不同的内容，何况在特定的历史时期内的"主流思想"之外，还有种种非主流思想。由此可以看出，即使在同一个民族和国家，也没有完全同一的历史观，何况在全球、全世界的范围呢？我们汲取和借鉴"全球史观"的有益内容，不能和中国历史科学独立的、以唯物史观为基础的理论体系对立

---

① 参见杰弗里·巴勒克拉夫《当代史学主要趋势》，第 28、26 页。

起来，不能因强调"全球性"，而失去了"民族性"或"时代性"，以至放弃了我们自己的理论体系和话语权。在这种意义上，就如同没有全球性的文化一样，也没有全球性的历史观。

美国历史学家 L. S. 斯塔夫里阿诺斯的两卷本《全球通史》，一改西欧和北美为中心的传统取向，从"全球历史观"出发，描述了 1500 年以前和 1500 年以后的全球文明，就建立一种崭新的世界史体系进行了有益的尝试。作者强调"本书是一部世界史，其主要特点就在于：研究的是全球而不是某一国家或地区的历史；关注的是整个人类，而不是局限于西方人或非西方人。本书的观点，就如一位栖身月球的观察者从整体上对我们所在的球体进行考察时形成的观点，因而，与居住在伦敦或巴黎、北京或德里的观察者的观点判然不同"。① L. S. 斯塔夫里阿诺斯的这段话言简意赅地概括了"全球史观"的内容、理论和方法，流传很广，但是我想指出的是，真正做到"就如一位栖身月球的观察者从整体上对我们所在的球体进行考察时形成的观点"是十分困难的。尽管 L. S. 斯塔夫里阿诺斯进行了积极的努力，但实际上并没有真正能够做到。吴于廑先生生前曾明确指出了这一点。② 因为即使是栖身在月球上，不同的历史学家因民族、国家、历史观、价值观，以至个人的学识、经历和性格等方面的不同，也会对"我们所在的球体"有不同的认识。

---

① L. S. 斯塔夫里阿诺斯：《全球通史——1500 年以前的世界》，吴象婴、梁赤民译，上海社会科学院出版社 1988 年版，第 54 页。

② 吴于廑先生说："……对分国编列式的世界史体系，也有学者提出不同的看法。L. S. 斯塔夫里阿诺斯近年出版的《全球历史》，就试图打破分国、分地区的编列方法，更多地注重不同时代世界各地区的共同形势以及各文明之间的相互关系。但是，近代西方史学的缺陷并没有因此得到根本克服。唯心史观，基于民族偏见或文化偏见而形成的关于东方历史即将消逝或必然长期停滞的宿命观点，仍然阻碍着世界历史这一学科的发展。"（《中国大百科全书·外国历史》，中国大百科全书出版社 1990 年版，第 4 页）

从能源联系看中国与中东
国家的互利合作[*]

杨光

（中国社会科学院西亚非洲研究所研究员）

21 世纪头 20 年是中国全面建设小康社会的发展关键时期，也是国内石油能源缺口不断扩大和对进口石油依赖不断增长的时期。中东将不可避免地成为中国进口石油的主要来源。增加中东石油的进口给中国带来新的挑战。认清新出现的问题，并探索在互利基础上解决问题的办法，才能保证中国经济的顺利发展，并使中国与中东石油输出国的关系不断深化。

一 中国将长期依赖石油进口

中国将长期依赖石油进口，这是中国国内石油供求矛盾的发展所决定的。一方面经济增长和能源结构优化将不断扩大石油需求，另一方面国内石油资源的短缺将严重制约石油供给能力，供求失衡将导致对进口石油的依赖不断增加。

21 世纪上半期是中国从低收入国家走向中等收入国家的现代化关键时期，能源需求将快速增长。首先，经济增长速度与能源消费之间具有相对稳定的正相关关系，就中国而言，能源消费弹性系数大约为0.7。经济增长势必导致能源需求相应增加。其次，与发达国家相比，

---

* 本文原载《西亚非洲》2004 年第 5 期。

中国的交通运输、原材料、建材、电力、钢铁、冶金、化工、建筑等高耗能产业在产业结构中所占比重较高，能源利用效率较低，每实现 1 个单位国内生产总值增长要比发达国家耗费更多的能源。再有，中国的初级能源结构正处于从煤炭向包括石油在内的优质能源过渡阶段。初级能源结构中的煤炭比重将趋于下降，并被其他新能源所取代，而石油能源将基本按照当前比重发展下去，2000 年占 25%，2020 年仍将保持在 20%—24% 之间。

诚然，中国是一个石油生产大国，2002 年原油产量达 1.69 亿吨，占世界原油总产量的 4.8%，位居沙特阿拉伯、美国、俄罗斯、墨西哥之后，居世界第五位。但中国并不是一个石油资源充裕的国家。到 2002 年年底，世界探明石油储量为 1427 亿吨，中国为 25 亿吨，仅占世界的 1.7%。中国作为一个人口大国，人均石油资源占有量只有 13.4 吨，还不到世界人均占有量的 1/4。由于资源的制约，石油生产能力的提高远远赶不上需求增长速度。20 世纪 80 年代后期，尤其是 90 年代以来，中国石油生产的增长势头减缓，石油自给率从 1993 年的 102% 直线下降到 2003 年的 67.10%。国内石油供求矛盾的发展已经使中国在 1993 年成为油品净进口国，1996 年成为原油净进口国。石油净进口量从 1990 年的 292 万吨上升到 2003 年的 9112.63 万吨。[①] 国外研究中国石油问题的专家们多数认为，2010 年前后中国的石油产量将达到高峰，中国专家认为，中国的石油产量高峰将出现在 2015 年前后。因此，从 21 世纪第二个 10 年开始，中国的石油自给率还可能出现加速下降的情况。一般认为，今后 20 年中国的石油产量年增长率只能达到 1.3%—1.5%。国际能源机构认为，即便 2000—2030 年中国的国内生产总值年均增长率达到 4.8%，石油需求年均增长率也会达到 3%。[②] 中国学者预计，在 21 世纪头 20 年，中国保持国内生产总值年均增长 7.2% 是完全有可能的，[③] 这无疑意味着石油需求的增长速度可能比国际能源机构预测的水平还要高。综合国内外多数专家的预测，2020 年

---

① 中国石油学会石油经济专业委员会：《国际石油经济》2004 年第 2 期。
② 国际能源机构：《2002 年中国能源展望》，巴黎 2002 年版，第 10、13 页。
③ 参见《经济参考报》2004 年 3 月 11 日。

中国石油进口量将达到 2.2 亿—4.11 亿吨，占中国石油消费总量的一半以上，甚至高达 76%。① 尽管较为乐观的预测也有所见，但鉴于近年中国石油进口量出人意料地连创新高，因此对于中国石油进口的趋势宁肯估计得严重一些，也不宜盲目乐观。

二　中东是主要石油进口来源

中东因其石油资源条件之优越、市场地位之稳固，以及运输条件的便利，将不可避免地成为中国石油资源的主要供应来源。这种地位乃是其他地区和国家所难以取代的。

中东地区石油资源十分丰富。中东在世界石油探明储量中的比重 1945 年为 46.4%，2003 年年底达 59%。就国别石油储量来看，2003 年世界上排前 6 名的国家除加拿大以外，都在中东海湾地区。沙特阿拉伯储量居世界首位，为 355 亿吨，占世界总储量的 20%；伊朗的储量为 172 亿吨，居世界第三位，占世界储量的 10%；伊拉克储量为 158 亿吨，居世界第四位，占世界储量的 9%；阿拉伯联合酋长国的储量为 134 亿吨，居世界第五位，占世界储量的 8%；科威特的储量为 132 亿吨，居世界第六位，占世界储量的 8%。仅此 5 国就拥有石油资源探明剩余储量 898 亿吨，占全球储量的 55%。② 中东海湾地区石油资源的储采比平均达 90.1 年，远远超过 50.9 年的世界平均水平。中东地区的石油资源开采条件也极为优越。其主要特点是巨型油田集中，油层厚，埋藏浅，自喷井多。优越的资源条件使中东石油的生产成本低廉，最低成本为每桶大约 16—50 美分，平均为 2—3 美元，明显低于 9—10 美元的世界平均水平。中东的石油资源条件是世界其他地区所难以比拟的。

庞大的资源储量和优越的开发条件将使中东不断提高作为世界主要石油供应来源的地位。据国际能源机构预测，2000 年至 2030 年，石油输出国组织中东成员国原油平均日产量将从 2100 万桶稳步上升到 5140

① ［英］菲利浦·安德鲁·斯毕德等：《中国能源需要的战略影响》，伦敦国际战略研究所 2001 年 5 月。

② ［美］《油气杂志》2003 年 12 月 22 日。

万桶，其中80%以上的产量用于出口。同期这些国家在世界原油供应总量中的比重将从28.1%稳步上升到42.9%。[①] 中东今天是世界上重要的国际石油供应来源，今后这种地位将进一步加强而不会减弱。

此外，对中国而言，经海路从中东进口石油，比从西非和拉美进口石油运输更加便捷，成本也比较低，还可以充分发挥双方现有油轮的运输潜力。中亚和俄罗斯尽管距离中国地理位置较近，但由于目前输油管线尚未建成，以及这些国家目前还处于长期经济转轨阶段，财税制度不健全，从这些国家进口原油的运输成本较高，甚至冲销了地理距离相近的优势，这种状况在短期内还难以完全改变。

正是由于这样一些原因，中国依赖中东石油进口已经成为现实。如表1所示，从20世纪90年代开始，中国从中东进口石油的数量上升趋势明显。从1990年的112.36万吨增至2002年的3539.12万吨，12年间扩大了近30倍。我国从中东进口石油占总进口石油的比例呈增长趋势，1990年不到40%，而2000年以来已超过50%。随着中国对石油进口依赖的增加，以及中东地区在国际石油供应中的不可取代的地位，中国增加从中东石油进口的趋势今后还会加强。

表1　　　　　　　1990—2002年中国原油进口量　　　（单位：万吨）

进口来源国 ＼ 年份	1990	1992	1994	1996	1998	2000	2002
阿曼	82.24	306.04	336.74	565.46	579.34	1566.08	804.48
也门		43.82	125.82	376.57	404.32	361.24	326.17
伊朗	30.12	11.50	6.91	231.11	362.00	700.05	1062.98
沙特		18.75	14.64	23.06	180.76	573.02	1139.08
伊拉克					60.74	318.32	53.68
阿联酋		23.38	6.55		51.46	43.05	
科威特					28.23	43.34	106.97
卡塔尔						159.90	45.76

① 国际能源机构：《2002年世界能源展望》，巴黎2002年版，第96页。

年份 进口来源国	1990	1992	1994	1996	1998	2000	2002
埃及						12.01	
利比亚		29.47		13.91		13.01	
阿尔及利亚			0.65				
中东合计	112.36	432.96	491.31	1210.11	1666.83	3790.02	3539.12
中国总进口量	292.27	1135.79	1234.59	2261.69	2732.26	7026.53	6940.64
中东比重（%）	39.47	38.12	39.79	53.50	61.00	53.93	50.99

　　资料来源：中华人民共和国海关总署编：《中华人民共和国海关统计年鉴》，1990—2002年有关各卷。

三　进口中东石油带来的新问题

　　随着中国对中东石油进口依赖程度的增加，双方关系中的一些问题开始浮出水面。

（一）中国与石油输出国的贸易平衡问题

　　从总体上看，随着中国从中东石油进口的增加，双方贸易额增长很快，中国用于石油进口的开支也在扩大，对国际收支经常项目平衡的压力逐渐增加。石油进口逐渐成为影响中国贸易平衡的一个重要项目。2002 年全国原油和油品进口总额接近 200 亿美元，达到全国进口总额的 4%。2003 年仅原油进口额就达 198 亿美元，相当于当年中国商品进口总额 4950 亿美元的 4%；[1] 如果加上油品进口，则全部石油进口额及其占全国进口总额均会再创新高。今后，随着中国石油进口的增加，这种趋势可能继续发展。表 2 显示，中国对中东主要石油输出国的贸易逆差日趋明显，2002 年已超过 53 亿美元。今后，如果伊拉克、利比亚和

---

　　① 参见朱和《中国油气下游领域竞争格局与发展趋势》，中国石油化工集团公司经济技术研究院 2004 年 3 月。

阿尔及利亚也成为中国的石油供应来源，中国对这些国家的贸易顺差也可能变为贸易逆差。从长远看，中国还可能成为中东主要石油输出国的液化天然气进口国。中国从中东购买能源的开支在进口额中的比重总体上将趋于扩大。尽管到目前为止，中国对外贸易长期保持着顺差，但这种情况正在发生迅速的变化。一方面，中国的经济快速增长，进口需求保持旺盛；另一方面，国际市场竞争激烈，针对中国产品的"反倾销"等贸易保护主义倾向呈上升趋势。中国从 2004 年 1 月起改革出口退税机制，出口退税率水平总体下降。这些因素都会增大中国扩大出口的难度和保持贸易平衡的压力。在这种情况下，如何在扩大中东能源进口的同时保持贸易平衡，实现"石油美元"的顺利回流，正在形成一个涉及中国经济安全的重大问题，值得提上议事日程。

表 2　　　　2002 年中国对中东石油输出国的进出口额　（单元：万美元）

国家	中国进出口总额	中国出口额	中国进口额	中国进出口差额
伊朗	374205	139563	234642	-95079
伊拉克	51706	42082	9624	37458
科威特	72741	26306	46435	-20129
阿曼	150665	6018	144647	-138629
卡塔尔	22355	4954	17401	-12447
沙特阿拉伯	510679	167173	343507	-176334
阿联酋	389535	344998	44537	300461
也门	73111	30524	42587	-12063
阿尔及利亚	43380	35190	8190	27000
利比亚	11275	11153	122	11031
苏丹	155000	39241	115759	-76518

（二）与中东原油进口相关的环境安全问题

石油作为一种化石燃料，其可能造成的环境问题主要是排放问题。具体就中东石油而言，一个突出问题是其含硫量较高。从表 3 可以看出，中东多种原油的含硫量不仅明显高于中国的大庆原油，也明显高于中国一度大量进口的印度尼西亚原油。然而，硫污染已经成为中国的一个重大环境问题。目前，北京、天津等中国大城市的二氧化硫对空气污染严重，每立方米空气中所含的二氧化硫浓度甚至超过印度、埃及和墨西哥等发展中国家。[①] 许多地区存在比较严重的酸雨现象。因此，如果脱硫问题不能很好地解决，则高硫原油进口会导致中国的环境不安全因素进一步增加。解决这一问题在于提高炼油厂的脱硫能力。尽管中国在1995年至2003年期间通过新建和改造炼油厂，以及建设了配套的大型原油码头、输油管线和储存罐区，使含硫原油年加工能力达4000万吨左右，[②] 但这一能力大致与2003年进口的中东原油数量持平，显然难以满足中国对中东石油进口的不断增长的需求。因此，虽然中国目前的炼油厂开工率相当低，但是由于缺乏加氢脱硫能力，许多炼油厂仍无法精炼大量进口的中东原油。另外，从使用脱硫技术的成本收益来看，我国许多炼油厂规模偏小，只有扩大规模才能更好地发挥使用脱硫技术的经济效益。因此，投入大量资金和技术，对炼油厂进行大规模的改造和建设，增强脱硫能力，扩大炼厂规模，已成为一项涉及中国能源安全和环境安全的重要任务。与发达国家相比，中国目前的硫排放标准还相当低。[③] 提高中国精炼高硫黄原油的能力和标准，缩小与发达国家的环境标准差距，无疑也是落实中央提出的科学发展观，提高可持续发展水平的必然要求。

（三）　中东地区局势动荡对石油供应的影响

作为世界主要石油进口国，中国希望以合理的价格持续不断地获得稳定的国际石油供应。然而，国际石油供应对世界经济和政治事件十分

---

① 1990—1998年每立方米空气中的二氧化硫含量在中国的北京为90微克、天津为82微克；在印度的孟买为33微克、德里为24微克、加尔各答为49微克；在埃及的开罗为69微克；在墨西哥的墨西哥城为74微克。参见《国际统计年鉴》，中国统计出版社2003年版，第39—40页。

② 目前中国精炼含硫原油的企业主要包括经过改造的广东茂名炼厂、浙江镇海炼厂、南京金陵和扬子石化、上海金山石化和山东齐鲁石化，以及新建的大连西太平洋炼厂。参见吕家欢《中国炼厂含硫原油加工的方案与措施》，中国石油化工集团公司经济技术研究院，2004年3月。

③ 例如，中国2003年7月1日在全国实施的汽油标准允许硫含量不超过800ppm，而2000年美国、欧盟和日本的汽油标准允许硫含量已分别低于170ppm、150ppm和100ppm。

敏感，特别是产油地区的政局变化所引起的国际石油供应部分中断和价格大幅度波动在最近半个世纪已屡见不鲜。如表 4 所示，引起国际石油供应部分中断的重大事件绝大多数发生在中东地区。

表 3 亚洲部分原油含硫量

原油种类	含硫量（%）
科威特原油	2.52
上扎库姆原油	2.00
阿拉伯半岛轻质油	1.77
伊朗重质油	1.73
阿拉伯超级轻质油	1.15
阿曼原油	0.94
穆尔班原油	0.78
苏门答腊轻质油	0.08
中国大庆原油	0.09

表 4 1951 年以来国际石油供应部分中断情况

供应中断时间	平均供应缺额（万桶／日）	供应中断原因
1951 年 3 月—1954 年 10 月	70	伊朗石油国有化和阿巴丹地区罢工
1956 年 11 月—1957 年 3 月	200	第二次中东战争
1966 年 12 月—1967 年 3 月	70	叙利亚石油过境费纠纷
1967 年 6 月—1967 年 8 月	20	第三次中东战争
1969 年 5 月—1971 年 1 月	130	利比亚油价纠纷和油管被破坏
1971 年 4 月—1971 年 8 月	60	阿尔及利亚石油国有化
1973 年 3 月—1973 年 5 月	50	黎巴嫩动乱和石油过境设施被破坏
1973 年 10 月—1974 年 3 月	260	第四次中东战争和阿拉伯石油禁运
1976 年 4 月—1976 年 5 月	30	黎巴嫩内战和伊拉克石油出口中断
1977 年 5 月	70	沙特阿拉伯油田遭破坏
1978 年 11 月—1979 年 4 月	350	伊朗伊斯兰革命

供应中断时间	平均供应缺额（万桶/日）	供应中断原因
1980 年 10 月—1980 年 12 月	330	两伊战争爆发
1990 年 8 月—1990 年 10 月	460	伊拉克入侵科威特和美国"沙漠风暴"行动
1999 年 4 月—2000 年 3 月	330	欧佩克减产提价
2002 年 12 月—2003 年 1 月	250	委内瑞拉石油工人罢工
2003 年 3 月至目前	200	美国发动伊拉克战争和战后伊拉克局势动荡

目前，中东地区的政局仍然不稳定，民族宗教矛盾和边界领土争端的隐患仍然广泛存在于中东产油区和中东原油外运通道地区；中东和平进程自 2000 年严重受挫以来，巴以双方暴力冲突不断；美国对伊拉克的军事占领，及其以西方政治模式改造中东的图谋，给中东政局的稳定带来更大的不确定性，石油供应中断的风险仍然存在。2000 年以来国际石油价格长期居高不下，与中东地区的战争和冲突有密切关系。在世界石油供求基本平衡的情况下，国际投机资本利用中东政局动荡造成的对未来中东石油供应的心理不安进行炒作，是当前国际油价过高的主要原因。因此，实现中东地区的和平与稳定是防范国际石油供应发生中断的重要手段，也是中东国家和世界石油进口国面临的一项共同挑战。

四　对互利合作的几点思考

面对上述新出现的问题，中国在发展与中东国家的关系时，需要重视以下领域的工作。

（一）扩大出口规模

中国要长期保持对中东的贸易平衡，就需要扩大对中东的出口规模，特别是做好以下几个方面的工作：

1. 树立大经贸观念，以联合求发展。中东不仅是一个重要的货物贸易市场，也是一个重要的建筑工程承包和劳务市场。自上个世纪 80 年代以来，由于主要石油输出国石油出口收入减少，市场竞争出现新的特点，特别是易货贸易、带资承包、建设—经营—转让（BOT）项目的兴起，给走向中东市场的企业带来新的挑战。面对新的市场形式，外贸与外经脱节和企业单打独斗难以形成优势，只有把贸易与投资、建筑工程承包、劳务合作、援助相结合，实现工农业、承包业和金融业企业的联合，打造一批中国企业的"航空母舰"，才能发挥外经与外贸之间，以及不同产业与行业之间优势互补和相互带动的效应，解决企业资金不足、无序竞争、综合经营管理能力弱等一系列问题，扩大企业在中东市场的竞争力。

2. 推动自由贸易，避免边缘化。20 世纪 90 年代以来，中东国家与欧盟和美国的自由贸易趋势发展很快。欧盟自成立以来，对中东国家积极推行"新地中海战略"，以签署新的"地中海联系协定"方式，步步为营地建立欧盟与南地中海国家的自由贸易区，已经与摩洛哥、突尼斯、以色列、阿尔及利亚等国家正式签署了逐步建立自由贸易区的协定，与许多中东国家就签署类似协定的谈判正在进行之中。欧盟与海湾合作委员会就建立自由贸易关系进行的谈判已经持续十多年。美国在伊拉克战争之后，打着改造中东国家的旗号，加紧与欧盟在中东地区的角逐。除与以色列在 20 世纪 90 年代已经建立自由贸易关系以外，还与约旦和摩洛哥签署了新的建立自由贸易区的协定，与巴林就签署类似协定的谈判也即将完成。这些协定将在十多年内为主要工业发达国家的产品自由进入中东国家市场打开方便之门。在这种情况下，中国如不与中东国家或次地区组织达成自由贸易安排，则面对欧洲和美国咄咄逼人的角逐，有可能在中东市场被边缘化。事实上，中东主要石油输出国由于产业结构比较单调，可以对中国出口的产品主要为石油、化肥和石油化工产品；相反，它们由于制造业比较落后，对中国的农牧业产品、工业制成品和劳务具有相当广泛的需求。双方的经济互补性大于竞争性，以自由贸易方式扩大经贸往来具有产业结构优势互补的基础。

3. 鼓励私营企业参与，实现经贸主体的多元化。目前，中国与中东的经贸活动仍然以国营企业为主，鼓励私营企业走向中东市场，将有助于扩大对中东经济贸易的规模。为此，政府则应在诸如信息和法律咨询、质量管理及品牌认证、银行担保和信贷，以及培训等领域为私营企业走向中东市场提供有效的激励和服务。

（二）消除"亚洲升水"

"亚洲升水"是一个多年来被亚洲主要石油进口国的学者所关注的问题。日本和韩国的学者们研究发现，中东向亚洲地区出口原油的价格长期高于向欧洲和美国出口同类原油的价格，并把这种价格差异称为"亚洲升水"，[①] 1991 年至 2003 年其幅度为平均每桶 1.02 美元。他们的研究认为，造成这种现象的重要原因在于中东石油输出国把迪拜原油价格作为向亚洲市场出口原油价格的基准参考。然而，由于迪拜原油仅以亚洲为出口市场，且 20 世纪 90 年代以来亚洲市场石油需求旺盛，而迪拜原油产量下降，供应能力减弱，因此其出口价格被不适当地高估，并导致中东对亚洲出口石油的价格总体偏高。为解决这一问题，他们建议以布伦特原油或在欧洲和美国市场销售的原油或销售量庞大且市场更广阔的沙特阿拉伯轻油取代迪拜原油，作为决定中东向亚洲地区出口原油价格的"标价原油"。"亚洲升水"是长期遗留下来的问题，也是一个技术性较强的问题。由于它使包括中国在内的亚洲石油进口国付出了更高的石油进口成本，同时也势必对亚洲石油进口国的经济发展和市场竞争力产生不利影响。因此，在中国从中东进口石油日益增加的情况下，这一问题应当引起充分重视，双方应在认真研究的基础上，通过谈判解决这一问题。消除"亚洲升水"应成为亚洲能源安全合作的一项内容。

（三）扩大投资合作

开展石油领域的相互投资是维护石油进口安全和石油出口安全的互利手段。作为石油进口国，中国需要大量投资，以建立战略石油储备、改造和建设炼油厂，以及建设石油运输销售设施。吸引主要石油输出国的投资无疑也是回流石油美元，在资本项目层面实现国际收支平衡的重

---

① 参见小川芳树等《减少原油亚洲升水的对策建议》，日本能源经济研究所 2003 年 2 月。

要方式。而中东主要石油输出国在当前国际石油市场激烈竞争的情况下，需要通过加强对包括中国在内的主要石油市场的石油工业下游产业进行投资，以确保这些市场对其原油供应的需求，进而保障其未来市场份额的安全。这种战略被中东石油输出国称为"国际一体化"战略。与此同时，中东石油输出国也需要外国投资。它们特别需要通过增加石油工业上游领域的投资，防止原油生产能力下降并提高生产能力，以满足未来市场需求和市场份额竞争的需要。据海湾合作委员会的专家估计，假设欧佩克在2020年把原油产量提高到6000万桶/日，即实现目前生产能力的翻番，则所需投入的资金将多达4000亿美元。[①] 而中国石油企业正在积极实行"走出去"战略，扩大海外投资和建立海外石油生产供应基地，以实现企业的发展和保障中国的石油进口安全，对于在中东地区投资态度积极。双方不仅在相互投资方面有明显的利益，也可以在第三地进行联合投资。例如泰国政府最近提议，利用本国地缘优势，在克拉地峡修建连接印度洋和太平洋的输油管道，以便对风险隐患较多的马六甲海峡形成替代通道，缩短中东对东亚石油供应的航程和节省运费，并欢迎外国投资参与。石油运输通道建设涉及石油进口国和出口国双方的安全利益，无疑能够成为双方投资合作的新领域。因此，在石油领域进行相互投资和联合投资符合中国与中东石油输出国双方战略利益，可以实现互利多赢。投资合作应当得到双方重点推动。

（四）维护地区和平

上述情况无疑使中国更加关注维护中东地区的和平与稳定，防止地区冲突引发国际石油供应的中断和国际石油价格的飞涨。中国尽管目前的实力有限，但与中东的石油输出国以及其他国家普遍保持友好和互信关系，作为联合国安理会常任理事国，奉行独立自主的和平外交理念，可以在防范和解决中东地区冲突的问题上发挥不容忽视的作用。为解决巴以冲突，中国从20世纪90年代开始，已多次派出特使，对有关方面进行斡旋工作。为实现海湾地区和平，中国2004年5月在联合国安理

---

① 参见［沙特阿拉伯］安瓦尔·优素福·阿卜杜拉博士《中国阿拉伯能源合作：问题、方法与前景》，海湾合作委员会秘书处能源部，2004年6月。

会就伊拉克问题提出方案，受到安理会成员国的欢迎。这些都表明，中国外交正在以更加积极主动的姿态，为维护中东地区的和平与稳定作出贡献。

（五）开展战略对话

能源联系使中国与中东国家的互利关系更加紧密，双方的关系涉及更加广泛的层面和领域。为了把双方的合作顺利推向前进，中国与中东国家建立战略性对话机制显得空前重要。2004 年中国国家主席胡锦涛访问埃及期间，中国和阿拉伯联盟决定建立中阿合作论坛，这是一个非常富有远见的重大战略举措。双方应充分利用这一论坛机制并使其内容不断获得充实。在中阿合作论坛机制框架内，不仅可以开展政府间的对话，也可以开展与海湾合作委员会或阿拉伯石油输出国组织等地区性国际组织的对话。除了官方层面的对话以外，也可以开展民间对话，特别是学术界和智库层面的对话。通过建立多层次的对话机制，不断发现、研究并解决涉及双方长期和重大利益的各层面与各领域的合作问题，以加强石油联系为契机，把中国与中东国家的互利合作关系不断推向新高度。

1971 年中国—伊朗建立外交关系的历史回顾[*]

肖宪

（云南大学国际关系研究院教授）

1971 年 8 月 16 日，中华人民共和国与伊朗王国政府发表联合公报，正式宣布两国建立外交关系。当时的中国和伊朗，一个是共产党领导的社会主义国家，一个是君主专制的资本主义国家，就其意识形态而言，显然是根本对立的。但为了维护国家安全利益，对付共同的外部威胁，双方最终克服了意识形态和政治制度的差异，建立了正常的国家间关系。这是国家利益超越意识形态和政治制度的一个典型案例。尽管中国和伊朗后来又经历了不少动荡和曲折，但双方建立的这一友好关系得到了健康稳步的发展。三十多年后的今天，回顾这一段历史仍会给我们予诸多启示。

一　中伊建交之背景和动因

中国和伊朗都是亚洲的文明古国。在漫长的历史发展中，都创造了

---

[*] 15 年前，我有幸拜在彭树智先生的门下，成为他的博士研究生。经过三年学习，在彭先生的指导下完成了博士论文《1949—1979 年的中国—中东关系》，并顺利获得了博士学位。当时我在博士论文中也写到了中国—伊朗建交的一些情况，但因篇幅有限，没有深入展开。这篇《1971 年中国—伊朗建立外交关系的历史回顾》完成于三年前，未曾公开发表，现在又作了一些修订。在彭先生八十寿诞之际，谨以此文作为学生给老师祝寿的一份薄礼。彭先生一生致力于钻研学问，培养人才，想必一定会理解学生的心意。

各自灿烂的文化。中伊两国人民的友谊也源远流长,古老的"丝绸之路",就是中伊友好的见证。但是,近代以来,由于西方殖民者的入侵,中伊两国的关系受到了损害。第二次世界大战以后,中伊两国走上了完全不同的发展道路。在巴列维国王领导下的伊朗,由于国内外形势的需要,逐渐地投入到以美国为首的西方国家的怀抱;而中国则加入了社会主义阵营。在冷战格局下,中伊之间不仅完全断绝了来往,而且还彼此敌视,相互攻击。例如,在朝鲜战争期间,伊朗就追随美国,诬蔑中国为"侵略者"。对于中国在联合国合法席位的恢复问题,伊朗也持否定态度,支持"两个中国"、"一中一台"的立场。不仅如此,伊朗还于 1957 年同台湾建立了"外交关系"。[①]

虽然中国支持 1951—1953 年摩萨台领导的伊朗石油国有化运动,但对巴列维王朝却一直持批判态度。中国批评巴列维王朝是美帝国主义的"忠实走狗",称伊朗政府执行的是"履行中央条约组织和伊美(1959 年)军事条约的卖国政策"。[②] 但与此同时,中国却一直没有放弃与伊朗改善关系的努力。早在 1954 年,中国就曾请即将赴任德黑兰的巴基斯坦驻伊朗大使里扎向伊朗政府转达同伊朗改善关系的愿望。在 1955 年万隆会议期间和 1965 年在印度尼西亚举行的纪念亚非会议十周年的庆祝活动上,中国也都表示了类似的愿望。[③] 但由于 20 世纪 50 年代中国实行"一边倒"的外交政策;而 60 年代则采取"两个拳头打人",与美苏两国的关系都很僵,在国际上也较孤立,所以中伊关系没有取得进展。但两国在经济领域的往来并没有完全断绝。例如 1958 年,伊朗国家石油公司领导人阿历克谢·阿里克哈尼率团访问了中国。对于伊朗倡导建立的地区经济发展合作组织(包括伊朗、土耳其和巴基斯坦三个国家),中国也表示赞赏,认为它是"西方安全体系上破裂的一环……有助于增进第三世界人民的团结"。[④]

20 世纪 60 年代末到 70 年代初,世界格局发生了重大变化。经过

① 阿比德:《中国、伊朗和波斯湾》(A. H. H. Abidi, *China, Iran, and the Persian Gulf*),新德里 Radiant 出版社 1982 年版,第 33—34 页。

② 《人民日报》1962 年 7 月 22 日。

③ 阿比德:《中国、伊朗和波斯湾》,第 33 页。

④ 同上书,第 44 页。

60 年代的大动荡、大分化和大改组，美苏两个超级大国的实力对比发生了不利于美国的变化。苏联利用美国国际地位下降和深陷越南战争的困境，趁机加强了在世界范围内的扩张，对美国的霸权发起了挑战。面对苏联咄咄逼人的攻势，深为忧虑的不仅是美国，中国和伊朗也强烈感受到来自苏联的威胁。中伊两国都是苏联的邻国，都有被北方邻国侵略的历史，此时两国又再次面临同样的危险。

从 60 年代初期开始，中苏这两个昔日的盟友反目成仇，最终走上了敌对的道路。苏联采取了种种手段，企图孤立和打击中国：就边界问题大做文章；在漫长的中苏边境和中蒙边境上驻扎重兵；不断地在中苏边境制造流血事件；在南亚和东南亚拼凑针对中国的"亚洲集体安全体系"；甚至还多次暗示美国联合进攻中国的核基地，并发出公开的战争威胁。①

伊朗与苏联有漫长的共同边界，尽管当时还相对平静，但伊朗也感到不安。19 世纪以来的经历使伊朗始终对苏联抱有一种历史的恐惧感。而且，根据 1921 年《苏伊友好条约》第五条和第六条的规定，苏联可以在认为必要的时候派兵进入伊朗。此外，苏伊两国在里海的渔业和领土边界问题上也存在矛盾。到了 20 世纪 70 年代初，伊朗统治集团认为，国家已经陷入了苏联主导的，包括伊拉克、南也门和阿曼佐法尔人民运动、印度以及阿富汗在内的包围圈。②

1968 年苏联对捷克斯洛伐克的侵略使中国和伊朗都认识到苏联的威胁是现实的。所以，应付苏联的威胁是中伊开始接近的首要原因。

20 世纪 60 年代中伊外交政策的调整和契合，则是两国接近的另一个重要原因。1969 年年底，"文革"最狂热的阶段已经过去。面对苏联的现实威胁和美国尼克松政府对华政策的松动迹象，中国领导层决定放弃"两个拳头打人"和"世界革命"的外交战略，转而采取务实的政府间外交。而伊朗作为世界战略要地中东的"桥头堡"和美国在这一地区重要的战略盟友，深受中国决策层的关注。正如毛泽东在 1973 年

---

① 石志夫主编：《中华人民共和国外交史（1949 年 10 月—1989 年 10 月）》，北京大学出版社 1994 年版，第 176 页。

② 辛格：《伊朗：寻求安全的努力》（K. R. Singh, *Iran：Quest for Security*），新德里 Vikas 出版社 1980 年版，第 159—161 页。

2 月会见基辛格时所说的那样："……我们是要搞一条线，就是纬度，美国、日本、中国、伊朗、土耳其、欧洲都在这条线上。"[①]

　　而在 20 世纪 60 年代，伊朗的外交政策也经历了巨大的变化。"白色革命"以来伊朗经济和军事实力的增强，60 年代伊美关系的挫折，第二次印巴战争期间美国对盟友巴基斯坦的冷漠，尤其是 60 年代美苏两国边争夺边搞缓和的态势，都迫使巴列维国王从"主要亲西方"转向"重视全球外交"，提出了旨在加强伊朗外交灵活性、避免过分依赖大国的"独立民族政策"。伊朗认识到，与中国建交对于保障国家安全是重要的。"红色中国"是当时第三世界唯一的核国家和苏联的死对头，起着仅次于美国的对苏牵制作用。巴列维国王还有一层考虑，他认为"在德黑兰驻着毛泽东的大使会使中国难于支持那些持反波斯态度的阿拉伯叛乱分子"以及伊国内的激进势力。[②]

　　1968 年 10 月，英国宣布将于 1971 年 11 月底之前从中东地区完全撤出，这一事件进一步推动了中伊的接近。中伊两国对此都是既欢迎又担忧。就伊朗而言，这意味着几个世纪以来的称霸波斯湾的梦想终于有了实现的可能，但是苏联影响的增强却又使伊朗感到忧虑。同样，中国既不希望英国长期存在，但更担心苏联取代英国称霸海湾，进而对中国的国家安全构成直接的威胁。

　　经济因素也对中伊接近起了一定的作用。即使建交前，中伊之间的贸易也没有断绝，每年有 400—500 万美元的贸易额。[③] 60 年代以来，伊朗的经济现代化水平有了较大的提高。在西方国家需求下降和政治压力增加的情况下，伊朗视中国为自己新兴工业的潜在市场。尽管中国当时并不需要进口伊朗的石油，但却希望吸收伊朗先进的石化工业技术。1970 年 9 月 8 日的《泰晤士报》首先提到了伊朗有可能承认中国，并认为，伊朗承认中国的理由"必然是根据可能的经济利益。伊朗同中国已经有了少量贸易，但是谈判大的合同需要外交关系"。可见，1971

---

　　① 中共中央文献研究室编：《毛泽东外交思想文选》，世界知识出版社 1994 年版，第 184 页。

　　② 《参考消息》1971 年 1 月 6 日。

　　③ 约翰·凯莱布里斯：《变化中的中国与中东关系》（John Calabrese, *China's Changing Relations with the Middle East*），伦敦和纽约 Pinter 出版社 1991 年版，第 86 页。

年的中伊建交，是由多种因素构成的必然结果。

二　中伊建交过程

早在 1966 年，伊朗就在联合国大会关于是否恢复中国席位的投票中，首次对美国和阿尔巴尼亚的提案都投了弃权票。而在此前，伊朗一直是反对中国加入联合国的，并同台湾国民党当局保持密切的联系。尽管伊朗在"两个中国"的问题上态度仍然比较暧昧，但在中美关系还比较紧张的情况下，伊朗投弃权票无疑是对中国态度的一个巨大转变。1967 年 6 月，巴列维国王在接受两位西德记者采访时说："我认为，如果我们希望拥有真正的联合国，如果我们想作出努力来监督普遍的裁军，那么，唯一的解决途径是共产党中国加入联合国。我们应当同他们建立亲密关系，不要同他们疏远。我认为，改变我们自己政策的时候到了。"① 1968 年，伊朗在联合国就中国问题的表决上投了赞成票。1969 年访问印度时，巴列维国王又重申了支持中国进入联合国的立场。

1971 年 4 月 11 日，巴列维国王对埃及记者说："伊朗打算在中国进入联合国之前承认它。"② 伊朗外交部部长阿德希尔·扎赫在接受伊朗《世界报》记者的采访时也表示："我们对中国大陆的立场是很鲜明的。我们不能忽视七亿人民的存在"。③ 不难看出，到 70 年代初期，伊朗对中国的态度又出现了进一步的变化。

在中伊建交的过程中，巴基斯坦的作用是不容忽视的。巴基斯坦是最早承认中国的非社会主义国家之一。1965 年中巴两国解决了边界问题后，关系一直都很融洽。巴基斯坦也是南亚诸国中接受中国的援助，尤其是军事援助最多的国家。而当时伊朗和巴基斯坦又都是美国的盟国，是中央条约组织和地区经济发展合作组织的成员国。伊朗视巴基斯坦为南亚的制衡者和扩大本国在印度洋影响的重要途径。

中国最早向伊朗表示愿意发展中伊关系就是通过巴基斯坦驻伊朗大

① 《参考消息》1971 年 12 月 14 日。
② 阿比德：《中国、伊朗和波斯湾》，第 95—96 页。
③ 同上书，第 74 页。

使里扎转达的。在 20 世纪 60 年代，时任巴外交部长的佐勒菲卡尔·阿里·布托就曾致力于推动中伊两国的接触，曾多次向土耳其和伊朗宣传同中国建交的现实意义。[①] 布托任总理后，为推动中伊接近发挥了更加积极的作用。巴列维国王的胞妹、曾经三次访问中国的阿什拉芙公主后来回忆道："布托做了一件使我难忘的事，他把我介绍给了周恩来。我早就确信，一个有着几亿人口的国家是不容忽视的，特别是像联合国这样的机构更不应该忽视它。布托知道，我应去和周恩来见面。他做了安排，让我们在巴基斯坦驻印度尼西亚使馆见面。这一次会面促成了我对中国的第一次访问。"[②]

　　1971 年 4 月，伊朗阿什拉芙公主一行应周恩来总理的邀请对中国进行的为期六天的访问是中伊关系改善的一个重要里程碑，这也是中伊双方的首次公开接触。尽管伊朗方面宣称这是一次"非官方"的"私人访问"，但考虑到阿什拉芙公主的身份和来访的时机，就不难看出这次访问有着不同寻常的意义。阿什拉芙是巴列维国王的胞妹，在国内享有很高的威望，其地位仅次于国王和王后。而且由于她在政府中没有担任公职，派她来中国不会产生太大的影响。巴基斯坦在中伊首次公开接触中发挥了协调作用，阿什拉芙来华途中对巴基斯坦进行了为期两天的非正式访问。

　　阿什拉芙于 4 月 14 日抵达北京。当晚，周恩来总理亲自设宴款待阿什拉芙一行。席间，周恩来和阿什拉芙先后致词，双方都盛赞了中伊两国古老的文明、两国人民之间深厚的历史友谊和对方国家的发展。周恩来指出，尽管因为"帝国主义的破坏"，近代以来中伊两国交往锐减，但是"中国人民始终关心和注意着伊朗人民在反对外来侵略和建设自己国家斗争中所做的努力"。他称赞伊朗和石油输出国组织"为维护国家主权，保卫本国资源，对西方帝国主义石油垄断集团进行了有效的斗争，并取得了胜利"。他强调，中伊两国"都曾经有过外来侵略和压迫的共同遭遇"，表示深信"在万隆原则的指引下，中伊两国的关系

---

　　① 阿比德：《中国、伊朗和波斯湾》，第 16—17 页。
　　② 穆罕默德·阿什拉芙·巴列维：《伊朗公主回忆录》，许博译，新华出版社 1984 年版，第 122 页。

是有发展前途的"。他对阿什拉芙此行的意义也作了高度的评价，称这次来访"是对我们人民友好的表示。我们希望你们的访问，将对加强我们两国人民之间的了解和友谊，逐步发展我们之间的友好关系，做出贡献。"①

阿什拉芙的回应则要委婉得多，她首先强调了这次访问的"非正式"性，甚至是"私人性"的。她说，"我来到中国并不是率领一个官方的代表团，而是进行一个人探索的旅行。因此，我的发言……应当被认为是非正式的。"但她又意味深长地表示："我们今天的个人来往必然导致了解，随着了解的加深就能够找到通往友谊的道路。我知道通过这次友好的访问，我们已经朝这个方向迈出了第一步。"② 这段话既暗示了中伊关系已经改善，又为伊朗留下了较多的回旋余地，反映出伊朗在承认中国的问题上还没有最后下决心。

在京期间，阿什拉芙还同中国外交部部长姬鹏飞进行了多次会谈。阿什拉芙的北京之行意义重大，增进了双方的了解，从而为建交奠定了基础。伊朗新闻界认为，阿什拉芙此行"首先是伊朗对中国友好的表示"，是"伊朗'独立民族政策'的表现，也体现了国王近年来寻求增强与不同国家间的相互了解，以建立国际信任与和平的努力"。③《世界报》认为："伊朗目前的对华政策是以不久将承认北京政权这一点为基础的。"伊朗电台4月21日广播了一则关于中伊关系的政治评论，称"决不能让政治制度和意识形态的差异阻碍了各国人民之间的合作。从这个真理出发，伊朗正在考虑同中国恢复良好关系的各种问题"。④

在阿什拉芙访华之际，巴列维国王也公开谈到了对发展中伊关系的看法。他说："我妹妹愉快地接受了访华的邀请。会谈在真诚的气氛中进行，不仅增进了感情，还加深了彼此的了解。她要呈交的访问报告，无疑将是趣味无穷和具有决策参考价值的。尽管目前我们同中华人民共和国还没有直接联系，但在研究这个报告之后，我们会作出抉择……"在谈到伊朗与台湾的关系时，国王指出："在寻求同中国建立外交关系

---

① 《人民日报》1971 年 4 月 12 日。
② 同上。
③ 阿比德：《中国、伊朗和波斯湾》，第 61 页。
④ 《参考消息》1971 年 5 月 3 日。

的同时，我们也不会否认'台湾政府'和人民的合法权利。他们有权提出独立的要求。但我认为，台湾目前对待同中国建交国家的态度太强硬。既然中华人民共和国的存在是一个不容抹杀的现实，台湾当局继续执行这一政策是没有益处的。"[1]

4 月 26 日，阿什拉芙在德黑兰的一个记者招待会上坦言其对中国的"良好"印象。她说："中国尽管不繁华，但在消灭饥饿、贫穷方面取得了极大的成就。它在空间技术上的成就也是众所周知的。"她指出，"总的说来，我对承认中国一事表示赞同。不过，最后的决定权在国王手中。对于伊朗是否支持中国加入联合国，这就要看是否承认中国了。大家都知道，我们去年在这一问题上投了弃权票，但今后可能会有变化……我国同中华民国的关系，取决于'台湾政府'对我国承认中华人民共和国的反应。"[2]

巴列维国王和阿什拉芙公主的讲话表明，伊朗承认中国，只不过是时间上的问题。而如果伊朗一旦承认了中国，就可能放弃"两个中国"的立场，支持中华人民共和国作为中国人民的唯一合法代表加入联合国。中伊两国在建交的道路上，又向前迈进了一大步。

台湾问题虽然是影响中伊改善关系的一个因素，但此时情况已发生了变化。1969 年 10 月，美国宣布停止向台湾海峡派驱逐舰，表明台湾在美国对外政策中地位的下降和中国大陆地位的上升。而当时台湾的另一个朋友日本和中国的关系也处在不断的改善中，双方都有高层的访问。长期以来，伊台关系主要是靠经济交流来维系的，但台湾的经济资源毕竟有限，其潜力和中国大陆根本不可同日而语。另外还有一个因素也对伊朗最后放弃台湾起到了重要作用，那就是 20 世纪 70 年代以来中国在亚非外交中引人注目的灵活姿态。中国不久前承认了科威特和喀麦隆，但"并没有提及台湾问题"。[3]

阿什拉芙回国后仅半个月，巴列维国王的三妹法蒂玛公主又来到中国，进行了为期 12 天的访问。法蒂玛一行是应中国政府邀请来北京参

---

① 阿比德：《中国、伊朗和波斯湾》，第 94 页。
② 同上书，第 62 页。
③ 《参考消息》1971 年 7 月 15 日。

加"劳动节"庆祝活动的。周恩来总理在会见法蒂玛一行时坦率地表示了同伊朗建交的愿望。他说："恢复和发展两国之间的友好关系是两国人民的共同愿望"，是"符合亚非人民团结起来，反抗帝国主义的共同事业的利益的"。①

但伊朗并没有在此后立即承认中国，主要的原因在于，美国此时还没有表明态度。尽管自60年代中期以来伊朗一直在推行"独立民族政策"，但作为美国当时在海湾地区最重要的盟友，在承认中国这样重大的问题上，它是不敢擅自做主的。伊朗决不会因为中国而得罪美国，那显然是得不偿失的。

1971年7月基辛格访华，随后中美同时宣布尼克松总统将于次年5月以前访问中国，为中伊正式建交排除了最后的障碍。8月4日，伊朗的邻国和盟友、同时也是美国在中东的重要盟国土耳其承认了中国。而台湾当局在8月4日中土建交后，并没有像以前一样断绝与土的"外交关系"，只是宣布"中止"关系。这一系列事件，既促使伊朗最后下决心与中国建交，也使两国建交水到渠成。在巴基斯坦的协助下，1971年8月16日，中伊两国驻巴基斯坦大使张彤和法里达尼在伊斯兰堡签署了建交联合公报。公报内容如下：

> 中华人民共和国和伊朗王国政府根据发展两国友好关系的共同愿望，同意建立外交关系。它们还同意在尽可能短的时间内任命大使。
> 中华人民共和国政府坚决支持伊朗王国政府维护民族独立，和国家主权以及保卫本国资源的正义斗争。
> 伊朗王国政府承认中华人民共和国为中国唯一合法的政府。②

中伊建交的第二天，台湾当局宣布"中止"同伊朗的"外交关系"。中伊建交后，双方开始筹备派驻使节事宜。1972年3月，中国驻伊朗首任大使陈辛仁赴德黑兰就任。同月，伊朗政府委任65岁的阿巴斯·阿兰姆为其首任驻华大使。阿兰姆是伊资深外交官，曾于1958—

---

① 《人民日报》1971年5月19日。
② 《人民日报》1971年8月17日。

1959 年间担任伊朗驻台湾的大使，在伊朗外交界有着很高的声望，当时他已退休在家。由此可见伊朗对发展中伊关系是相当重视的。

三　中伊建交的影响

国家利益是国家各种利益的总和，其中最重要的是以国家的领土完整、主权独立为代表的安全利益。国家利益具有鲜明的民族性和阶级性，它是一切外交行为的出发点。中国和伊朗建交，是顺应当时国际形势发展的产物，是两国的国家利益在特定历史背景下的契合。当时的中国和伊朗，一个是共产党领导的社会主义国家，一个是君主专制的资本主义国家，就其意识形态而言，是根本对立的。但为了维护国家安全利益，对付共同的外部威胁，最终抛弃了意识形态和政治制度的差异，建立了外交关系。这是国家利益超越意识形态的一个典型的例子。中伊建交对 20 世纪 70 年代的国际关系的发展产生了积极的影响。

中伊建交是由当时中国和伊朗与苏联的力量对比所决定的。中国尽管是当时世界"五大力量中心"之一，伊朗尽管也是海湾首屈一指的强国，但在综合国力上，两国与苏联仍是不可同日而语。中伊建交，实际上是双方形成一股合力，再借助美国的威慑力量，以求得对苏联的战略均势乃至优势，从而确保国家的安全。中伊建交也是两国基于地缘政治环境考虑的结果。中伊尽管并不接壤，但由于两国所处的特殊的地理位置，却使它们的命运通过苏联、印度、巴基斯坦等国家有机地连接起来，从而产生了休戚与共的关系。

中伊建交确实对苏联起到了必要的牵制作用。由于与中国的关系，伊朗在建立印度洋和平区、在海湾政策以及超级大国在印度洋地位等问题上都得到了中国的支持。例如，1971 年 11 月，伊朗出兵占领波斯湾有争议的大、小通布岛等三个岛屿时，中国就保持了可贵的沉默。另外，中伊建交还消除了两国在对待海湾地区左翼激进势力问题上的分歧。中伊建交后不久，中国就停止了对这些势力的经济、军事和道义支持。1973 年伊朗出兵阿曼，帮助卡布斯苏丹镇压了佐法尔地区的左翼武装力量。对此，中国政府予以默认。对于中国而言，与伊朗建交，除了在遏制苏联对海湾地区影响的同时，还扩大了自己在这一地区的影响。两国也因此扩大了经济和文化的交流。不仅如此，"正当英国完成它从波斯湾这个重要地区撤退的时候，人民中国同伊朗之间的外交关系的建立加强了它同波斯湾产油国的联系"。①

中伊建交后不久，就适逢伊朗历史上的一件盛事——1971 年 10 月 15 日是波斯帝国建立 2500 周年的纪念日，巴列维国王组织了非常隆重和盛大的庆典。周恩来总理亲自致电伊朗国王表示祝贺。10 月 14 日，中国代表张彤应邀到达伊朗，受到了巴列维国王和胡韦达首相的热情欢迎。"中国特使张彤被邀请到专为接待各国元首而新建的帐篷里。"胡韦达首相在会见张彤时表示："伊朗不同意'两个中国'的论调。拥有 7 亿人口的中国居然被排斥在联合国之外，这是不可想像的。"② 这表明，伊朗至此已经彻底放弃了"两个中国"的立场。这对 11 月中国成功地恢复在联合国的席位，无疑是一个可贵的支持。

但中伊两国的战略目标仍是有差异的。比如在对待苏联的问题上，伊朗就远比中国温和，它只要求对之进行有效的遏制，而中国则希望结成反对霸权主义的国际联合阵线。虽然中伊建交的初衷是为了牵制苏联，但两国在这一问题上却又存在重大分歧。因此，中伊就不可能发展成战略盟友的关系。就伊朗而言，与中国建交，也是传统的"大国平衡外交"的延续。尽管相比之下，伊朗更亲西方，但它希望在美国、苏联、中国、印度和巴基斯坦等国间保持战略的平衡，不愿意完全倒向任何一边。也正是因为担心受制于美国或者苏联，巴列维国王才提出了"独立民族政策"。1972 年 11 月，在法拉赫王后访问中国后不久，巴列维国王就亲自出访莫斯科，并同苏联订立了一项为期 15 年的经济协定。由此可见，伊朗在以中国制衡苏联的同时，也不敢怠慢苏联。甚至可以说，巴列维国王的真实目的是在中苏之间搞战略平衡，或者是同苏联打"中国牌"。

但无论如何，建交都是中伊关系史上的一件大事，它既是两国古老友谊的重续，又是当代中伊友好关系的新起点。中伊建交后的几年里，双方的政治、经济和文化交流都有了较大的发展。从经济贸易关系来

---

① 《参考消息》1971 年 8 月 20 日。
② 《人民日报》1972 年 7 月 28 日。

看，伊朗经济部于 1971 年 11 月 30 日宣布取消同中国的易货贸易，转而在"进出口条例"下进行正常贸易；同时把同台湾的贸易降级，划归"伊朗贸易公司"管理。仅 1972 年上半年，中国从伊朗进口的棉花就价值 10 多亿里亚尔。为了支持伊朗，虽然当时中国并不需要进口石油，但从 1974 年起开始用硬通货以欧佩克的价格购买伊朗石油，1976 年、1977 年的购买量分别达到 20 万桶和 30 万桶。① 从 1971—1978 年，中伊贸易额增长了 20 倍。② 伊朗成为中国在中东仅次于埃及的第二大贸易伙伴。在文化交流方面，伊朗乒乓球代表团参加了 1972 年北京亚非乒乓球友好邀请赛，1972 年 5 月，中国乒乓球队应邀对伊朗进行了回访。建交后不久，《消息报》就向北京派驻了一名常驻记者，伊朗另外两家重要报纸《世界报》、《伊朗之声报》也派记者采访中国；中国的新华社也派出记者前往德黑兰。

1972 年 9 月 18—27 日伊朗法拉赫王后应邀对中国进行了访问，这是中伊建交后的首次重大外交活动。和阿什拉芙公主一年前的来访相比，法拉赫一行的到来有着更为重要的意义。从代表团的人员构成来看，除了法拉赫王后本人之外，还包括法蒂玛公主、首相胡韦达夫妇、合作与农业部长以及教育部长等高级官员。而且，这是王后"第一次单独进行的国事访问"，是"在宪法规定她为国王的暂定继承人以来的第一次访问"。③ 由此可见伊朗对同中国关系的高度重视。

中国方面也对这次访问进行了高规格的安排。当 9 月 18 日法拉赫王后的专机抵达北京国际机场时，中国国务院总理周恩来、副总理李先念、外长姬鹏飞等中方高级官员亲自前往迎接，并在北京组织了近十万人的盛大欢迎队伍。据说，如此隆重热烈的欢迎场面，同当时中国对朝鲜领袖金日成的欢迎不相上下。④ 可见，中国对中伊关系也是十分重视的。法拉赫一行在中国期间，她本人以及随访的胡韦达首相同周恩来总

① 《中东经济文摘》（*Middle East Economic Digest*）1972 年 7 月 28 日。
② 阿比德：《中国、伊朗和波斯湾》，第 176 页。
③ 《参考消息》1972 年 9 月 20 日。
④ 比哈比哈尼：《中国对阿拉伯世界的外交政策（1955—1975）》（Hashim S. H. Behbehani, *China's Foreign Policy in the Arab World*, 1955—1975），伦敦 Kegan Paul International 出版社 1981 年版，第 223 页。

理举行了多次会谈，并取得了一系列成果。伊朗签订了向中国出口价值1000 万美元的 12000 吨棉花的合同。①

　　总之，20 世纪 70 年代初中伊关系的改善和 1971 年中伊正式建交，是特定历史时期国际和地区形势的变化以及各自外交政策演变的结果。两国建立外交关系，不仅改变了当时亚洲和中东地区力量的对比，也为双方拓展了各自的外交空间。另外，两国的建交继往开来，使古老的中伊友谊得以延续，并开创了当代中伊关系的新篇章。虽然 9 年后伊朗发生了推翻巴列维王朝的伊斯兰革命，但同中国建立的友好关系在伊斯兰共和国时期仍然得到了健康的保持和发展。

---

① 　阿比德：《中国、伊朗和波斯湾》，第 241 页。

圣雄甘地宗教和谐思想：内涵与实践

尚劝余

（华南师范大学外国语言文化学院教授）

引　言

在我的求学生涯中，我有幸三度投师彭树智先生的门下，从事南亚史的学习与研究。我的学士学位论文《土地私有制的输入与印度农村公社的瓦解》、硕士学位论文《尼赫鲁其人及其思想》、博士学位论文《尼赫鲁与甘地》均得到彭先生的悉心指导，凝聚着彭先生的心血。彭先生深厚的学术功底、严谨的治学态度、慈父般的爱心，是我终生效法的榜样和楷模，是激励我学术生涯和人生旅程的明灯。

南亚史是彭先生涉足最早的研究领域，也是彭先生的第一个科研生长点。彭先生在南亚史研究方面成就卓著，多有建树。特别是在甘地研究方面，彭先生发表了一系列相关成果，如《现代民族主义运动史》、《东方民族主义思潮》、《论甘地》，对我国的甘地研究做出了独特贡献，留下了深远影响。

在彭先生的感召下，我也投身到甘地研究的行列之中。1991—1994年，我在西北大学中东研究所完成了博士学位论文《尼赫鲁与甘地》，黄心川先生主持了我的博士学位论文答辩。多年之后，我于2002—2003年在美国圣约翰大学宗教与文化研究所完成了博士后研究课题：《神就在人的心中：圣雄甘地的宗教哲学》（God Resides in Human Heart：Mahatma Gandhi's Philosophy of Religion）。

本文是在我的博士后研究课题部分内容的基础上充实完成的，它既是献给恩师 80 华诞、回报恩师培育之恩的一份薄礼，也是奉献给学术界和圣雄甘地诞辰（1869 年 10 月—1948 年 1 月）142 周年的一朵小花。

圣雄甘地，是世界历史上最杰出最独特的宗教思想家和实践家之一。甘地以其丰富的宗教思想和实践活动，在印度乃至世界历史上写下了辉煌的一页。特别是甘地的宗教和谐思想及其实践，是他留给世人的一笔珍贵遗产，宛如一朵艳丽多姿的奇葩，绽放在人类历史百花园中。长期以来，我国学术界主要侧重于甘地的阶级属性、"非暴力不合作"主张、甘地主义评价等方面的探讨，相对较少关注甘地行为和思想的底蕴——宗教思想的研究。本文就甘地宗教和谐思想的内涵和实践做一探讨，就教于学界同仁。

一　甘地宗教和谐思想的内涵

甘地是一位杰出的宗教思想家，宗教和谐思想是甘地宗教思想的典型体现和重要特征。甘地宗教和谐思想有其丰富的理论内涵，主要体现在宗教统一、宗教平等和宗教宽容三个方面。

宗教统一是甘地宗教和谐思想的内在基础，是对宗教底蕴和实质的深刻揭示。

甘地认为，所有宗教本质上是统一的。甘地的这一思想，是他对世界宗教进行认真研究之后得出的。他说："事实是，宗教之间没有不可调和的区别。如果你探索表面，到了底部，你会发现它们具有同一基础。"[①] 他比喻说，所有宗教就像不同的河流，最终汇合于同一海洋："河流有许许多多，彼此不同，但是它们汇流于同一海洋。同样，宗教也有许许多多，但是，所有宗教的真正目的是相同的。因此，如果我们关注目的，便会发现各个宗教之间没有区别。"[②] 也就是说，所有宗教

[①]　乔登斯：《甘地的宗教：一条手织头巾》（J. T. F. Jordens, *Gandhi's Religion: a Homespun Shawl*），纽约圣马丁出版有限公司（St. Martin's Press LTD）1998 年版，第 155 页。

[②]　同上书，第 150 页。

具有同一基础和目的。

甘地这里所说的宗教的同一基础和目的是指道德。甘地的宗教是以道德为核心的道德宗教或伦理宗教。他主张，道德是宗教的核心和基础，宗教和道德彼此相关，相互依存。就甘地本人来说："道德、伦理和宗教是相互转换的同义词。道德生活不触及宗教，犹如建筑在沙堆上的房屋；宗教与道德分离，恰似只会制造噪音和令人头碎的'响亮的铜管'。"① 没有道德的宗教不可想象，否认道德的宗教不配被称为宗教。他还说："一旦我们失去了道德基础，我们便失去了宗教。"② 道德强调个人与社会的联系，宗教强调个人与神灵的联系。在甘地的道德宗教中，这二者是统一的，服务人类就是服务神灵，追求神灵就是追求人类的道德法则。甘地的"所有宗教本质上是统一"的思想，就是基于他的这一宗教—道德信念。实际上，一旦将道德视为宗教的基础，自然而然会得出这样的结论，即所有宗教是统一的，因为它们具有相同的基本道德原则。

那么，作为宗教基础的道德原则包含哪些具体要素呢？在甘地看来，这些要素就是真理——非暴力——爱。甘地将真理视为宗教的最终定义，他说："除了真理别无宗教"，"只有真理是宗教，其他一切皆为非宗教"。③ 甘地所说的真理指相对真理和绝对真理的结合。相对真理是普通原则，它可以为有限的个体在特定的环境下所认知、获取和实践，系指符合事实的言论、符合实际的知识、符合良心的行为，即诚实、善良、正直、正义等。绝对真理是永恒原则，它超越时空，系指最高实在、绝对存在、终极现实，即神。④ 对甘地来说，真理和非暴力紧密相连，不可分割。二者的关系如同一枚硬币的两面，更确切地说，如

---

① 杜德：《圣雄甘地的社会、道德和宗教哲学》（D. K. Dutta, *Social, Moral and Religious Philosophy of Mahatma Gandhi*），新德里知识出版社（Intellectual Book Corner）1980 年版，第 158 页。

② 森主编：《圣雄甘地的智慧》（N. B. Sen ed., *Wit and Wisdom of Mahatma Gandhi*），新德里印度新书社（New Book Society of India）1960 年版，第 155 页。

③ 杜德：《圣雄甘地的社会、道德和宗教哲学》，第 147 页。

④ 甘地：《自传：体验真理的故事》（M. K. Gandhi, *An Autobiography: The Story of My Experiments With Truth*），阿迈达巴德纳瓦吉万出版社（Navajivan Publishing House）1976 年版，第 XI 页。

同一个光滑无痕的金属盘，没有正面和反面之分。真理和非暴力都是神的同义语，用甘地自己的话说："非暴力是我的神，真理是我的神。当我寻找非暴力时，真理说：'通过我来发现它'。当我寻找真理时，非暴力说：'通过我来发现它'。"① 非暴力是甘地宗教思想中继真理之后最重要的词语，具有同样广泛的含义。非暴力不仅仅包含着不在心理和身体上伤害任何生物的消极意义，而且包含着将人们与生俱来的对亲人的爱扩展到包括仇敌在内整个人类的积极意义。即是说，非暴力包含着同情、怜悯、慈悲、慷慨、服务和自我牺牲的积极含义，以及不伤害、不杀生的消极含义。换言之，在其积极意义上，非暴力意味着最大的爱，意味着最大的宽容，即博爱。这个爱就是神。甘地写道："当你想发现作为神的真理时，唯一必然的手段就是爱，即非暴力。由于我相信手段和目的最终是可以转换的词，所以我毫不犹豫地说，神就是爱。"②

因此，真理—非暴力—爱构成了所有宗教信仰的共同道德基础和目标，是打开宗教统一性之门的金钥匙。用甘地的话说："在我尽可能地研究了所有宗教之后，我得出一个结论：如果探索所有宗教之间的内在统一性是正确和必要的话，那么就需要一把金钥匙。这把金钥匙就是真理和非暴力。当我用这把金钥匙打开一个宗教的箱子时，我发现不难找到它和其它宗教之间的相似之处。"③ 一个宗教的核心与另一个宗教的核心是相同的。因此，所有宗教具有内在的统一性。

宗教平等是甘地宗教和谐思想的功能原则，是对宗教地位和关系的深刻揭示。

甘地在两种不同的意义上使用宗教一词，具体言之，甘地通过对宗教现象的深入剖析，将宗教划分为两个不同的层面，即普遍宗教和个别宗教。④ 什么是普遍宗教？甘地从正负两个方面来定义普遍宗教。就负面定义而言，甘地力图排除一切非宗教的东西，以期指出什么不是宗

---

① 里查德：《甘地的哲学》（G. Richard, *The Philosophy of Gandhi*），寇松出版社（Curzon Press）1982 年版，第 8 页。

② 高戈尔：《甘地、尼赫鲁和泰戈尔的思想》（Bri Kisshor Gogal, *Thoughts of Gandhi, Nehru and Tagore*），德里 1984 年版，第 9 页。

③ 乔登斯：《甘地的宗教：一条手织头巾》，第 155 页。

④ 普遍宗教亦即一般宗教，即 Religion, general religion, common religion；个别宗教亦即特殊宗教，即 religions, particular religions。

教。根据甘地,宗教不是指形式宗教或习惯宗教;不是指一套教义或仪式;不是指个别宗教或某一教派;不是指仅仅学习经书或念颂神名;不是指将实际事务排除在外。就正面定义而言,甘地力图揭示宗教的真实含义,以期指出什么是宗教。根据甘地的看法,宗教是指统治宇宙万物的道德力量;是指既根植于同时又超越于个别宗教的东西;是指改变人的本质的东西;是指认识自我和认识神灵;是指服从神灵的法则;是指将人和神灵以及将人和人结合在一起的东西。从甘地对宗教的林林总总的负面定义和正面定义来看,显然,甘地所说的宗教不是指人们通常意义上所说的个别宗教,而是指普遍宗教,即道德宗教。对他来说,普遍宗教既非外在形式亦非组织体系,而是既超越又内在于个别宗教的道德原则,是自我实现和神灵实现,是将个体精神从物质的束缚中解脱出来,用精神战胜物质,用道德控制个人的思想和行为,达到精神道德的完善,与神合一。个别宗教指不同民族和不同国度在不同历史时期和不同社会文化背景下形成的特殊宗教,如印度教、佛教、基督教、伊斯兰教、耆那教、琐罗亚斯德教等世界主要宗教。

在甘地看来,只有普遍宗教是绝对完美的宗教,一切个别宗教无一例外都不完美,或者只有某种程度的完美。真正完美的普遍宗教超越言辞,不可断定,不为有限存在所认识。没有哪一个别宗教能够完全体现普遍宗教的完美,没有哪一个别宗教可以声称独断真理。个别宗教只不过是这一原初宗教在不同思想背景下折射出的影像。也就是说,所有宗教的基础由同一基本道德原则构成,但它在不同的自然和社会以及文化环境下得到了不同的阐释。甘地比喻说:"就像一棵大树有一个树干,但却有许多树枝和树叶一样,有一个真正完善的宗教,但它在经过人类中介后变成了许多。普遍宗教无以言表。"①

另一方面,个别宗教必然包含和表达普遍宗教的意义,并揭示真理。个别宗教是同一大树的树枝,同一花园的花朵,同一家庭的姐妹。个别宗教是通向同一目的地的不同而又平等的道路。所有宗教都植根于对神灵的信仰,但每一宗教都以自己的方式,以适合自己信徒的方式表达这一信仰。每一宗教都为自己的信徒提供信仰的真理,提供借以联系

---

① 里查德:《甘地的哲学》,第18页。

神灵的体系，提供道德准则和满足他们精神提升的需求。所有宗教在感召和启示方面都是神圣的，每个宗教都为人类进步做出了自己的贡献。甘地指出："对我来说，所有宗教都是平等的，因为它们都是真理。它们为人类的精神进步提供了食粮。"① 根据甘地的观点，完美的宗教只是智力意义上的一套抽象概念，要具备一种具体的形式，它就不得不将自己铸造成各种实际的宗教模式。每个个体的人所看到的真理，只能是某种个别信仰之镜反射出来的真理，特别是他自己的传统宗教之镜反射出来的真理。所以，每个人应该将自己的传统宗教作为实现共同理想即真理和非暴力或神灵和爱的途径。在甘地的眼中，印度教的基本原则和普遍宗教的原则是一致的："印度教没有官方信条，对于印度教来说，这也许是幸运也许是不幸。但如果要我给印度教下一个定义的话，我应该说：那就是用非暴力方式探索真理。一个人可能不信神，却仍然称自己为印度教徒。"②

然而，坚持自己的传统宗教，并非意味着不加疑问不加鉴别地全盘信奉它。因为所有宗教都是通过人类中介加以接收和传播的，所以都不完美，都存在错误，所有宗教都应该受到内在道德和理智的检验。甘地说："我反对任何不诉诸理智，有悖道德的宗教信条。在非理智的情感并非非道德的时候，我容忍它。"③ 在甘地看来，印度教不完美，有缺点，因为它容忍不可接触制。不可接触制是对神灵和人类的犯罪，是弥漫于整个印度教生活方式中的毒瘤，是水头怪，是千头兽，是吞噬印度教肌体的溃疡。甘地声明，如果不可接触制被当成印度教生活方式的一个组成部分，他不再会称自己为印度教徒。但他坚信，不可接触制为印度教所不齿。

总之，在长期研究和体验之后，甘地得出结论：第一，所有宗教都是真理；第二，所有宗教都有谬误。④ 因此，没有哪一个宗教可以声称

---

① 柴特吉：《甘地的宗教思想》（Margaret Chatterjee, *Gandhi's Religious Thought*），圣母大学出版社（Notre Dame University）1983 年版，第 V 页。

② 侯赛因：《甘地和尼赫鲁之路》（Abid Husain, *The Way of Gandhi and Nehru*），孟买出版社 1959 年版，第 19 页。

③ 同上书，第 18 页。

④ 拉尔：《印度现代哲学》（Basant Kumar Lal, *Contemporary Indian Philosophy*），德里出版社 1978 年版，第 129 页。

比其他宗教优越,一切宗教平等。他坚决反对任何对宗教进行优劣之分的言论和做法,不同宗教有不同象征,但没有哪个象征应该变成崇拜物,从而宣称其优于另一宗教。宗教平等不仅意味着各个宗教之间的平等,而且意味着各个宗教内部的平等。

宗教宽容是甘地宗教和谐思想的实践准绳,是对宗教行为和方法的深刻揭示。

甘地提倡宗教宽容精神,并赋予其积极的含义。宗教宽容意味着通过友好地研究世界宗教,"理解它们的观点,欣赏它们看待自己宗教的视角"。甘地写道:"我认为,富于同情心地阅读世界经典,是每一个有修养的男女的职责。如果我们想尊重别人的宗教,就像我们想让别人尊重我们自己的宗教一样,友善地学习世界宗教便成为一项神圣的职责。"① 挑剔他人的宗教,甚至妖魔化他人的宗教,是轻而易举的事情,而理解他人宗教的美好和真理,却是巨大的挑战。因此,友善地学习世界宗教是相互理解和彼此宽容所必需的。

宗教宽容意味着消化吸收其他宗教中好的成分。甘地指出:"当我为了满足自己的需要而翻阅不同宗教圣典时,我熟悉了基督教、伊斯兰教、琐罗亚斯德教和印度教。阅读这些经文的时候,可以说我对所有这些信仰持有同样尊重的态度,不过我当时也许没有意识到这一点。回顾当时的情形,我发现我未曾有一点点只是因为这些宗教不是我信仰的宗教而批评其中任何一个的想法,而是以崇敬的心情阅读每一部圣典,并发现每一部圣典中都包含着同样的基本道德。"② 对这些宗教共性的积极因素的消化和吸收,构成了甘地宗教行为和方法的重要特征。但是,宽容并非意味着使人漠视宗教的缺点或不足。甘地写道:"崇敬他教并不是要我们无视其缺点。"③ 因此,宗教宽容意味着消化吸收其他宗教的好的成分,抛弃其他宗教以及我们自己宗教的不好的成分。

宗教宽容意味着多样性的统一。宗教宽容并非意味着宗教调和。宗教宽容的目标不是无所不包的一统宗教,而是多样性的统一。宗教的灵

---

① 艾尔斯堡主编:《甘地论基督教》(Robert Ellsberg ed., *Gandhi on Christianity*),纽约奥贝斯书屋(Orbis Books)1997 年版,第 84 页。

② 乔登斯:《甘地的宗教:一条手织头巾》,第 155 页。

③ 艾尔斯堡主编:《甘地论基督教》,第 81 页。

魂只有一个，但是它包含在多种形式之中。甘地将世界宗教视为同一大树的众多枝叶，虽然同源于一棵大树，但每个枝叶彼此迥异。我们需要的不是一统宗教，而是不同宗教信仰的相互尊重和宽容，因为真理存在于每一个伟大的宗教之中。甘地不厌其烦地多次指出："就个人而言，我认为全世界绝不会也不必形成一个单一的宗教。"① "指导行为的黄金规则是相互宽容，我们绝不会像一个人似地思考，我们总是在个体中从不同的视角看到真理。"② 了解每一个宗教的独特性和与其他宗教的显著区别，像了解它们的相似性一样重要。不应该有将所有宗教合而为一的宗教熔炉，不能够排除差异性。每个人都应该坚持他自己的宗教，因为它是通向真理和神灵的不同道路之一。甘地以印度教为例："印度教告诉每个人根据他自己的信仰或达磨崇拜神灵，因此它与所有宗教和平共处。"③

宗教宽容有助于更好地理解自己的宗教。持怀疑态度的人认为，学习其他宗教会削弱或损害信徒对自己宗教的信仰，在甘地看来这种观念是极其错误的。他认为，这种学习会使人以对待自己宗教的态度来对待他人的宗教，同时，能更好地理解自己的宗教。他指出："不要有这种担心，哪怕是片刻的担心：即虔敬地学习其他宗教可能会削弱或动摇对自己宗教的信仰"，"培养对其他信仰的宽容，会使我们对自己的信仰有更正确的认识。"④ 甘地以他对基督教的学习为例："我要对印度教徒说，你们的生活不会完整，除非你们虔敬地学习耶稣的教诲。我的结论是：就我自己的经验而言，不论属于什么信仰，只要虔敬地学习其他信仰的教诲，就会使胸怀变得开阔，而不是狭窄。"⑤因此，甘地反对任何形式的皈依、转教和改宗。他谴责那些要求非印度教徒改信印度教的做法。即使某人想自愿成为印度教徒，他也努力劝其去消化吸收其在印度教中发现的所有好的东西，而不要放弃自己的宗教。认为自己的宗教比他人的宗教优越，从而要他人转信自己的宗教，是最大的非宽容。在甘

---

①　柴特吉：《甘地的宗教思想》，第Ⅴ页。
②　里查德：《甘地的哲学》，第 27 页。
③　甘地：《真理即神》（M. K. Gandhi, *Truth is God*），阿迈达巴德 1955 年版，第 75 页。
④　艾尔斯堡主编：《甘地论基督教》，第 85 页。
⑤　同上书，第 86 页。

地看来，真正的改信是让信仰者更好地信仰自己的宗教。甘地写道："我一贯祈祷：让基督徒成为更好的基督徒，让穆斯林成为更好的穆斯林。对我来说，这是真正的皈依。"①

综上所述，宗教统一、宗教平等和宗教宽容构成甘地宗教和谐思想的主要内容，它们从三个不同层面揭示了甘地宗教和谐思想的基本内涵。宗教统一从宗教信仰的角度，揭示了宗教的底蕴和实质，它构成了甘地宗教和谐思想的内在基础。所有宗教本质上统一，具有相同的道德基础和目标，这为宗教和谐的必然性提供了理论依据。宗教平等从宗教现象的角度，揭示了宗教的地位和关系，它构成甘地宗教和谐思想的功能原则。所有宗教都是真理，所有宗教都有谬误，没有哪一个宗教可以声称比其他宗教优越，一切宗教平等，这为宗教和谐的必要性提供了理论依据。宗教宽容从宗教体验的角度，揭示了对待宗教的行为和方法，它构成甘地宗教和谐思想的实践准绳。不同宗教互相补充和丰富，而不是彼此竞争和敌对，每个人都应该坚持自己的宗教，同时又尊重和吸收其他宗教的一切好的成分，抛弃其他宗教以及自己宗教的不好的东西，这为宗教和谐的可行性提供了理论依据。总之，宗教统一、宗教平等和宗教宽容从宗教信仰、宗教现象和宗教体验的角度，为宗教和谐提供了内在基础、功能原则和实践准绳，为宗教和谐的必然性、必要性和可行性提供了依据，三者彼此依存，相互补充，不可分割，形成一个有机的整体，共同构成甘地宗教和谐思想的理论内涵。

甘地宗教和谐思想在甘地思想体系中占有非常重要的地位，是甘地思想体系的精髓和灵魂，是打开甘地思想奥秘的钥匙。甘地思想体系（即甘地主义）属于现代东方民族主义思潮，它以其鲜明的"宗教道德型"特征在形形色色的民族主义思潮中独树一帜。② 甘地主义不啻是"非暴力不合作"学说的代用语，而是一个由政治思想、经济思想和社会思想构成的完整的体系。在这个思想体系中，无处不渗透和折射着甘地宗教和谐思想的印记和影子。甘地的政治思想集中表现在他的印度自

---

① 艾尔斯堡主编：《甘地论基督教》，第 86 页。

② 彭树智教授对东方现代民族主义运动和思潮进行了系统研究，将甘地思想体系归结为"宗教道德型"民族主义。参见彭树智《现代民族主义运动史》，西北大学出版社 1987 年版，第 13 页；彭树智：《东方民族主义思潮》，西北大学出版社 1992 年版，第 109 页。

治思想及其国家观上，包括用非暴力不合作方法争取印度自治，建立一个真理和非暴力基础上的无政府主义的、高度分权的道德国家。甘地的经济思想主要体现在以经济正义和经济平等为特征的经济自主观上，包括面包制作、手工纺织、不占有、托管制等要素。甘地的社会思想主要体现在博爱互助、和谐平等的社会理想上，包括反对不可接触制、教派团结、男女平等等要素。[①] 也就是说，甘地宗教和谐思想的宗教统一、宗教平等和宗教宽容要素及原则渗透和贯穿到甘地思想体系的政治、经济、社会等观念的各个方面，甘地思想体系是其宗教和谐思想及其要素在政治、经济、社会的各个领域的体现、延伸、拓展和深化。正因为如此，甘地思想体系以它的宗教道德特征而置身于现代民族主义的思潮之林，别具一格。只有了解甘地的宗教和谐思想，才能更好地理解和揭开甘地思想体系的奥秘。

甘地宗教和谐思想在印度宗教思想史上占有重要的地位，是印度宗教和谐思想的集大成者。众所周知，印度素有"世界宗教博物馆"之称，在世界各民族国家中，很难找到一个国家像印度那样笼罩在浓郁纷杂的宗教气氛之中：宗教繁多，教派林立，人人是信徒，处处有庙宇，村村有神池，户户有神龛。正因为如此，在印度历史上，许多政治家和宗教思想家都曾探索宗教和谐的秘诀，倡导宗教和谐思想。其中最值得称道、最具代表性的是莫卧儿帝国的皇帝阿克巴大帝。阿克巴大帝统治时期，各种不同宗教派别的冲突震撼了他的心灵，促使其发展一种新的宗教，他希望这种宗教将表明是所有敌对教义的综合，能够把其辽阔的帝国各种不调和因素统一在一个和谐的整体内。为此，他把各种不同宗教派别的有识之士召集到礼拜堂，辩论宗教问题。这些辩论使他明白，所有宗教都包含着某些共同法则，一切宗教里都有光，而光总带有或多或少的阴影。他总结了所有宗教里包含的共同法则，创立了没有神灵和教义、熔所有信仰于一炉、折中并杂糅了伊斯兰教、印度教、佛教、耆那教、琐罗亚斯德教、基督教各种成分的圣教——"神圣信仰"（"丁一

---

① 关于甘地思想体系的内容，参见彭树智《甘地思想的整体性和独特性》，《历史研究》1985 年第 5 期；彭树智：《论甘地思想的基本内容》，载宁明、任鸣皋编《论甘地》，上海社会科学院出版社 1987 年版，第 39—53 页。

伊—伊—拉希"）。他将圣教定为国教，自任教主。① 阿克巴大帝是印度历史上最开明的君主，他的怀柔宽容的宗教思想和政策使各个宗教派别得以和睦相处，开创了印度历史上一个空前昌盛的辉煌时代。然而，阿克巴大帝的圣教思想和实践却以失败告终。甘地继承了阿克巴大帝的宗教和谐思想，前者的思想体系闪烁着阿克巴大帝宗教和谐思想的光芒，如所有宗教都包含着某些共同法则（宗教统一）、所有宗教里都有光同时也有阴影（宗教平等）、探究并尊重各种宗教（宗教宽容）。甘地不仅继承了阿克巴大帝的宗教和谐思想，更重要的是他充实和超越了这一思想。甘地不像阿克巴大帝那样主张建立熔所有信仰于一炉的一统宗教，而是主张宗教的多样性统一，不同宗教互相借鉴，取长补短，彼此丰富，和睦相处，和谐并存，共同繁荣。在阿克巴大帝失败了的地方，甘地取得了成功。这是甘地的高明和过人之处，他的宗教和谐思想由此更胜一筹，他在印度宗教思想史上占有重要地位，是印度宗教和谐思想的集大成者。

甘地宗教和谐思想在世界宗教思想史上有其独特地位。杜塔博士指出，不同的国家在不同的领域对世界做出了不同的贡献，如英国的贡献在经济学，法国的贡献在政治学，德国的贡献在形而上学，美国的贡献在商学，希腊的贡献在市政学，意大利的贡献在法学，而印度的贡献在宗教学。② 而甘地宗教和谐思想特别是在宗教多元主义园地中占有独特的一席。宗教多元主义（religious pluralism）是宗教改革和启蒙运动之后兴起的一股世界范围的宗教思潮，主张各种宗教都以共同的神性为基础，应在此基础上进行求同存异的对话，达到共存的目的。宗教多元主义理论可谓形形色色，有的学者将其分为混合多元论、理性多元论和灵性多元论。③ 这些林林总总的理论基本上都侧重于形而上的哲学论证，分别指向人的躯体、头脑和心灵，亦即指向存在、智慧和喜乐等终极实在的不同维度。而甘地的宗教和谐思想则具有典型的印度特色，它不是纯理论层面的争鸣，而是与现实存在密切相关，旨在使不同宗教信仰者

---

① 尚劝余：《莫卧儿帝国》，三秦出版社 2001 年版，第 90—105 页。
② 杜德：《圣雄甘地的社会、道德和宗教哲学》，第 28 页。
③ 王志成：《宗教相遇、宗教多元论与人的成长——宗教间关系的理论反思》，《浙江大学学报》2002 年第 2 期。

相互尊重，彼此相容，和谐共处，显示出甘地对宗教本质的深刻洞察，他强调宗教的内在本质和统一，而不是外在象征和差异。同时也显示出他对人性的深刻洞察和理解，要求人们不要放弃自己的信仰，而是使其变得开阔，从而更接近人类的普遍宗教。不同宗教可以互相补充和丰富，而不是彼此竞争和敌对，每个信徒都应该坚持自己的宗教，同时又珍视和吸收其他宗教的一切好的成分，求同存异，这是一种更为实际可行的宗教多元主义的形式。

二 甘地宗教和谐思想的实践

甘地不仅是一位杰出的宗教思想家，而且是一位伟大的宗教实践家。

在甘地看来，宗教必须付诸实践，而不仅仅是布道。用甘地的话说："脱离行动的东西不能被定义为宗教。我深信，神灵要求我们的，不是我们讲了什么，而是我们做了什么。对神灵来说，行为是一切，没有行为的信仰一文不值。对神灵来说，行动就是信仰。"[1] 在甘地的一生中，他实践了他所宣讲的，宣讲他所实践的。他不仅宣讲宗教统一、宗教平等和宗教宽容的宗教和谐思想，而且将之付诸实际行动。正因为如此，甘地被誉为"一位行动的圣人，而非冥想的圣人"。

甘地宗教和谐思想的实践，首先体现在个人领域，贯穿于他的生平之中。甘地的生平就是他的信念的写照。他这样说到他自己："你必须注视我的生平，看我如何吃、住、言、行。所有这些加在一起就是我的宗教。"[2] 甘地在他生活的不同时期，广泛接触各个宗教派别的人士，认真研究各个宗教派别的经典和宗教先知的业绩，吸收融合不同宗教学说的合理成分，身体力行地实践他的宗教和谐思想所倡导的基本原则。

从少年时代起，甘地就形成了虔诚的宗教性情和宗教宽容的心态，包括对印度教不同教派的宽容和对其他宗教的宽容。甘地出生在一个宗教气氛颇为浓厚的印度家庭，父母都是虔诚的印度教徒，但属于不同的

---

① 乔登斯：《甘地的宗教：一条手织头巾》，第 2 页。
② 里查德：《甘地的哲学》，第 80 页。

派别，他们的虔敬笃信给孩提时代的甘地以巨大影响：他的父亲没有受过多少宗教训练，但却有一种宗教文化，这种文化是许多印度教徒由于经常到寺庙里去听人讲解经文而获得的；他的母亲非常"圣洁"，"笃信宗教"，每天都要去印度教不同教派的庙宇参拜。① 许多耆那教徒、伊斯兰教徒和琐罗亚斯德教徒作为朋友经常到他家做客，谈论宗教问题。甘地从小沐浴在这种浓郁的宗教氛围之中，耳濡目染于各种宗教信仰并存的现实中。这种家庭环境在甘地心灵深处播下了宗教和谐意识的种子，成为其宗教和谐思想孕育、萌芽和成长的摇篮。

在英国求学期间，甘地极力抵制"美酒、女人和大肉"的不时诱惑，潜心于宗教道德体验，探索宗教和谐的真谛。甘地初次与基督教徒、通神学者以及无神论者广泛接触，并在他们的影响下，悉心研读各种宗教经典和宗教书籍，包括基督教经典《圣经》、印度教经典《薄伽梵歌》的英译本《天赖之歌》、佛教祖师佛陀的生平和说教著作的英译本《亚洲之光》、著名的通神学者安妮·贝赞特夫人的《我为何成了一名通神学者》、布拉娃斯基夫人的《通神学入门》以及无神论的著作等。甘地从这些宗教典籍和宗教先知的说教与生平中，看到了与他所信仰的印度教共通的东西，获得了宗教和谐的感悟。《圣经》新约山上宝训中的勿以暴力抗恶、以德报怨、以爱制恨的训诫，耶稣基督的非暴力品格、自我受苦精神和爱的法则，佛陀博大精深的慈悲胸怀，通神学所持的所有宗教是同一宗教的不同分支、所有宗教以同一真理为基础、宗教的核心不是教条和仪式而是道德和伦理的学说，无神论者追求真理和道德的执著精神等，深深触动了甘地，使他在思想上引起了共鸣。他把印度教的真理和非暴力、佛教的慈悲说、基督教的博爱观、通神学的宗教道德、无神论者追求真理的精神，联系在一起，贯穿起来，探求宗教和谐的真理。②

① 尚劝余：《尼赫鲁与甘地的历史交往》，四川人民出版社1999年版，第157—158页。
② 有关甘地对基督教的论述，参见艾尔斯堡主编《甘地论基督教》，第95页；杜德：《圣雄甘地的社会、道德和宗教哲学》，第35页；甘地：《甘地自传》，杜危、吴耀宗译，商务印书馆1985年版，第16、30页。有关甘地对佛教的论述，参见甘地《自传：体验真理的故事》，第二部分，第22章。有关甘地对通神学的论述，参见甘地《我的宗教》（M. K. Gandhi, My Religion），阿迈达巴德1958年版，第19页。有关甘地对无神论的论述，参见侯赛因《甘地和尼赫鲁之路》，第3页。

　　在南非工作的二十一年间，甘地在切身体验殖民压迫和种族歧视、为改善印侨地位不懈斗争的同时，进一步接触和研究各种宗教，深化和拓宽宗教研究领域，将政治斗争与探索宗教真理结合起来，将他的宗教和谐理想付诸实践。除了反复阅读印度教经典《薄伽梵歌》和佛祖的生平与训诫《亚洲之光》、进一步密切与基督教徒的往来外，甘地认真研究伊斯兰教、耆那教和琐罗亚斯德教。他怀着极大的兴趣阅读伊斯兰教经典《古兰经》、卡莱尔的名著《英雄与英雄崇拜》、华盛顿·欧文的著作《穆罕默德的生平和他的继承者》、耆那教大师马哈维拉的生平和耆那教其他师尊的道德说教、琐罗亚斯德教的经典《阿维斯塔》以及琐罗亚斯德的生平和说教。甘地受到耆那教的影响很大，对耆那教严格奉行非暴力主义和苦行主义推崇备至。[①] 甘地也为穆罕默德先知本人的清贫和谦逊以及他和他的继承者面对侮辱和迫害时所表现出来的勇敢精神所震撼，他认为伊斯兰教和其他宗教一样，其本质是和平即非暴力，而不是武力。[②] 甘地还在南非先后建立了"凤凰新村"和"托尔斯泰农场"，将他以印度宗教文化传统为主轴同时吸收融合其他东西方宗教文化因素而形成的宗教和谐思想付诸实践，进行初步的宗教道德实验。实验农场的居民来自印度和世界各地，他们虽然肤色、种姓、宗教派别不同，但他们共同生活和劳作，和睦相处，一起祈祷。实验农场还开办学校，甘地亲自授课，宣扬他的宗教和谐理念。甘地一方面为不同宗教信仰的学生讲授普遍宗教的道德原理，使他们认识到每个宗教派别的教义精髓和本质是人类共同具有的基本道德原则，另一方面讲授不同宗教的教义和仪式，使学生认识到不同的宗教派别有适合自身环境的不同特色。

　　回到印度以后，甘地坚持了在南非的做法。他先后在印度建立了萨巴玛蒂修院（Sabarmati）和瓦尔达修院（Wardha），招募志愿者，继续宗教和谐的道德实验。志愿者来自不同教派、不同种姓、不同阶层、不同性别、不同肤色，也包括无神论者。他们一起生活、共同劳作。在每天的集体祈祷中，甘地带领志愿者吟诵不同宗教经书中的诗文和圣歌

---

　　① 帕林德尔主编：《从古到今的世界宗教》（Geoffrey Parrinder ed. , *World Religions from Ancient History to the Present*），纽约档案事实出版社（Facts on File Publications）1985 年版，第 249 页；尚劝余：《印度人》，三秦出版社 2003 年版，第 169 页。

　　② 森主编：《圣雄甘地的智慧》，第 134 页。

（包括印度教、基督教、伊斯兰教、琐罗亚斯德教、锡克教、耆那教），[①] 演奏圣乐和歌唱，不同宗教派别的信徒和无神论者一道，向同一个神灵即真理祈祷膜拜。真理就是神，这是甘地宗教和谐思想实践的一个关键。甘地早年时期主张"神就是真理"，后来经过长期探索和实践转而主张"真理就是神"。这一转变将真理置于首要地位，把宗教崇拜的对象由神转向了真理，从而使真理成为宗教的精髓和核心。不同宗教的信徒以及无神论者，不可能团结在同一神灵之下，但是却能够团结在真理的旗帜之下。真理为有神论者和无神论者提供了共同的讲坛。[②]

　　甘地宗教和谐思想的实践并非仅仅停留在个人生活方面，而是延伸到公共领域。他将社会生活视为追求真理和神灵的阵地，力图将个人拯救与服务人类结合起来，将精神体验与实际政治结合起来。他指出："我不是谋求生死无常的地上王国，而是精神解放的天上王国。对我来说，拯救之路在于殚精竭虑地为我的祖国和人民服务。"[③]因此，在甘地看来，宗教应该和实际事务相联系。不考虑实际事务、无助于解决实际问题的宗教，不是真正的宗教。

　　甘地宗教和谐思想在公共领域的实践体现在政治和社会两个方面。政治方面的实践体现在"萨提亚格拉哈"运动中，社会方面的实践体现在"建设纲领"运动中。"萨提亚格拉哈"的意思是坚持真理，通常称为非暴力抵抗。它是实践真理的方式，是非暴力的方法，是奠基在真理之上的灵魂力量和精神力量。甘地解释说："真理（萨提亚）意味着爱，坚持（格拉哈）是力量的同义语。因此，我开始称印度运动为'萨提亚格拉哈'（坚持真理），即诞生于真理和爱或非暴力的力量。"[④]甘地用这个词语指维护真理和正义，抵抗非真理和非正义的独特方法。"萨提亚格拉哈"又分为"个人萨提亚格拉哈"和"集体萨提亚格拉

---

　　① 甘地最喜欢的基督教圣歌有《仁慈的光指引我们前行》、《神奇的十字架》、《与我在一起》、《万代岩石》。希安：《仁慈的光指引我们前行》（Vincent Sheean, *Lead, Kindly Light*），纽约1949年版，第363页。

　　② 有关甘地自己的解释，参见克里帕兰尼《人人皆兄弟》（Krishna Kripalani, *All Men Are Brothers*），联合国教科文组织无战世界出版社（World Without War Publications）1972年版，第66页。

　　③ 杜德：《圣雄甘地的社会、道德和宗教哲学》，第48页。

　　④ 里查德：《甘地的哲学》，第48页。

哈"，"集体萨提亚格拉哈"即非暴力不合作运动，或文明不服从运动。甘地将"建设纲领"视为社会的自我纯洁，视为"萨提亚格拉哈"训练民族工作者的途径，视为通向理想社会的道路和理想社会的要素。他认为："正如对武装起义来说，军事训练是必要的，对文明抵抗来说，建设纲领的训练也是必要的。""工作人员应该明确认识到，建设纲领是通向完全独立的非暴力的、真理的道路。建设纲领的全盘实现就是完全独立。"[①] "建设纲领"的主要内容有：教派团结，反对不可接触制，促进手纺手织，戒酒戒毒，农村卫生，提高妇女地位，重视基础教育和成人教育等。

　　"萨提亚格拉哈"运动旨在赋予印度民族独立运动以新的道德精神，以非暴力不合作争取民族独立；"建设纲领"运动旨在改革社会陋习，建立以真理和非暴力为基础的和谐社会。这两个运动并不是截然分开的，而是相互结合、彼此交织在一起的。自从1920年甘地正式登上印度政治舞台到1947年印度独立，甘地在人类历史上第一次将非暴力抵抗方式大规模地运用于公共生活，发动了数次史无前例的全国规模的非暴力抵抗运动（即"甘地运动"），[②] 印度人民最终经过近三十年的斗争，取得了民族独立和自由，在人类历史上写下了浓墨重彩的一笔。甘地宗教和谐思想的实践，贯穿于历次"甘地运动"之中，成为20世纪20—40年代印度民族运动的一个不可分割的重要组成部分。

　　20世纪20年代，甘地宗教和谐思想的实践主要表现在，将非暴力不合作运动与哈里发运动（又称基拉法运动）结合起来，[③] 将教派团结与政治斗争融为一体。第一次世界大战后，以英国为首的协约国企图肢解和瓜分土耳其奥斯曼帝国，引起了整个伊斯兰世界的愤慨和印度伊斯兰教徒（穆斯林）反英情绪的高涨。印度著名伊斯兰活动家、国大党人穆罕默德·阿里和绍克特·阿里兄弟，组织成立了全印哈里发委员会，发起印度伊斯兰教徒反对帝国主义瓜分土耳其奥斯曼帝国和保卫哈

---

① 侯赛因：《甘地和尼赫鲁之路》，第76—77页。

② 从1920年印度国大党年会确立甘地在国大党中的领导地位到1947年印度独立是印度历史上的"甘地时代"。

③ 参见彭树智《现代民族主义运动史》，第46页；林承节：《印度民族独立运动的兴起》，北京大学出版社1987年版，第486页。

里发（土耳其奥斯曼帝国素丹）的"哈里发运动"。甘地应邀参加了第一次全印哈里发会议，在这次会议上甘地第一次提出了与英国殖民政府"不合作"的设想，倡导穆斯林开展不合作运动反抗英国殖民者，他的倡议得到了全印哈里发会议的热烈响应。印度伊斯兰教徒保卫哈里发的"哈里发运动"，转变成了轰轰烈烈的反抗英国殖民者的不合作运动。之后，甘地要求国大党也开展不合作运动，并号召印度教徒积极参加。经过激烈辩论，国大党最终也响应了甘地提出的不合作运动的要求和号召。1920—1922年，甘地发动了全国规模的第一次"非暴力不合作"运动，将印度民族运动推向了一个新高潮。在这次运动中，国大党与全印哈里发委员会组成了反帝统一战线，非暴力不合作运动与哈里发运动相汇合，印度教和伊斯兰教、锡克教等不同教派互相团结，并肩战斗，共同反抗英国殖民统治，谱写了一曲教派团结、宗教和谐的颂歌。

　　20世纪30年代，甘地宗教和谐思想的实践主要表现在，反对不可接触制，争取不可接触者的权益，实现印度教内部的平等与和谐。种姓制度是印度教的一大特色，而不可接触制（untouchability，也称贱民制）则是种姓制度的极端形式，是印度教的一大弊端。不可接触者（untouchables，亦称贱民）是种姓制度下受歧视、受迫害最甚者，处在种姓制度金字塔的最底层。[①] 1930—1934年，甘地发动了旨在争取印度独立的非暴力"公民不服从"运动（亦称"文明不服从"运动）。[②] 运动后期，甘地将重心转向了废除不可接触制，致力于提高不可接触者的社会地位，掀起了一场轰轰烈烈的纯洁印度教、争取印度教内部平等与和谐的社会运动。甘地认为，不可接触制是印度教的耻辱，是对神的侵犯，印度教内部不应该有歧视，不可接触者应当有做人的平等权利，不应被称为"贱民"，而应称为"哈里真"，意即神的子民。他将"不可接触者"乐斯美收养为义女，将比哈尔大地震说成是神对不可接触制罪恶的惩罚。为了争取不可接触者的利益，他三次绝食，一次是反对英国政府颁布教派裁决书规定不可接触者单独选举制而"绝食至死"，一

---

　　① 参见尚会鹏《种姓与印度教社会》，北京大学出版社2001年版，第66—119页；邱永辉：《现代印度的种姓制》，四川人民出版社1996年版，第34—38页。

　　② Civil Disobedient Movement. Civil，既可译为"公民"，又可译为"文明"。

次是反对殖民政府拒绝他在监狱中指导哈里真事业而"绝食至死",一次是呼吁解放贱民而自洁绝食二十一天,这些绝食迫使政府对不可接触者做出让步,也使全印宗教领袖通过决议达成共识,在印度教中不应存在不可接触者,不可接触者享有普通印度教徒平等权利。他穿行全国,行期九个月,行程 12500 英里,为哈里真事业募集基金。他号召建立了"不可接触者同盟"和"不可接触者之仆协会",创办了《哈里真》报。国大党把 1932 年 12 月 18 日定为印度全国反对歧视不可接触者种姓日,又把 1933 年 1 月 8 日定为不可接触者进庙日,全国印度教寺庙都破例为不可接触者开放。[①] 废除不可接触制,实现印度教内部的平等与和谐,成为 30 年代印度社会政治生活的一个焦点和亮点。

20 世纪 40 年代,甘地宗教和谐思想的实践主要表现在,宣传印穆和睦,平息教派仇杀,维护印度社会的和谐与统一。印度教徒与伊斯兰教徒占印度人口的大多数,由于种种原因,两大宗教之间一直矛盾重重,冲突不断。40 年代,随着穆斯林联盟的壮大和印度独立的临近,穆斯林联盟提出建立独立的巴基斯坦穆斯林国家,并发动"直接行动日",印度教徒与穆斯林之间的矛盾日益激化,印穆教派冲突愈演愈烈。印度独立前后,印穆教派冲突白热化,新德里、加尔各答、比哈尔、孟加拉、旁遮普等印度教徒与穆斯林混居的城市和省份,陷入了教派仇杀的腥风血雨之中,教派狂热的浪潮波及全印度。甘地坚决反对和强烈谴责印度教徒与穆斯林的相互仇杀,主张印穆是亲兄弟,应该团结一致,共同对付英国殖民者,而不应该相互残杀,以致分裂。[②] 甘地满怀宗教和谐和爱的非暴力的真挚信念,放弃其他一切活动,以七十八岁的高龄,在教派骚乱地区作一日一村的独步旅行,走家串户,四处奔波,宣传印穆和睦相处,并以绝食为武器,努力平息教派仇杀,恢复和平。印度教徒、穆斯林和锡克教徒纷纷来到甘地的面前,放下武器,忏悔自己的罪过。印度最后一任副王蒙巴顿赞叹说,甘地成为"使骚乱

---

① 尚劝余:《尼赫鲁与甘地的历史交往》,第 39—43、126 页。
② 有关印度教和伊斯兰教的冲突以及甘地的态度,参见多米尼克·拉皮尔拉里·柯林斯著《圣雄甘地》,周万秀、吴葆璋译,新华出版社 1986 年版,第 21—36 页;徐友珍编著:《甘地传》,湖北辞书出版社 1996 年版,第 277—303 页。

地区保持平静的一支单人边防军"。① 为了平息教派仇杀、维护印穆和睦和印度统一，甘地要求占人口多数的印度教徒对穆斯林表示宽容，他甚至提议，只要穆斯林放弃建立巴基斯坦，不从印度分离出去，他和国大党宁愿将独立后的印度交给穆斯林联盟领袖真纳来统治。然而，甘地这位为宗教和谐理想奋斗了一生的非暴力先知，最终被一位印度教狂热分子枪杀，倒在了教派纷争的暴力的血泊之中，为宗教和谐理想献出了生命，成为印度教和伊斯兰教团结和睦的殉道者。

综上所述，甘地宗教和谐思想的实践，既体现在个人生活领域，也体现在公共生活领域，二者相辅相成，互相依存。个人生活领域的实践是公共生活领域实践的准备和铺垫，前者为后者提供了前提和基础，公共生活领域的实践是个人生活领域实践的延伸和升华，后者为前者提供了动力和源泉。甘地宗教和谐思想的实践，不仅在印度民族独立运动史上有其重要的地位，而且也是化解当今世界宗教冲突的一剂良方。

甘地宗教和谐思想的实践将印度民族民主运动的政治内容和社会内容融为一体，具有反帝反封建的双重意义。印度民族解放运动属于资产阶级革命范畴，具有反对帝国主义和封建主义、争取民族独立和民主建设的双重历史使命。这场运动在政治生活方面表现为，摆脱英国殖民主义统治，实现印度的政治独立；在社会生活方面表现为，反对封建主义因素，实现印度的社会民主。甘地宗教和谐思想的实践，特别是其在公共生活领域的实践，既体现在反对帝国主义、争取政治独立的"萨提亚格拉哈"运动上，也体现在反对封建主义、争取社会民主的"建设纲领"运动上。这种双重使命的有机结合在甘地反对不可接触制、宣传印穆教派团结的具体实践中表现得淋漓尽致。种姓制度及其极端表现形式不可接触制，是印度传统社会的一个重要特征。这种制度以森严的等级，将社会分割成不同的群体，相互隔离与对立，它窒息了人的创造力，阻碍了生产力的发展，使社会失去朝气，成为社会进步的障碍。印穆教派纷争由来已久，从公元 8 世纪穆斯林入侵印度起就已经存在。印穆之间的分歧和冲突，长期以来成为印度社会动荡分裂的一个重要因素

① 南达:《甘地与尼赫鲁》（B. R. Nanda, etc, *Gandhi and Nehru*），德里 1979 年版，第 23 页。

和阻碍印度社会进步的一大顽疾。因此，反对不可接触制和争取印穆教派团结成为反对封建主义的社会革命的主要任务。英国殖民主义者侵占印度后，为了维持和加强其统治，采取"分而治之"政策，按种姓和教派划分选区，并经常挑拨不同种姓和不同教派之间的关系，蓄意制造矛盾与不和，利用种姓制度和教派纷争分裂印度民族解放运动。因此，反对不可接触制和争取印穆教派团结也成为反对帝国主义的政治革命的主要任务。甘地在实践其宗教和谐思想的过程中，总是将反对不可接触制和争取印穆教派团结联系在一起，将印度民族民主运动的政治内容和社会内容融为一体，将反帝反封建的双重目标结合在一起。如他所说："自主的钥匙不在总督手中，也不在英国的伦敦，而在人民手中。我们坚决相信自主，但是，如果不废除不可接触制度和联合印度教徒与伊斯兰教徒，自主便是少数人的自主，而不是群众的自主。"①

甘地宗教和谐思想的实践为印度民族主义运动奠定了广泛的社会基础，使印度民族独立运动进入了一个新阶段。印度民族独立运动从19世纪70年代兴起，到1947年印度获得独立，大体经历了三个阶段。19世纪70—90年代，是国大党温和派居主导地位的时期，这一时期的民族运动脱离广大民众，局限在资产阶级上层，仅限于在报刊上进行宣传，向英国议会提交请愿书，每年召开国大党年会。19世纪90年代至1920年，是国大党激进派逐渐居于主导地位的时期，这个时期的民族运动获得了一定的社会基础，得到了民众的支持，使印度民族主义运动出现了第一次高潮。1920—1947年，是甘地掌握领导权的时期，这个时期的民族运动获得了广泛的社会基础，得到了全国民众的热情支持和参与，使印度民族主义运动成为名副其实的群众运动，掀起了印度民族独立运动一次又一次高潮，最终取得了民族独立。② 从印度民族独立运动的发展轨迹来看，其社会基础一步步扩大，由脱离群众的运动发展到名副其实的群众运动，这是印度民族独立运动获得成功的主要原因和基本前提。而决定印度民族独立运动社会基础扩大的一个主要因素是宗教

---

① 彭树智：《东方民族主义思潮》，第190页。
② 有关印度民族独立运动的三个阶段的论述，参见朱明忠、尚会鹏《印度教：宗教与社会》，世界知识出版社2003年版，第79—86页。

因素。前面说过，印度是世界宗教的博物馆，宗教从古及今顽强地支配着印度人的生活，大到国家的政治经济和文化思想，小到人们日常的衣食住行和婚丧嫁娶，无不与宗教密切相连，息息相关。[①] 因此，宗教因素在很大程度上成为发动印度民众的一个重要手段，也是印度民族独立运动成败的一个关键。国大党温和派主要由西化了的资产阶级知识分子构成，他们忽视传统宗教因素的作用，只限于"政治空谈"和"政治行乞"，使民族运动脱离民众，丧失了社会基础。国大党激进派主要由小资产阶级民主主义者构成，其代表人物是提拉克，他们利用宗教因素发动民众，使民族运动深入民众，获得了一定的社会基础。然而，以提拉克为代表的小资产阶级民主主义者只是单纯利用印度教因素来发动民众，从而挫伤了其他宗教信徒的斗争热情，限制了民族运动社会基础的扩大。[②] 甘地虽然和提拉克一样也是一个印度教徒，但是他具有更加广阔的宗教视野，作为印度宗教和谐思想的集大成者，他的宗教实践超越了印度教，他曾这样号召国大党人："对每个国大党人来说，实现教派团结的第一件事是，不管他的宗教信仰如何，他自己要代表印度教徒、伊斯兰教徒、基督教徒、琐罗亚斯德教徒、犹太教徒等，简言之，要代表印度教徒和非印度教徒。他必须觉得他与印度斯坦千百万居民中的每一个人都是一家人。"[③] 甘地宗教和谐思想的实践不仅唤起了印度教各种姓投身于民族运动，而且唤起了其他宗教派别投身于民族运动，使其获得了最广泛的社会基础，呈现出空前的群众性、时间的连续性和内容的多样性的特点，民族运动进入了名副其实的群众运动的新阶段，最终赢得了印度民族独立。

甘地宗教和谐思想的实践为当今世界提供了一面镜子，是化解当今世界宗教冲突的一剂良方。甘地生活在一个充满宗教冲突的时代，这促使他在宗教和谐中寻求出路。当今世界面临着和甘地时代相同的难题，宗教冲突时时发生，随处可见，许多国内暴力和国际战争都和宗教有关，或源于宗教，或有宗教背景，世界和平与人类生存因之受到严重威

---

① 尚劝余：《印度人》，第140页。

② 有关提拉克利用印度教的具体情况，参见朱明忠、尚会鹏《印度教：宗教与社会》，第86—94页；林承节：《印度民族独立运动的兴起》，第269—290页。

③ 侯赛因：《甘地和尼赫鲁之路》，第77页。

胁。正如博玲博士所说："人们只需要打开每天的报纸就会知道，宗教分歧是当今世界一个爆炸性的、甚至是致命的因素：卢旺达、波黑、前苏联、阿拉伯国家、以色列。在美国，美国土著宗教团体与法庭之间、美籍非洲人与犹太人之间、亲生命与亲选择力量之间等等冲突，都有宗教暗流在起作用。我们经常看到宗教成为将我们划分为敌对阵营的一种力量。对此的反应要么是退回我们自己的团体之中，将藩篱筑得更高；要么是将宗教因素撇在脑后。我们需要寻找某种互相尊重和与不同传统、文化背景的邻居真诚对话的基础，一个我们能够由此出发，共同努力面对困扰人类的深层伦理和精神问题的基础。"① 甘地宗教和谐思想的实践无疑提供了这样一个基础。这个基础就是宗教统一、宗教平等和宗教宽容，即：以宗教统一的观点看待宗教，不纠缠于宗教表象和外部差异，而是深入宗教底蕴，领会宗教的实质和灵魂，探索宗教的共同基础和目标；以宗教平等的视角审视宗教，不以某一宗教内的某一派别为标准而蔑视或贬低其他派别，或以某一宗教为标准而蔑视或贬低其他宗教，而是对同一宗教的不同派别和所有宗教一视同仁，平等相待；以宗教宽容的心态对待宗教，不是只看到其他教派和宗教的缺点，无视其优点，而是以虔诚的态度学习和借鉴其他教派和宗教的好的成分，克服自己宗教的不好的成分，求同存异，相互补充，和谐相待，和睦相处。

---

① 博玲：《中国文化朝觐：宗教多样性探索》（Judith A. Berling, *A Pilgrim in Chinese Culture: Negotiating Religious Diversity*），纽约奥贝斯书屋 1997 年版，第 5 页。

丝绸之路与古代东西方文明交往

王欣

（陕西师范大学西北民族研究中心教授）

历史交往是彭树智先生"文明交往论"的重要理论基石和主要组成部分。早在 1998 年 9 月中国西北大学与奥地利萨尔茨堡大学联合举办的"丝绸之路国际学术研讨会上"，彭先生就从历史交往的角度指出，"历史交往有丰富的内涵，结合丝绸之路上历史个案的分析，会总结出东西方历史上许多具体的特征和规律"，并提示丝绸之路的开拓、盛衰、复兴及其在世界历史上的地位与作用"都需要从历史交往的角度来观察。"① 在丝绸之路发展史上，以东亚中国文明、南亚印度文明、西亚波斯文明和欧洲希腊、罗马文明为主的东西方文化诸因子在古代世界范围全方位的交流与互动，并在这种交互影响下极大地推动了全人类文明的发展和社会进步，充分说明了先生"文明交往论"立论之高远。本文拟从中古时期东西方诸文化因子沿丝绸之路交往的角度，从历史的剖面进一步对此试加解析。

一　科技与思想的交往

如李约瑟博士所言，中国古代数学对印度数学的影响是"无可怀

---

① 彭树智：《丝绸之路是世界性历史交往之路》，载周伟洲、王欣主编《西北大学史学丛刊》第 2 辑，三秦出版社 1999 年版，第 2—3 页。

疑的"。例如，中国古代所创造的筹算制传入印度，直接导致了印度位值制的产生；而印度的大数记法亦通过丝绸之路被引入了中国。但是李氏认为"中国与印度的接触在科学技术上的影响却微乎其微"，[①] 这似乎与事实不符。以天文学为例，《隋书·经籍志》即记载了一批来自印度的天文历算书籍，诸如：《婆罗门舍仙人所说天文经》、《婆罗门竭伽仙人天文说》、《婆罗门天文》、《婆罗门阴阳算历》、《婆罗门算法》、《婆罗门算经》等。在唐代，瞿昙撰等天竺历数家经丝路来到当时的长安，其活动颇为引人注目；高僧释一行则参阅印度历法制定了大衍历，随后又传入日本；在元代，波斯天文学家贾玛如丁于 1270 年曾向元朝献浑天仪、方位仪、斜纬仪、平纬仪、天球仪、地球仪和观象仪，并献"万年历"，将古代波斯天文学的主要成就介绍到中国。所以在天文学方面，古代印度、波斯的历法对中国的影响很大。

在医学上，中国古代的中医与历史上的波斯、天竺、阿拉伯等医学曾通过丝绸之路交互影响，并行闻名。中国保存有一些来自西域和印度的药方，诸如：《龙树菩萨药方》、《西域诸仙所说药方》、《西域波罗仙人方》、《西域名医所集药方》、《婆罗门诸仙药方》等，而唐代医学家孙思邈的《千金翼方》就借鉴了印度医学理论，其中所记的"悖散汤"等药方则直接取自波斯和大秦（东罗马）；唐末五代波斯人李珣所著的《海药本草》将大量域外的药物和药方引介到中国，并为明代大医学家李时珍的《本草纲目》吸收采用，从而极大地丰富了中国古代医学宝库。以反映西部少数民族和阿拉伯医学为主要内容的《回回药方》在元明时期亦在中国流传开。另一方面，中国的炼丹术早在公元 8、9 世纪时就沿丝绸之路传入阿拉伯地区，后又传入欧洲，促进了近代化学的产生与发展；[②] 公元 11 世纪时，中医的经脉理论传到了波斯，在阿维森纳的《医典》中可见到其影响。

在工艺与技术上，随着丝路的开通，中国的丝绸开始大量输出，养蚕和缫丝技术也很快传播到了中亚、西亚乃至欧洲，并与当地的毛织、

---

① 李约瑟原著、柯林罗南改编：《中华科学文明史》第一册，上海交通大学科学史系译，上海人民出版社 2001 年版，第 80 页。

② 沈福伟：《中西文明交流史》，上海人民出版社 2006 年版，第 182—186 页。

棉织技术相结合，形成鲜明的区域性特色，进而在丝路沿线的高昌（今吐鲁番）、龟兹（今库车）、于阗（今和田）等地出现了几个丝织品制造中心，波斯也成为西亚丝织品的重要产地之一。吐鲁番出土的晋唐文书中可以见到"疏勒锦"、"丘慈（龟兹）锦"、"钵（波）斯锦"等记载，而在《高昌章和十三年（公元 543 年）孝姿随葬衣物疏》中甚至将"波斯锦"和"魏锦"并列；[①] 同时这里还出土了一批类似的丝织品实物，它们无论是在图案风格上还是在制造技术上均带有自己的特点，诸如连珠纹图案以及斜纹组织、纬线起花等工艺。为了满足出口贸易的需要，当时内地的丝织品织造也借鉴了这些工艺和风格，生产出供出口的织锦，从而促进了中国古代纺织技术的发展。据吴震先生研究，吐鲁番出土的具有波斯风格的丝织品事实上均产于内地甚至高昌本地。[②] 另一方面，唐代摩揭陀国（今孟加拉国）的熬糖工艺随其遣使而传入中国，而中亚、西域葡萄酒酿造和玻璃器皿的高超制作工艺也引起中原内地的注意并得到引介和借鉴。

公元 751 年唐朝与大食的怛罗斯之战，直接导致了中国造纸术的西传，并在中亚撒马尔罕形成了一个造纸中心。在 1140 年前后，造纸术又从西亚传入欧洲，由埃及人发明的纸草和羊皮纸开始退出历史舞台。在蒙元统治时期，中国的火药制造技术和雕版印刷术传入了波斯，并经过这里传入欧洲，对近代欧洲资产阶级的兴起和工业革命的发生起到了无法估量的作用。

相对而言，古代中亚、西亚与欧洲宗教和宗教文化的传入对中国文化的影响更具典型性。以建筑为例，中国古代受印度、阿拉伯的影响较大，而这种影响与宗教的传播密不可分。随着佛教沿丝路东渐，佛寺建筑的兴起，印度式窣堵婆式佛塔经过改造后在中国大地上如雨后春笋般地拔地而起，并与中国式的佛寺建筑交相辉映，最后完全融为一体；从西域到内地的石窟开凿也明显受到印度、中亚，尤其是犍陀罗风格的影响，并由丝路从西向东逐渐中国化。从保存至今的克孜尔石窟、库木吐

---

① 唐长孺主编：《吐鲁番出土文书》第二册，文物出版社 1981 年版，第 60 页。
② 吴震：《吐鲁番出土文书中的丝织品考辨》，载中国新疆维吾尔自治区博物馆、日本奈良丝绸之路学研究中心：《吐鲁番地域与出土绢织物》，奈良 2000 年版，第 102 页。

拉石窟、柏孜克里克石窟、莫高窟、麦积山石窟、龙门石窟的建筑风格上，我们可以明显地看到这一发展脉络。伊斯兰教的传入，则使得以清真寺建筑为主体的阿拉伯建筑技术经中亚地区影响到中国，如发券的砖石结构、拱顶建筑形式等。唐玄宗时所建之"凉殿"、京兆尹王鉷宅中之"雨亭子"，据说均是仿中亚建筑而建造的；玻璃瓦亦是从中亚传入并被广泛应用于古代中国的一些建筑上。

在思想与文学方面，随着佛教、祆教、摩尼教、景教、伊斯兰教等西方宗教沿着丝绸之路相继传入及其经典、教义被引介，它们各自所主张的学说、伦理道德和价值观在中国当时的思想界都产生了程度不同的影响，并深入民间。如佛教的传入对魏晋时期玄学思潮的形成起到了推波助澜的作用，其教义和逻辑学对此后中国的许多思想和流派产生了十分长远的影响，而魏晋时期流行的"浑天说"实际上源自印度婆罗门的"金胎说"；随之而来的还有大量印度寓言、童话，对中国古代志怪、传奇文类的形成起到了很大的作用。唐代以后的佛教变文对中国小说的发展影响很大，而佛教戏剧也对中国古代戏剧的形成与发展有直接的影响。在音韵学方面，由于魏晋南北朝时期的战乱和分裂，周边各少数民族内迁，汉语的音韵体系遭到了极大的冲击和破坏，甚至到了无法恢复的程度。唐代高僧守温仿古代印度梵语体系，制定汉语三十个字母，为汉语音韵学的重建奠定了基础。所谓"七音之韵，起自西域，流入诸夏"，而"华僧从而定之"，[①] 盖即指此而言。

另一方面，以儒家思想为核心的中国古代文化制度在丝路上也曾有过三次较大的西传，对丝路沿线各民族、国家，尤其是西域地区产生较大的影响。第一次是魏晋南北朝时期，大量内地的汉人为避战乱而移居西域，并在高昌形成了以汉文化为主的文化圈；第二次是唐代统一西域以后，中原文化制度在西域和中亚地区得到了广泛的移植；第三次则是随着西辽在中亚的建立，当时最先进的汉文化被引介于此，从而促进了中亚经济文化的发展。

不仅如此，佛教传入中国并被加以改造后，又倒传入西域和印

---

① 郑樵：《通志》，七音略第一，中华书局 1995 年版，第 353 页。

度,① 而在高昌国时期，当地的佛教和从中原传入的道教共为民间所信奉，都成为时人思想中驱邪避鬼的一种实践方式。所以，丝绸之路上所传播的各种文化思想之间的影响是交互的，这种交互影响中又包含着各民族根据各自的传统对不同外来思想观念的改造与调适，而不是简单地全盘照搬。

二　宗教与艺术交往

对于宗教在古代文明交往中的地位与作用，彭先生给予了很高的评价。在他看来，"宗教是文化基因的价值核心和内在精神，所有民族文化的各门类，都体现了该民族文化的宗教精神。同时，宗教的具体表现形式又与文化的各种表现形式并列，从而成为文化的一部分。"因此，"文明交往离不开宗教或近似宗教的价值系统带来的强烈文化政治归属性"。② 事实上，作为集思想、语言、文字、艺术等为一体的古代宗教在丝绸之路上的传播与影响，最为集中地体现东西方文明交往的成果。

佛教由与孔子同时代的净饭国王子乔答摩·悉达多所创立，经公元前 3 世纪的阿育王的大力弘扬而得到广泛传播后，为丝绸之路沿线的许多民族所信奉，成为丝绸之路上影响最大的宗教之一。大约在东汉末年，佛教传入内地。此后，众多东西方僧侣不畏艰险，或求法或弘法，使佛教深深地扎根在中国的土地上。在许多中外高僧大德的共同努力下，大量浩繁的佛教典籍陆续被译成汉文，形成世罕其匹的汉文《大藏经》，最终成为东西的文化交流史上的一大壮举。如果再加上几与汉文《大藏经》比肩的藏文佛经，那么，作为传入地的中国反而成为佛教得以延续和发展并且最为兴盛的地方，佛教在其起源地却日渐衰落。正是通过这种丝绸之路上的文明交往形式，佛教的中心得以从南亚移植到东亚，并得到延续、保存和光大，从而成为全人类文化宝库中的珍贵遗产。

---

① 余太山主编：《西域文化史》，中国友谊出版公司 1995 年版。
② 彭树智：《论人类的文明交往》，载《文明交往论》，陕西人民出版社 2002 年版，第24 页。

　　佛教对中国文化的影响是十分广泛的，除了前面提及的思想方面外，在雕塑、绘画方面的表现尤为突出。佛教传入中国之初，正是印度文化与希腊表现形式相结合的犍陀罗艺术的兴盛时期，随之兴起的印度笈多式艺术形式也随着佛教在唐代传入中国，对中国古代雕塑、绘画的艺术内容和表现形式等产生十分深远的影响，并在石窟艺术中反映得淋漓尽致。在雕塑艺术上，新疆的热瓦克佛寺遗址、库木吐拉石窟、吐峪沟石窟都发现了具有鲜明犍陀罗风格的泥塑佛像；在甘肃敦煌莫高窟中也可以见到犍陀罗风格的泥塑菩萨。公元4世纪开凿的山西云冈石窟中的有些塑像不仅图样取自印度，而且还有来自西域和印度的工匠参与开凿，其雕塑风格中犍陀罗艺术的特征更为明显；而在甘肃麦积山石窟中的摩崖石塔雕刻，既有印度窣堵婆塔的原型，又融入了汉陶仓舍的风格，反映了东西方艺术风格的融合。

　　伴随着佛教壁画艺术形式的东传与普及，源于印度的凹凸派画风被引入中国，对绘画艺术产生重大影响，被认为是中国绘画史上的一大变局。如唐代从西域于阗流寓长安的著名画家尉迟跋质那和尉迟乙僧父子，时人称之为"大小尉迟"。乙僧尤善佛画，其作品"匠意极险"，人物形象"身若出壁"，[①]并直接影响到吴道玄等几代人的画风。在丝路沿线的石窟中，无论是库车的库木吐拉还是敦煌的莫高窟，均可见分属不同时期的印度、西域乃至中原风格的壁画，反映出东西方绘画艺术的交互影响。此外，在丝路壁画中也可以见到萨珊波斯文化的影响。吐鲁番出土的北朝至隋唐时期的织物，尤其是所谓的"复面"上，多见有连珠对禽、对兽等纹样，均属古代波斯造型艺术的风格，甚至一些唐三彩在表现主题上也受到萨珊波斯以兽头装饰风格的影响。而在中亚贵霜匿城左之城楼上，北绘中华古帝，东绘突厥、婆罗门，西绘波斯、拂箖（大秦）等国君主的画像，形象地表现了东西南北各种文化在中亚的汇聚与交融情况。另一方面，在吐鲁番阿斯塔那古墓群发现的墓室壁画，则明显源于魏晋时期河西地区的墓室砖画，也说明了古代丝路绘画艺术影响的双向性。

　　祆教原产生于公元前7世纪的波斯，起初影响甚微，经萨珊王朝的

---

　　① 段成式：《寺塔记》，人民美术出版社1964年版，第19—20页。

创建者阿尔达希大力弘扬，其经典《阿维斯塔》得以编纂成文，随行于天下，并一度成为萨珊波斯的国教。祆教后来为中亚粟特人所信奉，并随着粟特人在丝路上的商业活动而在西域的焉耆、高昌等地发展了自己的信徒。祆教至迟在北魏时期已经传入内地，受到历代中央王朝的优待，政府并专设"萨甫（保）"一职，主管祆教事务。在高昌国时期，祆教的神祇还与汉民族的传统信奉对象并列，同时被供祭，而唐长安城周围也多建有祆祠。近年来在西安发现的北周安伽墓和史君墓以及在山西太原发现的隋代虞弘墓中出土的一批石椁、石棺床上，可以见到许多祆教内容的雕塑，由此可见祆教在内地的流行状况。至于导致唐朝由盛转衰的安史之乱，祆教在其中所起的作用已经被人们所认识；而祆教对中国绘画、雕塑、建筑等方面的影响也得到了揭示。如姜伯勤先生所言："中国祆教艺术，在主题、符号、象征力量等都反映了中国礼制的天人观对外来宗教的改造，从而反映了中国文明与伊斯兰及中亚文明的互动。"[①] 祆教在丝绸之路的传播与发展，也印证人类文明交往的动态性和交互性特征。

摩尼教是在公元 3 世纪时由摩尼在波斯创立，其主要教义是所谓的"二宗三际说"。摩尼教在波斯被禁、教主被杀之后开始向外部发展，沿丝绸之路向西传入法国南部以及北非的埃及、迦太基，向东则传入中亚的撒马尔罕，为粟特人所信奉，并随着粟特人的商业活动，在突厥、回鹘等游牧民族中找到了坚定的信奉者，一度还成为回鹘汗国的国教。在西域的高昌地区，摩尼教的影响较大。在吐鲁番柏孜克里克石窟中，就保存有一些摩尼教的石窟寺，出土了一批摩尼教的幡画、纸画等。摩尼教的经典曾被译成汉文、突厥文、回鹘文和粟特文，这反映了其在丝路东段影响的广泛性；而其自从唐武后延载元年（公元 694 年）传入内地后，便在长安、洛阳等地出现了一批摩尼寺。摩尼教教义在内地民间产生的影响更为深远，五代至两宋时期的许多农民起义都曾利用摩尼教"明暗"两宗的斗争学说来鼓动民众，元末农民起义中也可以见到摩尼教（明教）影响的影子。当摩尼教在其发源地几乎湮没无闻的时候，中国福建晋江的元代摩尼教草庵却成

---

① 姜伯勤：《中国祆教艺术史研究》，生活·读书·新知三联书店 2004 年版，第 328 页。

为摩尼教在世界上最后的消亡地，其命运与佛教在东方的发展有某些相似之处。事实上，摩尼教本身固有的灵活性和适应性也为它在世界各地的发展提供了有利条件，除了主张使用传入地民族的语言传播教义外，摩尼教在西方借助基督耶稣、在东方借助佛陀的名义宣教，使其很快发展成为世界性的宗教之一，[①] 从而也印证了人类文明交往的手段与途径的多样性。

景教又称聂斯脱里派之基督教，公元 5 世纪上半叶由叙利亚人聂斯脱里乌思创立于东罗马帝国，在被作为异端遭到禁逐后得到了萨珊波斯王朝的庇护与支持，遂在波斯建立总教会，有许多波斯人甚至一些高级官吏也皈依景教。景教徒将古希腊的哲学、科学著作译成波斯文或叙利亚文，从而把古欧洲文化系统地介绍到亚洲。景教沿丝绸之路从西向东发展，经过中亚和西域，至迟在唐代传入内地，并在中原地区广建景寺。唐人不察，最初以波斯寺名之，后随着认识的深入而将其改称大秦寺，以明其本源。据立于 781 年、现存西安碑林的著名《大秦景教流行中国碑》记载，景教在当时内地的传播已经是"法流十道。国富元体，寺满，百城，家殷景福"的兴盛状态。在敦煌莫高窟中发现有汉译《三威蒙度赞》等景教经典，其所附尊经的记载中称，当时被译成汉文的景教经典多达三十余部；在吐鲁番高昌故城中亦发现有景教寺院遗址，表明其在丝路影响的广泛性。虽然景教在唐武宗灭法时曾遭到禁绝，但在蒙古汗国建立后又在中亚和西域等地得到一定程度的复兴，并向东影响到内蒙古的河套地区。

起源于阿拉伯半岛的伊斯兰教在唐代经海陆两道传入中国，并在此期间通过大食的武力征服，将势力扩张到中亚和印度西北部。在喀拉汗王朝时期，伊斯兰教又借助武力征服，使西域的疏勒、于阗等地改宗。蒙古帝国的西征又使得大量中亚、西亚的穆斯林沿丝路东徙并定居中原内地，经过数百年的繁衍生息，最终形成了今天的回族；与此同时，阿拉伯和伊斯兰文化亦借此传入中国。

---

① 林悟殊：《摩尼教及其东渐》，中华书局 1987 年版，第 42—43 页。

三　乐舞与百戏的交往

　　起源于印度和波斯的印度乐系和波斯乐系首先沿着丝绸之路传入中亚与西域，并与各地的音乐传统相结合，形成了著名的天竺、龟兹、高昌、于阗、悦般、安国等部乐，并传入内地对西凉、燕乐等部乐的形成影响巨大。中国古代音乐体系，经魏晋乱世，诸少数民族内徙而"礼崩乐坏"。但魏晋南北朝以后大量印度、西域的所谓胡乐胡声沿丝绸之路被大量引介，并最终在唐代得到充分借鉴和吸收，从而使中国古代音乐的发展达到历史上的一个高峰。如唐代十部乐中沿丝路传入或受其影响者多达十分之七，其中龟兹乐的影响尤甚。唐代燕乐二十八调就源于由龟兹音乐家苏祇婆带入内地的琵琶七调，而龟兹七调又是从印度传入的；唐之宴享之乐分为坐、立二部，坐部伎六部乐中的长寿乐等四部乐直接用龟兹乐，而立部伎八部乐中有六部均"杂以龟兹声"。①

　　隋唐之际，大量来自中亚和西域的音乐家汇集长安，如苏祇婆、白明达、曹保、米嘉荣、康昆仑、安叱奴等，皆闻名于世，康昆仑被时人称为"琵琶号第一手"。与此同时，大量印度、波斯的乐器亦经过西域传入中原地区，诸如琵琶、竖箜篌、羯鼓、觱篥等，其中琵琶已成为唐代音乐中的主角，并逐渐演变成为中国传统的民族乐器。唐王建《凉州行》中云："城头山鸡鸣角角，洛阳家家学胡乐"，反映出胡乐、胡声在内地影响的广泛性。另一方面，即使在异域胡乐风靡的情况下，内地的音乐也曾在丝路产生一定的影响，如《秦王破阵乐》就传到了印度。

　　自古以来，音乐和舞蹈从来就是相伴相生的，二者密不可分。伴随着西方音乐沿丝路的东传，印度、波斯和中亚、西域地区的舞蹈艺术也一起传入内地，为中国古代舞蹈的发展注入了新的血液和活力。古代中国传统的舞蹈原分为文舞和武舞，丝路开通后，来自西方的域外舞蹈不断被引介到内地，至唐代时则形成了软舞、健舞、字舞、花舞、马舞等多种类型，其中又以健舞和软舞最为流行。健舞中包括稜大、阿连、柘

---

　　①　刘昫等撰：《旧唐书》卷二十九，中华书局1975年校点本，第1060页。

枝、剑器、胡旋、胡腾等；软舞则分为凉州、绿腰、苏和盉、屈柘、团圆旋、甘州等。这些舞蹈大都由印度、中亚等地经西域传入，如胡腾、柘枝舞起源于中亚石国（今塔什干），胡旋舞起源于康国（今撒马尔罕）；或受域外影响而形成的地方性舞蹈，如凉州舞、甘州舞等。无论健舞或软舞大都与沿丝路东传的域外舞蹈有关，其中尤以胡旋舞为最。唐代中亚昭武九姓粟特人多有献胡旋女入朝者，深受时人喜爱，并多有诗赋歌咏之。唐玄宗、安禄山均擅此舞。据研究，健舞的姿态在梵文中作 Tandava—Laksanam，梵文《乐舞论》中有专章论之，说明印度舞蹈先影响到中亚和西域，复又由此传入内地。[①] 东西方文明相互影响和交流的递次性特点在这一点上表现得比较显著。此外，丝路舞蹈艺术的交互影响在保存至今的各地石窟中也有形象的体现，例如库车库姆吐拉新1 号窟窟顶壁画中的人物形象呈强烈的"S"形扭摆，具有浓厚的印度舞蹈风格；而在陕西境内唐代墓葬中出土的壁画、佛座、陶乐俑等所表现的乐舞则大多与龟兹乐或所谓的"胡部新声"有密切联系。

早在西汉元封三年（公元前 108 年），随着安息（波斯）使者沿丝路来到长安，就把黎轩（大秦，即罗马）被称为"眩人"的魔术师带入内地，而古代罗马杂技百戏在丝路的影响甚至已到达今天的缅甸等地。东汉时掸国（今缅甸）国王所献"幻人"自称为大秦人。这些罗马眩者所表演的杂技百戏内容庞杂，种类繁多，从"角氐奇戏"到"变化吐火、自支解、易牛马头"等，技艺高超，深受内地人民的欢迎和喜爱。到了唐代，从印度、波斯、中亚等地沿丝路输入中原的杂耍百戏的种类更加繁多，"大抵《散乐》杂戏多幻术，幻术皆出西域，天竺尤甚。"[②] 史乘中也有胡人在唐玄宗面前表演幻术的记载。在吐鲁番阿斯塔那 336 号唐代墓葬中出土的一组杂技俑中就包括顶杆倒立俑、双人狮舞俑、大面兰陵王及一些戏弄俑，具有浓厚的异域风格，其中甚至还有一个黑人百戏俑，反映出丝路杂技艺术交往的广泛性。

从域外传入的马戏曾深受唐玄宗的喜爱，为此他令专人养舞马百匹，遣塞外人教习表演。此外马球（又称波罗球）在唐代也从波斯

---

①　常任侠：《东方艺术丛谈》，上海文艺出版社 1984 年版，第 114 页。
②　刘昫等：《旧唐书》卷二十九，第 1073 页。

（或以为从吐蕃）传入中原，当时上自宫廷皇族、宫娥，下到军队、闾里少年均热衷于马球运动，其影响一直延续至元明。在吐鲁番阿斯塔那古墓中就出土有打马球泥俑，而陪葬乾陵的章怀太子墓室壁画中也保存了一幅打马球图，形象生动地反映马球运动在当时的流行状况。

有唐一代，泼胡乞寒戏亦曾风行一时。此种百戏原起于波斯，后沿丝路传入印度、中亚及西域龟兹等地，复又在北周时从中亚、西域等地传入中原。唐代该百戏在长安、洛阳两京颇为流行，皇帝及诸王多喜之，戏弄时则以苏莫遮曲伴奏。或许因其在戏耍时裸体跳足、挥水投泥不合唐人礼法，故屡遭士大夫的反对，于开元三年（713年）遭到禁断。由此可见，文明的交往与传播程度还受到各地、各民族传统的规范。

四　丝路文明交往的启示

彭树智先生指出："文明的生命在交往，交往的价值在文明，文明与交往的互依互存是由一系列不确定的因素组成的复杂过程。文明脱离了交往，便会衰亡，交往离开了文明，便会走向野蛮，只有文明交往才是人类历史、现实和未来的关键问题。文明交往是人类社会发展的动力。"① 古代东西方各种文明在丝绸之路上的传播与发展的历史与命运不仅印证了文明上述论断，而且还可以带给我们如下启示：

第一，文明交往是人类历史发展的常态性规律。任何文明的生成与演进都离不开与其他异质文明的交往与互动，文明只有在与其他文明的交往与互动的状态下才能兴盛和繁荣；文明的发展一旦陷入相对封闭的状态，那么就离其衰落不远了。张骞出使西域打通了西汉与西方文明交往的道路，大量异域文明的各种因子沿丝绸之路传入中原，不仅使西汉的社会经济得到极大的发展，国力日渐强盛，而且使得中原王朝的政治势力与文化影响首次从东亚扩展到中亚地区，并间接影响到南亚、西亚乃至欧洲，而汉帝国因此便具有了世界性意义。魏晋南北朝时期尽管中原地区基本处于分裂状态，但是丝绸之路上的文明交流活动却并没有因

---

① 彭树智：《论人类的文明交往》，载《文明交往论》，第3页。

此停止，西方与周边各民族文化因子如涓涓细流不断涌入，经过累积与交融，终于随着隋唐政治上的统一而达于兴盛，东亚的中国文明与西亚的阿拉伯、波斯文明首次在中亚的历史舞台上发生了直接的碰撞，形成当时世界上发展程度最高的两大文明。汉唐盛世的出现固然有自身经济社会发展的因素，但是如果没有丝绸之路上的文明交往活动，没有面向西方文明的开放、包容与兼收并蓄，其蔚为大观的文明风貌是不可想象的。

第二，通过文明交往，文明可以得到移植；某种文明即使在其缘起地走向衰落甚至衰亡，却可以通过交往与移植，在异地获得保存与新生。起源于南亚而兴盛于东亚的佛教就是一个典型的例子。中国古代的四大发明沿丝绸之路经由中亚、西亚传入欧洲，对欧洲文明的发展和世界历史的进程产生了重大影响：指南针技术的传入和罗盘导航技术的日臻完善，促进了航海技术的提高，导致地理大发现，进而使欧洲资本主义的原始积累得以完成；造纸和印刷术的传入和普及，则打破了天主教会对知识的垄断，促进了资产阶级思想和近代科学技术的传播和发展，瓦解了欧洲封建社会的思想与经济基础，为近代资产阶级登上历史舞台提供了条件；而由火药的传入所引发的近代火器，则在欧洲资产阶级彻底摧毁封建骑士阶层，实现资产阶级革命的最终胜利的过程中起到了决定性的作用。正如马克思所指出的那样："火药、指南针、印刷术——这是预告资产阶级社会到来的三大发明。火药把骑士阶层炸得粉碎，指南针打开了世界市场并建立了殖民地，而印刷术则变成新教的工具，总的来说变成科学复兴的手段，变成对精神发展创造必要前提的最强大的杠杆。"[①] 至于四大发明在其缘起地中国与传入地欧洲的迥然不同的命运，则是彭先生所指出的文明产生和发展的本土性因素和制度性因素综合作用的结果。

第三，古代各大文明间的交往与互动大多通过一些中间地带间接进行，具有渐次传播和影响的特点。在前工业化时期，受生产力发展水平的制约以及交通和通讯条件的限制，各大文明之间通常难以产生直接的接触与交往，而是通过一些中间地带渐次传播，间接交往。在古代文明

---

① 马克思：《机器·自然力和科学的应用》，人民出版社1978年版，第67页。

交往史上，处于东亚中国文明、南亚印度文明、西亚波斯和阿拉伯文明以及北亚草原文明之间的中亚、西域地区就发挥了各大文明之间东渐西传、南播北达的中介性作用。不仅如此，各大文明的传播在经过这些中间地带的时候一般都会受到当地传统的影响乃至改造，从而在与另一大文明接触前发生不同程度的变异。如佛教文化最初并不是从印度直接传入中国内地，而是通过中亚和西域并借助当地文化传统和语言文字的表述方式间接将其经典和教义引介到中土。如法国学者列维所言："龟兹于佛教感奋之下，文学发达。其输入之印度经文，并不拘泥原文，到处具见其独立精神。尝考此种文学运动之初期，不无线索可供寻究。夫中国佛经之初译，在纪元二世纪时。其间有佛教所用之语，非印度之原字所能对照；惟用龟兹语始能解其译音。"① 季先生则径直指出，"'佛'这名词不是由梵文译来，而是间接经过龟兹文的 pūd 或 pud（或焉耆文的 pät）"。② 正因为如此，早期汉译佛教典籍与梵文原本无论在内容上还是形式上都存在不合甚至乖谬之处，于是才有东晋法显和唐代玄奘西行印度，求取真经。而中古时期祆教、摩尼教等波斯文化的东渐，中亚粟特人则发挥了十分重要的中介传播作用。

　　第四，宗教在古代文明交往中具有不可替代的重要作用。一方面，宗教是古代各主要文明的承载者和代表；另一方面，虔诚的信徒在传教的同时也就完成了文明之间交往的主要使命。正如佛教之于古代印度文明，祆教、摩尼教之于古代波斯文明，犹太教之于古代希伯来文明，基督教之于古代欧洲文明，或者儒教、道教之于古代中国文明，各种宗教均为其所处的文明所孕育，并且都是集古代文明诸因子之大成的承载者。一方面，某种宗教原本就是建立在其物质文明上的精神文明的最高体现，是某种文明在意识形态、思维方式、价值观、道德观等方面的集中反映；另一方面，宗教又借助其所处文明的语言、文学、艺术等形式宣讲和传播。以佛教为例，其在产生之日起就深深地打上了古代印度文

　　① 列维：《所谓乙种吐火罗语即龟兹语考》，载伯希和、列维著：《吐火罗语考》，冯承钧译，中华书局 1957 年版，第 40—41 页。
　　② 季羡林：《浮图与佛》，原刊《中央研究院历史语言研究所集刊》，第二十本《本院成立第二十周年专号》，上册，1948 年，第 93—105 页。收入《季羡林学术论著自选集》，北京师范学院出版社 1991 年版，第 12 页。

明的烙印，并在哲学、语言、文学、艺术等方面成为古代印度文化成就的最高代表；在丝绸之路传播的过程中，佛教在内容上和形式上吸收和借鉴了包括古希腊文化在内的东西方各种文化因素，并在与其他文明交往的过程中，将印度文明的各种因子有机地融合在丝路沿线的语言、文学、音乐、舞蹈、绘画、建筑之中，从而借助佛教完成了印度古代文明的整体传播、移植及其与东方中国文明的全方位交流。加之，虔诚的佛教徒在丝绸之路上克服重重困难，东行传法，西行求法，才使得佛教的传播成为中古时期东西方文明交往史上最为华丽的乐章。事实上，在古代东西方文明交往史上，没有哪种因素能够像宗教那样发挥如此重要的作用；离开宗教，古代东西方文明之间的交往是不可想象的。

　　文明交往是人类社会发展史上永恒的主题之一。正如彭树智先生所指出的："文明交往的发展总特点，是由自发性向自觉性的演进，是由自在走向自为，是由情绪化走向理智化，是由必然走向自由，是由对立、对抗走向对话、合作。"[1] 近代以来随着生产力发展水平日益提高，资本主义在全球范围的扩张，到当代信息化社会所导致的全球一体化，显然文明交往的内容和形式与古代相比都发生了质的变化，但是文明交往发展的总的特点并没有改变。相反，各文明中所具有的共性与普世性价值日益为不同民族、国家所接受和遵循。通过文明交往，人类之间的了解与认识更加全面和加深：追求世界的和谐、人类社会的大同事实上是各个文明追求的共同的也是终极的目标，实现这一目标的方式与途径各不相同。对此，人类之间应该有足够的耐心和宽容。

---

① 彭树智：《论人类的文明交往》，载《文明交往论》，第44页。

全球化背景下伊斯兰文明与中华文明的交往
——以彭树智先生"文明交往论"为指导[*]

——以彭树智先生"文明交往论"为指导[*]

马明良

（西北民族大学伊斯兰文化研究所教授）

一

"文明冲突论"和"文明对话论"代表了当今世界有关文明问题上的两种不同声音。但笔者认为，用"文明交往论"来阐释和研究文明问题更具有穿透力。"冲突"也好，"对话"也罢，都是"交往"。冲突是消极的文明交往；对话是积极的文明交往。"文明交往论"的意义"在于它重视人类各个文明之间的相互联系，在于它关注这种相互联系和影响在不同时代、不同地区和不同国家中所达到的程度与发挥的作用。"[①]

在当前全球化背景下，用"文明交往论"研究伊斯兰文明和中华

---

[*] 听西北大学中东研究所的老师讲，要出版一本"庆祝彭树智先生八十寿辰论文集"，我感到非常高兴。我于2002—2005年师从彭先生，攻读博士学位，其间先生在做学问和做人方面给了我许多启发，使我受益终生。每每想到那三年，总是感受良多，似乎有说不完的话，现就以先生的"文明交往论"为指导，谈谈全球化背景下伊斯兰文明与中华文明的交往，以此表达对先生的敬意和怀念。本文原载《西北民族大学学报》2005年第5期，收入本文集时作了修改。

[①] 彭树智：《文明交往和通史研究问题的思考——〈中东国家通史·叙利亚和黎巴嫩卷〉编后记》，载《书路鸿踪录》，三秦出版社2004年版，第340页。

文明的交往历程和交往前景，具有特殊的重要意义。

随着经济全球化进程的加速和扩展，各种文明之间的互动也不断加强，并正以前所未有的速度和规模向前发展。全球化是相对于以往民族隔绝，各自在不同空间孤立发展的历史阶段而言的，是世界市场形成和各民族、各种文明广泛交往的时代，是以各个民族国家经济的相互联系、相互依存为基础而达致全球范围的资源合理配置、文化交流、信息共享、民族国家通过合作共同处理人类面临的全球性问题的历史潮流。在全球化浪潮的冲击下，文明和文化的发展呈现出一种平行而又相对的趋势。一方面，一些大众文化和流行文化确实已经裹卷世界，并且带有很浓厚的西方文明的色彩，反映着西方文明的核心价值。互联网的出现，在某种程度上也强化和扩展了这种趋势。西方国家特别是美国也试图借全球化的东风在全球范围内推广其文化和价值观。美国五角大楼一位官员曾直言不讳地说："我们将进入一个新时期，没有人是前线士兵，但每个人都是战士。我们的目的不只是消灭对手，而是瓦解对方人民的目标、意志、信仰和理解能力。"①《德国明镜》周刊 1997 年 10 月的一期封面文章是这样形容美国文化在全球的影响的："在现代历史上没有一个国家像美国这样完全控制着地球。从加德满都到金沙萨、从开罗到加拉加斯，美国偶像影响着全世界。"总之，在全球化背景下，"美国制定了相应的文化战略，试图以'美国化'来代替全球化，以美国的文化价值观来'重塑'整个世界。"②另一方面，与此相对应，保护和发展本土文化（文明）的趋势也在加强。许多国家已经将文化安全问题提上议事日程，并采取种种措施来保护民族文化遗产，弘扬民族文化传统。不要说发展中国家是这样，就是发达国家如法国也非常注重保护本国的文化，比如它禁止商店使用英语标志，甚至禁止法国的互联网上出现"只使用英语"的网页。

总之，全球化对于文化交流和文明交往而言，祸福相依，利害参半，关键看如何引导，如何推动。在全球化背景下，如何正确认识和恰当地处理不同文明之间的关系，是摆在人类学家、文化学家、历史学

---

① 《亚洲周刊》编辑部：《信息保护伞与美国霸权》，《编辑参考》1997 年第 3 期。
② 王晓德：《美国文化与外交》，世界知识出版社 2000 年版，第 535 页。

家、哲学家、伦理学家面前的一个重大课题。在这方面，目前主要有三种倾向或观点值得注意，即文化霸权主义、文化极端主义和文化多元主义。

二

文化霸权主义①主要是指一国或国家集团将其传统价值观传播或强加给其他国家，以达到"不战而屈人之兵"的目的。文化霸权主义迷信自身文化的优越性和先进性，奉行"己所欲，施于人"的理念，试图将自己的文化和价值观凭借科技、军事、经济的优势强加给其他民族国家，尤其是第三世界发展中国家，并以自身文化为标准，"改造"和"重塑"与自身文化不同的国家，使这些国家按照它所设计好的道路发展，从而以自己的文化价值观来确定整个世界的发展方向。

文化极端主义是指不但反对文化（文明）间的相互交流、相互借鉴、相互吸收，而且奉行唯我独尊、唯我独好的理念，极力排斥甚至消灭异质文化。"文化极端主义也是文化霸权主义的产物，……世界历史上充满了西方基督教文明灭绝土著文化的血腥篇章。……在人类文明高度发达的今天，文化极端主义的阴影始终还存在，这可以从世界各地的民族宗教极端分子和欧洲街头新纳粹的追随者和煽动者身上得到明证。"②

文化多元主义③是相对于霸权主义和文化极端主义而言的，它强调世界上的每一种文化（文明）不论其影响大小，都有其独特的价值，理应受到相应的尊重。各种文化（文明）之间应该相互交流、相互了解、相互学习，取长补短，共存共荣。而这一切应该从文明对话开始。文化多元主义者认为，如果不进行积极的文明对话，那么文明间的差异、矛盾，在文化霸权主义和文化极端主义的相互刺激下，有可能转化为文明的冲突，若是那样，对全人类都是灾难性的。因此，文明对话势

---

①　郭洁敏：《论国际关系中的文化冲突》，《现代国际关系》2003 年第 9 期。

②　王键：《经济全球化视野中的文明对话》，《社会科学》2004 年第 1 期。

③　参见欧阳志远《上帝的"陶杯"——文化多样性与生物多样性》，人民出版社 2003 年版。

在必行。1994 年 10 月，由二十多个国家的知名人士组成的全球治理委员会通过《天涯若比邻》报告，呼吁"建立一种新的文明对话"。1995年 10 月，当时的德国总统赫尔佐克发表了"以文化对话代替全球文化战争"的重要讲话。1997 年 12 月，第 8 届伊斯兰国家首脑会聚伊朗首都德黑兰，针对文化霸权主义和文化极端主义的危害，共商文明对话大计。会议最后发表《德黑兰宣言》，"强调不同文明、宗教间积极互动、对话和理解的必要性，拒绝各种滋生相互不信任和削弱国家间和平交往基础的冲突理论。"1998 年 9 月，伊朗总统哈塔米在第 53 届联合国大会上正式倡议将 2001 年定为"全球文明对话年"，获得了普遍赞赏与响应。2000 年 9 月，在联合国千年首脑会议前夕，许多国家元首、外交部长和著名学者、思想家参加了不同文明对话圆桌会议，探讨如何在承认普遍价值的同时，保持和尊重文化的多样性，并在此基础上建立一种文明对话的崭新国际关系范式。同年 9 月 8 日通过的《联合国千年宣言》指出："人类有不同的信仰、文化和语言，人与人之间必须相互尊重。不应害怕也不应压制各个社会内部和社会之间的差异，而应将其作为人类宝贵遗产加以爱护。应积极促进所有文明之间的和平与对话。"①

由世界各国的许多有识之士倡导，由联合国推动的文明对话以及由此而来的文化多元主义，是人类文明史和国际关系史上的一种健康的、积极的和建设性的呼声，受到世界上越来越多的国家和各阶层人士的赞同。中国政府一贯主张，世界是丰富多彩的。文明的多样性，犹如自然界中生物的多样性一样，使人类社会充满生机与活力，是人类文明不断进步的动力。江泽民同志在"十五大"的报告中精辟阐述了文明的多样性及其意义 。他于 2002 年 4 月访问伊朗时高度评价和支持哈塔米总统关于文明对话的倡议。他说："在人类几千年的历史上，不同文明相互借鉴、交流、融合，始终是人类文明进步的主流，也是推动文明发展的重要动力。只要世界各国在相互尊重与平等相待的基础上加强合作，扩大交流，彼此借鉴，取长补短，就能增进信任，求同存异，人类文明就能不断发展和前进，中国愿与伊朗及世界各国一道，为推动不同文明

---

① 文件原文见联合国中文网站。http://www.un.org/chinese/ga/55/res/a55r2.htm

的对话、合作和交流，为建立公正合理的国际政治经济新秩序，促进人类的和平与发展做出努力。"① 2004 年 1 月 30 日，中国国家主席胡锦涛访问位于开罗的阿拉伯国家联盟总部期间，正式宣布成立"中阿合作论坛"，并提出建立中阿新型伙伴关系的四项原则：（1）以相互尊重为基础，增进政治关系；（2）以共同发展为目标，密切经贸往来；（3）以相互借鉴为内容，扩大文化交流；（4）以维护世界和平、促进共同发展为宗旨，加强在国际事务中的合作。②

2009 年 11 月 7 日，温家宝总理在开罗阿拉伯联盟总部发表题为《尊重文明的多样性》的演讲，指出："文明具有多样性，就如同自然界物种具有多样性一样。当今世界，有 200 多个国家和地区，2500 多个民族，6000 多种语言。正是这些不同民族、不同肤色、不同历史文化背景的人们，共同创造了丰富多彩的世界，就如同有了七音八调的差异，才能演奏出美妙动听的音乐。不同文明之间的对话、交流、融合，汇成了人类文明奔流不息的长河。伊斯兰文明和中华文明都是人类文明的瑰宝，都对人类社会的进步和发展有着不可磨灭的贡献。"

中国的学术界对文明对话和文化多元主义也表现出浓厚的兴趣，不但有相关成果问世，而且还召开了一系列的学术研讨会。如，2003 年 11 月 6 日，中国社会科学院世界文明比较研究中心与南京大学和澳门基金会联合主办"世界文明国际论坛"第一次国际学术研讨会，有美国、加拿大、意大利、伊朗、俄罗斯、印度等十多个国家的 80 多位专家、学者与会，会议主题就是"文明间的对话"。2004 年 8 月 23 日—25 日，以"文明的和谐与共同繁荣"为主题的首届"北京论坛"在北京人民大会堂隆重举行。有来自五大洲 32 个国家的 200 多位著名学者和中国内地、港澳台的 225 位著名专家参加。联合国秘书长安南发来的贺电指出："北京论坛的主题与联合国的任务是一致的，我们都坚信：对话能够克服争端，多样共存是普遍真理，事实上，由于我们共同的命

---

① 《江泽民主席与哈塔米总统举行会谈》，外交部网站。http://www.fmprc.gov.cn/chn/pds/ziliao/zt/ywzt/zt2002/2333/2338/t10947.htm

② 拉吉卜·苏凯里（阿拉伯驻华使团团长）：《阿中合作论坛：阿拉伯世界与中国全方位合作的平台》，《阿拉伯世界》2004 年第 4 期。

运，世界人民是联系在一起的"。①

三

在全球化趋势进一步强化的新形势下，"文明冲突论"和"文明对话论"都不绝于耳。虽然"文明对话论"的呼声一浪高过一浪，但是"文明冲突论"在美国 2003 年 4 月对伊拉克的开战中，以及同年 5 月布什宣布伊拉克主要战事结束后此起彼伏的伊拉克反美武装力量的抵抗中，似乎得到了验证。而"文明对话论"至今大多停留在一般性的呼吁、倡导和泛泛宣传上，停留在宏观研究上，很少能见到各种文明间对话的具体形式和内容，因而给人留下"文明对话"是一种一厢情愿式的美好愿景或是言不由衷的策略性口号而已的印象，从而显得苍白无力，不像"文明冲突论"所展示的那样让人看得"真真切切"。这一现象一方面虽然反映了"文明对话"是一项长期的艰巨的战略任务，不可能产生立竿见影的效果，但另一方面也说明"文明对话"需要进一步增强内在动力，尤其需要具体的形式和内容，而文化自觉是文明对话的基础和前提。所谓文化自觉，概而言之，是指生活在一定文化中的人对其文化（明）有"自知之明"，了解其长处和优势，明白其短处和不足，并具有一种超越自身的边界，主动学习异质文明的长处，从而拓展自身，完善自身，发展自身的强烈愿望和非凡勇气，这种愿望和勇气从感性到理性，从表层到深层，逐渐形成一种文化自觉。"普遍的文化自觉，强烈的文化自觉，来自现代意识和传统意识的综合力，这种力量将促生人文精神。人文精神来自文化自觉，而人文精神是一种内生力，是文明交往的灵魂。"②

有鉴于此，笔者认为，本着先易后难、先近后远的原则，首先应该加强同为东方文明的伊斯兰文明与中华文明之间的对话（即积极交往），探讨二者之间有没有对话的基础、对话的条件、对话的意义。如果有，在哪些领域以何种方式展开对话。

---

① 《北京大学学报》2004 年第 5 期封底。
② 彭树智：《松榆斋百记：人类文明交往散论》，西北大学出版社 2005 年版，第 97 页。

　　表面看来，伊斯兰文明与中华文明似乎风马牛不相及，且格格不入。前者是一种刚性文明（当然它也有柔的一面，如提倡仁慈、宽容等），后者是一种柔性文明（当然它也有刚的一面，如讲人格、气节等）；前者是融沙漠游牧文明与绿洲农耕文明和海洋商业文明于一体的文明，后者是一种农耕文明；前者强调公正、公平、权利，后者强调身份、情理、义务；① 前者强调信仰、意志、奋斗、勇往直前，后者讲究天时、地利、机缘、迂回前进；前者直截了当，开门见山，后者委婉含蓄，含而不露；前者率真透明，清澈见底，后者韬光养晦，葱茂氤氲；……如此等等，二者的个性、气质确有许多不同。然而，只要两大文明之间进行积极主动、心平气和的对话与交往，改变彼此疏远，相互隔膜状态，那么，就会发现，二者有许多共同点、交汇点和契合点，有许多虽不完全相同却能够相通的地方。

　　伊斯兰文明与中华文明，同中有异，异中有同，二者的交往、对话，有着现实的可能性。如中华文化宣扬"敬天法祖"、"天人合一"、"中庸和谐"等人文精神和"忠孝仁爱"、"礼义廉耻"、"温良恭让"等伦理思想；而伊斯兰文化宣扬"认主独一"、"敬主爱人"、"和平中正"的人文精神和"惩恶扬善"、"诚信忠厚"、"平等公正"等伦理思想，二者在基本人文精神和一系列伦理思想方面有着惊人的相似性和广泛的一致性。这就为二者对话与交流打下厚实的思想基础。

　　伊斯兰世界各国与中国没有利害冲突，没有悬而未决的历史遗留问题，有的只是相似的历史遭遇（如近代都受到列强侵略蹂躏）和相同的现实任务（如发展民族经济、改善民生、建设政治文明、构建和谐社会等），因此，彼此间更能相互理解，相互沟通。

　　中国与伊斯兰世界的友好交往，源远流长，最早可追溯到唐代（其实早在伊斯兰文明兴起之前的汉代中国的张骞就出使过西域），举世闻名的"丝绸之路"、"郑和下西洋"、"万隆会议"等都是双方交往史上的佳话。今天，在全球化背景下，在建立国际政治经济新秩序，实现国际关系的民主化方面，双方互相理解、互相支持，共识越来越多。这一切为伊斯兰文明与中华文明的进一步交往创造了有利条件。

---

　　① 翟学伟：《人情、面子与权利的再生产》，《社会学研究》2004 年第 5 期。

诚然，伊斯兰文明与中华文明之间有差异，某些方面差异比较大，这是毋庸讳言的。如中华文明强调入世，强调建功立业，而伊斯兰文明主张出世与入世结合；中华文明注重现实，淡漠来世（后世），伊斯兰文明讲究"两世兼顾"、"两世吉庆"；中华文明属宗教多元主义，祖先崇拜、多神崇拜并存，而伊斯兰文明强调"认主独一"、"唯主独拜"，等等，二者各有侧重，在相同或相似的同时，又表现出差异性。文明之间没有交汇点，无法沟通，也就失去了交往的基础和条件；文明之间没有差异，无法互补，也就失去了交往的动力和意义。这是矛盾的对立统一规律在文明交往领域的反映。世界是多样性与统一性的结合，多样性中包含着统一性，统一性寓于多样性之中，客观世界既是丰富多彩的，又是内在统一的。亚里士多德说："所有的东西都或者是相反者，或者是由相反者构成的，而'一'和'多'乃是一切相反者的起点。"① 只讲"一"而不讲"多"，就否定了世界的丰富性和多样性；只讲"多"而不讲"一"，就否定了世界的普遍性和统一性。辩证法大师黑格尔既提出了事物的同一性原则，又强调事物本身即包含着差别，凡物莫不本质上不同，差别就是矛盾，矛盾是推动整个世界的原则。② 求同存异是一种哲学思维；存异求同也是一种哲学思维。求同存异是在追求"同"的过程中承认差异，承认多样性；而存异求同是在承认多样性的前提下，寻找共同点。"和谐"不一定非要以"相同"为前提条件，只有不同"音符"的有机结合才能演奏出美妙的"交响乐"——"和而不同"才是文明交往的至高境界。

四

伊斯兰文明与中华文明之间的对话和交往不但有理论意义，而且有着多方面的现实意义：

第一，两大文明的交往有助于解决当今世界面临的一系列全球性的

---

① 北京大学哲学系外国哲学史教研室编译：《古希腊罗马哲学》，商务印书馆1982年版，第239—240页。

② 参见黑格尔《小逻辑》，贺麟译，商务印书馆1980年版，第251—259页。

问题，如生态环境问题、世界和平问题、恐怖主义问题、新的疾病（如艾滋病）蔓延问题、跨国犯罪问题等等。世界面临的全球性问题，不是单靠一国之力就能够解决的，需要世界各国政府以及民间组织在内的全社会力量，超越民族主义的立场，从人类主体的高度和人类价值的视野，通力合作，密切配合，共同应对。

两大文明通过对话、交往、整合，可以为治理全球问题提供某些哲学智慧和精神文化资源，如伊斯兰文明关于人与自然和谐相处、相依为命的理念与中华文明"天人合一"的思想，经过融合，推陈出新，将有助于解决生态环境问题。伊斯兰文明和中华文明都注重家庭伦理，提倡夫妻互敬互爱互忠，这将有利于促进人类的健康，维护家庭的和睦与稳定。伊斯兰文明与中华文明都强调尊重生命，提倡仁爱、宽容，反对践踏生命，伤害无辜，这将有助于防止恐怖主义。

第二，两大文明的交往有利于维护世界和平。当今世界，和平与发展已成为时代的主题。求安宁、促和平、谋发展是全世界人民的普遍愿望和共同诉求，然而，世界上的一些地区仍然为战争的阴影所笼罩，核扩散和核威胁的问题依然存在。伊斯兰文明内在的和平精神与中华文明"和为贵"的思想，相互交融，相得益彰，一旦为更多的人所领悟所接受，将会成为维护世界和平的巨大精神动力和价值支撑。

第三，两大文明的交往，有助于构建多元共存，"和而不同"的世界文明新秩序。在当前全球化趋势不断强化的形势下，文化霸权主义和文化极端主义已经成为威胁人类文明健康和谐发展的严重障碍，也是对文化多样性的严峻挑战。以世界十多亿人口为载体，影响遍及西亚、中亚、北非、东南亚乃至欧美许多国家的伊斯兰文明与以十多亿人口为载体影响中国、东亚、东南亚乃至世界各地华人圈的中华文明的密切交往，相互尊重，求同存异，和谐相处，是对文化多样性的最有力的支持和保护，是对文化霸权主义和文化极端主义最有力的回击，是对建立"美美与共，和而不同"的人类文明秩序的最大贡献。

第四，两大文明的交往，有助于寻求和建立全球普世伦理。1993年8月28日，来自世界各地的6500名宗教界领袖、宗教神学学者以及一些有着个人宗教背景或没有宗教背景的学术界和新闻界人士会聚美国芝加哥，召开了"第二届世界宗教议会"。大会在公开发表了《走向全球伦理宣言》，并得到了绝大多数与会者的签名认可。该宣言指出，当代人类的道德危机呼唤着"新的全球伦理"，"新的全球伦理"是指寻找不同文明、不同宗教在某些伦理观念上的"最低限度的共识"。① 那么，伊斯兰文明与中华文明通过对话、交往，可以达成许多"最低限度的共识"，如孝敬父母，尊老爱幼，睦邻、亲邻，保护弱者，"己所不欲，勿施于人"等等。

第五，伊斯兰文明与中华文明的交往，有利于双方自身的发展和繁荣。伊斯兰文明与中华文明博大精深、影响深远，但这两种文明也都各有所长，各有所短，各有所能，各有所不能。"文明的生命在交往"，②通过交往，可以实现各自的文明自觉，可以相互借鉴、相互吸收、取长补短、优势互补，从而能够超越自己、提升自己、完善自己，进而走向创新、发展和繁荣。

---

① ［德］孔汉思、库舍尔编：《全球伦理——世界宗教议会宣言》，何光沪译，四川人民出版社1997年版，第9页。

② 彭树智：《自序》，载《文明交往论》，陕西人民出版社2002年版，第3页。

"文明交往论"与当代中国外交哲学构建刍议[*]

——对彭先生"文明交往论"所蕴涵外交思想的分析与评述

王泰

（内蒙古民族大学政法与历史学院教授）

文明交往论是我国著名世界史学家、中东史专家彭树智先生在长期历史研究过程中提出的历史观与方法论，[①] 它是新时期我国世界史研究的理论创新，是一种以"历史个案史例研究"为基础、将历史学和历史哲学结合起来的学术构建，其所蕴含的学术思想博大精深。本人就先生的"文明交往论"对于我国世界史体系的构建之作用和贡献做出过评论，[②] 但在诸多关于"文明交往论"学术思想的评论文章中，关于先

---

[*] 2006年春末一个愉快而美好的早晨，在西北大学中东研究所彭先生的办公室，先生与我谈博士论文的选题。在这次短暂的交流中，我提到"文明交往论"对中国外交的启示问题，先生立即鼓励我尽可能地去挖掘素材，并考虑写一篇相关的文章。一晃三年多过去，由于种种原因，我迟迟未能动笔完成。作为先生的学生，在新中国迎来六十周年大庆的日子里，我在万千思绪之中完成了这篇心得，谨以此作为对先生八十寿辰的献礼。

① 从1986年起彭树智先生就开始对人类文明交往这一课题进行持续性的研究。二十多年来他在各种刊物、专著、教材中阐述文明交往的文章近五十篇，约百万字，其中最具代表性的是《改革开放30年来我国的中东史研究》、《论人类的文明交往》、《文明交往论》、13卷本《中东国家通史》（"卷首叙意"和"编后记"）、《二十世纪中东史》、《阿拉伯国家史》、《松榆斋百记》。

② 参见王泰《中国世界史体系的三大学术理路及其探索》，《史学理论研究》2006年第2期。

生的外交思想还是相对薄弱和欠缺的，其实阅读先生的著述，可以发现大量的文字或者直接触及外交、或者蕴含着丰富的外交思想。本文试图对先生"文明交往论"蕴含的外交思想及其对中国外交的启示进行粗浅分析，就教于学界，敬请批评指正。

一　"外交哲学"必须解决的三个基本问题

何谓"外交哲学"（diplomatic philosophy）？长期以来，这是一个在我国理论界和外交界一直没有得到系统解决的重大理论问题。自西方学者提出外交哲学这个概念，一些中国的国际关系学者发表了一系列有关外交哲学的文章，甚至引发了对中国选择何种外交哲学问题的学术争鸣，许多学者从传统到现代，从国际到国内，对外交哲学进行全方位的解读，但不无遗憾的是，至今未有学者能将外交哲学与西方国际关系理论相区别。[①]

彭树智先生在对西方的中东史学科建设进行评价时曾提出如下的批评意见，他指出，"西方学者用政治学、社会学、经济学等专门学科的研究理论与方法，对中东史作跨学科分析，这无疑有助于开阔思路和推动学科体系创新。然而现存专门学科理论基本上是根据欧美各国的发展经验构筑起来的，因此不可能完全适用于非欧美社会"。[②] 笔者认为，这一意见对于中国哲学社会科学的自主性创新无疑具有普遍的指导性意义，对当代中国的外交哲学探索同样如此。

目前在国际关系学界，对"外交哲学"概念的界定主要存在两种说法。其一，从外交的角度阐释。例如，有的学者认为外交哲学是"特定历史文化背景下产生的、对外交政策和外交实践具有长期指导意义的政治哲学思想或价值观念"，[③] 或者"一个国家对于外交思想的一种基本信仰和系统化的基本价值观念，是一个国家的国家哲学观和世界观在外交领域中的体现"。[④] 不过，这些观点被认为有其缺陷，就在于

[①]　康欣：《外交哲学概念刍议》，《学习月刊》2006 年第 2 期。
[②]　彭树智：《改革开放 30 年来我国的中东史研究》，《世界历史》2008 年增刊。
[③]　门洪华：《中国外交哲学的演变》，《教学与研究》2005 年第 4 期。
[④]　张志洲：《在崛起背景下构建中国自己的外交哲学》，《国际论坛》2007 年第 1 期。

"把外交哲学归结为外交思想，没有真正说明外交哲学尤其是中国外交哲学的含义，……其具体阐述或多或少都带有理想主义、现实主义等西方国际关系理论的色彩。"其二，从哲学的角度阐释。强调哲学注重思辨，而外交注重实践，一个属于人的精神世界，而另一个则需要将判断付诸实际行动。要将两者联系在一起的可能在于，哲学从可能性出发，着眼于一切中的前提，所考察的前提是终极的，这种考察是通过思辨的形式进行的。作为前提考察，可以指导或在一定程度上影响外交的决策、方式或者是执行。① 因此，可以把外交哲学的研究对象规定为"外交认识与实践活动所依据的世界观、方法论、价值观、思维方式。"②

不论以上观点孰是孰非，一个比较明确的问题是，"构建一套完整的、内在逻辑一致的中国外交哲学，将是一个长期的过程"。③ 本文认为，我们应该从一般的外交思想和国际关系理论的思维中走出来，放眼于整个中国哲学社会科学的理论创新。从词义结构的角度分析，"外交哲学"首先强调的是宏观的、抽象的"哲学"，然后才指向具体、确切的"外交"这一领域。因此，外交哲学不能同外交思想、外交理论等概念相混同，换言之，外交哲学在概念范畴上大于外交思想和外交理论，是思想和理论的"根本"。其次，也正如"历史哲学"只是西方学者关于历史理论和史学理论的综合而抽象的表达一样，我们不必过分地拘泥于"哲学"的抽象，关键是要厘清"外交哲学"至少应该包括哪些必须面对和解决的问题，什么名称并不重要。

本文主张从"外交"和"哲学"相结合的角度对此做描述性的概念分析，如果说外交是"任何以主权国家为主题，通过和平方式，对国家间关系和国际事务的处理"的话，那么在实践层面，外交必须面对和解决的核心问题就是：主权国家（中国）与外部世界（现存国际体系）的关系。

国际关系学界正是更多地强调了这个层面，或者说当代中国外交就其狭义的概念来理解，就是解决当代中国与外部世界的关系。例如，最

---

① 康欣：《外交哲学概念刍议》。
② 范文：《论外交哲学》，《外交评论》2002 年第 6 期。
③ 张志洲：《构建中国自己的外交哲学》，《环球时报》2005 年 9 月 12 日。

新出版的《后冷战时代的中国外交》就指出："如果将冷战时期的中国外交与后冷战时期的中国外交进行比较，可以看到各种因素纷繁复杂、林林总总，其中一个核心的问题是中国如何处理与现存国际体系的关系。冷战结束后一个时期以来，中国与外部世界的关系发生了巨大而深刻的变化。可以不夸张地说，上溯至 1840 年鸦片战争至今一百六十多年来，中国人对这一问题的思考、回答和实践，从根本上决定着中国外交的走向和成败。当然也是由于中国与外部世界正在形成越来越密切的关系，同时也遇到一些意想不到的困难和麻烦，中国人开始越来越多地关注和谈论中国与现存国际体系的关系。"[①]

如果说外交思想或者外交理论（包括一般的国际关系理论）着重于对该问题的解答，那么"外交哲学"就必须超越这一层面，它应该是关于一个主权国家与外部世界关系的世界观和方法论，是一种"总的看法"，而要找寻这种"总的看法"，只看到主权国家与外部世界的关系是远远不够的，还应该包括对另外两个基本问题的回答：主权国家（当代中国）、外部世界（现存国际体系）。换言之，"外交哲学"至少包括如下三部分才是较为完整的理论体系：第一，一个主权国家对于其所依存的世界的"总的看法"；第二，主权国家对其之所以屹立于世界民族之林的"自我"的"总的看法"；第三，主权国家对其与当代世界究竟如何互动的"总的看法"。只有以上三个范畴综合在一起形成一个"总的看法"，才构成所谓的"外交哲学"，它立足于哲学的思维，关照的则是"外交"所涵盖的所有命题。而"文明交往论"正是从世界历史的实证角度、以历史哲学的理论阐述形式，比较恰当地回答了以上三个根本命题。

二　文明交往论及其学术价值

彭先生提出文明交往论的主要观点包括：[②]

[①]　牛军主编：《后冷战时代的中国外交》，"序言"，北京大学出版社 2009 年版，第 2 页。
[②]　详见彭树智先生的《论人类的文明交往》、《文明交往论》等著述。

首先，关于文明交往的含义、内容和阶段。所谓文明交往是指人类跨入文明门槛之后、直到现在、而且还将持续发展的基本实践活动。人类的交往是伴随着生产力同步发展的历史过程，因而是历史交往的过程。交往在逐步克服野蛮状态的历史过程中，使人类不断走上更高文明层次的社会。而人类社会历史不仅仅是社会因素相互作用所推动的物质运动，而且是人们世代积累所创造出来的、有着内在联系的文明形态及其交往的序列，其本质是以价值关系为媒介的主客体辩证的文明交往过程。

文明交往和生产力同为人类的基本实践，交往力同生产力相互作用，分别组成了人类社会发展进程中的横线和纵线，彼此交叉璧连，组织成色彩斑斓的多样性历史画卷。不同国家、不同民族、不同文明之间的交往，不同性质的文明与野蛮之间的矛盾交往运动，与不同国家、不同民族、不同水平的生产力和生产关系的矛盾交织在一起，推动历史的前进。人类交往的基础，是人类的生产实践活动，而生产实践活动的前提，是人类的社会交往，即社会关系和联系。

人类文明交往的基本内容包括物质文明、精神文明、制度文明和生态文明。贯穿于四大文明交往的过程是人与人、人与自然之间的主体—客体—主体多向联系的本质统一。① 文明交往的形态是以社会经济形态为基础，从史前的原始蒙昧社会到农耕畜牧的自然经济，再到工商业经济时期，人类文明交往由地缘性的区域交往发展为全球化的现代交往。

其次，关于文明交往的形式和需要考虑的主要因素。文明交往在形式上因社会历史状况错综复杂而表现多种多样，但和平与暴力是两种基本的交往形式。前者是经常的、大量的和主要的交往形式。无论是古代的各文明中心之间，还是跨大陆的各帝国之间，或者是民间的商旅、教旅、学旅之行，和平形式的交往，一般占有主导地位。后者，诸如征服、掠夺、抢劫、破坏、凶杀，特别是战争，从人类社会一开始，也因种种原因而大量存在。人类文明交往史是和平与暴力两种形式的交织史，也是和平交往日益深入人心的历史。文明交往的任务是消灭暴力交往的根源，把和平和发展结合起来，把历史交往引向法制秩序和道德规

---

① 　彭树智：《改革开放 30 年来我国的中东史研究》。

范的轨道上来。在文明交往的诸多因素中，最为重要的表现为：主体和客体；交通和科技；民族和国家；地缘和环境；宗教和文化；语言与文字；利益与正义等方面。

再次，文明交往的属性和环节。文明交往是由一系列属性所组成的有机整体，包括：（1）实践性。这是文明交往的本质属性。因为人类生存和发展的基本实践活动是生产实践和交往实践。精神文化和物质文化的生产实践总是伴随着文明的社会交往实践。（2）互动性。文明交往是一个人与人、人与自然的互动系统。唯其有不同文明的互动，才能有文明用之不竭的源头活水。不同的文明之间，互动性表现为互相冲突、互相融合、互相渗透等彼此交往的复杂形态。（3）开放性。这是任何一种文明昌盛的标志。只有保持主动的、积极的开放性，文明才能发展。保持外部环境的开放性，扩大文明交往的范围，是发展生产力和文明成果传承的保证。（4）多样性。人类社会文明的多样性决定了文明交往的多样性，它是世界丰富的多姿多彩的反映，也是人类历史发展绚丽变幻多端的内在表现，还是世界充满活力、竞争和创新的动力和源泉。（5）迁徙性。这是人类群体在文明交往过程中的空间位移变迁。组成人类文明交往总链条的基本环节，表现为几对相互联系却又彼此区别的矛盾统一概念，如文明的冲突与整合，文明交往的有序与无序，不同文明间的外化和内化，历史交往过程中的现代与传统、全球与本土以及关于人类与自然的多维关系，等等。

总之，文明交往所追求的目标是人与人之间的和睦相处，是人与自然之间的平衡与和谐，是民族之间、国家之间的平等互利，是对自己文明的自尊、欣赏和对异己文明的尊重、宽容和欣赏，是抱着爱其所同、敬其所异的广阔胸怀和对人类共同美好理想的追求。

以上关于"文明交往论"的诸要点，就其理论渊源和学术价值而言，主要体现为如下三点。首先，"文明交往论"是在马克思主义唯物史观基础上反映时代精神的理论创新。对此笔者曾经指出，"文明交往论"同其他历史研究宏观理论一样，"立足于马克思主义唯物史观基础之上，可贵地体现了史学发展坚持解放思想、与时俱进的理论品格。"① 马克思和恩

---

① 参见王泰《中国世界史体系的三大学术理路及其探索》。

格斯在《德意志意识形态》中指出，"各个相互影响的活动范围在这个发展进程中越是扩大，各民族的原始封闭状态由于日益完善的生产方式、交往以及因交往而自然形成的不同民族之间的分工消灭的越是彻底，历史也就越是成为世界历史。"① "某一地方创造出来的生产力，特别是发明，在往后的发展中是否失传，取决于交往的扩展情况。只有交往具有世界性质，并以大工业为基础的时候，只有一切民族都卷入竞争的时候，保存住已创造出来的生产力才有了保障。"② 彭先生对此也提道，"马克思和恩格斯的《德意志意识形态》给我很大启迪。他们从'一切冲突，都根源于生产力和交往形式之间的矛盾'出发，从历史变为世界历史的高度，阐明唯物史观。我正是由此出发，对世界历史、中东历史中的文明交往规律进行思考和探索。"③

其次，"文明交往论"是基于文明研究但又鲜明地区别于西方文明史观的历史观念创新。长期以来，人类文明问题一直是人类历史的核心问题，对人类文明及其交往的研究与描述也一直是对人类历史研究与描述的核心，古今中外的诸多学者，特别是历史学家都曾致力于对文明的研究，并提出影响很大的理论成果。仅就 20 世纪而论，极具代表性的就有德国社会学家施宾格勒提出的"西方文明衰落史观"，英国著名历史学家汤因比提出的以挑战—回应模式为基础构建的文化形态史观，晚近影响最大的莫过于美国著名政治学家塞缪尔·亨廷顿于 1993 年提出并被系统化、实践化了的"文明冲突论"，等等。但彭先生的观点与此都不相同，其最主要特色之处就在于抛弃了西方以"宗教"构建所谓"文明"的窠臼，超然于宗教文明、地域文明之外，而是把"文明"和"交往"有机地联系为一个整体概念——文明交往，同时又用"生命"、"价值"和"动力"等表述文明交往的内在联系：即"文明的生命在交往，交往的价值在文明，文明交往是人类社会发展的动力。"这一表述掷地有声、铿锵有力，旗帜鲜明地表达了文明可有东西方之别，但绝无贵贱之分，一切文明均处于同等地位，为人类历史作出了重要贡献。正

---

① 《马克思恩格斯选集》第 1 卷，人民出版社 1995 年版，第 88 页。
② 同上书，第 88 页。
③ 彭树智：《改革开放 30 年来我国的中东史研究》。

如先生所强调的："不论人们之间如何矛盾冲突，人们总是要在同一个地球上生存发展，各种不同文明总要接触对话。人们越来越强烈地期望着通过不同文明之间的交往，架起彼此理解之桥。文明交往论正是不断推动不同文明之间交往相互关系的研究，成为有助于全球社会文明和谐问题的科学课题。"①

再次，"文明交往论"虽表现为理论阐述，但它是立足于个案研究并强调对文明交往互动作重点研究的方法与体系创新。方法上，作为"反映历史本体的文明交往理论，必须建立在众多典型历史个案的总体思考和对现状的全面理解与客观检验的厚实基础之上"，② 这是总的要求。体系上，彭先生发表的长篇文章《改革开放30年来我国的中东史研究》从九个既相互区别、相互联系又递进演进的方面总结了文明交往论的核心要义并由此把"文明交往论"上升到"文明自觉论"，③ 其中人类文明交往互动规律，被彭先生称为文明交往论的核心和"金律"。④

三　构建外交哲学的文明交往三范畴

在本文阐明了对于"外交哲学"的内涵以及文明交往论基本理论框架的前提下，笔者将对于以"文明交往论"构建当代中国的外交哲学进行粗浅分析。如前所述，外交哲学即关于一个主权国家与外部世界关系的世界观和方法论，是一种"总的看法"。"文明交往论"之所以被认为是这样的"总的看法"，是因为在这一历史哲学的分析框架下，它所提出的三个论断——"和谐世界论"、"文明自觉论"和"交往文明论"正好指向上文所提到的关于外交哲学的三个分析范畴，对于当下和未来中国的外交具有重要的理论指导和现实启示意义。

---

① 彭树智：《自序》，载《文明交往论》，陕西人民出版社2002年版，第6页。
② 彭树智：《改革开放30年来我国的中东史研究》。
③ 关于这九个既相互区别、相互联系又递进演进的关系，参见彭树智：《改革开放30年来我国的中东史研究》。
④ 2008年2月彭先生给笔者的复信。也可见彭树智《交往互动性的核心是开放的自觉性》，载《松榆斋百记》，西北大学出版社2005年版，第40页。

1. 和谐世界论——对当代世界的"总的看法"

当代世界造成了这样一种格局，即国家之间互相依存度继续提高，而主权国家对于自己所依存的世界的认识变得十分重要，几乎成为判断内政外交的基本前提。"当今世界正处在大发展大变革大调整时期。世界多极化、经济全球化深入发展，科技进步日新月异，国际金融危机影响深远，世界经济格局发生新变化，国际力量对比出现新态势，全球思想文化交流交融交锋呈现新特点，综合国力竞争和各种力量较量更趋激烈，给我国发展带来新的机遇和挑战。"诸如此类的表述，已成为党和国家重大报告、决议阐述国际环境问题方面优先使用的政策术语。

文明交往论是对人类文明发展的一种终极关怀，2001 年彭先生就提出"文明交往所追求的目标是人与人之间的和睦相处，是人与自然之间的平衡和谐，是民族之间、国家之间的平等互利，是对自己文明的自尊、欣赏和对异己文明的尊重、宽容、乃至欣赏，是抱着爱其所同、敬其所异的广阔胸怀和对人类共同美好理想的追求"。① 这一蕴含着丰富和谐内涵的思想在当代中国的外交实践中体现为国家领导人提倡的"和谐世界"。

建设和谐世界的理念，最早是由国家主席胡锦涛在 2005 年 4 月 22 日出席雅加达亚非峰会上提出来的。在 2005 年 7 月 1 日签署的《中俄关于 21 世纪国际秩序的联合声明》中，"和谐世界"第一次被确认为国与国之间的共识。2005 年 9 月 15 日，在纪念联合国成立 60 周年首脑会议上，胡锦涛主席全面阐述了和谐世界理念的深刻内涵，即应该尊重各国自主选择社会制度和发展道路的权利，推动各国根据本国国情实现振兴和发展；应该以平等开放的精神，维护文明的多样性，加强不同文明的对话和交流，协力构建各种文明兼容并蓄的和谐世界。此后，"和谐世界"——一个充满东方智慧的名词，频频出现在重大国际场合，它所描绘的国际关系的理想状态，正得到越来越多国家的理解和赞同。致力于构建和谐世界，已成为中国对外交往的名片。

我们认为，"和谐世界"的哲学判断，首先在于它是一个前提，之所以这样说，是因为它隐含的命题就是对当前"不和谐世界"的认知；

---

① 彭树智：《论人类的文明交往》，载《文明交往论》，第 44 页。

其次它才是当代中国外交致力的目标和追求。作为前提，就是在对世界文明多样性认识的基础上，合理地理解文明的多样性和复杂性所导致的国际关系种种问题，才要求"和"，进而成为目标和追求；它外化为对"文明冲突论"的驳疑，内化为对建立合理公正的国际经济政治新秩序的探索。事实上，推动建设和谐世界的理念，就是基于中国历史文化传统的必然选择。中华民族历来热爱和平、崇尚和睦、追求和谐，在对外交往中始终秉承"和为贵"、"强不执弱"、"富不侮贫"的精神，主张"协和万邦"、"和而不同"，提倡"海纳百川，有容乃大"。2000多年前，张骞两度出使西域，开辟了一条礼尚往来、互通有无、化干戈为玉帛的友谊之路；600多年前，郑和七下西洋，架设了一座传播和平、友谊、文明的桥梁。"和"的思想贯穿于中华文化的整个发展进程，已经深深融入中华民族的血脉里。

2. 文明自觉论——对屹立于世界民族之林的当代中国自我的"总的看法"

彭先生指出，文明交往的真谛在于人类人文精神和人文理性的自觉。"人类文明的自觉，不仅在文明交往过程中提升，而且文明自觉实质上就是文明交往的自觉，是人类交往的文明化。这种自觉，是人类用自身的精神觉醒观察世界历史，是人类用自身的文明开启蒙昧和野蛮，是追寻人类文明交往中的盛衰与复兴，是人类在文明交往中不断摆脱新的枷锁而获得思想解放，是人类在实践中提高社会进步和文明程度的升华。"①

文明自觉的基础是"文化自觉"。这是由我国著名社会学家费孝通先生提出的概念。他说："文化自觉只是指生活在一定社会中的人对其文化有'自知之明'，明白它的来历、形成过程、所具的特色和它发展的趋向，不带任何'文化回归'的意思，不是要'复归'，同时，也不主张'全盘西化'或'全盘他化'。自知之明是为了加强文化转型的自主能力。"② 对此彭先生指出，"面对世界范围的各种文化思想的互相交

---

① 彭树智：《改革开放30年来我国的中东史研究》。
② 转引自金耀基：《文化自觉、全球化与中国现代性之构建》，印象大中国文化管理传播网。http://www.yinxiangcn.com/xueshu/200811/11274.html

往，需要一种文化自觉，要认识到文化的力量，只是熔铸在民族生命力、创造力和凝聚力的深处。文化自觉是民族群体意识的自觉，是国民心理的内化，归根到底，是民族精神和国民主体意识的灵魂。"① 这便又回到了文明交往论对"文明"的关怀上——事实上就是中国文化的世界定位问题。先生对此忧心忡忡："一个国家，没有强大的综合国力，就要挨打；没有技术，一打就垮；没有自身的民族文化，不打便垮，只有成为外国文化的精神俘虏了。"②

对于当代中国的外交而言，"文明自觉论"具有十分重要的意义。第一，它外化为对世界上多种文明的主体性的强调，各国人民有权选择自己的发展道路、社会制度，并探索自己特色的模式，不可勉强划一。正如胡锦涛主席在联合国成立60周年首脑会议上所指出的，文明多样性是人类社会的基本特征，也是人类文明进步的重要动力。在人类历史上，各种文明都以自己的方式为人类文明进步做出了积极贡献。存在差异，各种文明才能相互借鉴、共同提高；强求一律，只会导致人类文明失去动力、僵化衰落。各种文明有历史长短之分，无高低优劣之别。历史文化、社会制度和发展模式的差异不应成为各国交流的障碍，更不应成为相互对抗的理由。

第二，"文明自觉论"内化出对于文化软实力的包含和肯定，强调文明主体性，也就是强调主权国家的外交应该建立在自身的语言、文化、传统等基础之上，甚至包括成功的发展模式。正如胡锦涛主席在美国耶鲁大学演讲时强调的，一个民族的文化，往往凝聚着这个民族对世界和生命的历史认知和现实感受，也往往积淀着这个民族最深层的精神追求和行为准则。而这些恰好是文化软实力的体现。

如果说"文明冲突论"的提出主要是美国学者基于战略角度对后冷战时代的国际格局做出的某种判断，那么"软实力"理论则是基于战术角度对美国维护全球霸权的手段和认知。"软实力"是美国著名学者、曾任美国国防部助理部长的约瑟夫·奈提出的国际政治权力概念，尽管奈教授过于直白，其"软实力"的宗旨就是主张以文化这种易于

① 彭树智：《对外交往中不要忘了自身的文化》，载《松榆斋百记》，第92页。
② 彭树智：《松榆斋百记》，第95页。

接受的方式，在世界上建立美国的影响力，但由于它比较恰当地解释了在国际政治领域不仅有对军事实力、资源等"硬实力"的争夺，还存在广泛的对于文化、制度、意识形态和道德、信息等"软实力"的诉求，因此得到各国学界、政界的普遍认可。仔细分析，构成我们时代的文明的基本要素——文化、制度、意识形态、道德、信息、历史等不恰恰正好是上述"软实力"诉求的基本内涵？因此，正是从这个角度讲，如果基于文化、制度、意识形态、道德等种种因素而形成的对外影响力和吸引力——即所谓"软实力"的确是一种行之有效的实力的话，那么在当前经济全球化和复合式依存关系日趋复杂化的形势下，提高中华文明的自觉、加强软实力就不仅成为保持文明特性、维护世界文明多样性的基本手段，而且还是在世界范围内扩大中国影响力的重要途径。

3. 交往文明论——对当代中国如何与世界交往互动的"总的看法"

"交往文明化"是彭先生思考文明交往论思想演绎和逻辑要求环环相扣的思维成果，它和"文化自觉"一样，都是"文明自觉论"的题中应有之意。依据上面的论述，很显然，人类交往或者说国与国的交往如果能够日渐趋于文明化，那么就能更快地实现建设和谐世界的目标，它是重要手段和方式。交往，是多样性文明的交往，是多样性与主体性的统一；文明交往论的思想体系中，关于人类交往的方式仍然不排除战争和暴力，甚至依然认为战争是现代对外交往的主要形式。的确，即便是进入21世纪的今天，我们也不可能不对美国发动的伊拉克战争、阿富汗战争、依然持续不断的阿以冲突等暴力交往视而不见；但我们必须谴责战争和暴力，追求以和平和谈判的方式处理交往过程中出现的矛盾与问题，此谓"文明化"，或者称作"交往的自觉"。

彭先生指出，"不同文明之间的交往既有良性互动，又有恶性互动。前者是善美之交，是在互相尊重、互相理解、互相欣赏、互相丰富自己、互相依存的'交而通'的良性状态。后者是互相碰撞、互相颠覆、互相对立和对抗，以至兵戎相见……是一种'交而恶'的不幸交往。"① "交往的文明化，是在封闭时代一去不复返而面临全球化背景下

① 彭树智：《文明交往追求"交而通"，反对"交而恶"》，载《松榆斋百记》，第36页。

发展起来的。交往而会通，在交往中克服差别，在交往中相互对话，相互理解"。在外交实践中，这就要求我们应该尊重各国自主选择社会制度和发展道路的权利，相互借鉴而不是刻意排斥，取长补短而不是定于一尊，推动各国根据本国国情实现振兴和发展；应该加强不同文明的对话和交流，在竞争和比较中取长补短，在求同存异中共同发展，努力消除相互的疑虑和隔阂，使人类社会更加和睦，让世界更加丰富多彩；应该以平等开放的精神，维护文明的多样性，促进国际关系民主化，协力构建各种文明兼容并蓄的和谐世界。凡此种种，都是"文明化"的体现和要求。

还需要特别指出的是，在"文明交往论"的思想框架下，交往的内容包括了物质文明的、精神文明的、制度文明的和生态文明的四大文明交往。其中前三种文明交往在外交上的启示与含义（即分别对应经济、文化、政治）本文已多有论述。那么生态文明交往与主权国家的关系怎样？一言以蔽之，这就是在当今世界全球化进程中全球问题凸显对于国家外交职能与作用的折射。全球气候变暖和环境恶化等问题就是典型的个案，毫无疑问，以主权国家身份参与解决全球问题已经越来越成为 21 世纪世界和中国外交关注的主题了。

文明交往论与云南民族问题研究[*]

伍庆玲

（云南大学国际关系研究院西南亚研究所副教授）

在当今世界，民族问题是非常难解决的问题，它可以导致世界帝国在顷刻间分崩离析，也会使某些地区长期混乱，民不聊生。尽管政治家、知识分子和普通民众都不愿意看到民族冲突，但是它已经成为国际社会的主要问题之一。

民族问题具有普遍性和特殊性，云南民族问题也不例外。对世界民族与民族主义理论的研究，中外学者都有不少论著。彭树智先生在20世纪90年代的《东方民族主义思潮》对中国的亚洲民族主义研究产生极为深刻的影响，这里不再赘述。近年来先生的"文明三部曲"以更加广博的人文关怀，对云南民族问题研究具有直接的启迪意义，这是本文写作的初衷与重点。

一

云南民族问题研究具有漫长历史，它涉及中央王朝汉文化中心与边地"蛮夷"之间的关系。司马迁《史记》就有专章提到《西南夷》。

* 将文明交往论用于云南民族研究的尝试，并非我的专利。本文的很多观点和资料是我与我的爱人郑卫东（云南民族出版社综合编辑部主任、副编审）集体讨论、一再思考的结果，尽管这篇短文由我个人执笔。在此特作说明并致感谢。

在漫长的封建王朝历史上，汉族始终处于文明交往的主体地位。云南曾经以滇池和洱海为中心建立过地方民族政权，有些更加边远地区的民族与内地汉族的关系因为距离的遥远而更加疏远。

新中国建立以来，民族地区现代化建设加快。与中国其他边疆地区民族相比，云南具有一个显著特征，就是民族种类繁多，根据 1951 年国家民族识别的结果，云南有 25 个少数民族。另外，外界一直把云南称为民族团结与和谐的典范。

民族问题的存在是一种常见的现象，每个民族，不论贫富大小，都有自己的文化传统和利益诉求。当今世界没有哪个国家不存在民族问题，包括美国也不例外。而云南之所以被称为民族团结与和谐的典范，一方面，云南民族工作取得的成绩令人感到高兴和骄傲。但是，另一方面，事物都是多面的，发展变化的。社会科学最大的难题就在于看到从前是何种状况，以后会发生什么情况。彭先生在《文明交往论》中，就多民族国家中民族认同问题特别指出：在多民族国家中，处理主体民族与亚主体民族文明之间的关系，是保持多样性统一的关键。因此，民族问题永远不会消失，永远需要去面对，并最终找到解决的办法。

云南大学民族学研究成果累累，成为与中央民族大学并驾齐驱的民族学重镇。那么，云南众多的少数民族对主体民族的文化认同，对国家的政治认同又是怎样的一种情况呢？

纳西族学者方国瑜先生是云南大学民族问题研究的重要人物，他具有比较强烈的汉文化认同，这和他的个人经历有关。他 18 岁时北上求学，当时从云南到北京路途遥远，要从越南绕道，很多人有去无回，方先生的父亲就病逝在越南。方先生在北师大完成本科学业后，到南京中央研究院工作。在南京那几年，汉族学者李方桂、赵元任对他的影响很大。从北京到南京，在汉族地区这段求学经历不仅对他的治学方法和思想产生深远的影响，而且使他认为自己已经"走出"丽江。

方先生的学术领域主要是云南历史考据，他对汉文化的认同的形成表现在 1963 年发表的论文《论中国历史发展的整体性》。这篇文章强调中华民族的多元一体性，它的发表具有很强的现实意义。

在汉唐宋时期，云南地方独立性很强。在唐代，南诏曾与吐蕃结盟，天宝年间的西洱河战争间接地导致唐王朝衰落灭亡，而《宋史》把大理国列为"外国"。对于这些矛盾复杂的关系，方国瑜先生曾作了种种辨析。

在那个政治动荡的年代，方先生担任过各种行政职务，也曾经赋闲在家，带着幼女到钱局街菜市场买菜做饭，照顾生病的妻子。他的第二任妻子是祖籍山东的汉族，为他生育了三个孩子。迄今为止，对于方先生是否有纳西族情节有不同看法。有人说："方先生有强烈的纳西族情结"，他关心丽江，资助亲友上学。相反的观点是，"方先生没有纳西族情结，他40多年没有回过丽江"。他曾经对他的纳西族弟子木芹老师说："你既然走出丽江，就不要再去研究那里了"。方先生把研究视野放在整个云南范围内，对纳西族研究的论文只有1930年的《麽些民族考》。而正是这篇论文，强烈地证明滇西北以丽江为中心存在一个民族共同体，1951年民族识别称为纳西族，现在人口有30万。

方先生曾经说过"政治，我是不懂的"，他对主体民族的文化认同是发自内心的。他的学生木芹老师也很少研究纳西族。但是，本芹老师于1990年申请到国家社会科学基金项目，最终完成专著《儒学与云南政治经济的发展及文化转型》。

正如陕西善出作家，藏族善出歌唱家一样，丽江善出文人墨客。周善甫先生就是其中之一，他出生在丽江，在汉族地区做教师，也是"走出"丽江的知识分子。他晚年在昆明翠湖附近一处民居研究国学。从外表来看，他就像是一位儒雅的汉族学者。在一次纳西族同乡聚会上，这位已经80岁的老人用优雅的纳西语唱了一首歌，在场人无不动容。近年来，旅居昆明的纳西族男性知识分子团聚时，都喜欢唱纳西语歌曲，以表达他们共同的民族感情和相互认同。

彭老师在"文明交往三部曲"中，对移（侨）民文化十分重视，他多次阐述他们在文明交往中所做的重要贡献。我觉得"走出"丽江的纳西族知识分子和移（侨）民一样，具有双重文化认同，对本土文化具有强烈的依恋。陈乐民先生以欧盟货币图案设计为例，指明欧盟政治上的成功，有赖于文化认同多样性与统一性结合，这与云南的情况具有类似性。

二

在研究中东问题时，初读伯纳德·刘易斯的作品，被他广博的学识感佩，后来逐渐体味到他书中的大不列颠白人优越感以后，逐渐与他资料产生思想隔阂。有段时期我正好做土耳其历史研究，我不懂土耳其语，所以只能用英文资料。研究所有一位来自土耳其的研究生，他中文比英文好。他问我：“老师用的这本英文书作者是西方人吗？”我回答：“他是西方人，但是他的妻子是土耳其人，他们一起在土耳其生活多年，这是他们共同研究的成果。”他点点头，表示还可以接受。

在彭先生《文明交往论》序言中，有一句话给我启迪很大：文明的真谛就是人文精神。《文明交往论》还阐述道：“文明还包括人与人的关系和人对自身的认识。人既要摆脱自然困扰，也要摆脱他人的压迫和正确认识自身。人与自然、人与人、人类自身这三者之间的矛盾，是永远同人类相伴随的矛盾。人的独立性、自主意志，驱使人需要成为自然界的主人、社会的主人和自身的主人。这三种矛盾的解决和三个主人的形成，是人的自由的自觉历史活动过程，而中心线索是人文精神的升华。”

社会科学研究者经常发现，对同一个问题，研究的主体与客体之间，不同文化背景的人与人之间差异很大。

最近我读到一位美国哈佛的佤族学者的博士论文，其中有一句话这样写道，生活在中国境内外的佤族人都有一个永恒的梦想，即建立他们真正的家园——司岗里。[①] 缅甸是与云南接壤的一个国家，与中国是“你住江之头，我住江之尾”的邻居。2008 年我在云南大学国际关系学院见到吴丹敏先生（Thant Myint—U）时，根据他的外貌特征，误以为他是一位普通的昆明市民。在云南陪同他的翻译告诉我，吴丹敏博士和她谈话的主要内容就是缅甸的贫困和缅甸人民的教育。2009 年我在迪庆州遇到一位曾经在印度游学 8 年的活佛。虽然我们之间只有一个小时

---

① 　为佤族民间传说。“司岗”意为“崖词”，“里”是出来，“司岗里”即“从岩词里出来”，传说为佤族的创世纪神话。司岗里的具体地点在中缅边境缅甸一侧。

的交谈，而且还要由我的学生翻译，但是，我的确被他的谈吐深深震撼了，感到自己的肤浅。

作为一位生活在民族地区的汉族知识分子，我有一种直观的感觉，那就是：每个民族，不论人口多少，经济文化繁荣或者落后，接受了多少汉文化，它们都有自己民族的梦想、文化认同和追求。

这些现象让我困惑，引发我去思考，促使我寻找答案。

在彭先生的文明交往论中，他的人文关怀论对云南民族问题研究具有重要意义。彭先生肯定了文明交往中最可贵的精神是文化自觉性，但是，他说："文明共存需要交往，而交往需要良性的、积极的和包容性的互动。"在文明三部曲的很多章节中，他都特别谈到极端主义的危害。

先生还指出，人类发展的历史就是文明交往的历史，文明交往不仅发生在民族国家之间，东西方文明之间，还发生在大的文化圈内部。经济联系是功利性交往，残酷的战争与仇杀是另外一种消极的交往，最理想的交往方式是和平文化交流，最高的境界是文化的沟通、理解乃至认同，这些纷繁复杂的内容构成人类社会发展的画卷。

文明交往与巴林伊斯兰社会变迁

韩志斌

（西北大学中东研究所副教授）

巴林作为海湾国家中国土面积较小的国家，其重要性并未因此而受到影响。处于东西方文明交往中的巴林，在中东地区占有重要的地位。巴林被称为"海湾的新娘"，其独特、新颖的地缘、经济与文化魅力吸引着学者们用宏观的视角、炽热的情感和诗意的笔触，勾画出巴林古老而年轻、传统又现代、靠沙漠且面临海域多姿多彩的历史图景。

一 文明交往的历史贯通

"文明"一词是近几年来学术界争论的主流命题，彭树智先生"文明交往论"观点的提出，成为"文明"争论诸命题的崭新理论。① "交往力"是彭先生在《文明交往论》中提出的一个突破性的、革命性的创新观点。"文明交往形成的交往力，同生产力相互作用，分别组成人类社会发展进程中的横线和纵线，彼此交叉壁联，织成色彩斑斓的多样

---

① 彭树智教授在《史学理论研究》2001 年第 1 期发表的《论人类的文明交往》一文，首次系统地论述了"文明交往"这一理论。2002 年其专著《文明交往论》的出版，使这一理论体系有了厚实的学术建构，此后，他又推出《书路鸿踪录》、《松榆斋百记：人类文明交往散论》两部著作，构成了"文明交往"理论的三部曲。

性历史画卷。"① 交往力是文明交往的推动力，它和生产力一起构成人类社会前进的主动力。彭先生在《松榆斋百记》中用简练的语言又对这一问题进行了深层次剖析：即互动性是文明交往的金律，这里的互动性其实指的就是交往力；互动律的核心是开放，不同文明之间和相同文明之内，也有互动交往；交往力是互动的核心所在。

交往力对巴林历史演进的影响之一是驱使不同文明在巴林交融和碰撞。文明交往的横向交往是一个空间的概念，含有典型的地缘性特征。交往力使地缘上不同的文明个体实现互动、整合、交融。实际上文明经不起孤独、孤独不能促进文明进化。从世界上各种文明所具有的内在特质来看，交往的力量使每一文明都有其他文明的影子。欧洲文化和科学技术相当一大部分是从伊斯兰世界"借来"的，恰如伊斯兰社会几百年里通过经商、征战和殖民媒介从中国借用"先进文明"一样。在早期的文明交往活动中，巴林同两河流域文明、希腊文明、罗马文明、波斯文明、印度文明等诸文明主体之间存在着政治、商贸、文化等方面的联系。巴林经历了海湾地区文明交往史的动态流变，形成了阿拉伯性、伊斯兰性与海湾地缘性相统一的文明特征。在殖民主义体系解构，全球化、民族主义、民族国家体系建构的进程中，巴林的现代化经历着挑战与机遇并存的双重使命，进行着新的内外文明交往。

交往力对巴林文明影响之二是推动巴林社会的飞速演进与变迁。文明交往包括两层不同的含义：即横向交往和纵向交往。从文明交往的纵向角度来看，人类社会的生产力演进是交往力的结果。原始工具的渔猎文明、奴隶制和封建制的农牧文明、商品经济基础上的工业文明、全球化的信息知识经济文明可以归结为文明交往纵向发展，它是一个时间上的概念，是生产力革命性变革式交往的结果。这种交往是先进文明与落后文明之间的排斥性交往，先进文明的产生是建立在落后文明崩溃基础之上的。费尔南·布罗代尔认为，时间的历史学分为地理时间、社会时间与个人时间。② 从世界历史的纵深处与长时段来看，巴林文明体系在

---

① 彭树智：《论人类的文明交往》，载《文明交往论》，陕西人民出版社2002年版，第5页。

② 彭树智：《松榆斋百记：人类文明交往散论》，西北大学出版社2005年版，第174页。

地理、社会两个层面的演进中表现出如下特点：

一方面，巴林的地理概念在历史交往中逐渐缩小。巴林的古称为"两海之地"，即沙漠和湖泊小海之间的地区，相当于现在的海湾，或者叫洋湾、卡提夫湾、巴士湾，一般指伊朗高原南部、两河流域东部、阿拉伯半岛东北和北部以及阿曼湾北部之间的陆地和水域。古代阿拉伯地理学家所熟知的"巴林海岸"指的是今日的卡塔尔、哈萨地区和科威特地区。① 而现代国际法主体意义的巴林地理范围已经大大缩小，含义远不及其历史概念。

另一方面，巴林社会影响在诸文明交往过程中的空间与广度不断扩大。由于巴林在海湾地区处于交通枢纽的重要地位和悠久的历史、文化和商贸根源，因此自古以来一直是历史行为体所垂青的对象。从巴林考古的现有成果来看，其石器文化中显示有印度文化、叙利亚文化在巴林的交往印迹。巴林西海岸的农耕和畜牧生活变迁，自古以来和周边的商业贸易特别是同海上贸易密切相关。巴林发现的黏土图画、楔形文字的记录、两河流域的印章以及神庙都表现了巴林本土的物质形态，这是巴林文明、苏美尔文明与印度文明之间交往的结果。

交往力对巴林文明影响之三是推动巴林文明在世界文明体系中的地位发生变化。在文明交往的历史进程中，一个值得注意的现象就是文明重心的产生和转移，即强势文明的角色转换，实现以上文明的延续和文明重心转移的根本动力就是交往力。虽然巴林没有留下史书，但从阿拉伯各国的古籍中可以看出，在公元前 3000 年前后，这里已形成一个原始的国家——迪尔蒙国。巴林岛上泉水丰沛，绿洲葱茂，还有大片盛产珍珠蚌的浅海滩，吸引了许多阿拉伯半岛上的居民来岛上定居。据研究，古迪尔蒙国一度非常繁荣。但在公元前 2795—2739 年间，两河流域的苏美尔人企图打通波斯湾到印度洋的商路，故而数次摧毁了古迪尔蒙国的都城，致使这里的文明被毁灭，很久以后这个地区才出现新的城市。在公元前 1000 年前后，地中海的腓尼基人征服了巴林，把它建为波斯湾的转口贸易中心，巴林又变得繁荣起来。公元 309—379 年，巴

① 彭树智主编，钟志成著：《中东国家通史·海湾五国卷》，商务印书馆 2007 年版，第 501 页。

林遭到波斯王国长达数十年的进攻，最后巴林岛上的古阿拉伯人被杀光。城市被夷为平地，水井被填平，船只树木被烧毁、砍尽，昔日繁华的巴林岛变得一片死寂，荒凉萧瑟。直到公元 622 年，阿拉伯人收复了巴林岛，这里才获得新生。公元 894 年，岛民起义，宣布脱离阿拉伯哈里发国独立，巴林进入历史上最强大和最繁荣的时期。但是，阿拉伯哈里发不甘心失去巴林这块风水宝地，在公元 1057—1058 年，哈里发又派兵攻入巴林，屠杀"邪教徒"，摧毁了岛上所有城镇，放火烧光果园和棕榈林，致使麦纳麦等城市再次被毁灭，文明又一次遭受致命的打击。以后，巴林作为一个小酋长国，长期臣服于阿曼苏丹国，后来又先后沦为葡萄牙和英国的殖民地，直到 1971 年才获得完全独立。在各种行为体的战争交往中，巴林文明不断上演着"兴盛—衰败"的历史逻辑。

二　对外交往的开放结构

巴林对外交往的开放结构与海湾文明交往的三大因素密不可分：即阿拉伯的民族性、伊斯兰的宗教性和海湾的地缘性。

阿拉伯民族与伊斯兰教作为海湾乃至中东的文明资源对于巴林对外交往有着直接的影响。这种民族宗教资源深深浸染到巴林政治精英与普通民众的社会生活深处，直接决定了巴林对外交往的基本取向。有学者认为，身居内陆或与海洋缺乏联系的国家，其统治者和国民一般心胸狭隘。而面对广阔海洋的国家，其统治则表现出一种开放、宽容的机制。[①] 巴林的阿拉伯人具有海湾阿拉伯人的特点，他们一般具有开放性、忍耐性、勇敢性、适应性的性格，这是他们在经历了海洋汹涌澎湃形成的性格。伊斯兰教是入世性、政治性极强的宗教，一直在巴林的政治、法律、教育、日常生活等领域起着不可低估的作用。这种伊斯兰教之魂对巴林对外交往的影响主要体现在巴林的对外交往自主特质，即开放的心态并不等于在对外交往中随波逐流，而是表现出自己的民族个性

---

① 塞西尔：《阿曼向参与型政府的演进》（Charles O. Cecil，"Oman's Progress toward Participatory Government"），《中东政策》（Middle East Policy），2006 年第 1 期。

与独特传统。

　　文明的本质特征首先取决于它们所处地理位置的优越性与局限性。地理环境对文明影响的各种事件，尤其表现了交往的至关重要性。① 海湾作为海洋深入陆地地方的地缘性决定巴林地区政治、军事战略的优越性，巴林被称为"照亮海湾的灯塔"，其众多岛屿在航海业、商业和城市发展上，都在海湾地区处于领先地位，这些因素决定了其对外交往的开放性。

　　第一，在对外交往上，巴林一直努力与美欧等西方国家保持亲密联系。巴林对外交往奉行中立和不结盟的外交政策，加强同第三世界的团结与合作，反对外来势力干涉海湾事务。早在独立以前，巴林地区一直是大国角逐之地，因此巴林作为小国一直与大国政治存在千丝万缕的联系。独立后的巴林在五个方面加强与美国的关系。一是允许美国在巴林建立军事基地。1971 年 12 月 23 日，刚刚独立的巴林与美国签订了一项使用祖法尔军事基地设施的协定。1974 年 10 月初，巴林允许美国小型舰队在巴林岛建立军事基地。美国海军第五舰队司令部所在地就是巴林海军基地，驻扎美国中东部队的 5 艘舰只，常驻美国军事人员达 3000 人左右。二是美国是巴林先进军事装备的供给国。由于与美国的特殊战略伙伴关系，巴林在中东地区进口美国先进武器方面处于优先地位。三是领导人互访。巴林与美国高层官员互访不断，美国前国防部长佩里、科恩以及前任国务卿奥尔布赖特等高级官员分别访问巴林，巴林国王哈马德曾三次访美。四是在重大问题上巴林同美国保持一致。2001 年 9 月 15 日，也就是"9·11"事件后，哈马德召见美国驻巴林大使，宣布巴林在打击恐怖主义上始终与美国站在一起。布什称赞巴林是美国"伟大的朋友"。五是加强经贸联系。巴林与美国的经贸关系十分密切，美国是巴林第一大贸易伙伴。自从美国宣布启动 2010 年建立美国中东自由贸易区以来，巴林是阿拉伯国家中第一个与美国发起自由贸易协定对话的国家。

　　第二，巴林作为伊斯兰世界的一员，时刻注意本国的伊斯兰属性，特别与海湾国家寻求睦邻友好。巴林对伊斯兰世界交往的指导性原则是

---

① 彭树智：《松榆斋百记》，第 176 页。

在不触动本国国家利益的基础上，寻求和谐、求同存异的多边外交，以解决大范围的跨国议题。巴林与伊朗关系一波三折，历史上巴林所在领土一直是波斯觊觎的对象，直到两伊战争前夕，伊朗一直认为巴林是伊朗的历史构成。1997 年，哈塔米当选为伊朗总统，两国关系出现缓和迹象。2002 年 8 月 17 日，哈马德国王对伊朗进行正式访问。2005 年 10 月，巴林外交大臣哈立德与到访的伊朗外交部长穆塔基在麦纳麦会谈后发表联合公报。双方在许多问题上达成共识。巴林和卡塔尔之间的领土争夺主要集中在两国海岸间的哈瓦尔（又译海瓦尔）岛。两国领土之争在 2001 年出现转机。2001 年 3 月，巴林与卡塔尔签署了协议，两国关系迅速升温。2001 年 3 月 17 日，卡塔尔和巴林宣布全国放假一天，以庆祝两国解决了持续 70 年的领土争端问题。伊朗伊斯兰革命后，巴林与伊拉克的关系出现缓和，随后一直保持着友好关系。2003 年初，在美英联军即将对伊拉克发动大规模进攻之际，哈马德还在为和平解决伊拉克问题而奔走游说。伊拉克战争后，巴林要求国际社会尽快参与伊拉克重建，认为一个统一、稳定、拥有主权的伊拉克是中东地区实现和平的基础。哈马德在伊拉克问题、中东和平进程中都表现出非凡的气度，被称为"成熟的外交家"。

第三，巴林主动参与国际社会的世界性事务与活动。巴林作为国际政治的行为体，在参与国际社会进程中并不仅仅限于政治与经济层面。在 2008 年 8 月北京第 29 届奥运会上，巴林运动员拉希德·拉姆齐获得男子 1500 米长跑冠军，这是巴林历史上的首枚奥运金牌。这一规范于体育范畴内的行为说明巴林作为弹丸小国积极主动融入国际社会，体现了巴林参与全球化与融入国际社会的主动性。

三　经济交往的多元格局

石油是改变中东产油国的自然物质资源，巴林经济交往的主题内容是石油。早在公元 4 世纪，腓尼基人在海湾地区开展贸易活动的时候，就是用当地一种黑色液体照明。这是有关石油资源的最早记录。到了 20 世纪 60 年代，石油使得巴林等海湾国家的政治、经济、社会、文化、军事与国际关系发生了具有深远意义的变革，成为文明的试金石。

石油对巴林的影响主要体现在以下层面：

第一，石油是巴林社会跨越式发展的原动力，推动巴林经济结构从以农牧经济为基础和以血缘关系为纽带的部族社会向以经济交往为链条的现代社会转变。

第二，石油使得巴林从昔日不起眼的文明边缘化地区成为武器、金融、资本积累、西方力量与外籍劳工聚集的中心。

第三，石油又是巴林现代化进程中传统与现代融合的润滑剂。巴林传统的历史资源主要是阿拉伯—伊斯兰文化的巨大塑造力，因此巴林现代化进程必须处理好伊斯兰教与巴林现代化关系问题，二者的动态多边性和涉及面广的复杂性，使得巴林现代化进程难度陡增。但石油所带来的滚滚收入使得现代化面临的一些结构性难题，如贫富分化、社会的挫折与困境得以化解，增加了伊斯兰教与现代化的适应性，使得巴林现代化的社会发展进程畅通无阻。

第四，石油所带来的现代化的发展还在某种程度上巩固了巴林家族化、继承性的埃米尔制度，增加了君主制的合法性。

第五，石油的国际化、战略性与不可再生性的天然属性不但加速了巴林城市化与现代产业结构的成熟，以及全面的现代化和经济的全球化，还使得巴林成为大国博弈之所，增加了巴林在国际政治中的魅力与影响力。

巴林的经济交往战略具有以下特点：

一是针对产业结构偏重石油经济的状况，兴办各种原材料加工工业，使经济发展多元化。与海湾其他国家相比，巴林的石油和天然气资源储量有限，经济自给能力不强，为此巴林政府采取多项措施，积极构建多元化的经济发展格局。20世纪70年代，巴林岛上掀起了工业发展的第二次浪潮。1971年投产的巴林铝业公司就是规模较大的一个项目。21世纪，巴林经济发展的多元化格局更加明显。除出口原油外，巴林还是第一个进行石化工业开发的阿拉伯国家。服务部门（包括旅游业、银行业）、冶炼业、铝制品等重工业在经济发展中占有非常重要的地位。

二是利用有利的国际环境，大力发展以金融业为中心的第三产业。巴林的电信、交通设施在海湾国家中首屈一指。1969年，巴林建成了中东非洲地区第一个卫星地面站。巴林首都麦纳麦机场是海湾地区最早具备接纳喷气客机条件的机场。因此，许多外国银行希望在海湾地区发展业务。巴林的邻国，如沙特、卡塔尔、科威特、阿联酋等都拥有巨额的石油收入。过去这些国家的部分外汇储备被放在黎巴嫩的贝鲁特银行里。1975 年爆发内战后，黎巴嫩国内局势一直动荡，金融活动受到影响。为吸引外国银行来巴林投资，巴林政府于 1975 年颁布了允许外国银行开设沿海开发分行的规定。除了不征收所得税外，还保证这些沿海开发分行可以自由地向母国转移资金，对储备比例和利息率也不作限制。由于时差关系，巴林的银行业在营业时间内可赶上东京金融市场的收盘时间和伦敦市场的开盘时间，使两地的同日交易得以实现。

三是巴林经济自由度比较高，1999 年，美国《华尔街报》曾把巴林与卢森堡并列评为全球经济自由度第四位。巴林制订的 21 世纪发展目标是把国家建设成为国际分拨中心、金融服务中心、外国直接投资合作中心、国际会展中心和技术培训中心。

巴林经济交往与现代化进程中还存在着一些制约因素。

制约因素之一是外籍劳工的大量存在。巴林外籍劳工较多，2003年占巴林总人口的 37.9%，达 261463 人。[①] 私人企业的四分之三职位由外籍人占据。巴林岛上的外籍社区文化程度和生活待遇两极分化：一方面，这些社区包括一些拥有高级学位或专业技术训练的人员。根据1981 年人口调查，已经有三分之一的非巴林人口受过中等或者以上教育，几乎 10% 的人口拥有大学或者硕士学位。另一方面，没有文化和技术的劳工住在非标准营房，他们得到的工资较低。非法外籍劳工的大量存在严重影响了巴林劳动市场管理和就业，并给巴林的社会稳定埋下隐患。巴林政府采取限制措施，促使劳动力"巴林化"，即用本土劳工代替外籍劳工已经成为大势所趋。

制约因素之二是巴林什叶派的抗争。巴林什叶派虽占人口多数，但政治地位低下，经济大多贫困，并遭到多种歧视和限制。长期以来，什叶派和逊尼派的反政府力量联合反对哈里法家族的统治。20 世纪 90 年

---

① ［英］经济学家信息部：《国别概览，2006 年：巴林》（Economist Intelligence Unit, *Country Profile*：2006；*Bahrain*）。

代以来，什叶派与政府的矛盾激化，其政治组织成为主要的反对派力量。面对什叶派的抗争，哈里法家族采取多种措施，以强硬政策予以回应，但在近年来，巴林当政者也实行有限改革，而这无助于根本解决什叶派问题。若非哈里法家族锐意改革，巴林将面临更大的危机。

制约因素之三是巴林国内盛行的反美主义。巴林，这个风光旖旎，素来以国民温和著称的海湾小国近来暴力事件频频，其原因大都与反美主义有关。席卷全球的现代化运动可以看作是起源于西方科技革命的后期现象。有学者把这种现代化称之为"普遍的社会溶解剂"，这种现象也被称为西方化。① 而且，尽管现代化与西化不能等量齐观，但它们的同时出现是"历史的偶合"。② 从此角度观察，在某种意义上，现代化就是意味着基督教的西方现代文化。巴林作为伊斯兰国家其现代化进程中经常出现反西方化的现象，反美主义就是其中的最普遍的例子。当然这种现象的导火索一般都与国际政治相联系在一起。2002 年 3 月 22日，美国驻巴林首都麦纳麦大使馆发生强烈爆炸。此前麦纳麦曾爆发大规模的反战示威，示威参加者企图占领美国使馆，但被警察驱散。"爆炸和游行应该属于巴林民众的个人行为，跟政府无关。"③ 这在某种程度上说明民众在巴林现代化进程中所表现的愤懑与不满。

四　传统与现代交往的社会风貌

巴林在阿拉伯语中是"两个海"的意思。因为巴林周围的海与世界其他各地的海不尽相同，流入这里的幼发拉底河水是甜淡而清澈的，在相当大的海域内形成了一个难得的淡水区域，也就构成了海中有海的奇特现象，即一个是人们司空见惯的咸水海，另一个则是罕见的淡水海。两个不同颜色的海，营造出落差很大的视觉对比，把美轮美奂的景色展现在人们面前。与两个海洋形成鲜明对比的是巴林社会风貌所表现

---

① 小列维：《社会的现代化：国际事务的背景》（Marion J. Levy, Jr., *Modernization and the Structure of the Societies: a Setting for International Affairs*），普林斯顿大学出版社 1966 年版。

② 勒纳：《传统社会的消逝：让中东现代化》（Danie Lerner, *The Passing of Traditional Society: Modernizing the Middle East*），纽约 1958 年版。

③ 袁海：《巴林：海湾小国涌动反美浪潮》，《青年参考》2003 年 3 月 26 日。

出的传统与现代并存的特点，即开放性的时代意识与传统性的文化形态并存。

一是社会面貌的二元形态。漫步在巴林首都麦纳麦街头，可以看到市内古老的风物与现代化设施所形成的鲜明对照。一边是高耸入云的摩天大楼和豪华的银行、旅馆、新式住宅、幽静的外交使馆和宽阔马路，一边是富于阿拉伯色彩的民房和迷宫似的曲径小巷以及斑痕累累的古炮台。古老的两轮马车和新型的"奔驰"轿车并驶在高速路上，骆驼可以悠闲地躺在拥有亿万资金的银行门前打盹。妇女们有的穿着从头覆盖到脚的传统黑色长袍，有的穿着裁剪新颖的巴黎时装。

二是传统君主国家的现代民主政治。哈马德是巴林国家的第二代国家元首，受现代西方文明的深刻影响，其作风与观念表现出海湾"现代派"领导人的特点。上台伊始的哈马德开始大刀阔斧的现代化改革，这些改革涉及政治、经济、外交等各个层面。其中最大的举措就是修改国家宪法，恢复议会，实行君主立宪政体。哈马德说："我们通过民主选举恢复议会的决心既然下了，就不会再走回头路。"[①] 他以灵活务实的态度，一改昔日强硬的行事风格，采取协调与协商的方式与国内反对派对话，甚至满足反对派提出的许多政治要求。

三是宗教传统与现代理念的和谐共处。传统文化是巴林民众的民族精神，是巴林传统价值观念和行为规范等组成的内在整体。伊斯兰教作为传统文化在巴林现代化进程中经过传承、整合，并融入现代生活。一方面，不可否认，伊斯兰教在巴林的国人生活中起着重要作用。巴林法律以伊斯兰教沙里亚法典为依据，全国一共有七个卡迪，即伊斯兰教法执行官。《古兰经》与沙里亚法典是所有普通学校的必修课。除普通学校外还设有专门的宗教学校，为当地人培养教职人员。国内普遍遵行一日五次的礼拜及其他宗教仪式。一些伊斯兰妇女依然按照伊斯兰法的规定决定自己的终身大事。另一方面，随着时代的进步，女性开始在巴林各个层面崭露头角。巴林女性在国家和社会生活中的作用和地位日渐提高，妇女正在撑起属于她们的半边天。2000 年国王任命了 6 名妇女为

---

① 中国现代国际关系研究所：《阿拉伯新生代政治家》，时事出版社 2004 年版，第 248 页。

上院议员。2004 年 2 月 21 日，开罗大学医学院毕业的娜达·哈法兹女士被任命为卫生部部长，她也是巴林第一位女部长。这在传统观念里是不可想象的。

四是传统工业与现代工业并列共生。在未发现石油之前，巴林人民主要靠采集珍珠、捕鱼和经商等艰难度日。20 世纪 30 年代以来，巴林石油开采业与石化工业飞速发展，但其曾经赖以生存的传统工业却严重衰退，农牧业、珍珠采集业已成为明日黄花。为了解决单一石油经济带来的消极影响，巴林政府从长远利益出发，利用部分石油收益，一边大力扶持和保护传统工业，一边积极推进工业多样化的结构与格局。为此，巴林政府成立传统工艺品工业中心、国家博物馆与文化遗产村以及手工艺者媒介中心，来保护作为历史文化资源的传统工业。

如果说巴林在久远的古代就孕育着文明的种子，那么今天的巴林已成为一个有着自己文明传统的新兴国家，也成为海湾地区的一颗珍珠。有着悠久历史的巴林，在这个不断变化的时代中以自己特有的方式，实现着国家的既定目标，创造着美好的未来；在历史与现代文明的交融中，激荡出特有的文明，散发着极具特色的文化魅力。

关于中国崛起期对外政策的若干思考[*]

邵丽英

（西北大学中东研究所副教授）

一 崛起和崛起期

（一）"崛起"主要是一个经济概念

"崛起"主要是一个经济概念，指中国经济进入了长期稳定的持续高速增长阶段。自从1978年改革开放到2008年，中国国内生产总值保持了9.6%以上的平均增长率，2002—2007年间，更是保持在10%以上的年增长速度，预计未来也不会低于8%。这已经接近1950—1974年被称为战后经济奇迹的日本经济发展速度，当时达到了10%。说"崛起"主要是一个经济概念，并不是说这个概念中不包含政治、文化等其他方面的巨大发展，而是强调中国崛起的和平性质，中国的崛起是靠中国人民团结一致、埋头苦干带来的经济发展，而不是像老牌帝国主义强国在崛起过程中采取的领土扩张和掠夺殖民地的暴力手段，中国的和平崛起给世界带来的是人类共同的福利增长，不是血腥与暴力。

（二）"崛起"的自我定义和外界定义

在"中国崛起"这个概念的内涵上，中国的自我定义和世界其他国家对中国的定义之间存在着一个明显的差距，在外国眼中，中国已是

---

* 本文原载《河南社会科学》2009年第6期。

一个崛起了的强国、富国，不仅应尽更多的国际义务，而且，一些别有用心的人以此作为"中国威胁论"的论据。而在中国人的自我意识中，深知中国还只是一个发展中国家，不仅没有能力威胁世界，而且自身还有很多发展中的问题有待解决。这其间关键的意义差别在于，在外国人看来，"崛起"就意味着已经强大和富裕，而在中国人的自我认知中，"崛起"只是意味着走向强大和富裕。毫无疑问，中国人的自我认知更符合客观事实，更能反映出问题的实质。但外国人的定义也是他们很难改变的观念，这种观念差异的存在是我们思考中国对外政策的一个重要出发点。

（三）"崛起"是一个长期的过程

从历史发展的过程来看，崛起不是一个固定的状态，而是持续相当长时间的一个过程，是一个由开头、发展和结束构成的完整的时间段，我们把这个时间段称为崛起期。在这一时期，中国将始终处于前面所说的定义差异的国际环境中，即整个国际社会对中国是一个强国、富国的强制性认定，与中国综合国力尚不愿承担这种认定带来的压力的国际环境。也就是说，中国只能在一种因定义误差带来的额外压力中实现自己的发展。

二　新中国成立以来中国外交政策的回顾

回顾自 1949 年中华人民共和国成立以来的外交政策，可以发现有明显差异的四个阶段：

第一阶段：1949 年到 60 年代初：这一时期中国的外交政策可以概括为"一边倒"，即完全站在以苏联为首的社会主义阵营一方的外交政策。

第二阶段：60 年代初到 70 年代初：从中苏联合分裂开始，中国进入了一个新的外交时期，这一时期中国外交政策的主要特征是"反帝反修、支援世界革命"，即同时与两个超级大国对抗，全力支持亚非拉国家的民族独立和民主革命。

第三阶段：70 年代初到 70 年代末：这一时期以中美关系的改善为

标志，中国采取的实际是"联美制苏"、"争取中间地带"的外交政策。毛泽东提出"一条线、一大片"的方针和三个世界划分的理论，这些思想成为当时中国对外政策的根据。[①]

第四阶段：从改革开放到现在：这期间中国外交政策的特点是现实主义的独立自主的外交政策，奉行真正的独立自主的方针。这种务实的、真正的独立自主的外交方针被党的第三代和第四代领导集体继承下来，直到今天，仍是我国外交政策的基本原则。

纵观新中国成立以来中国外交政策的演变过程，我们能发现一个突出的特点，即外交政策呈现出在宏大国际视野中把握全局、突出主线索的战略决策能力。

我们看到，无论是毛泽东的"一边倒"、"三个世界划分"理论，还是邓小平的"和平与发展是两大主题"、在多极世界中建立"新的国际关系新秩序"的主张，均显示出一种在全球范围内规划自己发展战略的宏大视野，也反映出在复杂的国际环境中直击要害、把握中国外交政策根本方针的透彻智慧。几乎每一阶段的外交政策都显示出一种删繁就简后的透彻和清晰，有一种宏大而清晰的战略思路，笔者认为目前在我国的外交政策中尚看不出有这样一种清晰的宏观思路。

三　当前国际形势的特点

（一）目前国际关系处于前体系化和前秩序时期

胡锦涛总书记在中共十七大报告中指出："当今世界正处于大变革大调整之中。"此话非常准确地说明了现在国际关系的基本特征：变革与调整。通俗一些地说，就是处于不确定和无秩序的状态。确定的国际关系的标志是形成稳定的国际关系体系，但目前的世界还没有一种国际关系体系是稳定的。

联合国作为最大的国际组织的实际地位正在不断地削弱；美国继续

---

① 杨勉主编：《国际政治中的中国外交》，中国传媒大学出版社2005年版，第21—23页。

奉行单边主义政策，但受到俄罗斯和独联体的强大阻力；多极化的趋势越来越明显，但尚未形成足以构成全球战略平衡的真正的任何一极。以上背景导致目前的总体格局处于混乱和不明朗状态：谁和谁结盟、结盟的目标是什么、各种国际同盟之间又会出现怎样的关系？均是不确定的未知数。于是，各种本来具有确定含义的政治术语变成了没有确定内容的文字游戏。比如中美关系在克林顿总统时期号称是战略伙伴关系，到了布什总统执政时就变成了竞争对手的关系。但实质上，当双方互称战略合作伙伴时，也没有形成具有实质意义的同盟关系；而当被称为竞争对手时，两国关系也没有很深的恶化。再比如中俄关系，虽然两国领导人互称是战略合作伙伴关系，但实际上还是存在着一些明显的不信任因素，如俄国国内对华人的排斥言论、在输油管道和油田合作上出现的波折等。

简言之，笔者认为这是一个前体系和前秩序的时代。

（二）中国崛起面临的新型挑战

在这种充满变数的国际关系中，中国面临两类挑战，一类是传统的挑战，如台湾问题、人权问题和各种分裂势力问题，为应对这些问题的挑战，中国应与一切理解和支持中国主权独立和完整的国家建立友好关系，以反对那些对中国内政的粗暴干涉。另一类问题则是非传统的挑战，如环境问题、能源问题，而这类新问题主要是由于世界认为是中国的崛起造成的，值得我们认真分析。对世界上其他国家来讲，中国的崛起将可能带来正面和负面两方面的影响。正面的影响包括：

（1）中国经济的发展推动了世界经济的发展，特别是推动了那些与中国相关联的落后国家的发展。比如中国对石油的需求，帮助非洲国家的石油产业从无到有地发展起来，进而推动了这些国家的经济发展。中国石油需求的增长还是俄罗斯及中亚国家经济复苏的重要动力。（2）中国已成为"世界工厂"，世界各国，特别是发达国家普遍享受到了物美价廉的中国产品和中国的服务。（3）中国成功地解决了本国人口脱贫问题，为人类的共同发展作出了重要贡献。

但是，从另一个角度看，也带来了不少负面影响：

（1）对资源和能源的需求大量增加导致全球能源和其他资源价格

的上升，进而使发达国家人民在实际生活中有所感觉。

从1993年起，中国就成为石油净进口国，2007年国内石油表观消费量达到3.64亿吨，同比增长5.2%，石油进口量达2.1亿吨，同比增长7.4%，原油对外依存度达到46%，比2006年增长了3个百分点。[①]有关专家研究，2020年，中国的汽车保有量将超过1.5亿辆，石油需求将达到6.1亿吨以上，而我国国内原油产量仅能达到2.0亿吨，原油对外依存度将超过60%以上。[②] 国际投机商的恶意炒作和某些国家的趁火打劫使得近年来国际油价居高不下，2008年5月竟达到130美元/桶。有专家预测，石油每桶价格升至200—300美元也不是不可能的事。石油价格的上涨引起我国国内的供油紧张和通胀压力，也影响了发达国家人民的生活水平。有报道说：因油价上涨，越来越多的美国人不再开车出行，2008年第一季度全美国公共交通工具的使用率上升了3.3%。[③] 法国的渔民为抗议油价上涨而举行示威。相当一批国外媒体把复杂的原油价格上涨归结为中国崛起引起的原油需求增长。尽管中国的崛起确实带来了原油需求的增长，但不是影响油价居高不下的唯一原因，甚至不是主要原因，有些别有用心的西方媒体故意夸大这种因素的作用，煽动对中国崛起的抵触情绪。

在其他资源方面也有同样的问题。据统计预测，到2010年国内富铁、富锰、铜等矿产不能保证需求，需长期进口；到2020年，45种矿产资源中可保证经济发展需求的只有5种。[④]

正是由于对资源的巨大需求引起了中国与一些国家的分歧，比如在东海和南海的石油开采方面，与日本、菲律宾诸国的矛盾。而以美国为首的西方国家也正是利用来资源作为遏制中国崛起的重要手段，国际油价高企不下，其原因不乏西方有些大国故意操纵的因子，而在铁矿之类矿产资源的收购中，美国公司以恶意竞标的方式推动铁矿石价格的上

---

① 马俊睿：《2007年我国原油及成品油贸易回顾及展望》，《当代石油石化》2008年第4期。

② 张德义：《关于中国能源形势的思考》，《当代石油石化》2008年第2期。

③ 《参考消息》2008年6月7日。

④ 胡宗山著：《中国的和平崛起：理论、历史与战略》，世界知识出版社2006年版，第300页。

涨，从而促使中国国内钢铁价格上涨。从 2007 年下半年到 2008 年上半年，引起中国国内物价上涨的一个重要原因就是来自西方国家，尤其是美国的遏制措施。

（2）中国崛起引起发达国家民众心理的变化

长期以来，中国在西方发达国家看来是一个落后贫穷的国家。但进入 21 世纪后，中国经济的发展使得人民收入水平大为提高，一些先富起来的中国人走出国门，成为发达国家旅游市场的游客，表现出强劲的购买力，2007 年中国游客在巴黎的免税店消费了 7900 万欧元，预计 2008 年中国人将取代日本人成为巴黎的购物冠军；① 一批有实力的企业，也开始向海外投资。这些事实使得一部分发达国家的民众，在别有用心的某些媒体的引导下，作出中国已是一个富国、人民已经富起来的判断。而当这些国家的经济发展因故放缓时，他们就容易听信传言，将他们的经济不景气归结为中国的崛起，这也正是"中国威胁论"可以找到一部分群众市场的原因。

（3）中国崛起也引起了发展中国家一部分民众的心理变化

过去，中国曾对许多发展中国家进行过无私的援助，而且也正是相同的经济地位使我们站在了一起。如今，随着经贸关系的正常化和中国经济的崛起，这些国家的一些民众对中国的看法也发生了部分改变，他们觉得还应继续获得无偿的援助，把中国企业在这些国家的合法经营等同于殖民主义者的掠夺，加上西方国家的煽动，使得这种倾向更为严重。在非洲、中亚等地，发生过多起当地人与中国公司的经济纠纷，其背景也在于此。

以上问题都是客观存在的事实，需要我们认真对待。

四　目前中国外交政策存在的不足

笔者认为，目前中国的外交政策也和这个变化多端的世界一样，缺少一条像当年"一边倒"、"一条线"之类的主要线索。尽管坚持独立

---

① 《参考消息》2008 年 6 月 8 日。

自主、和平发展是总的外交政策原则，但如何保证这个独立自主地位，如何应对随着国际社会认定中国崛起后所带来的一系列问题，却还缺少一条明晰的主体思路。简单地说，就是谁是战略合作伙伴，谁是竞争对手，或者说与谁做伙伴，怎样稳定地做伙伴。比如在中美、中俄、中欧、中日等外交关系上，起伏变化较大；在法国，希拉克总统当政时，两国关系十分密切，在重大国际问题上立场趋于一致，中国也一度成为空中客车公司的最大客户，但萨科齐执政后，即制造一系列的麻烦，特别是在达赖集团和奥运会问题上，横生枝节。诸如此类的事例很多，既反映出复杂多变的时代特点，也折射出我国外交政策的某些不明朗性。

五　对崛起期中国外交政策总体思路的思考

（一）整理自己的外交思维，对国际关系中的基本概念重新认识

由于世界正处于"大变革、大调整"时期，所以，关于国际关系中一些基本概念的含义也处于不断的变化之中，我们也应及时整理自己的思维，以适应这变化多端的时代。

（1）改变对一个概念的含义从自身出发的思维习惯，充分考虑外界定义的作用

前面已经说过关于"中国崛起"这个概念的定义，我们自身定义与外界定义间存在着差距，现在我们的思路似乎仍是以自身定义为主。所以，调整对外宣传的语言方式，不再称"和平崛起"而说是"和平发展"，但是这么做所起的作用可能微乎其微，因为别人已经将你定义为"崛起的强国"，无论你怎么变换言辞，恐怕都难改变别人的看法。所以，在这个问题上，我们一定要充分考虑到外界定义的作用，并将其作为制定外交政策的一个重要出发点。

考虑外界定义的重要性，就意味着我们承认"中国崛起"是个事实，而"中国崛起"造成了相关国家的利益调整也是个事实。用通俗的话来讲，就是"中国崛起"确实动了某些国家的"奶酪"，人家做出各种反应也是可以理解的。这个"奶酪"就是他们自我定义的国家利益。

（2）国家利益不仅是一个客观概念，也是一个主观概念

习惯上人们认为国家利益是一个客观概念，有着实在的内容，并不存在任何主观虚构的成分。但如果我们认真整理一下自己的思维就会发现，固然国家利益这个概念必然会指向一种客观的物质实体，但同时也和对利益进行界定的国家领导层的思维方式有关，在某些时候，关于何为国家利益完全是他们思维方式主观界定的结果，与客观事实无关。

对一件事实可以做不同的解释，这就是观念的主观作用。比如中国的发展需要能源，我们从某些发展中国家进口石油，会推动该国经济的发展，是给他们带来利益的事，就对出口石油的国家来讲，带来了收入的增加。但如果石油出口国带有某种陈旧的观念，认为这是大国对小国的资源掠夺，那么出口石油就会被认为是有损于该国利益的事。

目前世界上还存在着两种陈旧错误的观念，对中国的崛起做了不符合事实的解读。一种观念存在于以美国为首的西方发达国家，它们不认为苏联的解体主要是由于苏联人对所谓普世性的民主价值观的盲从而导致的，而认为是西方的持久压力获胜的结果，所以并不去调整自己的行为，依然按照它们所秉持的普世性民主价值观去行事，并以这种价值观为幌子，继续推行陈旧的霸权主义政策。在它们看来，苏联的解体乃是自己霸权的胜利，没有必要改变自己的真实观念，于是，沿袭冷战思维大力推进北约东扩。这实际上是一种陈旧的帝国主义观念，带着这种观念，他们赋予中国的角色就是一个贫穷落后的乞讨者的形象。一旦中国还这个形象，变得可以与他们平等打交道，他们就不舒服，就把这定义为对他们利益的伤害。另一种观念存在于某些发展中国家，他们陷于冷战时期两大阵营对立时产生的一些陈旧观念中，把无偿的援助当作是国际关系的常例，而一旦进入正常的经贸关系往来状态，在观念上接受不了，也认为伤害了他们的利益。

国家利益主观性质有两方面的意义，一方面，它确实给中国的崛起带来麻烦和挑战；另一方面，由于它的主观性，因而是可变的，只要我们政策得当，经过一段时间的努力，可以促进观念的变化，进而改变外部世界对国家利益的定义。

（3）国际关系体系是基于国家利益基础之上的

任何国际关系体系均是基于一定的国家对于本国利益界定基础之上

的，尽管这种利益界定本身存在着很多易变的因素。前面说到，目前的世界处于观念变革中，正在重新定义国家利益的具体内涵，进而在重新定义的共同利益基础上重构有利于本国利益的国际关系体系。也就是说，关于什么是国家利益，各国都在重新思考、重新寻找。这一大环境为中国的崛起提供了极好的战略机遇，因为崛起就意味着在国际关系中树立一种新的形象，扮演新的角色，在新的世纪创造一个新的概念。而在世界范围内的概念重构和体系重组中，对于中国新概念形成的阻力会不断减少，因为在一个快速变化的世界中，随着中国经济力量的日益上升，中国的变化将变得更容易被接受。因此，笔者认为，重新界定中国的国家利益是我们思考崛起期中国对外政策的中心线索。

（二） 以国家利益为中心的外交大思路

本文一开篇就讲道，中国的崛起是和平崛起，其实质含义就是经济的高速发展，因而，中国崛起意味着引起国际经济利益的调整，在这个调整过程中必然会出现三种国家：

（1）利益增加者：这种国家享受到中国崛起带来的好处，随着中国发展也同步发展，比如非洲新兴的产油国，它们可以依靠中国的技术来发展本国的石油工业和其他工业，也可以依靠中国的石油进口获得工业发展所需要的资金，对它们来讲，只要内政措施得当，完全可以通过与中国的同步发展实现本国的经济起飞。诸如此类的国家还有很多，不只是资源产出国，就是中国周边地区与中国经济存在着巨大互补性的国家，也完全可以享有中国崛起带来的好处，对这些国家来讲，中国的崛起不是威胁，而是机会。

（2）利益调整者：这类国家主要是发达国家，中国的崛起一定会影响到它们的利益，使它们的利益观念和实质内容均有所变化，但变化不一定是减少利益，如果调整得法，也可以增加利益。比如中国的服装出口的确造成一些国家的服装企业关闭或转移，但也给它们提供了产业结构调整的机遇，利用这个机遇发展起更具附加值的新产业；甚至就在服装产业内部，也可以借助自己的原有优势与中国企业合作，比如发挥自己设计能力强的优势，只作为服装设计机构与中国的服装制造企业合作，同样也能获得更高的收入，同时增加就业。对利益调整者来说，中国的崛起是个"威胁"还是个机会，取决于它们自己的心态和调整能力。

（3）利益竞争者：指和中国同时崛起，在市场、资源、技术方面形成竞争的国家，这类国家尚无法确定，从表面上看似乎印度可以称得上是竞争对手，因为它的规模较大，而其他小国的经济无论如何发展都以互补的方式纳入中国体系，但是有些国家特别是发达国家，在特定的情况下，作为竞争者难免在某些领域相撞，引起冲突。但竞争者并不是政治上的敌人，而是可以通过次序、范围等方面的善意调整，更合理地利用资源，达到共赢的目的。

笔者认为，在整个中国的崛起期，我们的外交总思路应是以利益关系画线，总的战略方针是依靠利益增加者，团结利益调整者，善待利益竞争者。

依靠利益增加者，就是说在共同的实体利益上与中国崛起同步发展的那些国家是中国长期稳定的战略合作伙伴。依靠这些国家建立起有利于我国崛起的国际关系体系。回顾新中国的外交史，我们会发现，事实上在每一阶段，中国都有一个有利于自己的国际关系体系，无论是"一边倒"时期的社会主义阵营，还是"支援世界革命"时期的亚非拉发展中国家朋友。而目前我们还没有形成或进入任何一种较稳定的国际关系体系中。独立自主的外交原则与构建稳定的国际关系体系并不矛盾，事实上，有利于我国的国际关系体系正是独立自主的有力保证。目前，我们已经在上海合作组织这类地区关系体系中做了有益的尝试，但上合组织的政治和安全意义大于经济意义，而依靠利益增加者的战略目标是构建在经济利益上一致的国际关系体系，其范围更宽，关系也更持久、更稳定。

团结利益调整者，主要是对发达国家，这些国家是我们团结的对象，因为在它们的利益调整过程中，有可能因利益的增加而成为我们的合作伙伴，也可能因利益的减少而成为我们的竞争对手。在整个中国崛起期，这些国家不会成为中国稳定的战略合作伙伴，相反，还会努力不接纳中国成为它们俱乐部的成员。我们团结他们的目的就是努力减少其阻力带来的负效应，引导他们的利益调整走向增加的方向，尽力避免双方成为利益竞争者，为形成有利于中国的国际关系体系创造空间和机遇。从长远看，这些国家必将成为我们的战略合作伙伴。

善待利益竞争者，是说我们必须明确，所谓利益竞争者主要是发展的利益竞争者，我们要努力避免在地缘政治上或安全利益上出现竞争甚至冲突，对于一切可能出现的利益竞争者，比如在海洋油气资源上与一些国家的矛盾，在矿产资源上与一些国家的大公司的竞争，在陆上油田和石油管线上与一些国家的纠纷等等，均是利益竞争的表现。在竞争的时候，这些国家都可称得上是我们的利益竞争者，但我们的策略是努力用和平善意的手段化解纠纷，求得双方利益最大化的共赢结局。

中东城市化解读[*]

车效梅
（山西师范大学历史学院教授）

城市化是人类的生产和生活活动随着社会生产力的发展而由农村向城市不断转移以及城市空间不断扩大的过程。从公元前 7000 年出现城市到今天，中东的城市化经历了 9000 多年的发展历程。但在二战前的几千年发展过程中，城市化处于初始阶段，发展速度缓慢，到 20 世纪30 年代城市化水平为 20%—30%。二战后，中东城市化进入快速发展时期，并在发展中形成自己的特点。本文就二战后中东城市化的发展原因、特征浅谈自己的看法，并在此基础上对其发展趋势进行展望。

一　中东城市化的现状与发展原因

中东地区的城市起源和发展，历史久远。根据考古资料证明，世界最早的城市是位于约旦河注入死海北岸的杰里科，距今已有 9000 年左右。中世纪的伊斯兰城市文明再一次辉煌，其城市化水平远远高于欧洲，公元 1800 年，中东是世界上城市化水平最高的地区。在近代，城市化发展速度加快，城市人口所占总人口比重上升，埃及城市人口占全部人口比例从 1897 年的 17%，上升为 1907 年的 19%，1917 年的

＊　本文为 2007 年国家社科基金项目"全球化与中东城市发展研究"的阶段性成果。

20.9%。土耳其城市人口在 1927 年占全部人口的 24.4%，[①] 在二战前，中东城市集中分布在土耳其、伊朗和东地中海沿岸地区。

战后，随着政治形势的变化，以及许多国家的经济繁荣和石油工业的发展，中东城市化速度明显加快。1960—1970 年城市人口年平均增长率为 5.95%，1970—1975 年为 5.1%，这样的增长速度使中东城市人口 12—14 年间翻了一番。[②] 80 年代后城市化的步伐进一步加快，1980—1988 年城市化水平最高的国家如民主也门城市人口年增长率为 8.8%，最低的以色列为 2.1%，整个地区城市人口增长率为 4.5%。[③] 这样，到 20 世纪末许多国家已经成为高度城市化的国家，并跨入城市化成熟阶段。其具体发展状况见表 1。

首先，城市化范围扩大，城市化区域分布呈现出与战前不同的格局。战前城市化水平最高的地区是土耳其、伊朗和东地中海沿岸地区，而战后阿拉伯半岛是中东城市化水平最高的地区，城市人口的比例平均超过 80%，[④] 其中尤以波斯湾沿岸的产油国发展更为迅速，被誉为"城市国家"，科威特、卡塔尔、巴林等国高达 90% 以上，接近甚至超过许多发达国家的城市化水平，这在发展中国家是非常突出的。两河流域地区的城市人口大多在 70% 以上，其中约旦为 71.9%，伊拉克为 75.0%，黎巴嫩为 88.0%，以色列为 90.8%。这一地区的城市化发展水平仅次于海湾国家。可见，城市化发展最快的是产油国和少数经济发达的非产油国。北层三国，阿富汗是农牧业国家，农业人口占绝对优势，再加上长期动荡，经济发展缓慢，成为中东地区城市化水平最低的国家之一，1996 年，城市人口仅为全部人口的 20.3%。土耳其、伊朗工业化水平较高，城市发展起步早，但由于两国地域辽阔，农村地区幅员广大，城市人口比例分别为 70.6% 和 59.5%，仍低于上述两类国家。但是这两

---

① 萨卡弗主编：《中东城市：古代传统面对现代世界》（Abdulaziz Y. Saqqaf ed., *The Middle East City: Ancient Traditions Confront a Modern World*），纽约 1987 年版，第 321 页。

② 布拉克和劳力斯主编：《变化的中东城市》（C. H. Blake and R. I. Lawless eds., *The Changing Middle Eastern City*），伦敦 1980 年版，第 44 页。

③ 世界银行：《1990 年世界发展报告》，中国财政经济出版社 1990 年版，第 238—239 页。

④ 联合国开发计划署：《2001 年人类发展报告》，中国财政经济出版社 2001 年版，第 155 页。

国城市人口的绝对数量大，两国城市人口之和占中东城市总人口的一半以上。北非埃及的城市发展历程与土耳其、伊朗类似，但是发展水平略低，1996 年城市人口仅占全部人口的 44.8%。不仅如此，到 1996 年，表中所列国家和地区的城市化平均水平为 58.8%，大大超过同年世界的平均水平（45.7%）。[1]

表 1　　　1965—1996 年中东国家和地区城市人口比例的增长（%）

国名	1965 年	1996 年	国名	1965 年	1996 年
阿曼	4	77.7	黎巴嫩	49	88.0
阿拉伯也门	5	34.4*	伊拉克	51	75.0
民主也门	30		阿联酋	56	84.3
阿富汗	9	20.3	科威特	78	97.2
土耳其	32	70.6	以色列	81	90.8
伊朗	37	59.5	塞浦路斯		54.6
沙特阿拉伯	39	83.5	巴林		90.9
叙利亚	40	52.7	卡塔尔		91.6
埃及	41	44.8	加沙地区		94.3
约旦	47	71.9			

　* 为也门统一后的城市人口比例的增长。

　资料来源：世界银行，《1998 年世界发展报告》，第 284—285 页；联合国社会经济事务署人口统计资料，2000 年 11 月网络版。

　　其次，大城市发展迅猛。除不到百万人口的小国外，在中东绝大多数国家，最大城市的人口占全国人口的比例不断上升。约旦首都安曼的人口从 20 世纪 30 年代到 1966 年增长了 10 倍，德黑兰在 1956—1966 年的 10 年中人口增加了 120 万，开罗和亚历山大在 1947—1966 年间人口翻了一番，现在占到埃及人口的 1/5，安卡拉在 1950—1975 年增长了 6 倍，巴格达从 1947—1977 年的 30 年中增长 6 倍。[2] 在 70 年代中

---

　①　布拉克和劳力斯：《变化的中东城市》，第 47 页。
　②　同上书，第 46 页。

期，10 万人口以上城市有 140 多个，但其中的一半在埃及、伊朗和土耳其等人口最多的国家。拥有 100 万人口以上的大城市发展更快，到 70 年代后期达到 12 个。绝大多数国家最大的城市人口占全国人口的 1/10，在沙特阿拉伯占 1/5，约旦、利比亚、叙利亚占 1/4，以色列为 1/3，黎巴嫩为 1/2。90 年代中期，人口超过百万的城市主要有：开罗（1500 万），伊斯坦布尔（777 万），德黑兰（675 万），巴格达（430 万），安卡拉（284 万）。[①]

中东是当今世界城市化进程最快的地区之一。其城市化发展与以下几个因素密不可分。第一，城市化发展与现代工业、服务业的发展特别是与石油工业的兴起密切相关。中东产油国工业的突起与繁荣以及与之有关的加工工业和第三产业的发展，改变了城市原有的经济结构和产业结构，使其向以现代化石油经济为主体的结构转变。特别是 20 世纪 70 年代石油价格的上涨，一度出现了"石油繁荣"，大量的石油美元像黄金雨一样倾泻到这一地区。石油生产国不仅以充足的资金发展新的产业，扩大城市规模，加速城市建设，这个时期从红海、波斯湾到地中海沿岸新建和扩建的重要港口达 40 多个，如约旦的港口城市亚喀巴；而且创造出一批新兴的工商业城市，如伊朗的石油城阿巴丹，阿拉伯联合酋长国的第二大城市迪拜。迪拜 50 年代还是阿拉伯湾一个朴素的海滨小镇，到 90 年代已经成为环境幽雅、文化丰富多彩的世界著名城市之一。因石油繁荣而出现的新城市在伊朗的城市化过程中占据重要地位，1956 年伊朗的城市人口为 632 万，其中 50.2 万分布在由于石油产业发展而出现的新城市中。[②]

石油输出国的经济发展不仅带动了国内劳动力的转移，而且导致大量外籍劳工涌入城市劳动力市场。外籍劳工在 80 年代达 500 万人之多。其中沙特阿拉伯是海湾六国中吸收外籍劳工最多的国家。据统计，1983

---

① 克拉克和波文—琼斯主编：《中东的变化和发展》（John Innes Clarke, Howard Bowen - Jones eds. , *Change and Development in the Middle East*: *essays in honour of William Bayne Fisher*），伦敦与纽约 1981 年版；《中东北非年鉴（1998）》（*The Middle East and North Africa*, 1998），欧罗巴出版社（Europa Publications）1998 年版，有关各页。

② 波哈里尔：《1900—1970 年伊朗经济的发展》（Julian Bharier, *Economic Development in Iran* 1900—1970），伦敦 1971 年版，第 28—29 页。

年在该国的外籍劳工达 300 万人，占其劳动力总数的 70% 左右，据统计，2003 年沙特的外籍人口占沙特总人口的 1/4。科威特对外籍劳工的依赖程度高于沙特，1985 年外籍劳工占其劳动力总数的 81.1%；由于科威特人口的自然增长率较低，移民在其人口发展中占重要地位，移民总数在 20 世纪 30 年代为 6 万人，二战结束时为 19 万人，1952 年为 16 万人，1965 年为 46.7339 万人，1976 年则达 90 万—100 万人，非科威特人及其后代在 1957 年占科威特人口的 45%，1963 年为 53%。阿联酋 1985 年外籍劳工占其劳动力总数的 90%。① 另外卡塔尔、巴林等对外籍劳工的依赖也非常大。这些外籍劳工缓解了当地国劳动力不足的压力。

上述因素使这些国家的城市化空前发展，最明显的是沙特阿拉伯从二战前低水平的城市化国家发展为 1975 年的 58.4%（世界城市人口率平均为 37.8%），1999 年的 85.1%（世界平均为 46.5%）。伊拉克、科威特、阿联酋等国家的城市化在该时期也得到飞速的发展。许多非石油生产国，也从石油过境、石油加工、劳务和产品输出中受益，经济发展速度较快，城市化的速度也随之加快。

第二，城市化发展与许多国家的政策有关。这些政策体现在两个方面：

（1）战后，中东许多国家进行了激进的土地改革，一方面使自耕农成为农村的主要阶层，另一方面造就了大量的移民。当然，在不同国家农民移民的原因也不同。在埃及，农民移民是因为人口增长的速度快于农业土地增长的速度。移入的农民主要是上埃及和尼罗河三角洲地区的人口，移入的主要目的地是开罗、亚历山大、塞得港和苏伊士。在伊拉克，由于土地改革导致部落的解体，使土地集中，大量部民沦为佃户，移民主要来自阿曼冉和穆塔非克省，主要移入巴格达和巴士拉，移民的 80% 住在巴格达附近的阿斯曼简陋的小镇。在伊朗，土地改革是移民最主要的根源。② 在土耳其 1950—1980 年的 30 年间，政府在农村

---

① 彭树智主编：《伊斯兰教与中东现代化进程》，西北大学出版社 1997 年版，第 236—237 页。

② 布拉克和劳力斯：《变化的中东城市》，第 71 页。

推行的农业机械化运动是推动农村人口离开土地的一个重要原因。从1950 年开始，每年大约有 50 万的农业人口由于拖拉机的使用而移民到城市，这些举家迁移的家庭成为城市家庭的一部分。①

（2）战后无论是石油生产国，还是非石油生产国都制定并执行了庞大的工业化和经济现代化计划，这些计划多在城市特别是首都进行，随着工业、建筑、运输和其他服务部门的建立等，这些城市的雇佣人员也急剧增加。在 1950—1980 年，伊斯坦布尔的雇员增加了近 6 倍，从 1.8 万人到 12 万人。其中有 1/6 的人在公共服务部门就业。② 叙利亚大力推行工业化政策，促使大马士革、阿勒颇等城市工业繁荣，吸引成千上万的农民前往，城市人口急剧膨胀，甚至超过了这些城市的容纳限度。土耳其政府认为城市化是"经济和社会发展的推动器"，城市的发展"优于工业化"，"除了允许大量移民到城市地区，没有其他的选择，因为农业土地已经或接近它最大的利用限度"。③ 政府的激励政策加速土耳其城市化的发展。1927 年工业提供的工作岗位为 25 万个，1980 年则超过 200 万个。1948—1980 年间制造业占 GNP 的份额翻了三番，从 13% 到 36%。像绝大多数中东国家一样，土耳其的新兴工业集中在城市，工业化的发展刺激了城市的扩张。1950—1980 年城市人口每年的增长率是 5.7%，土耳其成为世界上城市化发展最快的国家之一，大城市的发展更快，超过 10 万人口的城市在同期的年增长率为 7%。在 1950 年超过 10 万人口的城市只有 5 个，1980 年时达到 29 个，1980 年居住在城市的人口是 1950 年的 5 倍多。④ 在伊朗大工业集中在德黑兰，在 20 世纪 60 年代早期现代化几乎是德黑兰的同义词。这个时期，所有的公司即使没有建立在首都，它们的总部也设在德黑兰。伊朗最大的商业银行，拥有遍布全国范围的网络，其 70% 的贷款流到了德黑兰。⑤

工业化和经济现代化政策的推行导致城乡差别加大，在土耳其，

---

① 凯尔斯：《快速城市化的政治学》（Michael N. Danielson Rusen Keles, *The Politics of Rapid Urbanization*），纽约 1986 年版，第 34 页。

② 同上书，第 121 页。

③ 同上书，第 31 页。

④ 同上书，第 28 页。

⑤ 鲁尼：《世纪末的伊朗：黑格尔的预言》（Robert E. Looney, *Iran at the End of the Century: An Hegelian Forecast*），列克星敦 1977 年版，第 14 页。

1968 年城市的收入比农村高 80%，1973 年则高 50%；[1] 1983 年农村的人均国民收入为 90 美元，而全国的人均国民收入为 494 美元，农业人口的收入不到全国人均收入的 1/5。[2] 在埃及则出现世界罕见的现象，农村消费品价格指数高于城市，1973 年农村的消费品价格指数为 131.2，城市为 122.4；1985 年农村为 609.2，城市为 532.4，[3] 同时城市居民享有政府补贴，而农民则很少从中受益。伊朗城乡人均收入的差距从 1959 年的 4.6∶1 发展为 1969 年 5.6∶1。[4] 20 世纪 90 年代后，伊朗城市较高的收入和更多的发展机会吸引了许多移民前往（见表 2）。

表 2　　　　伊朗农村居民移民的主要原因及其在移民前的状况　　（单位：%）

移民的主要原因		移民前有工作	移民前失业	移民前非自立劳动人口
高收入	22.35	33.83	18.33	12.7
投靠亲友	6.76	8.48	5.79	3.9
更好发展	4.64	6.71	3.70	1.14
找工作	18.47	15.73	58.69	3.5
随家迁移	43.43	2.75	13.49	78.76
工作调动	4.35	2.72		
全部	100	100	100	100

资料来源：玛达尼颇：《德黑兰：一个都市的形成》（Ali Madanipour, *Tehran: the making of a Metropolis*），奇切斯特（Chichester）1998 年版，第 89 页。

　　这样移民越来越成为城市人口增长的主要原因。土耳其从 1950—1965 年城市人口增长了 138%，增加了 540 万人，城市人口达到 930 万，占全部人口的 29.8%。其中 1960—1965 年的"五年计划"中城市人口增长了 23.5%，农村人口增长了 7.4%。由于大城市的出生率低于

①　凯尔斯：《快速城市化的政治学》，第 32 页。
②　萨卡弗：《中东城市：古代传统面对现代世界》，第 316 页。
③　《埃及经济问题》，时事出版社 1991 年版，第 20—21 页。
④　格雷厄姆：《对权力的幻想》（Robert Graham, *The Illusion of Power*），伦敦 1979 年版，第 27—29 页。

小城市特别是低于农村，显然移民在城市人口的发展中起了重要作用。[①] 伊朗在 1966 年全部城市人口为 1060 万，农村人口为 1650 万，城市人口的增长率为 2.9%，农村为 1.7%。沙特阿拉伯在 1962/63—1969/70 年度，城市人口从 80 万上升到 150 万，其增长的部分多为农业和游牧业移民。科威特 1970 年 80 万的城市人口中，几乎一半是移民或出生在移民家庭的非公民。海湾国家与科威特相似。[②] 大城市的移民则更加突出，如 1966 年德黑兰人口的 45% 是移民，1986 年有 1/3 的人口出生在其他省。[③] 这样，土地改革与农业机械化的推力与城市社会和经济优越地位的拉力，相互作用加速了城市化的发展。

　　第三，城市化的发展与现代医学进步和医疗设施的改善相连。20 世纪 70 年代以来，中东国家医疗卫生事业取得了引人注目的成就，从中央政府为医疗卫生事业投资的人均数字来看，绝大多数中东国家均高于相同发展水平国家的总平均数。如 1980 年，世界下中等收入国家的人均医疗卫生的支出为 5 美元，而埃及、摩洛哥、土耳其、约旦、突尼斯等分别为 6、7、9、12、21 美元。上中等收入国如伊朗人均支出 23 美元，高收入石油出口国科威特为 154 美元，阿联酋 200 美元。[④] 同时，海湾各国以及伊拉克、阿尔及利亚、利比亚等均先后实行了免费医疗制度。医疗卫生事业的发展，使中东地区人口迅速增长。根据世界银行的统计，从 1960—1981 年的 20 余年中，中东地区粗出生率下降 30% 的只有三个国家，即突尼斯、黎巴嫩和阿联酋，而同期粗死亡率除阿富汗和原阿拉伯也门外，都下降了 30% 以上。1950 年中东 18 个国家的人口为 9291 万，到 1998 年为 31123 万，年平均增长率为 2.5%。1950—1998 年大多数中东国家的人口平均增长率为 2.3%—3.1%，低于 2.3% 的有阿富汗、黎巴嫩和塞浦路斯，而最高的卡塔尔竟达 7.8%。到 2002 年上半年，中东地区人口增长率为 2%，而世界平均为 1.2%。1953 年，

　　① 卡斯特罗：《中东的城市化》（V. F. Costello, *Urbanization in the Middle East*），纽约 1977 年版，第 31 页。

　　② 卡斯特罗：《中东的城市化》，第 31—32 页。

　　③ 玛达尼颇：《德黑兰：一个都市的形成》（Ali Madanipour, *Tehran: the making of a Metropolis*），奇切斯特（Chichester）1998 年版，第 86 页。

　　④ 世界银行：《1983 年世界发展报告》，第 194—195 页。

绝大多数中东国家的人口出生率高达 4.5%—5.0% 左右，每个妇女一般有 7 个孩子，塞浦路斯和以色列则属例外，分别为 2.8 个和 3.7 个孩子。1995—2000 年在阿拉伯国家这一指标有所下降，每个妇女一般有 4.1 个孩子。[①] 医疗条件的改善，也使中东国家人口寿命延长，如沙特 1970—1975 年人均寿命为 53.9 岁（世界人均寿命为 59.9 岁），而 1995—2000 年间，沙特的人均寿命已达 70.9 岁（世界人均为 66.4 岁）。

第四，城市化发展与传统观念制约紧密相连。中东 95% 以上的人口信仰伊斯兰教，而伊斯兰教对生育持鼓励态度。穆斯林在妇女生育时以各种方式进行庆贺。在阿富汗，孩子还未出世，就有许多人聚集在屋子四周。婴儿一旦坠地，喜讯即迅速传开，周围的人们互致问候，并鸣枪祝贺。

为促进伊斯兰国家计划生育的开展，1971 年 12 月国际计划生育联合会曾在拉巴特举行一次专题会议。虽然有部分代表表示，计划生育是符合伊斯兰教的，并从教法学的观点作了论证，但是反对计划生育的伊斯兰学者以毛杜迪为首旗帜鲜明地提出反对意见并形成系统的观点。他认为，人口控制不符合伊斯兰文化传统，安拉是人口生育的真正控制者和计划者，世人无权染指安拉的权力；计划生育有害无益，它势必导致身心的、道德的、社会的危害，并因此减少需求、就业，导致经济衰退。伊斯兰教解决世界人口过剩的唯一的方案是"充分利用安拉的资源和坚持不懈地努力发现新资源。"[②] 在这种观念下，许多伊斯兰国家对计划生育、避孕、堕胎等讳莫若深，广播电视、报纸杂志等舆论工具均不轻易涉足这一领域。有的国家甚至通过各种福利政策鼓励生育，即使实行人口控制的国家，效果也不明显。如 1962 年以后，埃及、土耳其等国开始推行计划生育，但是到 70 年代中期，15—44 岁已婚妇女采用避孕措施的，埃及为 21%，叙利亚 22%，伊朗为 23%，约旦为

---

① 联合国开发计划署：《2001 年人类发展报告》，第 155 页。
② 毛杜迪：《人口控制问题的立场和伊斯兰教法之见》，见库尔西德·阿赫默德主编：《伊斯兰经济学研究》，英国罗伯特出版公司 1981 年版，第 230—231 页。转引自金宜久主编：《当代伊斯兰教》，东方出版社 1995 年版，第 315—316 页。

24％，南黎巴嫩为 35％，土耳其达 37％。[1] 90 年代前期，埃及育龄妇女的避孕率达到 48％。[2] 可见中东国家人口增长速度不仅高于发达国家，而且也明显高于多数发展中国家。人口增长势头居高不下，无疑是中东城市人口膨胀的主要原因之一。

一　中东城市化特征

二战后不仅中东城市化发展迅猛，而且在其发展过程中形成了自己特征。

首先，过度城市化。中东城市化发展的速度大大超过世界平均水平，形成了过度城市化，对该地区经济发展产生了巨大而深远的影响。

过度城市化使经济结构二元化的趋势进一步加剧。二战前由于大城市往往是殖民主义者掠夺资源的据点，为了便于其经济扩张的需要，对大城市进行现代化建设，如发展工业，开展现代金融贸易，建立基础设施等等。结果形成了现代化大城市经济与传统农村经济相对立的二元经济结构。遗憾的是这种经济结构并没有随着国家的独立而改变，相反却出现了强化的趋势。独立后，虽然各国都在不同程度上采取了土地改革，推广农业机械化等措施，但由于各国重工轻农政策的导向，又由于农村人口增长过快，对土地资源形成巨大压力，许多农民难以维持最基本的生活需求。而国家的工业化政策为城市创造了许多新的工作岗位，再加上城市优越的生活条件、工资报酬和各种社会福利设施的吸引，农村人口急剧流入城市，尤其是大城市。这些流入城市的农民大多是男性青壮年，其结果是造成农村人口的性别、年龄、劳动力结构失调，农活多由妇女、老人、儿童承担。男性青壮年劳力的短缺，使土地利用集约化程度下降，进一步加剧了农村的困境，从上文有关城乡差别的论述中可窥一斑，这样中东的城市化导致两个经济对峙——充满活力的城市和发展停滞的农村。

农村人口进城谋生，一方面使粮食生产者减少，另一方面，又导致

---

[1]　克拉克和波文—琼斯主编：《中东的变化和发展》，第 144 页。

[2]　世界银行：《1998—1999 年世界发展报告》，第 202 页。

商品粮消耗的增加，从而造成供需矛盾。如叙利亚曾被誉为中东粮仓，20 世纪 70 年代之前，其粮食尚能自给，但在 80 年代以后，粮食成为重要进口商品。在埃及仅开罗一个城市消耗的粮食就占全埃及进口粮食的 1/2，这是世界上任何城市都无法与之相比的。伊拉克本是农业较发达的国家，但是连年经济封锁和两次海湾战争使农业遭到毁灭性的打击，目前也处于粮食进口的状态。可见中东国家农村人口向城市迁移不是在农业现代化、机械化提供更多剩余粮食又造成劳动力剩余的基础上进行的，城市化的发展没有对农村现代化与机械化起到促进作用。

其次，城市人口日益集中在首位①城市和大城市。在 20 世纪 60 年代中东许多大城市人口占全部城市人口的比例已经达到 50%，有的国家甚至高达 90%。② 20 世纪 70 年代中期该状况进一步发展，中东国家的城市首位度与发达国家相比呈现较高的趋势。1988 年阿富汗的喀布尔人口为 142 万，比第二位城市坎大哈 22.5 万，其首位度达 6.3；伊朗的德黑兰人口为 600 万，比第二位城市马什哈德 140 万，其首位度达 4.3；伊拉克的巴格达人口为 464 万，比第二位城市巴士拉 61 万，其首位度达 7.6。阿拉伯半岛的石油生产国巴林、科威特、卡塔尔首位城市人口的比例都非常高，其中卡塔尔几乎所有的人口集中在首都多哈，首位城市人口占总人口的 93.1%。90 年代中期伊朗的德黑兰为 3.44，土耳其伊斯坦布尔 2.74，以色列为 1.63，埃及开罗为 5.01③。2005 年贝鲁特人口达 100 万，第二大城市西顿（《圣经》中的著名古城）人口 9 万多，贝鲁特的首位度达 11。

促成大城市特别是首位城市的快速发展的原因是多方面的。

一是历史原因。中东各国不同地区之间社会经济发展不平衡，每个国家都存在一两个或几个殖民时期遗留下来的经济发达的现代化"岛状区"，首都和大城市多位于这类地区。二是繁重的城市职能。首位城市和大城市常常是国家人力、物力、财力和经济活动的集中地，是国家

---

① 所谓的首位度有两种计算法，一是首位城市与次大城市人口之比；二是四城市首位指标即首位城市与第二、三、四位城市人口和之比。这里采用的是第一种计算方法。

② 巴尔：《阿拉伯东方的社会与人口》（Grbriel Baer, Population and Society in the Arab East），伦敦 1964 年版，第 181 页。

③ 《中东北非年鉴（1998）》，各有关国家部分。

的行政、工商、交通、科技、文化中心所在。它们以雄厚的经济力量和物质技术基础，对小城市和农村人口具有极大的吸引力。开罗职能的密集程度举世罕见，它集中了全国1/2的工业，承担了埃及主要的国际和国内贸易活动，拥有爱资哈尔大学、开罗大学等高等学府，是全国绝大多数媒体的所在地。德黑兰是伊朗政治、经济、社会和文化的中心，拥有全国所有工业产品的51%，工人的22%，政府雇员的1/3，学生的60%以上，医生服务的50%等。① 伊斯坦布尔消耗国家全部电力的20%，拥有全国汽车的24%，出版社的1/3，健康服务的1/3。三是政府政策的导向。由于政府的公共设施，如公路、住房、水电等多集中在首位城市，不仅促进大城市的膨胀，而且使中小城市和农村基础设施建设资金缺乏。埃及政府连续实行的几个经济计划都把绝大多数工业项目集中建在开罗地区和亚历山大地区，国家与部委以及开罗地区的各种机构都鼓励农民把资金投向开罗，"开罗吸收移民的另一个原因是期待较好的生活条件，特别是纳赛尔时期的工业化政策创造了许多新工作"。② 1960—1966年开罗吸收了埃及全部移民的80%以上，1976—1986年间开罗年均接纳移民20万，1990年达27万。③ 同样的原因使德黑兰1982年的人口密度是国家平均水平的15倍。④ 1950—1980年1/3以上的土耳其人口仍集中在伊斯坦布尔、安卡拉、伊兹密尔三大城市，三大城市的移民人数从1950年的150万上升到1980年的740万。⑤

再次，工业化与城市化发展相脱节。西方资本主义国家遵循的往往是先工业化、后城市化的发展顺序，而中东国家城市化则违反传统的西方模式。其表现为工业化与城市化发展相脱节。以土耳其为例，在1950—1967年间，伊斯坦布尔和安卡拉的工业发展较快，但是其城市化并没有随之得到相应发展，相反伊兹密尔等城市工业发展较慢，但是其城市化却得到较快发展。⑥ 其实工业化与城市化发展相脱节是第三世

① 格雷厄姆：《对权力的幻想》，第24—25页。
② 雷蒙：《开罗》（Andre Raymond, Cairo），伦敦2000年版，第342页。
③ 同上书，第342—343页。
④ 玛达尼颇：《德黑兰：一个都市的形成》，第24页。
⑤ 凯尔斯：《快速城市化的政治学》，第50页。
⑥ 同上书，第38页。

界城市化中的普遍现象，只是在中东国家表现得较为明显而已。其原因
与中东国家的资源结构和发展战略有着密不可分的联系。

在中东产油国，由于自然资源单一，国家唯一有竞争能力的是石
油、天然气等少数工矿业初级产品。在这些国家的工业化实际上就是指
石油产业以及与之相关产业的发展，缺乏与之配套的多部门协调的城市
工业体系的形成。就石油工业本身而言，炼油业最为发达的是沙特阿拉
伯，现已有 9 个大型的炼油厂，2000 年炼油能力达到 1.4 亿吨。科威
特的炼油工业也十分发达，伊朗和伊拉克也具有强大的炼油能力。但是
由于技术、装备、熟练工人与半熟练工人都依赖从外国进口，缺乏自我
更新的能力，形成了进口技术装备—设备折旧—再进口技术装备的恶性
循环模式。这些国家工业基础薄弱，尤其是制造业发展缓慢，20 世纪
90 年代初海湾诸国制造业只占国内生产总值的 10% 左右，其中科威特
为 10%，阿曼为 6%，卡塔尔和阿联酋分别为 10% 和 9%。① 同时巨额
的石油收入却刺激了消费水平的提高，服务业和金融业空前发展。在海
湾诸国金融、保险、商业、旅游等服务业的产值占国内生产总值的
50% 以上。显然这些国家要改变其城市化与工业化脱节的面貌，建立一
个结构平衡合理的制造业体系，仍是十分困难的。在中东进口替代工业
化国家，二战前已经建立起一些初具规模的制造业企业，并在二战后的
几十年中得到较快发展。根据世界银行《1994 年世界发展报告》所提
供的数字，1992 年中东国家制造业在国内生产总值中所占的比重，土
耳其和以色列均为 23%，摩洛哥为 19%，突尼斯为 17%，约旦为
15%，伊朗为 14%，埃及为 12%。从制造业的结构来看，机械和运输
设备所占的比重普遍较低，除以色列为 31% 外，在 10% 以上的只有土
耳其 18%，伊朗 16%，阿尔及利亚 11%，摩洛哥 10%。而食品加工以
及纺织服装所占的比重则普遍较高，如叙利亚达 60%，摩洛哥 55%，
埃及 42%，阿尔及利亚 42%，突尼斯和伊朗均为 37%。这表明，以农
产品为主要原料的加工工业仍然是中东绝大多数国家制造业的主体。

最后，城市化水平和城市分布差异明显。由于社会经济基础、城市
发展的历史和自然环境的不同，中东各国之间城市化进展以及城市分布

---

① 《1990 年世界发展报告》，第 183 页。

存在着明显差异。就各国城市化水平而言，差距悬殊。波斯湾沿岸的产油国城市化发展突出，城市化人口高达 90% 以上，超过许多发达国家的城市化水平；其次是两河流域地区，其城市人口大多在 70% 以上；再次是土耳其、伊朗和埃及（分别为 70.6%、59.5%、44.8%）；最后是阿富汗，城市人口仅为全部人口的 20.3%，是中东地区乃至世界城市化水平最低的国家之一。

集中于沿海沿河地区、工矿地带和主要交通线，是中东城市分布的一个突出特点。波斯湾沿岸、红海沿岸、两河流域、土耳其海峡两岸、地中海沿岸、尼罗河三角洲及河谷地带和苏伊士运河沿岸等，是中东城市化水平最高的地区，这些地区集中了中东几乎全部 100 万人以上的大城市和大部分 10 万人以上的中等城市。这些地区城市大多是输入工业品、集运和转运农矿产品的交通贸易中心，也有的是石油工业中心，它们的形成与发展、分布显然与过去殖民主义势力的入侵密切相关。某些工矿点和沿海港口作为宗主国掠夺资源和运输商品的方便基地，得到迅速发展，但是其发展水平又在一定程度上取决于城市所在地的资源条件和地理环境。对沿海港口城市而言，其近期的兴衰，与港湾的自然条件、港口设施的革新和腹地的大小关系极其密切。

二　中东城市化趋势展望

根据世界城市化发展的规律与中东城市化的特点，就未来中东城市化的发展趋势而言，可以肯定有这样三个方面：

第一，城市化的布局将再次发生变化。纵观全球，尽管世界各国与地区的城市化起步时间、发展速度和目前的城市化水平有较大差异，但是总的来说，世界城市化过程有一个比较明显的规律，呈初始、加速和成熟三个不同的阶段性特征。初始阶段，农业经济占主导地位，农业人口占有绝对优势，由于该阶段农业生产力水平较低，而现代工业刚刚起步，规模较小且受到资金和技术的制约，所以无论是农村的推动力还是城市的拉力都很缓慢，所以表现在城市化进程上，也就需要有一个相当长的时期，城市化才能从百分之几到百分之二三十。事实上，正如前面所论述的那样，中东城市化的这个过程，从有城市出现开始至二战前，历时近万年。

在加速阶段，随着现代工业基础的逐步建立，经济得到相当程度的发展，工业规模和发展速度明显加快，城市的就业岗位增多，拉力增大。而农村生产率也得到相应提高，使更多的劳动力从土地上解放出来。同时由于医疗条件的改善，人口增长进入了高出生率、低死亡率的快速增长阶段，农村的推动力明显加大。在这种条件下，农村人口向城市集中的速度明显加快，城市化进入加速发展阶段。城市化水平在较短的时间内从百分之二三十达到百分之六七十。世界发达国家大约用了100年的时间，就整个中东而言，各国在城市化加速阶段的发展差距较大，波斯湾沿岸的产油国、两河流域地区的国家和土耳其等国花费40年左右的时间就达到或超过该水平，从而进入成熟阶段。而埃及、伊朗、叙利亚等国则正处于城市化加速阶段。由于成熟阶段在城市的工业发展中资金、技术投入越来越重要，就业岗位增加速度减缓，城市的拉力趋向减少，而农村经过前一阶段人口的转移，人口的压力减小，农业生产率进一步提高，农村的经济和生活条件大大改善，从而农村的推力开始减弱，城市化的进程放慢，甚至城乡间的人口达到动态的平衡。根据世界城市化发展规律，可以预见在近一二十年内，波斯湾沿岸的产油国、两河流域地区的国家和土耳其等国的城市化速度趋向缓慢，未来城市化走势将取决于埃及、伊朗、叙利亚等城市化水平较低，但发展势头迅猛的国家，届时中东城市化的布局将会再一次发生演变。

第二，大城市仍是城市化发展最具有活力的地带。聚集是城市最显著的特征，大城市作为聚集的中心，在劳动技术、资金、交通运输、通信设施、市场容量、人力资源、居住条件等方面与中小城市相比，拥有更多的优势，使得生产活动不断地向大城市聚集，从而产生聚集的规模效应[①]和经济效应。工业多集中在大城市，为生产的专业化创造了条件，有利于提高生产效率和综合经济效率；大量熟练、非熟练劳动力和产业后备军、经营管理人才、工程师、技术员等集中于此，为经济的发

---

① 国际上许多研究城市机构的统计资料证明，城市经济的聚集效应是以大规模发展为特征的。据有关资料显示，50万人以上的城市人均国民生产总值比2万—5万人的城市效益高出40%以上。

展提供了充足的人力资源；大规模的人口集中于城市创造了庞大的消费市场；银行业和保险业也多集聚于此，为城市的经济活动创造了良好的外部条件；全国最大的市场建立于此，对周围地区有极大的吸引力，其辐射功能使先进的城市经济和生活方式对邻近地区的经济和社会发展有带动和示范作用；集中了现代教育、科学技术和医学设施，有利于科学技术发明和学术思想交流；经济全球化使跨国公司的作用增强，而许多大城市成为跨国公司的总部和地区总部的所在地。就中东的大城市而言，其工业、人口、第三产业等的聚集程度远远高于其他地区，毫无疑问，大城市仍是中东国家城市化发展最具活力的地带。

第三，城市病将长期困扰中东国家。中东城市化过程中的过度城市化给中东城市带来了住房拥挤、失业加剧、水电供应短缺、环境污染等多种城市病。而城市化发展快于工业化发展的现状，也使政府克服城市病的措施乏力，因此城市病将长期困扰中东国家。不仅如此，随着20世纪80年代经济全球化的加快，一个全球统一的大市场正在形成。在这个进程中，国际更高层次的竞争越来越集中于城市，特别是具有国际影响力的大城市。而城市病长期存在将制约中东大城市在全球统一的大市场中发挥的作用。但是若中东国家能够采取合理的城市发展战略，加强计划生育的力度、加大改善农村居民生活条件的投入等措施，中东城市化的前景仍是乐观的。我们期待中东城市化的明天更加美好。

寻求平等的以色列阿拉伯人[*]

林松业

（西北大学中东研究所副研究员）

后冷战时代，长期被掩盖的民族问题由于世界格局的转换而凸显，并成为影响国家乃至地区政治稳定的一个重要因素。但因国情不同，民族问题的表现形式存在着明显的区别。一般而言，引发和构成民族问题的基本要素是民族、宗教和文化传统等方面的差异，以及由此导致的少数民族或弱势群体的不平等待遇及权益的缺失，因此，谋求平等和自决权（自治权）往往成为民族问题的核心内容。中东地区一直是民族问题的集合点和民族冲突的迸发区，本文试图通过对以色列少数人群体阿拉伯人的境遇和夙愿的剖析，来阐释中东民族问题的多元性和独特性。

一 关于民族问题的基本原则

在探讨以色列阿拉伯人问题之前，有必要对民族问题所涉及的基本原则进行扼要的介绍。许多有关民族问题的理论著述都普遍把多民族国家解决民族、宗教问题和民族冲突的途径与方法归纳为两个层面。其一是个人层面。这一层面的自由平等权与群体成员的基本权利密切关联。换言之，这些基本权利不是依据特殊群体（或多数人群体）的成员身份，而是遵循一国的平等公民身份而赋予每个人的，并由此决定个人作

---

* 本文原载《世界民族》2004 年第 5 期。收入文集时个别地方作了订正。

为国家的公民所应该享有的政治、社会、经济和文化等权益。同时，国家不应扮演不同群体间任何冲突和斗争的参与者，而应完全依据公民身份给予个人自由平等权。[①] 其二是群体层面。历史上许多国家的少数人群体通常都竭力要求并坚持享有群体的自由平等权。某些少数人群体除了要求和坚持自由平等权以及全面参与国家事务的管理外，甚至会提出扩大自治权的要求。这种状况的终极发展在形式上和本质上可能使国家具有双民族或多民族性质。也就是说，这种国家体制除了以个人为基准给予所有公民自由平等权之外，还必须以群体为基准，承认各群体都同样是社会公共秩序、权力和利益分配不可或缺的重要组成部分。加拿大、瑞士和比利时的体制大都属于此类。[②]

无论是从理论上还是从实践上讲，国家在民族问题上都起着关键作用。通常，国家处理、解决民族问题所采取的模式可以粗略地划分为两种。第一种是"民族模式"。在这种模式中，存在着巨大民族差异甚至严重分离倾向的国家"偏爱"某个民族群体甚于其他民族群体。[③] 在实施"民族模式"的国家中，民族主义的体现在本质上是民族的，而不是国民的或领土的。这些国家即便拥有形式上的民主制度，但在公民待遇和权益问题上，民主则让位于优先考虑的民族利益。还有一些国家采取的是极权主义体制，即用暴力和非暴力手段来对付居于从属地位的（或少数人）群体，以保持和维系居统治地位的（或多数人）群体的绝对优势地位。上述两种情形都是在国家的作用下，赋予某个民族群体及其个体成员比其他群体及其个体成员优先或特殊的权益。第二种是"民主模式"。民主是在特定的政治构架内的一种社会组织形式。它有两条基本原则：自由和所有社会成员或公民在法律面前一律平等。缺失

[①] 参见利吉法特《多元社会中的民主》（A. Lijphart, *Democracy in Plural Societies*），耶鲁大学出版社 1977 年版；斯穆哈：《族群式民主国家中少数民族的地位：以色列阿拉伯少数民族的地位》（S. Smooha, "Minority Status in an Ethnic Democracy: The Status of the Arab Minority in Israel"），《族群与种族研究》（*Ethnic and Racial Studies*），第 13 卷，1990 年第 3 期。

[②] 参见霍罗维茨《冲突中的族群》（D. Horowitz, *Ethnic Groups in Conflict*），加利福尼亚大学出版社 1985 年版；卡普兰和费弗尔主编：《欧洲的新民族主义》（Richard Caplan & John Fefer eds., *Europe's New Nationalism*），牛津大学出版社 1996 年版。

[③] 参见梅因斯《遏制种族冲突》（C. Maynes, "Containing Ethnic Conflict"），《外交》（*Foreign Policy*），1993 年春季刊。

这两个要件中的任何一个，都将造成社会的不公正、不民主。① 除此之外，在存在严重民族分离的国家中建立的民主政体，还必须确保国家及其政府机构严格执行平等政策，并设立相关的专门机构，监督和惩处社会内部的民族歧视行为。民主模式的宗旨是，废止任何一个群体的支配地位或国家对它的特殊认同，一视同仁地赋予所有群体完全平等的权利，保持国家在不同群体间竞争中的中立。也就是说，国家务必以相同的标准认同所有的群体。

在由多民族组成的国家里，实施"民族模式"政策的国家通常会给予居统治地位的多数人或优势群体以法律条文固定的特殊权益，这是被歧视的少数人或弱势群体未能在国家机制内获得平等、归属和公正的根本原因。少数民族或弱势群体被排除在国家的整体民族目标之外，他们不仅在政治上而且在生存上面临窘境。然而，作为国家机体组成部分的任何民族群体，谋求平等、归属和认同都是其最基本的准则，是不能被长期忽视或遭受长久压制的无可商议的人类需求。

二　以色列阿拉伯人的境遇

以色列是一个以犹太人为主要民族的国家。阿拉伯人（不包括约旦河西岸和加沙地区的阿拉伯人）是以色列国内最大的少数民族。据1998 年的人口统计，在以色列 600 万人口中，80% 以上为犹太人，18% 为阿拉伯人，德鲁兹人、切尔克斯人和其他少数民族所占比重不足2% 。以色列的阿拉伯人最初主要是 1948—1949 年第一次阿以战争后仍然留在以色列境内的巴勒斯坦居民。战争结束时，原先居住在巴勒斯坦的 75 万阿拉伯人锐减到 15.6 万，他们大都聚居在"大三角"地区（加利利的西部和中部）、"小三角"地区（沿约旦河西岸的一条狭长地带，根据停战协定由约旦划给以色列）和内格夫沙漠北部。其中加利利的拿撒勒是唯一的阿拉伯人占多数的城市。另外在耶路撒冷、海法、

① 参见科利尔和列维斯基《带形容词的民主：比较研究中的概念创新》（David Collier & Steven Levitsky, "Democracy with Adjectives: Conceptual Innovation in Comparative Research"），《世界政治》（*World Politics*），第 49 卷，1997 年第 3 期。

雅法、拉姆拉、阿克、卢德等城市还有部分阿拉伯人与犹太人混居。1949 年年底，"大三角"地区有 9 万阿拉伯人，"小三角"地区有 3.1 万阿拉伯人，内格夫有 1.3 万阿拉伯人。① 但是，在第一次阿以战争后的半个多世纪里，由于阿拉伯人的出生率很高，加上有一些阿拉伯人通过各种渠道又陆续返回以色列，以色列的阿拉伯人口迅速增长。目前，以色列阿拉伯人大约有 100 万。从宗教信仰上看，阿拉伯人又可进一步划分为穆斯林阿拉伯人和基督徒阿拉伯人。穆斯林阿拉伯人接近 80 万；基督徒阿拉伯人约有 15 万，他们主要生活在拿撒勒、海法和耶路撒冷等地。

1948 年 5 月，以色列建国时发表的《独立宣言》宣称："以色列国……将全力促进国家的发展以造福所有的居民；将按照以色列先知所憧憬的自由、正义与和平原则作为立国基础；将保证全体公民，不分宗教、信仰、种族和性别有最充分享受社会政治的平等。"② 同时，阿拉伯语也像希伯来语一样，被列为以色列的官方语言。以色列首任总统魏兹曼亦指出："我相信全世界将会从犹太国如何对待阿拉伯人这一点来评价这个国家。"③ 然而，在阿拉伯国家和以色列之间旷日持久的流血冲突的外部大环境下，以色列《独立宣言》所宣称的将保证其所有公民不分民族、宗教和性别都能享受充分的社会及政治平等的条文，对以色列的阿拉伯人来说只是一纸空文。在以色列，阿拉伯人无论是个体还是群体都未能真正享有与犹太人平等的权益。

将以色列称为民主国家，通常国际社会是认同的。这便意味着，这个国家的每一个公民都应该享有完全平等的政治、经济和社会权利。客观地讲，在以色列建国后的半个多世纪里，作为少数人群体的阿拉伯人的生活境况不断发生着明显的变化。据以色列官方的宣传，以色列的阿拉伯人是整个中东地区最富裕、享受民主权利最多的阿拉伯人。以色列

---

① 参见勒斯蒂克《犹太国的阿拉伯人：以色列对一个少数民族的控制》（Lan Lustick, *Arabs in the Jewish State: Israel's Control of a National Minority*），得克萨斯大学出版社 1980 年版，第 49 页。

② 徐新、凌继尧主编：《犹太百科全书》，上海人民出版社 1993 年版，第 129—130 页。

③ 转引自彭树智主编，肖宪著《中东国家通史·以色列卷》，商务印书馆 2000 年版，第 283 页。

籍阿拉伯学者伊莱亚斯·H. 图玛写道："与中东地区的大多数阿拉伯人相比，以色列阿拉伯人享有相当高的人均收入，男女都具有相当高的教育水准……除以色列犹太多数派外，阿拉伯人享有的言论、宗教、社会和文化活动的自由，远远超过了中东地区其他任何群体所享有的自由。以色列阿拉伯人可以抨击政府的政策，举行公开的示威游行，以及批评和发布公告反对或控告当局，而且不必顾虑因为是阿拉伯人而遭惩罚。"①

　　另有一些资料表明，以色列阿拉伯人参政、议政的情况也在不断改善。例如，在以色列议会的 120 个席位中，以色列阿拉伯人占有的席位最多时达到 13 个；一些阿拉伯人担任了诸如副部长、以色列议会外交和安全委员会委员、地区法官等高级职务，还有两个阿拉伯人分别成为以色列驻某阿拉伯国家的大使和以色列阿拉伯高等法院的法官；1999年，一位穆斯林妇女首次被选入以色列议会②等等。

　　尽管从表面上看，以色列阿拉伯人的生活境况和社会地位自以色列建国后特别是 20 世纪 70 年代以来不断得到改善，但以色列的阿拉伯人并未真正融入以色列社会。从本质上看，以色列始终奉行的是一种确保犹太人的统治地位并力促阿拉伯人边缘化或居于从属地位的政策。绝大多数以色列的阿拉伯人在享有权益方面并不具有完整的公民身份。具体地说，也就是阿拉伯人在与犹太人完全不平等的标准上和有限的程度上被融入以色列的政治、经济、社会中。与此同时，以色列则在包括国家法律在内的所有领域保护和巩固犹太人的支配地位。③

　　以色列是在民主政府的框架下来实施其民族政策的，因此具有隐蔽性特征。一方面，以色列在政体上确认了民主的政府标准，并实行定期选举、和平的政权更替、三权分立、军队和政治分离等措施。但另一方面，以色列又将自己视为一个民族实体，即犹太人的国家，它采取各种

　　① 引自马奥茨《中东的少数民族：在整合与冲突之间》（Moshe Ma'oz, *Middle Eastern Minorities: Between Integration and Conflict*），华盛顿近东政策研究所 1999 年版，第 38 页。
　　② 参见马奥茨《中东的少数民族：在整合与冲突之间》，第 38 页。
　　③ 参见鲁哈那《冲突中的身份：一个犹太民族国家中的巴勒斯坦人》（N. Rouhana, *Identities in Conflict: Palestinian Citizens in an Ethnic Jewish State*），耶鲁大学出版社 1997 年版；克雷兹梅尔：《以色列阿拉伯人的法律地位》（D. Krezmer, *The Legal Status of the Arabs in Israel*），西方观察出版社（Westview Press）1990 年版。

方法和手段以避免阿拉伯人成为可与犹太人享有同等权益的公民。在实践中，以色列在诸多领域歧视阿拉伯人，竭力维持阿拉伯人相对于犹太人的劣势处境。以色列的民族政策主要体现在三个方面：

1. 在意识形态和思想观念上，以色列公开声明，它是作为犹太民族国家而建立的，具有浓厚的犹太复国主义性质，其目标、标志和政策的确定无一不是建立在犹太国家的基础上。同时，它又否认阿拉伯人是一个统一的民族，在以色列，阿拉伯人通常被称为"少数群体"、"非犹太人民"，而不被视为"阿拉伯人"，以便极力突出阿拉伯人在宗教和其他方面的异质性。1985 年，以色列议会通过的《基本法修正案》在法律上明令禁止那些没有明确承认以色列是犹太民族的国家的人参加议会选举。该修正案的付诸实施，不仅导致了在一般情况下对以色列阿拉伯公民的歧视和犹太人所享有的优势地位，而且在理论上排除了以色列阿拉伯公民获取与犹太人平等的权利的可能性。同时，它还使以色列的阿拉伯公民在法律上和形式上都无法拥有一个可以获得归属感的国家。犹太人视以色列国的标志、准则和制度为犹太民族传统遗产的有机组成部分及其身份归属的一种原始证据。以色列的阿拉伯公民则不能也无法认同以色列国的许多标志，因为这些标志完全根植于犹太人的宗教和思想传统。

2. 在公共机构和设施的使用方面，以色列阿拉伯人也遭到了不同程度的排斥。以色列的许多公共机构和设施被视为犹太人的财产，为犹太人的目标服务，而并不完全与包括阿拉伯人在内的该国全体公民的权益相一致。以色列阿拉伯人遭受的排斥表现在诸多领域。例如，阿拉伯人不能参与敏感的或涉及国家重大政治、经济问题的决策，阿拉伯人不能被招募入伍，阿拉伯人担任高官要职受到严格限制等。另一方面，以色列阿拉伯人的教育机构和体制以及对大众传媒的使用等，都受到了国家公民所不该受到的歧视。

3. 在立法、预算分配和土地使用等方面，以色列阿拉伯人处于被边缘化的极不平等的态势。以色列在法律上存在着有利于犹太公民而不利于阿拉伯公民的根本性歧视。国家以法律方式费尽心思地突出和强调其犹太民族的、犹太复国主义的性质。以色列的《回归法》和《国籍法》就是两部旨在确保犹太人在以色列国多数人地位的最有代表性的法律，其最终目的就是要减少包括阿拉伯人在内的非犹太人的数量，同时给予犹太人、犹太教、犹太民族传统以优先地位的法律安排。

在预算分配方面，根据以色列政府的开发计划，全国被划分为三大开发区，经济发展最落后的阿拉伯人聚居的城乡却未被列入任何开发区。因此，拨付给阿拉伯人聚居地区的发展预算仅占国家预算总额的极小部分，但阿拉伯人上缴的税款在当地财政预算中的比例却超过犹太人。以色列政府对阿拉伯人聚居地区的工业化未予任何考虑，在阿拉伯人聚居地区未开办一家有规模的企业。在土地使用方面，以色列建国后的五十多年间，以色列政府通过颁布一系列土地获取法和土地条令，将先前属于阿拉伯人的大片土地逐步转为国家所有和国家控制，其数额约占阿拉伯人原有土地的65％—75％。①换句话说，属于阿拉伯公民的绝大部分土地都被国家以各种"合法"的手段没收和吞噬了。这些收归国有的不动产转而由全国性的或地方性的机构集中管理。这些机构通常是国防部、建设与住宅部、犹太办事处和犹太民族基金会的代表，其中后两个组织得到以色列国内外犹太社团的倾力资助，是直接为以色列犹太人目标服务的。尽管阿拉伯人为实现以色列的各种发展计划付出了巨大代价，然而有关部门拒绝以阿拉伯人作为国有土地的可能受益人，不仅偏袒犹太人，而且想方设法将各种发展计划的实惠留给犹太人独享。因此，从某种意义上讲，以色列实施的名目繁多的发展计划，实质上大都是为了防止以色列阿拉伯人"扩张"，同时确保大量土地储备，以待日后大规模开发犹太人定居点。

三　以色列阿拉伯人的渴望和夙愿

作为公民和少数人群体，以色列阿拉伯人在备受歧视的窘境下，渴望获得与犹太人平等的地位。根据以色列海法大学的学者阿萨德·格纳姆于1994年所做的民意调查，当问到"获得完全平等对提高以色列阿拉伯人作为一个群体的地位有多么重要"时，93.8％的阿拉伯人回答说"非常重要"或"重要"；当问卷要求评述以色列的犹太人和阿拉伯

---

① 参见阎瑞松主编《以色列政治》，西北大学出版社1995年版，第249—250页。

人之间存在的种种差距时，阿拉伯人强调的是平等，包括：公用事业、资源分配、社会地位、政治参与的平等以及平等地决定国家的性质和目标。①

以色列阿拉伯人渴望、要求的平等主要有两层含义：其一，作为以色列公民的阿拉伯人认为国家不应偏袒犹太人，尤其是不应支持和鼓励犹太人的移民活动。这实际上意味着要求废除《回归法》，停止国家在以色列国内外鼓励和支持犹太人的移民活动；其二，国家不应阻碍以色列阿拉伯人或其他任何群体可能发展成为多数人群体，同时应废除国家的种族特征，使其成为一个与公民权相一致的公民国家。对于以色列的绝大多数阿拉伯人来说，以色列的国家性质更可取的定义是"犹太公民和阿拉伯公民的国家"。

以色列的阿拉伯人普遍希望以色列能够发展具有"双民族"要素的"自由民主模式"，尽管这种希望和设想一直被认为是不现实的。另一方面，以色列阿拉伯人还要求以色列进行变革，以争取阿拉伯人与犹太人能够同等地进入国家机构，并具备平等表达思想的资格，从而对国家决策和政治进程等施加应有的影响。与此同时，要求给予阿拉伯人群体以制度上或法律上规定的自主权，承认阿拉伯人群体是以色列国的一个少数民族的重要性。这些要求反映了以色列的阿拉伯人试图获得国家范围内的自治的愿望。具体地讲，就是要求给予阿拉伯人教育自治，开办阿拉伯大学，由阿拉伯人自主管理其教育体系和文化生活；建立一整套能够体现阿拉伯人自治权实质的机构，建立阿拉伯工人组织、阿拉伯人健康基金会，伊斯兰宗教基金（瓦克夫）转归阿拉伯人管理机构，扩大阿拉伯人聚居区地方当局的权力，政府正式承认1982年成立的"阿拉伯事务补充委员会"作为以色列阿拉伯人的代表机构等。

以色列阿拉伯人要求变革的意愿和呼声，凸显了他们对自身作为以色列公民的个体和群体地位的不满。因此，谋求和争取在以色列国范围内获得制度上和法律上明确规定的自治便成为他们的憧憬和渴望。事实

①　参见格纳姆《以色列的巴勒斯坦少数人群体：对犹太国的挑战及其意义》（As'Ad Ghanem, "The Palestinian Minority in Israel: The 'Challenge' of the Jewish State and its Implications"），《第三世界季刊》（*Third World Quarterly*），第21卷，2000年第1期。

上，出于多种原因，绝大多数以色列阿拉伯人并不愿意完全脱离以色列。近年来的民意调查表明，以色列阿拉伯人已开始越来越多地认同"以色列人"或"以色列阿拉伯人"这一身份，到 1995 年，认为自己是"以色列人"或"以色列阿拉伯人"的人的比例已从 20 世纪 70 年代中期的 40%上升到 67%。[①] 以色列的犹太人学者也承认，自 1948 年以来，绝大多数以色列阿拉伯人是忠于以色列的。[②] 问题在于，以色列阿拉伯人在感情、文化和民族层面上并未得到以色列的真正认同。以色列阿拉伯人渴望在国家框架内的自治，最终目标定格在获取与犹太人的平等权上。

四　犹太人的反应及民族政策的因由

在以色列阿拉伯人谋求平等权利时，以色列的犹太人大都持反对态度。1995 年年底进行的一项民意调查显示，以色列犹太人中的大多数人支持国家的民族性质及其对阿拉伯人的现行政策。他们把以色列视为一个犹太国家或犹太民族的国家，并竭力维护犹太人在以色列的压倒性多数人群体地位。据统计，大约有 72.1%的犹太人认为以色列是犹太人"专有的"家园，或是同意"以色列国是犹太民族的国家"这一法律定义，而以色列阿拉伯人则被排除在外。这项民意调查还显示，仅有 27.9%的犹太人支持以色列是"犹太人和阿拉伯人的共同家园"这一说法；59.1%的犹太人认为以色列的犹太复国主义应得到更进一步的加强；35.6%的犹太人赞成顺其自然。此外，68.1%的犹太人认为《回归法》应当保留，仅有 3%的犹太人支持废止这一法律。[③]

关于民族和民主的选项，58.1%的犹太人宁愿选择生活在一个犹太人的国度，而不愿选择生活在一个非犹太人的民主国家，同时还坚持以色列国必须给予犹太人优先于阿拉伯人的待遇。关于国家标志和文化的选择，85.6%的犹太人反对在诸如国旗和国歌等国家的象征方面进行任

---

① 参见肖宪《中东国家通史·以色列卷》，第 286 页。
② 参见马奥茨《中东的少数民族：在整合与冲突之间》，第 39 页。
③ 参见格纳姆《以色列的巴勒斯坦少数人群体：对犹太国的挑战及其意义》。

何改变以得到阿拉伯人的认同。在文化上，以色列犹太人中的大多数要求保持希伯来文化和语言至高无上的地位，反对阿拉伯文化和语言参与以色列文化的发展；更有一部分犹太人认为没有理由把阿拉伯文化作为以色列民族文化的一个重要组成部分，而且也不存在犹太人和阿拉伯人能够创造共同的行为标准与风俗习惯的可能性。

从以色列的民意调查和现行的治国政策可以作出如下判断：以色列的犹太人大都拒绝在以色列建立一个平等的民主国家，而在这样的国家里，犹太人和阿拉伯人将被视为平等的民族群体，并按照其人口比例当选代表，以平等的伙伴关系共同管理国家；另一方面，绝大多数犹太人也不愿意改变以色列犹太复国主义的性质，不愿意将其变成一个自由的民主国家，而在这样的国家里，犹太人和阿拉伯人之间的隔离将被废除，彼此进行自由竞争。

以色列的民族政策之所以能够得到大多数犹太人的普遍支持，并具有 "合法性"，以色列著名的社会学家萨米·斯穆哈曾归纳了五点原因：（1）阿拉伯人构成了一个不得不让人戒备的敌对的少数人群体；（2）阿拉伯人应当感谢他们自 1948 年以来所得到的发展；（3）以色列是犹太民族的国家，也是一个犹太复国主义的国家，阿拉伯人应满足于有限的个人权利而不应要求被承认为一个少数民族；（4）阿拉伯人构成了一个与巴勒斯坦民族无关的新少数人群体；（5）阿拉伯人必须接受身处国家权力与决策之外的事实。① 显然，萨米·斯穆哈的总结折射出以色列犹太人对以色列阿拉伯人的主要思想倾向以及所持的心态，散发着带有民族性的 "强权政治" 的味道。

但是，萨米·斯穆哈的分析和总结只是停留在表象上。事实上，以色列民族政策得以实施的原因是多方面的，既有外因，也有内因。从外因上看，以色列自 1948 年建国后，得到了美国政府和世界各地的犹太人在政治、经济、军事和财力方面的大力支持与援助，确保了以犹太人为主体的以色列国在各个领域尤其是在军事上相对于其周边阿拉伯国家

---

① 参见斯穆哈《和平时代以色列的阿犹关系》（Sammy Smooha， "Arab‑Jewish Relations in Israel in the Peace Era"），载兰达尔、格纳姆和哈雷文主编：《走向 21 世纪的以色列阿拉伯公民》（J. Landare， A. Ghanem & A. Hareven eds， *The Arab Citizens of lsrael towards the Twenty‑First Century*），耶路撒冷马格内斯出版社（The Magness Press）1995 年版，第 64—78 页。

的绝对优势地位，而在当今"强权政治"依然盛行的国际政治舞台上，由于美国对以色列的偏袒和"呵护"，包括阿拉伯国家在内的国际社会很难对以色列产生"掣肘"效应，因而助长了以色列有恃无恐地推行其歧视阿拉伯人的民族政策。从内因上看，阿拉伯国家和以色列之间因巴勒斯坦问题经历了长达半个多世纪的流血冲突，双方积怨甚深，仇恨叠加，以色列阿拉伯人处于阿以冲突的夹缝之中。1948年以来的历次战争使以色列阿拉伯人失去了与巴勒斯坦和阿拉伯世界的联系，战争还造成了他们的中心城市的毁弃，以及原本能够继续培育阿拉伯文明的中产阶级和文化精英的外流。以色列阿拉伯人处于既无创造和发展阿拉伯文明的基础设施，又无法与外部阿拉伯世界沟通的状态下，这便造成了以色列阿拉伯人孤立无援的绝对弱势地位。更不幸的是，以色列阿拉伯人大都拥有"以色列人"的身份，使其得不到同一血脉的其他阿拉伯兄弟的信任、理解和支持，那些偶尔能有机会到周边阿拉伯国家的以色列阿拉伯人甚至会因其特殊身份遭到误解和怀疑。在内外环境都极为不利的条件下，加上极其悬殊的力量对比，以色列阿拉伯人谋求平等权利的斗争往往被国际社会所忽略，其影响力微乎其微。此外，从宗教和文化上看，以色列阿拉伯人和犹太人之间存在着巨大差异。尽管以色列阿拉伯人和犹太人都视自己为亚伯拉罕的子孙，而且都是一神教的信仰者，但是犹太教、犹太文化与伊斯兰教、伊斯兰文化的终极关怀和价值取向等都存在着本质的区别。在漫长的历史进程中，这两个植根于同一块土地的异质宗教文化间的不断碰撞，以及由此导致的各种新仇旧怨，无疑加剧了两个民族的对立。结果，民族理念和民族政策便在大多数以色列犹太人中拥有了适宜其生存的气候和沃土。

　　进入21世纪以来，特别是伊拉克战争结束后，中东政局发生了深刻变化。"中东和平路线图"的出台曾给中东的和平带来了一线光明和希望，它对以色列阿拉伯人谋求平等权利的斗争同样也是一种激励，因为不管以色列阿拉伯人是否意识到，他们谋求平等权利的斗争都直接或间接地同外部阿以关系变化的大环境相关。只有阿拉伯国家和以色列真正能够和平共处之时，以色列阿拉伯人企盼的平等权利问题才有可能被提上议事日程。然而，中东和平依旧迷雾重重，这便决定了以色列阿拉伯人谋求平等权利斗争的长期性和艰难性。

论古埃及国王后妃在婚姻
关系中的地位[*]

阴玺

（美籍华裔学者）

　　古埃及国王实行一夫多妻制婚姻，拥有数量众多的后妃嫔媵。随着时间的流逝，其中绝大多数人都已湮没在历史的长河中，能够在史册中留下些许生活足迹的只有那些被称为"伟大的国王之妻"（hmt nsw wrt）的王后和一些拥有"国王之妻"（hmt nsw）或"国王之母"（mwt nsw）称号的地位较高的嫔妃。这些王后和嫔妃除满足国王的个人享乐要求、为国王生育后代和王位继承人、实现政治外交联姻等目的外，她们还有一个特殊的作用，即体现了以神话为基础的神圣王权中的女性因素。她们作为与王权密切相关的女神在人间的代表，和国王一起，通过对众神之王与女神关系的模仿，造成现实与神话之间的一种相似性，从而证明王权的神圣与不朽。因此，这些国王后妃是古埃及社会中一个特殊的群体，她们的社会地位仅居于国王之下，她们的婚姻生活与国家的宗教思想和政治活动联系在一起，反映了古埃及文明中富有特色并令人感兴趣的一个方面。

一　国王与后妃婚姻关系的几种主要类型

　　按照后妃家庭出身的不同，国王与后妃的婚姻大致可分为三种类

---

　　* 此文为作者 1995 年在北京师范大学硕士学位论文《古埃及新王国时期妇女在婚姻关系中的地位》中的第二部分。

型，即国王与自己的姐妹或女儿的婚姻，国王与普通家庭出身的女子的婚姻及国王与外国公主的婚姻。

新王国时期有一些国王（但不是所有的国王）与自己的姐妹或亲生女儿通婚。以十八王朝为例，从阿赫摩斯到埃赫那吞的十位国王中，至少有六位国王娶了自己的姐妹或女儿为妻。国王与其姐妹通婚的现象在十八王朝早期比较多见。十八王朝的建立者阿赫摩斯的父母塔阿二世国王与阿荷太普（Ahhotop）王后即为同父同母兄妹，阿赫摩斯本人也娶了他的同父同母姐妹阿赫摩斯—尼弗尔塔利（Ahmose – Nefertari）为王后，并与她生了阿蒙荷太普一世。阿赫摩斯还很可能与自己的另一位同父同母姐妹塞特卡摩斯（Satkamose）结了婚。十八王朝国王阿蒙荷太普一世也以自己的姐妹为王后，在努比亚的 Qasr Ibrim 发现的一块石碑上，他与王后玛利塔蒙（Moritamun）以及他们的母亲阿赫摩斯—尼弗尔塔利出现在一起。[1] 阿蒙荷太普一世无子，他指定了一个叫做森尼森波（Senisenb）的妇女的儿子为其继承人，这就是图特摩斯一世。图特摩斯一世很可能不是王室血统出身，因为他的母亲森尼森波的称号中，没有表示她与其他国王关系的称号。但是图特摩斯一世按照其前任者们的婚姻传统，娶自己的姐妹阿赫摩斯（Ahmose）为王后。阿赫摩斯王后的称号中只有 snt nsw（"国王的姐妹"）而没有 set nsw（"国王的女儿"）的事实进一步证实了图特摩斯一世的非王室血统身份，[2] 同时也说明那种认为阿赫摩斯王后是一位公主的看法是没有根据的。图特摩斯一世与阿赫摩斯王后的女儿哈特谢普苏特（Hatshepsut），与图特摩斯一世和一位嫔妃所生的儿子图特摩斯二世又结成了兄妹婚姻。

十九王朝著名的国王拉美西斯二世拥有众多的后妃，其中包括他的同父同母姐妹汉努特米拉（Henutmire）。但她对拉美西斯二世来说，不

---

①　罗宾斯：《埃及十八王朝阿玛尔那以前时期的王后和王后权》（G. Robins, "Queens and Queenship in 18th Dynasty Egypt before the Amarna Period"），《加拿大美索不达米亚研究协会通报》（Bulletin of the Canadian Society for Mesopotamian Studies），第 26 卷，1993 年。

②　关于对图特摩斯一世和阿赫摩斯王后出身的论证，参见罗宾斯《关于〈古埃及神话和历史中的王后权〉的书评》（G. . Robins, "Review: Pattern of Queenship in Ancient Egyptian Myth and History"），《埃及考古杂志》（The Journal of Egyptian Archaeology），第 79 卷，1993 年。

是最宠爱、最重要的后妃，有关她的纪念物非常少。① 拉美西斯二世的儿子和继任者美楞普塔也使他的姐妹伊丝特诺芙利特二世（Isitnofret Ⅱ）成为自己的后妃。二十王朝至少有两位后妃有 set nsw（"国王的女儿"）的称号，即拉美西斯三世的后妃伊西丝三世（Isis Ⅲ）和拉美西斯四世的后妃特诺派特（Tenopet），但难以确定她们分别是两位国王的姐妹还是女儿。另一个叫作提提（Titi）的王后拥有 mwt nsw、hmt nsw wrt、snt nsw、set nsw 的全套称号，表明她肯定是某位国王的姐妹和王后，但这位国王是谁，现在尚不能确定。②

国王娶自己的女儿为妻的情况在新王国时期也比较多见。十八王朝可以肯定的有阿蒙荷太普三世和埃赫那吞两位国王。阿蒙荷太普三世除王后泰伊（Teye）之外，他还与自己和泰伊所生的女儿塞塔蒙（Satamun）和伊西斯（Isis）结婚。塞塔蒙有时甚至被称为"伟大的国王之妻"，而当时王后泰伊毫无疑问还活着。不过塞塔蒙的这一称号只是在她与她的母亲的名字不同时出现时才会使用，而当她们的形象同时出现在纪念物上时，泰伊被称作"伟大的国王之妻"，塞塔蒙则用较低一级的称号"国王之妻"。阿蒙荷太普三世和泰伊的儿子埃赫那吞国王也仿照他的父亲，娶自己与王后尼弗尔提提（Nefertiti）所生的女儿玛利塔吞（Meritaton）和昂赫森帕阿吞（Ankhesenpaaton，或称 Ankheso-naman）为妻，并与玛利塔吞生了一个女儿玛利塔吞—塔谢莉特（Meri-taton－tasherit），与昂赫森帕吞生了一个女儿昂赫森帕阿吞—塔谢莉特（Ankhesenpaaton－tasherit），可见国王与其亲生女儿的婚姻并不是名义上的。③ 国王与女儿通婚的现象在十九王朝拉美西斯二世统治时期更为突出。拉美西斯至少娶了他的三个女儿，其中地位比较高的是他与一个王后伊丝特诺芙利特一世生的长女巴那尼特一世（Bananit I），作为拉美西斯二世的后妃，她的地位只次于她的母亲。她为她的父亲生了一个

① 基钦：《胜利的法老：拉美西斯二世的生平与时代》（K. A. Kitchen, *Pharaoh Trium-phant——the Life and Times of Ramesses Ⅱ*），英国和加拿大 1985 年版，第 98 页。

② "Titi" 的称号及其出处参见特洛伊：《古埃及神话和历史中的王后权》（L. Troy, *Patterns of Queenship in Ancient Egyptian Myth and History*），乌普萨拉 1986 年版，第 72 页。

③ 参见哈里（R. Hari）和汉科（R. Hanko）的相关论文。

女儿，这个女儿在王后谷巴那尼特墓中有记载。① 拉美西斯二世的儿子美楞普塔国王也曾娶自己的女儿为妻。

在古埃及国王的后妃中，有相当一部分人是出自普通家庭的，她们或因美貌或因才能出众受到国王的宠爱，或因家族显赫强大而被重视，她们与国王的婚姻是国王婚姻的又一种主要类型。这些后妃中有相当一部分人的家世已无从考证，父母名字及职务被明确记载的只有两位，即阿蒙荷太普三世的王后泰伊和拉美西斯二世的母亲、西提一世的嫔妃图娅（Thuya）。

泰伊王后在阿蒙荷太普三世的众多后妃嫔媵中一直居于最显赫的地位。她的父亲伊乌亚（Yuya）是一名骑兵军官，她的母亲也与王室没有血缘关系。在许多纪念阿蒙荷太普和泰伊王后婚典的圣甲虫形石雕上，王后的出身都得到了清楚的记载："……被赋予生命的人，国王阿蒙荷太普（三世），（以及）伟大的国王之妻泰伊。她父亲的名字是伊乌亚，她母亲的名字是图娅（Thuya）。她是一个强有力的国王的妻子，这位国王的南疆远至 Karoy，北疆远至 Naharin。"②

与泰伊不同，图娅在西提一世统治时期只是一个地位较低的嫔妃，在属于西提一世的纪念物上我们几乎找不到图娅的名字。但她的儿子拉美西斯二世执政后给予她极大的荣誉。拉美西斯在拉美西翁的北边为图娅修建了一个小神庙，神庙浮雕上刻有图娅父母的名字和他们的画像，据此我们知道，她的父亲叫拉伊阿（Raia），是战车队的军官，她的母亲是鲁伊阿（Ruia）。③

新王国时期，埃及与西亚诸国的交往比较频繁，为了与西亚的国家加强联系、缓和矛盾，一些埃及国王与外国君主联姻，娶他们的公主为妻。十八王朝国王图特摩斯三世和图特摩斯四世都曾与外国公主通婚，

---

① 基钦：《胜利的法老：拉美西斯二世的生平与时代》，第 110 页。

② 布里斯特德：《古埃及纪事》（J. H. Breasted, Ancient Records of Egypt）第二卷，芝加哥大学出版社 1927 年版，第 862 页。

③ 基钦：《胜利的法老：拉美西斯二世的生平与时代》，第 97 页。参见阿巴希：《西提一世的夫人图娅王后和她不知名的父母》（L. Habachi, "La roine Touy, femme de Sethi I et ses proches parents inconnue"），RdE，第 21 卷，1964 年。

这在外国君主给埃及国王的书信中都有叙述。① 十八王朝国王中迎娶外国公主最多的可能当推阿蒙荷太普三世。在他统治的第十年，他与米坦尼国王舒塔尔那（Shuttarna）的女儿吉鲁赫帕（Gilukhepa）结婚，这位公主随身带来的侍女即有三百一十七名。阿蒙荷太普三世与吉鲁赫帕的婚事在阿玛尔那书信和埃及的圣甲虫石刻上都有记载，在埃及方面的文献中，这位公主被称作可尔吉帕（Kirgipa），Naharin 国王撒提尔那（Satirna）的女儿。② 除吉鲁赫帕之外，阿蒙荷太普三世还娶了一位米坦尼公主、两位叙利亚公主，两位巴比伦公主和一位阿扎旺（Arzawan）公主，此外，他还不断要求巴勒斯坦地区的附庸国为他送来更多的美女。③

十八王朝的埃及是当时地中海地区的强国，西亚诸国多受其控制，或为其慑服，在这种情况下，它们的公主实际上是被当作与埃及交好的表示甚至贡品送到埃及国王的后宫，她们只是国王的嫔妃，在后宫中没有什么地位。她们一旦进入后宫，就很难与家人见面。阿玛尔那书信中有几封巴比伦国王卡达什曼—恩利尔（Kadashman - Enlil）写给阿蒙荷太普三世的信，抱怨说自从他的姐妹嫁到埃及后宫之后就杳无音信，不知死活。后来虽得允准派使者与公主见面，但使者却不能与公主交谈，因而无法断定见到的人是否为巴比伦国王的姐妹。④

随着埃及霸主地位的丧失，嫁入埃及的外国公主的命运也发生了变化。十九王朝时期，赫梯成为西亚强国，对埃及构成极大的威胁，埃及的宗主国地位不复存在。拉美西斯二世在位时，埃及与赫梯展开争霸战争，由于双方均无力制服对方，结果两国签订了和约，结为同盟国。拉美西斯二世与赫梯国王联姻，娶赫梯国王的女儿为妻，她就是玛阿特荷尔尼弗鲁拉（Maathorneferure）。阿布—辛贝尔神庙的"结婚碑"记载了这次盛大的婚事：赫梯国王带着女儿和大量的随从、礼品穿越叙利亚

---

①　布赖恩：《图特摩斯四世的统治》（B. M. Bryan, *The Reign of Thutmese* Ⅳ），约翰·霍普金斯大学出版社 1991 年版，第 118 页。

②　布里斯特德：《古埃及纪事》第 2 卷，第 867 页。

③　里德费尔德：《拉美西斯三世及后宫的嫔妃》（S. Redferd, "Ramessen Ⅲ and the women of the Royal Harem"），《加拿大美索不达米亚研究协会通报》，第 26 卷，1993 年。

④　里德费尔德：《拉美西斯三世及后宫的嫔妃》。

和巴勒斯坦来到埃及。拉美西斯二世提前赶到北部边界迎候，双方会合后举行了规模很大的庆典。① 赫梯公主被尊奉为埃及的王后，塔尼斯的拉美西斯巨像旁的王后雕像上刻着她的称号："伟大的国王之妻，两土地的女主人，玛特尼弗鲁拉（Matnefrure），伟大的赫梯国王的女儿。"② 从有关的铭文来看，她不仅地位尊贵，而且在一段时间里也很得国王宠爱。③ 很明显，赫梯公主在埃及得到的一切与赫梯王国的强大有密切的关系。

因此，在国王与外国公主的婚姻中，外国公主的命运往往是由两国实力的强弱对比而定，她们只是两国关系中的一个筹码。

二　国王后妃在婚姻关系中代表的神话意义

在古埃及近三千年的历史中，王权神圣的思想一直是国王们实行君主专制的理论基础。这种思想在古埃及的神话学中找到了它的根据。一种流行较早的解释王权神圣的神话是九神会。按照这个神话，世界最初是一片混沌，创世神阿图姆（Atum）独自生出了空气神舒（Shu）和湿润女神苔芙努特（Tefnut）兄妹，二神结合又生出了地神盖博（Geb）和女天神努特（Nut）。盖博和努特生了四个神，即俄赛里斯神（Osiris）和伊西斯女神（Isis）、塞特神（Seth）和涅芙提斯女神（Nephthys），他们又结为两对夫妇。俄赛里斯当了人间的国王，他是一位贤明的君主，但他的兄弟塞特神十分嫉恨他。塞特杀死了俄赛里斯并夺取他的王位。后来俄赛里斯的妻子伊西斯以神奇的力量使得俄赛里斯复活，并为他生了一个儿子，即荷鲁斯神（Horus）。荷鲁斯长大之后与塞特展开王位之争，最终夺回了王权，成为上下埃及国王，而俄赛里斯则成为冥世之王。

另一种流传较晚的神话对神圣王权的起始和更新给予了更复杂、更抽象的解释。据此，太阳神拉（Re）是包容一切的最高神，他出现于

---

① 布里斯特德：《古埃及纪事》第 3 卷，第 415 页。
② 同上书，第 417 页。
③ 同上书，第 435 页。

初始并创造了一切。他与哈托尔女神（Hathor）生了荷鲁斯神，是为埃及国王。在这一神话体系中，哈托尔女神具有多重身份。她既是拉神的妻子和荷鲁斯神的母亲，又是拉神的女儿，还是拉神的母亲。[①] 哈托尔女神与拉神代表了生育过程中相互作用、互为补充的男女两种因素，哈托尔女神的多重身份象征着生命不断延续更新过程中女性角色的转换，以及使男性因素从父到子转化的中介作用。我们可以把哈托尔女神与拉神的关系和古埃及人对宇宙更新的认识联系起来，从而更清楚地理解哈托尔神与拉神之间的多代关系。根据这种认识，每天晚上，降落的太阳神使天空女神受孕，到早上，天空女神又会再生育出太阳神，太阳神由此不断获得新生。这里，天空女神既是太阳神的妻子，又是他的母亲。

　　古埃及的神学家借助神话来表述他们对宇宙的认识，表述他们对心目中与宇宙俱生、与宇宙俱更新的王权的认识。但是，任何一种神话都无法完整地说明被表述者的全部内涵，于是他们只好求助于更多的神话，这样就造成了神话的多样性和复杂性，上述两种神话是两种最主要的解释王权的神话，虽然它们并不相同，有的地方还有矛盾，但在古埃及却都得到了认可，被用来证明王权的神圣性。

　　在以神为基础的王权神圣思想中，国王被看作是创造神和众神之王拉的儿子，他活着的时候等同于荷鲁斯神，是现世之君；死了以后则被尊为俄赛里斯神，继续在来世为王。国王本身永远是神，行使着神圣的王权。相应的，作为国王的配偶，后妃也为神圣王权中的女性因素。这可以从创世神话中找到其思想根据。在神话中，创造神本身是雌雄同体的，但通过创造行为，分开了男性和女性。[②] 随后男性与女性两种因素相互作用，使生命不断得到更新和延续。王权作为雌雄同体的创造神的表现，也包含了男性和女性两种，其中的女性因素即由国王后妃来表现，她们在人的世界里发挥着神话中女神的作用。正如哈托尔女神之于拉神有多代关系一样，国王后妃之于国王也有着多代关系，她们既是国

---

　　① 　关于拉神与哈托尔女神之间的多重关系，以及哈托尔女神的多重身份与她的象征意义，Lana Troy 以神话学方面的史料为依据，进行了详细的论证，见特洛伊《古埃及神话和历史中的王后权》，第21—23页。

　　② 　古埃及创造神具有男女两性同体的属性。关于这一点，可参见特洛伊《古埃及神话和历史中的王后权》，第15—20页。

王的母亲，又是国王的妻子，还是国王的女儿。正如伊西斯女神与俄赛里斯神之间存在兄妹关系一样，后妃也可以是国王的姐妹。需要指出的是，在王权由父传子的不断反复的过程中，女性从女儿到母亲的多重身份及作用并不是由单个人来担任和完成的，而是在实际中由几种身份的后妃同时展现，即由国王的母亲、国王的妻子和与国王有婚姻关系的国王的姐妹和女儿集体构成这种国王及王权再生循环的连续体。国王后妃的集体作用被表述为王后权（queenship），也就是说，王后权是结合在多代后妃中的，她们一起代表了神圣王权中的女性因素，是王权借以更新的载体。

与王权神圣一样，王后权也是神圣的。古埃及统治者通过各种表现方式表达国王后妃与女神之间的一致性，从而说明在与国王的婚姻关系中她们所代表的神话意义。

从雕刻绘画作品中，常常可以看到王后装扮成女神的模样。新王国的王后普遍戴一种秃鹫头巾，其形为展开双翼的秃鹫，身体部分形成一个帽子盖在人的头上，两翼向人的头部两侧伸展。有时位于人的前额的秃鹫头可能会换成眼镜蛇头。这种头巾是上埃及的保护女神奈赫伯特（Nekhbet）最先采用的，她与下埃及的保护者眼镜蛇女神构成一对。在十八王朝，秃鹫头巾成为更多的女神的头饰，如国神阿蒙（Amun）的配偶穆特女神（Mut）、俄赛里斯的配偶伊西斯女神。当王后也佩戴这种头巾时，其神圣性是不言而喻的。

王后额头上的蛇饰也是一种神圣的象征，它由一对蛇头组成，代表上下埃及。此外，双蛇还被视为拉神的眼睛，当它们再与哈托尔女神特有的牛角和太阳圆盘装饰结合使用时，蛇饰代表的与哈托尔女神的关系就更加明显了。

在一些场景中，王后与女神的交替出现也象征着她们与神的等同。在贵族廷臣墓中，常有国王接见墓主的画面。大多数时候国王是独自接见墓主的，但有时候他会由哈托尔女神或玛阿特女神（Maat）陪同，①还有一些时候他是由他的母亲或王后陪同的。这意味着当国王的母亲或王后出现时，她们与女神是等同一致的。这点在一个大臣的墓室装饰画

---

① 玛阿特女神在神话中是拉神的女儿。

中得到了进一步证实，画面上阿蒙荷太普三世的王后泰伊坐在凉亭里，她旁边的铭文写道："正如玛阿特女神跟随着拉神，她也跟随着陛下。"① 明确地把泰伊与玛阿特女神等同了起来。

一些国王通过上述象征性的做法把他们的配偶与神话中主神的配偶、女儿或其他重要女神联系起来，说明他们以及他们的配偶是与神相同的。但是还有一些国王则不满足于这种象征性手段，进一步在他们的婚姻生活中模仿神的行为，重演神的故事，像神那样与自己的姐妹甚至女儿通婚，并生育后代，他们用这种特殊的方法证明他们本身就是神，他们有不同于普通人的生活方式。普通的埃及男性不会与自己的姐妹或女儿结婚，但是国王能够这样做，因为在神话里身为君主的俄赛里斯神即与他的姐妹伊西斯结为夫妇，并生了后来继承他的王位的荷鲁斯神。国王与其女儿的通婚也是对神的关系的模仿，哈托尔女神既是拉神的女儿，也是拉神的妻子，她唤起了她的父亲的活力，使她的父亲通过她而获得了新生。国王与自己的女儿通婚，也就把他从父亲的角色转换到了儿子的角色，这样作为他的女儿的丈夫，同她生育后代，由此实现了拉神与哈托尔神之间的多代关系，宣扬并加强了国王的神圣性及王权的神圣性。

国王后妃以集体角色体现了神圣王权中的女性因素，她们作为国王的母亲、妻子、姐妹、女儿，与国王有着多代关系，在王权的延续更替中发挥着必不可少的女性因素的中介作用。但是，古埃及的统治权是掌握在男性国王手中，国王后妃的神圣性本质上只是为了证明国王和王权的神圣性，而并未赋予她们超出宗教以外的权力。一些学者根据国王与自己的姐妹或女儿通婚、后妃与王权联系密切、地位高贵等现象，认为古埃及后妃在王位继承中起着决定性作用，并在国家的政治生活中拥有很大的权力。但对有关资料的进一步研究发现，这种看法过分地夸大了后妃在历史上的影响和作用，是缺乏事实根据的。

三　后妃在王位继承中的作用

目前相当一部分埃及学研究者持有这样一种看法，即王位是按照王

---

① 罗宾斯：《埃及十八王朝阿玛尔那以前时期的王后和王后权》。

室家庭的女性成员的血统来继承的。他们认为，在王室中每一代都有一个公主被指定为"女继承人"，她拥有 hmt nsw wrt 的称号。只有与她结婚，国王才能使他的王权具有合法性，而无论他们之间是否有血缘关系。或者认为有 hmt nsw wrt 称号的王室妇女能够使她儿子合法继承王位。女继承人保证了王室血统的纯正和王权的神圣。"女继承人"理论在埃及学界的影响十分广泛，不少学者都以此来解释古埃及的王位继承问题，并以此说明古埃及后妃享有很高的地位。① 如 M. A. Murray 断言："王位的继承严格按照女性血统而定。'伟大的国王之妻'就是女继承人；由于与她结婚，国王就能登上王位。国王本身的出身并不重要，他可以是任何阶层的人，但只要他与王后结婚，他就立即成为国王。简言之，王后由出身权而成为王后，而国王则由婚姻权而成为国王。"② C. Aldrod 在《埃及国王埃赫那吞》一书中用"女继承人"理论阐述十八王朝后期的王位继承问题，认为阿蒙荷太普三世的王后泰伊、埃赫那吞的王后尼弗尔提提、荷伦希布的王后穆特奈捷姆特（Mutnedjemt）都是女继承人，国王们因与她们结婚而获得了合法性。并且，Aldrod 还为这些王后找到了王室血统的证明。③

根据"女继承人"理论，似乎每一个国王都会有一个身为女继承人公主的王后，这些王后在血统上是一脉相传的。但事实上，这一情况在史料中并不能得到证实。从各王朝实际的继承情况来看，绝大部分国王都是前任国王的儿子（十八王朝的图特摩斯一世和十八王朝末的几位国王除外），国王之间的血缘关系是很清楚的；而每一个国王的王后却不一定具有王室血统，在王后之间无法找到一种连续的血缘关系。不少有 hmt nsw wrt 称号的王后的家庭出身在史料中并没有得到说明，有

---

① 类似观点见于不少著作，如莱斯科主编：《古埃及的名媛》（B. S. Lesko, *The Remarkable women of Ancient Egypt*），BC Scribe 出版社 1978 年版，第 3 页；阿兰：《古埃及日常生活一瞥》（S. Allam, *Some Pages from Everyday Life in Ancient Egypt*），埃及齐萨 1985 年版，第 22 页；雷德福德：《埃及的十八王朝》（D. B. Redford, *The Eighteenth Dynasty of Egypt*），多伦多 1967 年版，第 73 页；威尔逊：《埃及的负担》（John A. Wilson, *The Burden of Egypt*），芝加哥大学出版社 1951 年版，第 20 页。

② 莫雷：《辉煌的埃及》（M. A. Murray, *The Splendour that was Egypt*），伦敦 1977 年版，第 70 页。

③ 阿尔德雷德：《埃及国王埃赫那吞》（C. Aldred, *Akhenaton: King of Egypt*），汤姆士和哈德逊有限公司 1988 年版，第 219—223 页。

的或许是因为这样的资料目前还未发现，但更大的可能性是，王后的出身背景在当时并不十分重要。有一些王后在历史上是很著名的，如图特摩斯一世的王后阿赫摩斯、埃赫那吞的王后尼弗尔提提、拉美西斯二世的王后尼弗尔塔利（Nefertari），关于她们的史料是比较多的，但其中却都没有提到她们的家世，从她们没有 set nsw 等表示与国王亲属关系的称号来看，她们很可能不是王室血统出身。还有的王后如泰伊，她的结婚纪念物上明确地说明她是平民家庭出身。因此，可以比较肯定地说，王后与"女继承人"是没有什么关系的。

国王也不是根据其母亲的血统来继承王位的。以十八王朝为例，埃赫那吞以前的十个国王中，只有阿赫摩斯的母亲阿荷太普以及阿蒙荷太普的母亲阿赫摩斯——尼弗尔塔利是王室出身的王后，其他国王的母亲很可能都是出自普通家庭，而且有的并不是王后。如图特摩斯四世的母亲提阿阿（Tiaa）和阿蒙荷太普三世的母亲穆特奈姆维阿（Mutnem-wia），这两位在其丈夫统治期间的地位是比较低微的，因为在属于其夫君统治时期的纪念物中几乎找不到她们的名字。与二位相关的纪念物都出自她们的儿子统治时期。[1] 因此，她们虽然有 hmt nsw wrt 的称号，但这个称号并不能用来说明她们的儿子继承王位的合法性。十九王朝国王拉美西斯二世的母亲图娅也有类似的情况。[2] 总之，从新王国各个国王的母亲的情况来看，她们有的出身于王室家庭，有的来自普通家庭；有的是地位显赫的王后，有的是级别低微的嫔妃；有的在其儿子继位以前肯定就有 hmt nsw wrt 的称号，有的则是母凭子贵，后被封以这个尊贵的称号的。在她们之间，没有一脉相承的血缘关系，也看不出比较一致的能够使其儿子继承王位的特别地位。国王的母亲与所谓的"女继承人"之间也是没有关系的。

根据新王国时期王位继承方面的史料来看，"并非所有的国王都与王室出身的妇女通婚，或者有王室出身的母亲，而这对纪念物上国王或其王后的地位并没有造成什么不同。的确，由于可以设想的高死亡率。任何把继承权严格地确定在某个特别的人身上的继承方式都是不可行

---

① 布赖恩：《图特摩斯四世的统治》，第 93—108 页。
② 基钦：《胜利的法老：拉美西斯二世的生平与时代》，第 97 页。

的。"实际情况是王位是以父位子继的原则继承的，男性国王的血统在继承中起决定作用，王室妇女无权决定由谁来继承王位，更不能由她们为国王的王权提供合法性。王位继承人的一般顺序是：王后的儿子、嫔妃的儿子，在没有直接的男性继承人的情况下，国王的女婿也可能继承王位。①

十九王朝国王拉美西斯二世的王位继承人的变化情况说明了王位继承的法则。拉美西斯二世在位时间长达 65 年，他先后指定了五个儿子为他的王位继承人，但其中有四个都没有活到能够继位的时候。他的第一个太子是他与王后尼弗尔塔利所生的长子，名叫阿蒙—希尔—霍普谢夫（Amun－hir－khopshef），大约在拉美西斯统治的第 20 年时，他不再是太子，很可能是死了。第二个太子塞特—希尔—霍普谢夫（Set－hir－khopshef）也是王后所生，但他任太子的时间很短。他死于拉美西斯二世统治的第 53 年。此前很长时期他都未在纪念物上出现过。继他之后被指定为太子的拉美西斯王子，是拉美西斯二世的一个妃子伊丝特诺芙利特一世的长子（伊丝特诺芙利特一世后来成了拉美西斯二世的王后），他任太子的时间长达 25 年左右，但最终他也未能登上王位。拉美西斯在位的第 50 年或稍后，伊丝特诺芙利特一世的次子卡埃姆瓦塞特（Khaomwaset）成为第四个太子，但他大约在第 55 年死去。他的同母弟弟美楞普塔成为第五个太子，并最终成为继拉美西斯二世之后的埃及国王。②

后妃虽然对王位继承没有决定权，但可以推测，她们为了让自己的儿子或与自己利益相关的人登上王位，会采取种种手段对国王的决定施加影响，甚至会为争夺王位而组织或参与宫廷政变。拉美西斯三世在位期间发生的一次后宫阴谋就足以说明这一点。

这次后宫阴谋的审判记录写在一个纸草卷上，现已破裂为几个片断，其中最完整的那部分被称为《都灵审判纸草》。这些资料使我们了

---

① 特里格等：《古埃及社会生活史》（B. G. Trigger et al.，*Ancient Egypt：A Social History*），剑桥大学出版社 1983 年版，第 219 页。

② 基钦：《胜利的法老：拉美西斯二世的生平与时代》，第 102—103 页。

解到这次后宫阴谋的主要情况：① 它发生在拉美西斯三世统治的第 32 年，由他身边的一些后妃计划发起，并有一些朝臣和后宫官员参加，目的是要推翻拉美西斯三世，把一个名为提伊（Tiy）的后妃之子潘特乌拉（Pentewera）② 推上国王的宝座。提伊是这次阴谋的策划者和煽动者，她的称号在审判记录中没有提到，所以还无法确定她的具体身份。审判记录也没有写出其他后妃的名字，可能因为她们是国王身边的人，便有意回避了。阴谋者们计划先煽动宫外的人起来造国王的反，然后趁机在宫内发动政变。但计划尚未实施就被暴露，他们被抓起来。国王组织了一个特别法庭，对阴谋者进行审判。法庭由十四名法官组成，在对参与阴谋的人的犯罪事实一一确认后，对谋反者给予不同的判决，有的判处死刑，有的当庭自杀，有的是庭外自杀。潘特乌拉王子也在自杀之列。案卷中没有记录对提伊和其他后妃的判决，但是可以推测，她们难免一死。

　　参加政变的后妃们为冒犯男性统治者的极端行为付出了生命代价。她们在埃及人眼里是邪恶的、离经叛道的，因为专制统治乃是男性国王的特权。然而，也有个别后妃违反传统，试图与男性统治者分享王权，有的甚至从男性统治者手中夺到王权，将自己置于国王的地位，并在一段时期里迫使整个社会承认她们的合法性。但较多的后妃则是温和地站在男性统治者背后，通过他们参与国家政治，为自己赢得荣誉。

四　后妃对国家政治的参与

　　后妃参与国家政治的最直接的形式是成为女王，从而实现对国家政治的全面控制。新王国时期出现了两位女王，一个是十八王朝中期的哈特谢普苏特（图特摩斯二世的王后），一个是十九王朝末期的塔乌塞莱

---

　　① 有关这次后宫阴谋的资料和论文，见布里斯特德：《古埃及纪事》第 4 卷，第 416—456 页；德巴克：《图林的司法纸草》（A. de Buck, "The Judical Papyrus of Turin"），《埃及考古杂志》，第 23 卷，1937 年；戈迪克：《后宫是否使用巫术对付拉美西斯三世？》（H. Goedicke, "Was Magic used in the Harem Conspiracy against Ramesses Ⅲ?"），《埃及考古杂志》，第 49 卷，1963 年。

　　② 这不是他的真名，是法庭审判记录中用于他的一个代名。

特（Tauseret，西提二世的王后）。

哈特谢普苏特是图特摩斯一世和王后阿赫摩斯的女儿，她与她的同父异母兄弟图特摩斯二世（图特摩斯一世与一位嫔妃所生）结婚，成为他的王后。他们只有一个女儿，没有儿子。图特摩斯二世的王位继承人是他与一位妃子所生的儿子图特摩斯三世，图特摩斯二世统治8年后去世时，图特摩斯三世还不到10岁。于是哈特谢普苏特成为摄政者，帮助年幼的国王统治国家。当时的一个大臣伊奈尼（Ineni）在他的墓室铭文中说明了这一情况：图特摩斯二世"升天与众神合为一体，他的儿子作为两土地之王坐到了他的王位上，在曾生育自己的人的位子上进行统治。他的姐妹，神妻哈特谢普苏特，控制了这块土地上的事务"。① 作为摄政者，哈特谢普苏特继续采用王后的装扮，使用王后的所有称号。但是第二年，她就正式称自己为上下埃及之王，而把图特摩斯三世送到阿蒙神庙作祭司。

女王当政，与古埃及男性垄断王权的传统是格格不入的。女王对此采取了一些妥协姿态。她开始时还穿用女装，但不久就完全采用了埃及国王的传统装扮，并戴上了国王专有的假胡须。在她的那些巨大建筑物上的铭文里，她时而被称为拉神的儿子，时而被称为拉神的女儿，指代她的地方也交换使用男性和女性人称代词。②

哈特谢普苏特为了证明自己继承王位的合法性，就宣称自己是阿蒙神的女儿，登上王位是阿蒙神的安排。坐落在代尔·巴哈利（Deir el - Bahri）的女王享庙中的浮雕极为详尽地描绘了女王出身的故事，说明女王是由阿蒙神和王后阿赫摩斯所生，她在阿蒙神的关照下长大成人，阿蒙神宣布她是上下埃及之王，并为她举行了加冕礼。③

同时，哈特谢普苏特又利用公主、王后等尊贵身份，凭借她本人的精明强干，争取了一些有权势的朝廷大臣的支持。此外，女王也没有完全把图特摩斯三世排除于国家事务之外，有时还让他一起出现在公众场

---

① 布里斯特德：《古埃及纪事》第2卷，第341页。

② 利希塞姆：《哈特谢普苏特女王方尖碑的铭文》（M. Lichtheim, "Oblisk Inscription of Queen Hatshepsut"），AEI，第2卷。

③ 布里斯特德：《古埃及纪事》第2卷，第187—242页。

合。① 由于在各方面采取了比较妥善的措施，哈特谢普苏特终于使她的王权得到了巩固。

哈特谢普苏特上台之后，大兴土木，修建庙宇。她为阿蒙神敬献的巨大的方尖碑以及为自己在代尔·埃尔—巴哈利建造的雄伟华丽的享庙留存至今，都是古埃及建筑史上独一无二的建筑奇迹。她在位期间还组织了颇负盛名的蓬特贸易远征，从位于非洲东海的蓬特（Punt）带回了香料树、没药、黄金、象牙、活猩猩等，甚至还有蓬特当地的土著和他们的孩子。这次贸易远征的经过被详细地刻画在女王享庙的墙壁上。②

哈特谢普苏特在她统治的 22 年里，继续保持了埃及强大的国力，并以她的建筑活动和经济贸易活动证明了埃及国家的繁荣。她是古埃及历史上一位杰出的女王。

哈特谢普苏特死后，王权又回到图特摩斯三世手中。在他长达 54 年统治的后期，他开始毁坏哈特谢普苏特的雕像和她的一些纪念物，并从神庙和公共建筑上抹掉她的名字和画像，但保留了那些她以王后身份出现的纪念物。在古埃及人编写的王表中，女王的名字也被排除在外。这反映了古埃及人对女人掌权的否定态度。

新王国时期的另一位女王是十九王朝末期统治埃及的塔乌塞莱特。她是西提二世的王后。西提二世死后，西普塔登上了埃及王位，塔乌塞莱特则成为他的摄政者。西普塔统治时期，国家大权实际上是她是掌握在两个人手中，一个是塔乌塞莱特，一个是大臣巴伊（Bay）。巴伊的一个特有的称号是"使国王坐在其父王位上的人"，③ 这既反映了巴伊朝廷重臣的地位，也说明西普塔是一个国王的儿子。结合塔乌塞莱特摄政太后的地位来看，西普塔应该是西提二世的儿子，他继位的时候年龄还很小，因此塔乌塞莱特出任摄政者，实际上是她掌握着王权。西普塔的母亲可能不是塔乌塞莱特，因为在其称号中只有 hmt nsw wrt，而没有 mwt nsw。④ 据 A. H. Gardiner 推测，西普塔可能是一个叙利亚籍嫔妃的

---

① 雷德福德：《埃及的十八王朝》，第 76 页。
② 布里斯特德：《古埃及纪事》第 2 卷，第 246—295 页。
③ 贝克拉斯：《作为西普塔保护者的塔乌塞莱特女王》（J. von Beckerath, "Queen Twosre as Guardian of Siptah"），《埃及考古杂志》，第 18 卷，1962 年。
④ 特洛伊：《古埃及神话和历史中的王后权》，第 171 页。

儿子。①

　　由于这一时期的资料非常缺乏，我们对塔乌塞莱特女王的统治情况了解甚少。从考古发掘情况得知，她在底比斯国王谷中有自己的坟墓，墓中她的形象和西普塔的出现在一起。过去有人据此认为她是西普塔的妻子，这显然是错误的。实际上她只是以摄政者和王太后的身份和国王站在一起，正如哈特谢普苏特和图特摩斯三世在后者初继位时共同出现在石碑浮雕上一样。塔乌塞莱特摄政 6 年，西普塔死后，她就采用了全套法老的称号，宣布自己为上下埃及之王，独自执掌王权两年。不过她把自己的统治时间从西普塔继位时算起，这样她就在古埃及历史上占有了 8 年的统治期。

　　塔乌塞莱特女王留下的纪念物和建筑物不多，仅有的一些也未能完整无损地保存下来。她位于底比斯国王谷的坟墓被二十王朝的第一个国王塞特纳赫特占为己用，她与西普塔的双人雕像中，她的那部分也被有意地毁掉了。② 或许破坏者是想重新利用国王的那部分雕像，但也很有可能是针对女王而来，表示对女王当政的不满。

　　塔乌塞莱特女王和哈特谢普苏特女王在一些方面有相似之处。她们起初都是身为王后，在丈夫去世、新王尚幼的情况下成为摄政者。但王后们不顾埃及王权由男性独占的传统，最终自立为王。作为女王，她们在称号上、形象上遵循了古埃及国王的传统，以求得到承认和支持。但王权终究只是男性统治者的特权，尽管王后在神话意义上是神圣王权的一部分，是神话里创造、复活、再生过程中女性因素在人间的体现，对于王权的代代相传有着重要的作用，男性统治者在理论上赋予她们一席之地，神化她们的根本目的仍在于神化自己。就实践意义而言，男性统治者及由男性组成的统治阶级是不允许女性来分享权力的。因此，敢于僭越王位的后妃必然会遭到极力反对，女王身后必然会受到各种形式的报复，如毁坏她们的纪念建筑物，抹掉她们的名字和画像，不把她们列入王表之中，等等，以示对女王当政的否定。哈特谢普苏特和塔乌塞莱

---

　　① 加尔迪内爵士：《塞尔篷特国王的人名》（Sir A. H. Gardiner, "The Personal Name of King Serpent"），《埃及考古杂志》，第 44 卷，1958 年。

　　② 贝克拉斯：《作为西普塔保护者的塔乌塞莱特女王》。

特这两位女王的情况证明了这一点。

新王国时期，还有一些后妃虽未像两位女王那样直接统治埃及，但她们利用与国王的关系，对国家政治产生了一定的影响，此即母后或王后干政。

后妃干政的现象在十八王朝最为突出。十八王朝是在驱逐了喜克索斯人之后建立起来的。在与喜克索斯人的浴血奋战和王朝的兴起中，作为领导者和统治者的底比斯家族的女性成员发挥了不可忽视的作用，如阿赫摩斯国王的祖母太提舍利（Teti – sheri）、母亲阿荷太普以及他的妻子阿赫摩斯—尼弗尔塔利三位王后，都因此受到后人特别的推崇和纪念。在阿赫摩斯立于卡纳克的一块大石碑上，有一段铭文记载了阿荷太普王后的功绩，赞扬她是"关心埃及的人。她照料她的（指埃及，下同）士兵，她保卫她；她领回了她的逃亡者，并把她的逃兵集结在一起；她使上埃及镇定下来，并驱逐了那些反叛者。"① 这段话可能是指塞肯内拉或卡莫斯死后，埃及军队溃败，局面失去了控制，阿荷太普在这样的情况下重新组织起军队，恢复秩序，在埃及人驱逐喜克索斯人的战争中起到了关键性的作用。阿荷太普还被称为"海上诸岛的女主人"，一些学者据此断定她与克里特之间有直接的联系，认为"在解放战役中克里特的人民和海上诸岛人民是埃及的同盟者，阿荷太普同时也赢得了岛民的景仰。"②

十八王朝后期的一些王后在国家政治生活中频频露面，表现比较活跃。著名的埃及学家布里斯特德（J. H. Breasted）在对这一时期的大量铭文资料进行研究的基础上指出："从阿蒙荷太普三世统治到十八王朝结束，在所有的国家正式场合中都出现了王后的名字或形象，这种情况构成了当时的一个特点，而在以后就再没有了。"③ 如阿蒙荷太普三世的纪年即这样写道："在被赋予生命的国王阿蒙荷太普三世以及像拉神

① 詹姆士：《埃及：从驱逐喜克索斯人到阿蒙荷太普一世》（T. G. H. James, "Egypt: from the Expulsion of the Hyksos to Amenophis I"），载爱德华兹（I. E. S. Edwards）等主编：《剑桥古代史》（Cambridge Ancient History）第 2 卷第 1 部，1973 年，第 20 页。

② 阿·费克里：《埃及古代史》，高望之等译，科学出版社 1956 年版，第 45 页。

③ 布里斯特德：《古埃及纪事》第 2 卷，第 861 页。

一样活着的伟大的国王之妻泰伊的第二年……"① 从这一时期的雕塑、浮雕、绘画和实用生活品装饰来看，国王和王后的形象总是按同一比例刻绘而成，显示出平等亲密的关系。王后与国王的这种关系为她们通过国王对政治施加影响提供了可能性。

阿蒙荷太普三世的王后泰伊虽然出身平民，但她一直受到阿蒙荷太普三世的特别宠爱和重视。从现存史料中我们看不到她在其丈夫统治期间干预政治活动的情况，但从她的名字与国王的名字一起用以纪念的史实来看，她不会完全置身于国家事务之外，她对她的丈夫一定会有比较大的影响力。在她的儿子埃赫那吞当政时她仍然享有很高的地位。在埃赫那吞实行宗教改革的第 6 年，她从底比斯前往埃赫塔吞，劝说埃赫那吞放弃改革，以改变国家的混乱局面。② 她的建议似乎被埃赫那吞所听取，国王派了他的共同执政者塞门卡拉去底比斯与反对派和解，不过这一举措似乎没有取得什么效果。

在埃赫那吞的宗教改革中，王后尼弗尔提提扮演了重要的角色。尼弗尔提提的形象在阿玛尔那风格的艺术作品中随处可见，表现她了对阿吞神的崇拜和在阿吞神光辉照耀下她与丈夫、孩子的幸福生活。这些艺术作品表明她完全生活在对阿吞神的信仰之中，亲身体会着她的丈夫所提倡的新教义。但她并不仅仅是个普通崇拜者，而是代表了新的宗教教义中非常重要的一个组成部分。作为神妻（hmt ntr），她与埃赫那吞一起构成了普通人与阿吞神交流的媒介，普通人只有通过他们才能从阿吞神那里得到幸福、成功和长寿。也就是说，只有国王及其王后才有权与阿吞神沟通。这样，尼弗尔提提王后就在埃赫那吞的宗教改革中占有了重要的地位，她既是埃赫那吞宗教改革的大力支持者，又是阿吞神信仰中不可缺少的因素。她和国王一样，以相同的姿态，用类似的祭品，每日向阿吞神礼拜，在祭礼中和国王处于同等的地位。不仅如此，在其他一些方面也表现出她与国王地位的接近，如她与国王坐在王位上一起接见朝廷大臣，她的名字像国王的名字一样出现在王名圈中。有时候，在一些浮雕上，她甚至和哈特谢普苏特女王一样，头戴新王国国王常戴的

① 布里斯特德：《古埃及纪事》，第 2 卷，第 864 页。
② 阿·费克里：《埃及古代史》，第 70 页。

王冠——蓝色头盔，以国王的传统姿态痛击外国敌人。有的学者根据史料中她的种种与国王一般的穿戴举止，推断她可能在埃赫那吞之后当过一段时间的埃及国王，[①] 但是也有学者对这一观点提出质疑。[②] 在证据尚不充分的情况下，似乎很难断言尼弗尔提提曾称王埃及。尼弗尔提提可能是凭着对宗教改革的支持和直接参与，取得了埃赫那吞的信任和宠爱，由此她进一步向国王的地位靠近，介入宗教以外的国家事务。而当宗教改革难以继续，埃赫那吞有所动摇时，王后仍然坚持改革，因为她已有的地位和特权使其难以放弃自己的意见，阿吞信仰实际上也是她取得一切权力的基础。于是在她与埃赫那吞之间产生了裂痕，而且裂痕还一定很深，因为埃赫那吞把王后的名字从王宫的装饰图画铭文中全部涂掉了，他娶了他们的大女儿玛利塔吞，用她的名字取代了尼弗尔提提的名字。

十八王朝后期还有一位王后因为干政而闻名于古埃及历史，她就是图坦卡蒙的王后昂赫森帕阿吞（或称昂赫森那蒙）。从图坦卡蒙统治时期留下的艺术作品来看，她与年轻的国王感情甚笃。但国王死后，她便给赫梯国王写了一封信，说："我丈夫已死，而我没有儿子。听说你有很多儿子，请你送一个儿子来作我的丈夫。我不想选我的臣民作丈夫。"[③] 赫梯国王对此犹疑不决，当他打听清楚这个消息的确实性后，机会就已经错过。后来赫梯国王派去的王子在路上也被谋杀。这件事表明，昂赫森那蒙试图通过与赫梯强国联姻，达到巩固自己在国内的地位和统治势力的目的，以免王权落入政敌之手。但她这个大胆的计划未能实现。她的命运如何，史料中没有记载。但她与丈夫的双人雕像中，她的那部分后来几乎完全被毁掉了，由此可知她所受到的敌视。

十九王朝似乎对前朝后妃参与政治持断然否定的态度。[④] 这一时期

　　① 萨姆松：《尼弗尔提提的特权》（J. Samson, "Nefertiti's Regality"），《埃及考古杂志》，第 63 卷，1977 年。

　　② 多德森：《尼弗尔提提的特权：一个评论》（A. Dodsen, "Nefertiti's Regality: a comment"），《埃及考古杂志》，第 65 卷，1979 年。

　　③ 阿尔德雷德：《埃及国王埃赫那吞》，第 228 页。

　　④ 莱斯科：《重新审视埃及晚近的三个故事》，载莱斯科主编：《埃及学研究：纪念理查德·A. 帕克》（L. Lesko, "Three late Egyptian Stories Reconsidered", in L. Lesko ed., *Egyptological Studies in Honor of Richard A. Parker*），汉诺威 1986 年版，第 98—103 页。

国王后妃在政治方面的活动十分少见。国王们十分警惕地保持着后妃与政治事务的距离，如十九王朝国王拉美西斯二世，虽然十分宠爱他的王后尼弗尔塔利，为她在阿布—辛贝尔建造了闻名于世的神庙，在底比斯修建了华丽精美的陵墓，但在官方正式场合，她的形象总是小于拉美西斯二世，往往只及拉美西斯二世的膝部，以示二者在地位上的差异。从史料上我们也看不出她对政治生活的参与。二十王朝曾发生了以提伊为首的拉美西斯三世的后妃策划后宫阴谋的事件，但参与阴谋的人，包括提伊在内，都遭到严厉的镇压。

综上所述，新王国时期国王后妃的地位是比较突出的。国王的后妃中有的出身于王室家庭，是国王的姐妹或女儿，有的来自普通家庭，有的则是外国公主。她们满足了国王婚姻的各种目的。后妃在与国王的婚姻关系中代表了一种神话意义。她们是神圣王权中女性因素的体现，作为神话里与王权密切相关的女神在人间的代表，与国王一起模仿神与神之间的关系，用兄妹通婚、父女通婚等方式表示与神的一致，从而证明国王及其王权的神圣与不朽。后妃因此获得了很高的地位，但她们并未被赋予宗教以外的权力。一些学者根据古埃及国王与自己的姐妹或女儿通婚以及后妃享有尊贵地位等现象，认为古埃及的王位是按照王室家庭女性成员的血统来继承的，"女继承人"为王权提供了合法性和神怪性。这种看法实际上是没有事实根据的。对史料的研究证明，在王后或国王的母亲之间都不存在一脉相承的血缘关系，后妃对王位的继承没有决定权。王位的继承遵循着父位子继的原则，国王在其中起着决定作用。新王国时期后妃参政干政的事例是比较多的，其中尤以十八王朝最为突出。后妃凭借她们与国王的关系，在不危害男性统治者的王权的前提下参与国家政治，基本上还是可以得到统治阶级的容忍，但如果她们越过了这个界限，侵犯了男性统治者的王权，就会遭到他们的否定乃至镇压。因此，古埃及的统治权在根本上还是由男性统治者独占的。

高加索人群在汉帝国的活动和生活

彭卫

（中国社会科学院历史研究所研究员）

一

古代体质人类学研究表明，中国古代文明是在同其他人种成分相对隔离的基础上产生的。从整体上看，黄河流域居民在从新石器时代到汉代相当长的时期中，保持了单一的蒙古人种种群，部族的融合主要是在蒙古大人种范围中进行的。不过蒙古人种与高加索人种的混合却可能存在。河西地区秦汉以前古人类遗骸还未发现任何与欧洲人种相联系的迹象，[①] 但文献记载却显示属于塞种的大月氏人长期活动在今甘肃地区，直至秦汉之际匈奴崛起后才被迫西迁。大月氏西迁后，其种群仍有留居者（详后）。考古人类学之所以尚未寻找到骨骼证据，或许是因为机缘未到。

两汉时期生活在内地的异域人群包括与汉人同属蒙古人种的匈奴人、[②] 鲜卑人和乌桓人，高加索人种，可能还有来自西非或北非的尼格

---

① 韩康信、谭婧泽、张帆：《中国西北地区古代居民种族研究》，复旦大学出版社 2005 年版，第 248 页。

② 关于匈奴的族属学界有不同意见，一般认为匈奴人的主体是蒙古人种。

罗人种①。高加索人种包括原居于河西走廊一带的小月氏和来自中亚和
西亚地区的人群。《汉书·西域传上》云：秦汉之际，匈奴冒顿单于攻
破月氏，"其余小众不能去者，保南山羌，号小月氏"。因居住在湟中，
故又称"湟中月氏胡"。《后汉书·邓禹传附子邓训》说小月氏胡有自
己的武装，"胜兵者二三千骑"。《后汉书·西羌传》记载的军力规模更
大，"胜兵合九千余人"，分别居住在湟中和令居。再加上居住在张掖
的数百户月氏人（号"义从胡"），到东汉时小月氏人可能数万人。有
的研究者认为西迁的月氏与留在河西的湟中月氏胡并不同种，后者是羌
人。② 这个推测根据不足，限于篇幅，这里不做申明。我们进行讨论的
基本资料包括传世文献和出土资料。传世文献中"胡人"泛指生活在
北方和西方的异族人群，包括匈奴人、东胡人和中亚地区的高加索人，
本文对文献中"胡人"资料的使用限制在西域高加索人群的范围中。
出土资料中有争议的部分是与"胡人"有关的汉代图像。邢义田先生
对这类资料研究的结论是从战国开始，一种头戴尖顶帽，身穿窄袖短衣
和长裤，高鼻深目的"胡人"成为中国图像艺术中胡人外貌的典型。
到了汉代，多数画工依循传统，不断翻版前人模式化了的对胡人的印
象，这也使得汉代造型艺术中的"胡人"形象，和由士人掌握的文献
传统，有了一定的差距。③ 这个意见值得重视。不过，汉代画像资料中
的"胡人"图像虽可能有模式化因素，却不能说它描述的场景与汉代
社会现实是隔膜的，或是简单复制前代。我们看到的描绘"胡人"图
像的画像砖石和俑人在时代上多属东汉中期以后，此时也正是中土与西
域频繁交流的时期，这可与文物资料构成一个较为完整的历史信息链。

---

　　① 广州汉墓出土黑奴俑，男俑全裸，跣足，面目丑陋，深目高鼻，厚唇，多须髯，四
肢浓毛（1 广州市文物管理委员会、广州市博物馆：《广州汉墓》，文物出版社 1981 年版，第
478 页）。关于这些黑俑种属有不同意见。一种看法推测来自西亚或北非，或即杨孚《异物
志》中所说的齿鲜白，"面体异黑若漆"的"瓮人"（胡肇椿等：《广州出土的汉代黑奴俑》，
《中山大学学报》1961 年第 2 期；中国社会科学院考古研究所等：《广州汉墓》，第 478 页）。
一种看法认为是印度支那东缘海滨小黑人（韩振华：《中国与印度东南亚的海上交通》，《厦
门大学学报》1957 年第 2 期）。
　　② 侯丕勋：《"祁连小月氏"族源新探》，《青海民族研究》（社会科学版）2001 年第 4
期。
　　③ 邢义田：《古代中国及欧亚文献、图像与考古资料中的胡人外貌》，台湾大学艺术史
研究所：《美术史研究集刊》第 9 期，2000 年。

因此用东汉中期以后的"胡人"图像文物作为了解来华异族人群生活资料是合理的。

两汉时期中亚高加索人进入中原有两个相对集中阶段，即汉武帝以后和东汉中期以后。张骞出使西域之后，中国和西方世界的交流进入了全新时代。来到中原地区的高加索人种既有西域属国和其他国家的使节，也有携带"殊方异物"的商贾。东汉中期以后，东汉中期后可能是由于当时贵霜王国发生动乱，包括月支人、康居人、安息人以及一部分北天竺人，陆续移居于中国境内，成为一股移民的热潮。他们来华的路线分为海、陆两道。取海道者经印度航海来到交趾，其中一部分人北上，到达洛阳。取陆道者越过葱岭来到敦煌，一些人留居敦煌，一些人继续东进，到达洛阳。① 来华高加索人群的职业和目的不同。根据现有资料，主要有如下几种类型。

（1）使者。据《汉书·西域传》和《后汉书·西域传》所述，武帝时期，张骞通西域尤其是李广利攻打大宛之后，"西域震惧，多遣使来贡献"。② 宣帝时置西域都护府，最多时辖五十国，"而康居、大月氏、安息、罽宾、乌弋之属，皆以绝远不在数中，其来贡献则相与报"。③ 两汉之际中亚与中原断绝联系长达65年，明帝时复通西域，"于阗诸国皆遣子入侍"。班超平定西域后，"五十余国悉纳质内属"。而条支、安息诸国也"重译贡献"。此后西域通绝不定。④ 在汉代四个世纪（包括新莽时代）历史中，相对稳定的西域属国和其他中亚、西亚国家使者来中土的时间大致有1个多世纪，使团人数总数虽不可考，但以悬泉汉简中散见的例子，便可推想其人数的众多。

已公布的悬泉汉简中有一些简文涉及了西汉中后期西域诸国使者来到陇西和中原，这些使者有鄯善王副使（简136、简143）、大月氏使者（简140、189）、大宛贵人（简142）、大宛使者（简148、简189）、山国王副使（简143）、乌孙王使者及贵人（简144）、乌孙贵人（简

① 马雍：《东汉后期中亚人来华考》，《新疆大学学报》1984年第2期。收入氏著《西域史地文物丛考》，文物出版社1990年版。

② 《汉书·西域传上》。

③ 《汉书·西域传下》。

④ 《后汉书·西域传》。

218)、乌孙大昆弥使者（简 204）、乌孙小昆弥使者（简 205）、乌孙归义侯侍子（简 211）、莎车王使者及贵人（简 144、简 189）、康居诸国客（简 149）、康居王使者（简 155）、精绝诸国客（简 150）、精绝王使者（简 189）、于阗王诸国客（简 154）、于阗王使者（简 189）、姑墨副使及贵人（简 155）、疏勒王使者（简 189）、渠勒王使者（简 189）、扜弥王使者（简 189）等。其中人数最多的是"送精绝王诸国客凡四百七十人"（简 150）。① 汉帝国接待西域诸国使者的费用相当可观。汉武帝时"自敦煌西至盐泽，往往起亭，而轮台、渠犁皆有田卒数百人……以给外国使者"。② 悬泉简记录曾一次用粟 18 石款待"乌孙客"（简 207）。而招待乌孙贵人姑代一餐饭的食单是米四升、肉二斤和酒半斗（简 218）。这两枚简时当西汉后期，这可能是当时朝廷的招待标准，与西汉前期普通贵族食物标准相仿，超过了悬泉简中主羌使者和主羌使的饮食水准。③ 看来，汉廷对待西域使者可能采用的是与内地相近的饮食等级标准。此外还有"设酒池肉林以飨四夷之客"和"赂遗赠送"的夸奢之举，以至开销"不可胜计"④。尽管曾发生过某些不良官吏对来往于丝路上的异国使者克扣刁难事件，⑤ 但在政策上汉帝国对迎接外国使者的态度是积极的。

（2）商人。汉人称来自西域的商人为"贾胡"。⑥ 这个词语在《史记》、《汉书》和其他反映西汉时期的文献中均未见到。《汉书·西域传赞》说汉武帝通西域后众多的中亚物产输入中土，但并未提到这些物品是由汉地商人从西域输入，还是西域商人运入。文献记载西汉时期来

---

① 胡平生、张德芳：《敦煌悬泉汉简释粹》，上海古籍出版社 2001 年版。简号从该书分类序号。下同。

② 《汉书·西域传上》。

③ 《汉书·淮南王传》：淮南王刘长被废，文帝令"给肉日五斤，酒二斗"。悬泉简 229："朝与主羌使者、从事佐口口凡二人，往来食，食三升"。简 232："主羌使李卿过西，从吏一人，用米六升，肉一斤。"

④ 《汉书·西域传赞》。

⑤ 据悬泉汉简，康居王使者杨伯刀等人在从酒泉到敦煌的路途中缺乏食物供应，且被地方官员刻意低估进献货物质量，引起使团不满。参见郝树声：《简论敦煌悬泉汉简〈康居王使者册〉及西汉与康居的关系》，《敦煌研究》2009 年第 1 期。

⑥ 《后汉书·李恂传》："西域殷富，多珍宝，诸国侍子及督使贾胡"。李贤注："贾胡，胡之商贾也。"

内地中亚人士是各国使者，未见商贾踪影，事实果真如此？在古代不同国家、地区和民族的交往中，政治和经济因素往往重叠和交叉，在具有政治身份的使者队伍中，常兼有购买异地物品的商业使命，如《汉书·张骞传》说张骞之后，汉帝国使者"相望于道……所赍操大放博望侯时"。按照颜师古的解释，"赍操"指汉使者携带节和币。币自然是用于赏赐、交换或购买物品之用。《后汉书·西域传·大秦》记录东汉桓帝延熹九年大秦王安敦遣使献物，被普遍认为是西亚商人假借大秦之名来华进行贸易活动。因此，尽管现有文献未见中亚或西亚商人来华，但我们却不能断然曰西汉时来到中原的中亚人中没有商贾。当时的情形或许是，来华中亚商人多在使团当中，或者是商业活动由使团兼行。

《后汉书·马援传》记耿舒描述马援行军方式如"西域贾胡"，"到一处辄止"。大凡比喻必是当时常见之事，由于两汉之际西域与中原的联系曾经中绝，这个谚语大概出现在西汉后期，可知作为独立个体或群体的中亚商人来华时间不会晚于西汉后期。胡商携带的物品是中亚特产香料、毛织品、马匹等物品。《三国志·魏书·乌丸鲜卑东夷传》注引《魏略·西戎传》记录大秦有苏合、迷迭等十二种香。其中苏合香为金缕梅科植物，原产地是小亚细亚。迷迭香为唇形科植物，原产地为北非地中海沿岸。《史记·大宛列传》《正义》引《吴时外国传》说"外国"人称天下有三众："中国为人众，大秦为宝众，月支为马众。"大秦的"宝"也应包括这些香料，而缺少这些物品的自称大秦人的外国商人则被疑为冒牌货。① 《后汉书·李恂传》云："使持节领西域副校尉。西域殷富多珍宝，诸国侍子及督使贾胡，数遗恂奴婢、宛马、金银、香、罽之属。"汉代西域属国地区不产诸香，可能是大秦商人将这些香料贩运至此，西域属国成为转运香料的枢纽地带。汉代贵族对这些物品极为向往，② 因此来华的中亚商人将香料、毛织品作为大宗物品。

---

① 《后汉书·西域传·大秦》："桓帝延熹九年，大秦王安敦遣使自日南徼外献象牙、犀角、玳瑁，始乃一通焉。其所表贡，并无珍异，疑传者过焉"。

② 异域香料在汉代生活中的主要用途是使衣服产生香味。如《艺文类聚》卷八一引曹植《迷迭香赋》云："入绡縠之雾裳。附玉体以行止兮。"同书卷引陈琳《迷迭赋》云："动容饰而微发，穆斐斐以承颜。"也可用于沐浴。如《拾遗记》卷六云：灵帝时"西域所献墀香，煮以为汤，宫人以之浴浣"。或以之保存遗体。如《太平御览》卷九八二引《从征记》说刘表死后，其子将包括苏合香在内的"四方珍香"数十斛置棺中。

此外还有马匹和其他一些物产。《乐府诗集》卷七七引汉乐府诗云："行胡从何方，列国持何来？五木香，迷迭、艾纳及都梁。"《后汉书·梁统传附玄孙梁冀》说梁冀"异方珍怪充积藏室，远致汗血名马"。这里提到的西域汗血马或是胡商长途运送到洛阳。河南画像砖描绘的胡人赶马行进，可能是贩马贸易的写照。① 有些香料在内地得到栽培，② 显示了当时香料贸易的频繁。陈连庆先生将东汉作为西方香料输入中国的萌芽阶段，晋是香料的正式输入阶段。③ 这个意见似乎有些保守。

　　上述贩卖西域物品的商人大都是行商，其实当时的胡商群体中还有坐商。汉乐府诗《羽林郎》形象地描述了胡女当垆的情形："昔有霍家姝，姓冯名子都。依倚将军势，调笑酒家胡。胡姬年十五，春日独当垆。长裾连理带，广袖合欢襦。头上蓝田玉，耳后大秦珠。两鬟何窈窕，一世良所无。一鬟五百万，两鬟千万余。不意金吾子，娉婷过我庐。银鞍何煜爚，翠盖空踟蹰。就我求清酒，丝绳提玉壶。就我求珍肴，金盘鲙鲤鱼。贻我青铜镜，结我红罗裾。不惜红罗裂，何论轻贱躯。男儿爱后妇，女子重前夫。人生有新故，贵贱不相逾。多谢金吾子，私爱徒区区。"④ 《史记·司马相如列传》说司马相如"买一酒舍酤酒，而令文君当垆。相如身自著犊鼻裈，与保庸杂作"。当垆女子犹后世所说的女老板。司马相如与卓文君所开酒舍属夫妻店，《羽林郎》描写的酒家胡女大约也是这类方式的营生。河北阜城桑庄东汉晚期墓出土和四川乐山东汉墓分别出土庖厨胡俑，前者烹饪鱼、羊头和狗头，后者烹鱼。⑤ 这可能也是对经营餐饮业的胡人的写照。

　　（3）艺人。他们主要从事杂技、乐舞和角抵（摔跤）表演。汉代流行的许多杂技项目如叠案、跳丸、吐火、都卢（高竿表演）都是在

---

　　① 张淑霞：《许昌汉魏画像砖、石的特点及艺术价值》，《华夏考古》1998 年第 3 期。

　　② 《艺文类聚》卷八一引曹丕《迷迭赋》："坐中堂以游观兮，览芳草之树庭。垂妙叶于纤枝兮，杨脩干而结茎。承灵露以润根兮，嘉日日而敷荣。"曹植《迷迭香赋》："播西都之丽草兮，应青春而发晖。"

　　③ 陈连庆：《汉晋之际输入中国的香料》，《史学集刊》1986 年第 2 期。

　　④ 《乐府诗集》卷六十三。

　　⑤ 河北省文物研究所：《河北阜城桑庄东汉墓发掘报告》，《文物》1990 年第 1 期。刘文锁：《巴蜀"胡人"图像札记》，《四川文物》2005 年第 4 期。

西域影响下发展起来的。① 文献记载的中亚杂技艺人都是通过官方渠道来到中原。如《汉书·西域传上》说汉通西域后，大宛、安息诸国以"眩人"献于汉。所谓"眩人"即职业杂技表演者。安帝永宁元年（120），掸国王遣使者献"乐及幻人"，幻人"能变化吐火，自支解，易牛马头，又善跳丸，数乃至千，自言我海西人。海西即大秦也"。② 跳丸是大秦的传统杂技项目，《三国志·魏书·乌丸鲜卑东夷传》注引《魏略·西戎传》说大秦"俗多奇幻，口中出火，自缚自解，跳十二丸巧妙"。文物资料中也罕有中亚杂技艺人在汉帝国民间的活动，汉画像描绘的叠案、跳丸、吐火者基本都是汉人相貌，③ 当时的情况可能是中亚杂技家主要在宫廷活动，他们将叠案等杂技技艺传授给汉人，这些汉人杂技艺人在民间表演这些杂技。活动在民间的中亚艺人主要是乐舞表演者。如陕西扶风官务新莽墓群有吹箫胡俑高鼻深目。④ 陕西韩城县芝川镇东汉墓出土 5 件高鼻深目陶俑均手握管状乐器。⑤ 河南西华东汉墓有 4 件舞俑高鼻深目，可能表演的是胡舞。⑥ 河南扶沟东汉墓 2 件舞俑，深目大鼻，络腮胡须。⑦ 河南济源东汉墓出土的 6 件歌舞俑均为胡人，包括舞蹈者，吹排箫者和吹双管竖笛者。⑧ 山西朔县西汉晚期墓群中发现人形镇，其中一墓出土四镇均为深目宽鼻，头戴尖顶帽的胡人形象。从其表情和动作看（两手向前平伸，仰脸嬉笑），当为胡伎。⑨ 四

---

① 参见孙机《汉代物质文化资料图说》，文物出版社 1991 年版，第 388—393 页。

② 《后汉书·西南夷传》。

③ 笔者目力所及，只有四川宜宾出土的汉石棺画像上有一表演冲狭者（钻圈）头戴尖顶帽，似为胡人（《文物》1982 年第 7 期）。值得注意的是，河南洛阳东汉墓壁画描绘的是一组歌舞杂技表演场面，表演者有高鼻深目的胡人和汉人，其中胡人只表演乐舞，表演杂技者均是汉人（洛阳市文物工作队：《洛阳机车工厂东汉壁画墓》，《文物》1992 年第 3 期）。

④ 周原博物馆：《陕西扶风县官务汉墓清理发掘简报》，《考古与文物》2001 年第 5 期。

⑤ 陕西省文物管理委员会：《陕西韩城县芝川镇东汉墓》，图版柒 –7，《考古》1961 年第 8 期。

⑥ 周口地区文化局等：《河南西华县发现汉画像砖墓》，《考古》1988 年第 1 期。

⑦ 韩维龙等：《河南扶沟发现汉代画像砖》，《考古》1988 年第 5 期。

⑧ 李彩霞：《济源西窑头村 M10 出土的陶塑器物赏析》，彩版二：2，《中原文物》2010 年第 4 期。

⑨ 平朔考古队：《山西朔县秦汉墓发掘简报》，图五五：3，《文物》1987 年第 6 期。

川乐山东汉崖墓有胡人击兽图像。① 重庆忠县涂井蜀汉崖墓出土的陶女舞俑、抚琴俑、陶女吹箫俑、陶女击鼓俑均深目高鼻，② 具有典型的高加索人特征，她们应来自西域。类似的图像资料还见于云南和贵州东汉墓。③ 重庆出土的汉代胡人角抵画像砖，描绘两个胡人角抵。④ 角抵系中国传统武技，此幅胡人角抵图与汉代汉人角抵图无异，由于图像不能完整地反映角抵技艺，无论在古代还是现代，不同民族的摔跤方式有相似之处，因此我们还不能确定胡人角抵是流行于古代中亚的摔跤还是来华中亚人学习的古代中国摔跤。但不管怎样这个迹象都值得中国武术史研究者注意。

（4）随从、侍者和奴仆。《后汉书·应奉传》李贤注引谢承《后汉书》云："奉少为上计吏，许训为计掾，俱到京师。训自发乡里，在路昼顿暮宿，所见长吏、宾客、亭长、吏卒、奴仆，训皆密疏姓名，欲试奉。还郡，出疏示奉。奉云：'前食颍川纶氏都亭，亭长胡奴名禄，以饮浆来，何不在疏？'坐中皆惊。"文中"胡奴"显然是指异族人在官府为奴，故劳榦有"胡奴之众，遍于乡亭"的评论。⑤ 尽管《应奉传》所说的"胡奴"未必就是高加索人种，但考古资料提供的线索表明，的确有一些来到汉地的中亚人在官府做随从和仆役，如河南方城胡人画像石5块，其中两块榜题"胡奴门"，即胡奴门吏；⑥ 南阳胡奴陶俑双手握拳，拳孔相对，原应握有长柄物，当为戟或钺。⑦ 一些中亚人在贵族家中为仆，如江苏徐州东汉墓出土男侍俑，头戴尖顶帽，深目高鼻。⑧ 在北朝隋唐一些墓葬中有牵引牛车的胡俑，其身份当与汉代的胡奴相似。⑨

---

① 刘文锁：《巴蜀"胡人"图像札记》，《四川文物》2005年第4期。
② 四川省文物管理委员会：《四川忠县涂井蜀汉崖墓》，国家文物局三峡工程文物保护领导小组湖北工作站：《三峡考古之发现（二）》，湖北科学技术出版社2000年版。
③ 刘文锁：《巴蜀"胡人"图像札记》，《四川文物》2005年第4期。
④ 林必惠、刘春鸿：《重庆首次出土汉代画像砖》，《中国文物报》2004年9月22日。
⑤ 劳榦：《汉代奴隶制度辑略》，《中央研究院历史语言研究所集刊》，第5本第1分册。
⑥ 刘玉生：《浅谈"胡奴门"汉画像石》，《汉代画像石研究》，文物出版社1987年版。
⑦ 李伟男、李东黎：《南阳新发现胡奴陶俑》，《华夏考古》1999年第3期。
⑧ 江苏省文物管理委员会等：《江苏徐州十里铺汉画像石墓》，《考古》1966年第2期。
⑨ 葛承雍：《北朝隋唐引牛驾车胡俑写实现象》，《中国历史文物》2010年第3期。

（5）僧侣和居士。尽管佛教可能在西汉末年已对中土人民信仰产生了某种程度的影响，^①但文献记载西域胡僧进入中土的最早人物是东汉明帝时在洛阳白马寺翻译佛经的摄摩腾。《高僧传》卷一《汉洛阳白马寺摄摩腾》云："摄摩腾，本中天竺人。……汉永平中……不惮疲苦，冒涉流沙，至乎洛邑。"^②此后，天竺人竺法兰、竺佛朔（竺朔佛），安息人安清（安世高）、安玄，月氏人支楼迦谶（支谶）、支曜、支亮、支谦，康居人康巨、康孟详等也在洛阳一带翻译佛经，传播佛教。^③他们周围很快便会集起一批汉地信仰者。如安玄与汉人严佛调共译《法镜经》，追随支楼迦谶的汉人有张少安等4人^④。来华西域僧人不止《高僧传》记录的以上十余人，其足迹也不限于京师洛阳，在时间上也绵延不断。东汉前期楚王刘英"学为浮屠斋戒祭祀"，明帝令其"助伊蒲塞桑门之盛馔"。^⑤伊蒲塞即优婆塞，桑门即沙门。此时佛教初入中土，刘英身边的僧人必为胡僧。东汉末笮融在督广陵、下邳、彭城三郡"大起浮屠寺。上累金盘，下为重楼，又堂阁周回，可容三千许人，作黄金涂像，衣以锦彩。每浴佛，辄多设饮饭，布席于路，其有就食及观者且万余人。"^⑥如此之大的佛寺，僧人人数当不在少数，其中也应有中亚僧侣。汉末三国初康居人康僧会在江东传播佛教。^⑦

汉画像资料中有一种牵引象的图像，其基本形态是，一高鼻深目胡人手持弯勾，或骑于象背，或站于象首，或站于象尾。其变异形态是象

---

①　《三国志·魏书·乌丸鲜卑东夷传》注引《魏略·西戎传》："汉哀帝元寿元年，博士弟子景卢受大月氏王使伊存口受《浮屠经》。"河南南阳冯君孺人画像石墓（新莽时代）绘有与佛教有关的图像（南阳地区文物队等：《唐河汉郁平大尹冯君孺人画像石墓》，《考古学报》1980年第2期）。

②　汤用彤点校：《高僧传》，中华书局1992年版。下同。

③　竺法兰见《高僧传》卷一《汉洛阳白马寺竺法兰》。竺佛朔见同书卷《汉洛阳支楼迦谶》。安清见同书卷《汉洛阳安清》。安玄见同书卷《汉洛阳支楼迦谶》。支楼迦谶、支曜见同书卷《汉洛阳支楼迦谶》。支亮、支谦见同书卷《魏吴建业初寺康僧会》。康巨、康孟详见同书卷《汉洛阳支楼迦谶》。

④　《祐录》卷七《道行经后记》。

⑤　《后汉书·光武十王列传·楚王刘英》。

⑥　《后汉书·陶谦传》。

⑦　《高僧传》卷一《魏吴建业初寺康僧会》。

背承载数人。学界一种意见认为它与佛教传播有关，[①] 笔者赞同这个看法。据统计已知汉画像资料所见这类图像有 20 多处，分布在鲁南、苏北、河南、陕北和四川，时代从新莽时代到东汉晚期。[②] 这不仅反映了佛教影响的不断扩大，可能也显示了胡僧足迹的广泛。

（6）巫师。在汉帝国官方巫师系统中，专设有胡巫。《汉书·地理志下》云："朝那，有端旬祠十五所，胡巫祝。"朝那有 15 个专属胡巫的祠所，可以想见其人数不会很少。朝那即今甘肃平凉。检索汉代文献，胡巫的足迹并不限于朝那。《史记·封禅书》云："九天巫，祠九天。"司马贞《索隐》："《孝武本纪》云：'立九天庙于甘泉。'《三辅故事》云：'胡巫事九天于神明台。'"可知甘泉宫中也有胡巫。《汉书·江充传》和《汉书·武五子传》记武帝末巫蛊事件说，江充为诬陷太子刘据，令胡巫在刘据宫中掘地挖出偶人。这里胡巫可能是居住在长安城中的胡巫。江充为何要利用胡巫，古人的一个解释是"胡者，言不与华同，故充任使之"。[③] 这自然是不确切的，胡巫在汉代上层社会活动频繁的原因是其特有的技术而非语言因素。陕西扶风西周宫室建筑群遗址曾出土两件深目高鼻高加索人俑，时当公元前 8 世纪早期。[④] 值得注意的是一件雕像的头部刻有"十"字，这个符号被认为是巫师的象征。国外有的研究者认为，生活在中亚的巫师在那个时代"旅行到中国，靠自己的特殊知识和技术而被雇用，并不存在什么必然的障碍"，他还推测古代汉语中的"巫"来源于古波斯语。[⑤] 汉代的胡巫如何进入中土，是先秦时代那些来到中国的胡巫的后人？还是当时由中亚来到中国？或是二者兼有？目前还无法提供答案。

---

① 贾峨：《说汉唐间百戏中的"象舞"——兼谈"象舞"与佛教"行象"活动及海上丝路的关系》，《文物》1982 年第 9 期。全涛：《东汉"西王母＋佛教图像"模式的初步考察》，《四川文物》2003 年第 6 期。郑红莉：《汉画像石"驯象图"试考》，《考古与文物》2010 年第 5 期。

② 郑红莉：《汉画像石"驯象图"试考》，《考古与文物》2010 年第 5 期。

③ 《汉书·武五子传》颜师古引张晏语。

④ 尹盛平：《西周蚌雕人头像种族探索》，《文物》1986 年第 1 期。

⑤ 梅维恒（V. H. Mair）：《古汉语巫（Myag）、古波斯语 Magus 和英语 Magician》，原刊 Early China，15（1990）。中译文收入 ［美］夏含夷（E. L. Shaughnessy）主编《远方的时习》，上海古籍出版社 2008 年版。

（7）从军者。西汉有胡骑，驻扎在宣曲和池阳，① 东汉依然可以看到胡骑的痕迹。② 这些胡骑的主体可能是匈奴人，但不能排除其中有来自中亚的高加索人种。实际上高加索人参与军事活动不限于此。悬泉汉简有"今使者王君将于阗王以下千七十四人，五月丙戌发禄福"（简145）。禄福系酒泉郡属县。这通简文是说汉使者征发西域属国于阗一千多人屯戍酒泉，目的显然是防备匈奴。在出土的汉代画像资料上可以看到高加索人种充任骑兵或从军的情景。如。四川新都画像砖上二骑吏皆高鼻深目长须，骑马执旗；③ 重庆忠县汉墓出土胡人骑马武士俑。④ 四川乐山东汉崖墓有胡人武士图像。⑤值得注意的是，不少高加索人卷入了东汉时期尤其是东汉末的军事活动。《后汉书·循吏列传·任延》说武威"北当匈奴，南接种羌，民畏寇钞，多废田业"，太守任延到任，"将杂种胡骑休屠、黄石屯据要害。"时当东汉初年。唐长孺先生认为，此处休屠是汉武帝时降汉的休屠王所统之人的后裔，⑥ 但"杂种胡"中可能包括了高加索人种。汉末董卓、马超的西凉军和刘备军中都有"杂种胡"。⑦《三国志·蜀书·后主传》注引《诸葛亮集》载刘禅建兴五年（227）三月诏云："凉州诸国王各遣月支、康居胡侯支富、康植等二十余人诣受节度，大军北出，便欲率将兵马，夺戈先驱。""月支、康居胡侯"可能是月氏、康居胡人侨居葱岭以东诸国而受封为

---

① 《汉书·百官公卿表上》："长水校尉掌长水宣曲胡骑。又有胡骑校尉，掌池阳胡骑，不常置。"

② 《后汉书·刘般传》："每行幸郡国，般常将长水胡骑从。"

③ 刘志远等：《四川汉代画像砖与汉代社会》，图一五，第16页，文物出版社1983年版。

④ 四川省文物管理委员会：《四川忠县涂井蜀汉崖墓》，载国家文物局三峡工程文物保护领导小组湖北工作站：《三峡考古之发现（二）》，湖北科学技术出版社2000年版。

⑤ 刘文锁：《巴蜀"胡人"图像札记》，《四川文物》2005年第4期。

⑥ 唐长孺：《魏晋杂胡考》，《魏晋南北朝史论丛》。据《汉书·霍去病传》，休屠王等降者数万，被分处于边五郡故塞外。到东汉时，发现休屠各踪迹的有北地、五原、西河、并州。

⑦ 《三国志·魏书·董卓传》注引《献帝纪》：董卓有所宠胡人恃宠放纵，为司隶校尉赵谦所杀。《后汉书·董卓传》注引《献帝纪》："（牛）辅帐下支胡赤儿等，素待之过急，尽以家宝与之，自带十余饼金、大白珠璎。胡谓辅曰：'城北已有马，可去也。'以绳系辅腰，逾城悬下之，未及地丈许放之，辅伤腰不能行，诸胡共取其金并珠，斩首诣长安。"《三国志·魏书·武帝纪》注引《魏书》：曹操征马超，马超军中"秦、胡观（操）者，前后重叠"。《三国志·蜀志·先主传》记刘备军中有杂胡骑。

侯者。①

　　《汉书·张骞传》说"外国使更来更去"，流动性很强，从文献描述看似乎都回到了本土。史籍中也确有来华中亚和西亚商人回到本国的例子。② 来到中原地区的中亚国家使者是否有停留不归的，目前文献尚无此方面记载，但使者或侍子的随从确有留居中土者。显例如《梁书·康绚传》云：康绚先祖本康居人，汉代从康居国侍子待于河西，"因留为黔首"。一部分来华的中亚商人在贩卖商品后携带中土物品返回中亚，另一些人则留居下来。根据记载，他们的居住地集中在陆路丝绸之路的枢纽地带河西地区、海路丝绸之路的枢纽广州和交趾，以及京师洛阳。③ 此外，长安、南阳、许昌、成都等地汉墓出土不少胡人画像和塑像，可能意味着这些地区也是高加索人群选择的居住点，选择的原因可能是因为这些大都市中生活着大量的贵族富人，消费水平高，便于经商和传教。

　　由于职业不同，来华的高加索人群生活状况也不相同。外国货物大都是奢侈品，价格很高。《艺文类聚》卷八十五班固《与弟班超书》云："窦侍中令杂彩七百疋、白素三百匹，欲以市月支马、苏合香、毲。"《太平御览》卷八一六引班固《与弟超书》云："窦侍中前寄人钱八十万，市得杂罽十余张。"汉时素一匹在 800—1000 钱之间，④ 杂彩价格不详，故以白素计之，则窦固用来购买月支马等物品达

　　① 马雍：《东汉后期中亚人来华考》。

　　② 《梁书·诸夷列传·海西诸国》："孙权黄武五年，有大秦贾人字秦论来到交趾，交趾太守吴邈遣送诣权，权问方土谣俗，论具以事对。……论乃径还本国。"

　　③ 居住在河西地区者如《后汉书·孔奋传》云："时天下扰乱，唯河西独安，而姑臧称为富邑，通货羌胡，市日四合"。《高僧传》卷一《竺县摩罗刹传》说云竺县摩罗刹先祖月支人，"世居敦煌郡"。《梁书·康绚传》说康绚先祖本康居人，汉时与康居侍子在河西，"因留为黔首"。居住在广州者如《高僧传》卷一《汉洛阳安清》说安息王子安清（世高）迁居广州。居住在交趾者如《三国志·吴书·士燮传》说士燮兄弟出行，"备具威仪，笳箫鼓吹，车骑满道。胡人夹毂、焚烧香者，常有数十"。《高僧传》卷一《魏吴建业初寺康僧会》说康僧会之父"因商贾移于交趾"。居住在洛阳者如《三国志·魏书·傅嘏传》注引《傅子》曰："河南尹内掌帝都，外统京畿……其民异方杂居，多豪门大族，商贾胡貊"。《后汉书·梁统传附玄孙梁冀》：梁冀建兔苑，禁人捕杀，"尝有西域贾胡，不知禁忌，误杀一兔，转相告言，坐死者十余人"。《高僧传》卷四《晋洛阳朱士行》："时河南居士竺叔兰，本天竺人，父世避难，居于河南。"

　　④ 林甘泉主编：《中国经济通史·秦汉卷》，经济日报出版社 2007 年版，第 414 页。

800000—1000000 钱。而一张杂罽也达 7 万钱。如果是胡商将这些货物贩运到中土，则价格还要更高。正因为如此，胡商生活应相当富裕。汉乐府诗《羽林郎》用大量笔墨描写了少女身上昂贵的首饰，说她头上戴的是举世无双的蓝田玉石和罗马的珍珠，另一副饰品价值一千万钱。这当然是文学的夸张，但在夸张的话语背后，我们也能隐约感到当时在华中亚商人生活的殷富。传教的僧侣和巫师因多受上层社会的关注，其生活也会相当不错。

表演乐舞杂技是来华外国人谋生的另一个重要方式。他们可能通过组团或单独表演养家餬口。四川忠县东汉墓出土了一组女艺人陶俑，包括舞俑、抚琴俑、吹箫俑和击鼓俑，具有典型的高加索人特征，可能是外国乐舞团成员。河南出土的一些汉代画像砖上，则有单个外国艺人表演的场景。我们不清楚这些艺人的收入状况如何，由于"胡舞"、"胡乐"深受汉代人喜欢，他们维持生计想必不会困难。

还有一些来华的外国人境况不佳。可能是由于在技艺方面的欠缺，他们难以寻找到更好的职业，只能在富人家中干一些粗活，如做饭、养马和服侍主人，他们的实际地位与奴仆无异。有的可能长期独身。[①]

《开元释教录》云："支谦，大月氏人也，祖父法度，以汉灵帝率国人数百归化，拜率善中郎将。"按汉制，中郎将掌宫禁宿卫，随行护驾。东汉增设使南匈奴中郎将，管理南匈奴事务。率善中郎将可能与使南匈奴中郎将相似。这是用本族首领统辖族人。支法度的例子比较特殊，散居的中亚人群是如何被官府管理？前引《梁书·康绚传》说康绚先祖"留为黔首"，黔首是秦王朝建立后对百姓的称呼，[②] 康绚先祖成为"黔首"，犹今所说的入籍，他所承担的赋役义务和享有的田宅乃至爵位，自当与汉帝国其他百姓无异。他们也和汉人一样在战乱动荡中经历了磨难。[③]

---

① 《续汉书·五行志五》李贤注引《风俗通义》："司徒长史冯巡马生胡子，问养马胡苍头，乃奸此马以生子"。

② 《史记·秦始皇本纪》："更名民曰'黔首'。"又记秦始皇二十六年刻石云："上农除末，黔首是富。"

③ 《魏书·安同传》云："安同，辽东胡人也。其先曰世高，汉时以安息王世子入洛，历魏至晋，避乱辽东，遂家焉"。

二

在中土生活的高加索人是否采取了汉人的生活方式？就目前掌握的资料而言，我们的初步判断是第一代高加索人保留或部分保留了原有的一些生活习惯，但也受到汉人生活习俗的影响，而且这种影响对他们越来越大。就服饰着装来说，存在三种类型：其一完全采取内地风格。如四川丰都出土的胡人俑，着高冠，宽袖长袍，腰间束带。[①] 河北阜城汉墓出土的胡人庖厨俑戴帻，长衣交领。[②] 汉乐府诗《羽林郎》描述的胡女服装是"广袖合欢襦"，这是袖子宽大的外套，是汉代人常穿的服装。除了耳后装饰的罗马宝珠还能看到某些异国痕迹，这个少女的装束宛然一位汉族女子。其二，基本或全部保留原有服饰习惯。四川彭山汉代崖墓 M550 所出一俑深目高鼻，头上所戴"非冠非帻，作一窄圈围发际，其后合处不收，一条下垂如尾"，着直衿，后有背缝，无裳幅相交的痕迹。这种服饰与汉服不同，应是胡服。[③] 河南汉画像砖描绘的胡人着皮裘，[④] 也是这种类型。值得注意的是，胡人乐舞表演者的服装大都着胡服。上面提到的陕西扶风官务新莽墓、陕西韩城芝川镇、河南西华、河南扶沟东汉墓胡俑或戴尖帽，或着束袖紧身裤，足踏靴。[⑤] 类似的画像资料也见其他地区。如重庆忠县汉墓出土头戴尖顶胡帽、左袒男胡人吹箫俑和头戴尖顶帽、着 V 字形领衣胡女吹箫俑。[⑥] 其三，部分保留原有习俗。如四川忠县涂井蜀汉崖墓出土的胡女吹箫俑头戴尖顶帽，

---

① 四川省文物考古研究所：《丰都县三峡工程淹没区调查报告》，国家文物局三峡工程文物保护领导小组湖北工作站：《三峡考古之发现（二）》，湖北科学技术出版社 2000 年版。

② 河北省文物研究所：《河北阜城桑庄东汉墓发掘报告》，《文物》1990 年第 1 期。

③ 南京博物院：《四川彭山汉代崖墓》，文物出版社 1991 年版，第 68 页，图 100。

④ 张淑霞：《许昌汉魏画像砖、石的特点及艺术价值》，《华夏考古》1998 年第 3 期。

⑤ 周原博物馆：《陕西扶风县官务汉墓清理发掘简报》，《考古与文物》2001 年第 5 期。陕西省文物管理委员会：《陕西韩城县芝川镇东汉墓》，图版柒-7，《考古》1961 年第 8 期。周口地区文化局等：《河南西华县发现汉画像砖墓》，《考古》1988 年第 1 期。韩维龙等：《河南扶沟发现汉代画像砖》，《考古》1988 年第 5 期。

⑥ 四川省文物管理委员会：《四川忠县涂井蜀汉崖墓》，载国家文物局三峡工程文物保护领导小组湖北工作站：《三峡考古之发现（二）》，湖北科学技术出版社 2000 年版。

着 V 字形领衣;① 河南方城汉画像砖胡人带帻着胡服;② 河南扶沟汉代画像砖胡人上衣袖宽大,束袖口,下穿紧身裤;③ 河南三门峡汉墓出土的胡人灯俑的着装多为戴胡帽,着汉装。④ 陕西韩城东汉墓出土的 5 件胡人俑戴尖帽,着长衣,腰束带⑤。类似情形在其他地区也可见到,⑥ 其共同之处是帽与汉人不同,但服装却与汉地居民一样。在稍晚的魏晋时期类似题材的画像资料上,仍然可以看到头发样式从胡,服装样式从汉的画面。⑦ 似可说异族人群服饰方面融入汉地习俗过程中,服装较早,发式和帽式较晚。这些画像资料的地域分布都不止一处,如果它们不是程式化的模刻而是对当地异族居民的写真,可以说来到内地的异族人群衣着是多样化的。丧葬方式通常也是民族习俗的集中反映。可以确定为异族墓葬基本上也是汉地风格和异族风格的融合。在中国西部青海省民和发现了埋葬着一些欧洲人种的东汉墓葬,墓葬的形制、随葬品的类型及埋葬的方式等都属于典型的东汉墓葬形制,表明他们可能在此已经生活了很长时间,适应了中国的文化和风俗。⑧《高僧传》卷一《魏吴建业初寺康僧会》云康居人康僧会定居交趾,父母亡故,会行"孝服"。马雍先生指出康僧会对儒家典籍相当熟悉,是因为他父母先已来华,他本人可能在中国出生,自幼接受汉族文化教育。汉代流行的坐姿是跪,在一些出土的汉代画像资料中,胡人采用了非跪坐方式。如徐州东汉墓出土男侍俑,头戴尖顶帽,深目高鼻,左腿弯曲平放在地上,右腿支起,右臂放在右膝上。同出土的女侍俑系汉人,为跪坐姿态。⑨ 这个对比显示了外来人群与中原人生活方式的差异。

---

① 四川省文物管理委员会:《四川忠县涂井蜀汉崖墓》,载国家文物局三峡工程文物保护领导小组湖北工作站:《三峡考古之发现(二)》,湖北科学技术出版社 2000 年版。

② 南阳文物研究所:《南阳汉代画像砖》,文物出版社 1990 年版,拓本 52。

③ 韩维龙等:《河南扶沟发现汉代画像砖》,《考古》1988 年第 5 期。

④ 胡国强:《河南三门峡地区胡人灯俑》,《中原文物》2008 年第 4 期。

⑤ 陕西省文物管理委员会:《陕西韩城县芝川镇东汉墓》,《考古》1961 年第 8 期。

⑥ 大理州文物管理所:《云南大理市下关城北东汉纪年墓》,《考古》1997 年第 4 期,图 10。

⑦ 如甘肃酒泉魏晋墓画像砖穹庐中"胡女"均着深衣制服装,发式为披发状。参见甘肃省文物考古研究所《甘肃酒泉西沟村魏晋墓发掘报告》,图 49、图 50、图 83、彩色插页贰,《文物》1996 年第 7 期。

⑧ 钱荣:《青海发现汉代在华欧洲人遗骨》,《人民日报》2004 年 7 月 6 日。

⑨ 江苏省文物管理委员会等:《江苏徐州十里铺汉画像石墓》,《考古》1966 年第 2 期。

　　语言是交流的障碍。《易林》曾谈到中原人与使用本民族语言的中亚人沟通的困难（见下表）。一个显而易见的迹象是，来华中亚和南亚僧人很快便掌握了汉语，如竺法兰到洛阳后，"少时便善汉言"。① 安清"至止未久，即通习华言"。② 安玄"渐解汉言"。③ 三国吴康僧会为《法镜经》作序有"钩陈致远，穷神达幽"、"言既稽古，义又微妙"语，④ 显示出其汉语底蕴。一些僧侣采用了典型的汉人名和字，如安清，字世高；⑤ 支亮，字纪明；支谦，字恭明⑥。应当说他们是汉化速度最快水平最高的群体。虽然由于资料很少，更多的历史细节可能永远无法知晓。但我们不妨从逻辑上进行推测，当时的情形可能是，来到中原的西域属国和其他国家的使者主要通过翻译与汉人交往，长期在华经商或在华定居的中亚人，则逐步掌握了汉语。汉语的掌握，对于加速来华中亚人的汉化过程无疑具有积极意义。至于生活在汉地的第二代中亚人，对于汉语掌握更是得心应手，其华化程度也更为明显。《高僧传》卷一《魏吴建业初寺康僧会》说康僧会之父"因商贾移于交趾"，本人成为僧人，以汉语传教，名满江东，便是一个具体事例。

三

　　汉代中土居民对高加索人种有一定程度的文化排斥，这种距离感来自于异族相貌、语言和生活习惯（参见下表）。⑦ 中亚人的相貌和服装

---

① 《高僧传》卷一《汉洛阳白马寺竺法兰》。
② 《高僧传》卷一《汉洛阳安清》。
③ 《高僧传》卷一《汉洛阳支楼迦谶附安玄》。
④ 《祐录》卷六。
⑤ 《高僧传》卷一《汉洛阳安清》。
⑥ 《高僧传》卷一《魏吴建业初寺康僧会》。
⑦ 对高加索人种相貌的排斥在后代依然存在。如《太平广记》卷三七六引《幽明录》云："晋元帝世有甲者，衣冠族姓，暴病亡。见人将上天诣司命，司命更推校，算历未尽，不应枉，召主者发遣令还。甲尤脚痛，不能行，无缘得归……司命思之良久，曰：'适新召胡人康乙者，在西门外，此人当遂死，其脚甚健，易之，彼此无损。'主者承敕出，将易之；胡形体甚丑，脚殊可恶……倏忽，二人脚已各易矣。仍即遣之，豁然复生。具为家人说，发视果是胡脚，丛毛连结，且胡臭。甲本士，爱玩手足，而忽得此，了不欲见，虽获更活，每惆怅殆欲如死。"唐人谓胡女云："眼睛深却湘江水，鼻孔高于华岳山"（［唐］范摅《云溪友议》卷七路岩梦《桂州筵上赠胡子女》）。

甚至成为凶恶和某种不祥事态的预兆。如《易林》卷十"大壮"云："骄胡犬形，造恶作凶。"卷十二"明夷"云："骄胡大彤，造恶作凶。"《续汉书·五行志二》云："灵帝熹平三年，右校别作中有两橝树，皆高四尺所，其一株宿夕暴长，长丈余，大一围，作胡人状，头目鬓须发备具。京房《易传》曰：'王德衰，下人将起，则有木生人状。'"刘昭注："以木生人状，下人将起，京房之占虽以证验，貌类胡人，犹未辨了。董卓之乱，实拥胡兵，催、氾之时，充斥尤甚，遂窥间宫嫔，剽虐百姓。鲜卑之徒，践藉畿封，胡之害深，亦已毒矣。"容貌差异可能是造成不同族群距离感的最初因素之一，而非汉代汉人所独有。这在古代一些学者的笔下有所表露。如《汉书·西域传下》"乌孙国"条颜师古注云："乌孙于西域诸戎其形最异。今之胡人青眼、赤须，状类狝猴者，本其种。"古代罗马人对日耳曼人的相貌举止、古代欧洲人对匈人"丑恶相貌"的刻意渲染，都反映了这种"普世"心态。正如张星烺先生早年所言："习见同类，自以为美；偶见异类，即以为丑，是所谓少见多怪也。故貌之美貌，完全在其所见之惯与不惯而已"。[1] 而与异族有关的物品，有时也被赋予了更多的含义。如应劭写道："灵帝好胡服、胡帐、胡床，京师皆竞为之。后董卓拥胡兵掠宫掖。"[2] 但这只是事情的一个方面。我们看到，在文化排斥的同时，还存在着文化接受，并且这种接受逐渐占据上风。

类型	评价	出处
相貌（1）	莎车之胡，黄目深精，员耳狭颐。康居之胡，焦头折颈，高辅陷鼻。眼无黑眸，颊无余肉。罽宾之胡，面象炙猬，项如持囊，隅目赤眥，洞颏仰鼻。	《太平御览》卷三八二引繁钦《三胡赋》
相貌（2）	乌孙氏女，深目黑丑。嗜欲不同，过时无偶。	《易林》卷六"萃"

---

① 张星烺编注、朱杰勤校：《中西交通史料汇编》，中华书局 1978 年版，第 4 册，第 299 页。

② 《风俗通义校释》佚文，王利器《风俗通义校注》，中华书局 1981 年版，第 568 页。

续表

类型	评价	出处
语言（1）	道陟石阪，胡言连謇。译瘖且聋，请谒不行，求事无功。	《易林》卷一"上乾"
语言（2）	五舌啄难，各自有言。异国殊俗，使心迷惑，所求不得。	《易林》卷三"履"
生活习惯（1）	安息康居，异国穿庐。非吾习俗，使我心忧。	《易林》卷十五"师"
生活习惯（2）	戎狄蹲居，无礼贪叨。非吾族类，君子攸去。	《易林》卷七"渐"
生活习惯（3）	夫戎狄者，四方之异气也。蹲夷踞肆，与鸟兽无别。若杂居中国，则错乱天气，侮辱善人。	《后汉书·鲁恭传》鲁恭上疏
生活习惯（4）	异国殊俗，情不相得。	《易林》卷十"未济"
生活习惯（5）	旃裘氊国，文礼不饬	《易林》卷四"需"

首先，中亚人携带的异域物品成为华夏居民生活的组成部分。来自中亚的多种植物如葡萄、石榴、苜蓿等在内地种植。某些生活礼俗也受到中亚习尚的影响。河南三门峡地区不少东汉墓葬中出土了的胡人灯俑，墓葬主人是汉人。这些胡人灯俑大都成对出土，并与单只犬俑组合在一起。由于犬在祆教中的特殊位置，这种埋葬形式的出现应与中亚的祆教信仰有关，其原因可能是为了保护墓主人抵御恶灵侵害。① 在向来作为身份标志的服装上，汉人对异域服装表现出浓厚的兴趣。记录汉代女性服装的汉代资料未见对披风之类服装的描述。但文物资料中却有女性着披风的图像。洛阳地区汉墓出土的女俑手持排箫，披风由肩而下，② 与今天的披风完全相同。披风不是黄河流域的传统着装，是汉代

① 胡国强：《河南三门峡地区胡人灯俑》，《中原文物》2008 年第 4 期。
② 郎保湘：《洛阳汉墓出土的有关服饰文化资料》，图 2，《中原文物》1995 年第 2 期。

西域民族的日常着装，在新疆两汉时代墓葬中屡见身着身穿毛织披风的遗骸。[①] 中原居民的披风应自域外传入。"请客北堂上，坐客毡氍毹。清白各异樽，酒上正华疏。"[②] 氍毹或即佉卢文字 Kosava（粗毛毯）的音译。[③] 在其他物品上，汉人同样表现出宽厚心态。这里存在着两个判断标准。一个标准是，在日常生活中胡服被接纳和欢迎，接纳者和欢迎者可能是主要是社会上层。另一个标准是，胡服成为政治形势变化的指标。后一个标准大概出现在前一个标准之后，即先是有了社会上对胡服的接纳和欢迎，之后随着政治形势的改变，胡服成为预示和解释这种变化的工具。胡服被容纳的事实和成为不良政治的解释工具表明，在日常生活面前，华夏文化中心主义是一个富有弹性的框架，它可以接受被其基本原则所蔑视的东西，却能继续保持其基本原则的指导意义。

其次，在婚姻上汉人对中亚人也采取了开放的态度。一个来自贵霜的女子支通期进入皇宫，后来又因小过失离开皇宫。当朝权贵梁冀被她的美色所迷恋，让她做了自己的情妇，并将她安置在一所豪宅中。[④] 《高僧传》卷七《宋吴虎丘山释昙谛》："释昙谛，姓康，其先康居人。汉灵帝时移附中国。献帝末乱移止吴兴。谛父肜尝为冀州别驾。母黄氏。"这两个故事说明，来华外国人可以和中国人通婚，这种异国婚姻为法律所认可，没有受到歧视。罗马法规定，外国人相互结婚和市民与外国人结婚，不得称为"正式婚姻"，而仅称"婚姻"。在这种婚姻中，夫对妻没有夫权，对所生子女没有家长权。[⑤] 就此而言，汉代社会似较古代罗马更为开通。

再次，汉人对有才能的中亚人给予了尊重，对受到欺凌的中亚人也表达了同情。在这种情形下，容貌、生活习惯的差别便让位于其他因素。《高僧传》卷一《魏吴建业初寺康僧会》：支谦"为人细长黑瘦，眼多白而睛黄，时人为之语曰：'支郎眼中黄，形躯虽细是智囊。'"

---

① 新疆维吾尔自治区博物馆：《新疆民丰县北大沙漠中古遗址墓葬区东汉合葬墓清理简报》，《文物》1960 年第 6 期。

② 《乐府诗集》卷三七《陇西行》。

③ 马雍：《新疆佉卢文书中之 Kosava 即氍毹考》，《中国民族古文字研究》，中国社会科学出版社 1984 年版。收入氏著《西域史地文物丛考》。

④ 《后汉书·梁统传附玄孙冀》。

⑤ 法学教材《罗马法》编写组：《罗马法》，群众出版社 1983 年版，第 100 页。

《羽林郎》诗歌无情地嘲讽了贵族的无耻与狼狈，赞扬了少女的勇敢和机智，反映出普通中国人对来华西域人的友善。一种意见认为唐代诗歌描写了胡人可亲的粗莽和可爱，思乡的可怜和值得同情，反映了唐代人意识形态的深处对胡人的开放心态，超越了前代。[①] 看来这个判断有订正的必要。

　　除去活动在陇西地区的月氏人之外，汉代以前进入内地的高加索人只是零星个别的，汉武帝通西域后，中亚和西亚地区的高加索人群进入中原渐成规模，从而形成了中国历史上高加索人群来中国的第一个高潮。他们来华目的和职业不同，其中一些人留居下来，融入到古代中国人中。中国本地人对这些相貌和习俗不同的人群的看法有些矛盾，但总体上说对外来人群未持排斥态度，显示出宽容和包纳心态，对那些有知识的异域人则格外尊重。这种心理状态可能与中国古代的"天下"观念有关，也开启了汉代以后古代中国人处理与异域人群关系、古代中国与外部世界交往模式的先河。

---

　　① 王立：《唐诗中的胡人形象——兼谈中国文学中的胡人描写》，《内蒙古大学学报》2002 年第 1 期。

泾阳小考二则

杨振红

（中国社会科学院历史研究所研究员）

一 泾阳沿革与《诗·小雅·六月》

历史上曾有两个以"泾阳"命名的县。一是至今仍沿用"泾阳"之名的陕西省泾阳县，一是今天的甘肃省平凉县，汉代时也曾称泾阳县，隶属安定郡（郡治今宁夏固原）。两个泾阳县一位于泾水发源处，一位于泾水下游。古代将山南水北称阳，[①] 故两县以"泾阳"为名，显然与两县建于泾水北岸有关。

然而，"泾阳"之为地名，却远早于汉代。描写周宣王（公元前827—前782 年在位）北伐猃（古多作"玁"）狁的《诗·小雅·六月》中便出现了泾阳的地名。此后，据《史记》记载，秦灵公在位（公元前424—前415 年）时曾以泾阳为都城，[②] 秦昭王（公元前306—前251 年在位）时则以泾阳封其弟嬴市，称泾阳君。[③] 关于周宣王至秦昭王时"泾阳"的地望，历史上一直有争论。一说为今甘肃平凉，一说是陕西泾阳（详见后文）。

---

① 《春秋穀梁传》僖公二十八年，四库全书本。

② 《史记·秦始皇本纪》："肃灵公，昭子子也。居泾阳。享国十年。"《史记》卷六，中华书局点校本 1959 年版，第 288 页。

③ 《史记》卷七二《穰侯列传》，第 2323 页。参见王国维《鬼方昆夷玁狁考》，氏著《观堂集林（外二种）上》卷一三《史林五》，河北教育出版社 2001 年版，第 378 页。

西汉时在今陕西泾阳设置了池阳县。《汉书·地理志上》"左冯翊"属县有"池阳"，本注："惠帝四年置。巀嶭山在北。"① 汉惠帝四年即公元前 191 年。《地理志下》同时记载安定郡下设有泾阳县，本注："开头山在西，《禹贡》泾水所出，东南至阳陵入渭，过郡三，行千六十里，雍州川。"② 安定郡置于武帝元鼎三年（公元前 114），与汉武帝北伐匈奴胜利有直接关系。当时同时设置的还有天水郡。泾阳县很可能也设于这一年。

据《元和郡县志》，北魏废池阳县，在此地设咸阳郡，前秦苻坚重新设立泾阳县，隋文帝罢咸阳郡，将泾阳县归咸阳郡管辖，属雍州。③ 此后虽有小革，但泾阳县制相沿至今。

那么，周宣王至秦昭王时的"泾阳"到底在哪里？为何历史上会出现两个以"泾阳"命名的县？此与《诗·小雅·六月》有密切关系。《诗·小雅·六月》原文：

> 六月栖栖，戎车既饬。四牡骙骙，载是常服。玁狁孔炽，我是用急。王于出征，以匡王国。
>
> 比物四骊，闲之维则。维此六月，既成我服。我服既成，于三十里。王于出征，以佐天子。
>
> 四牡修广，其大有颙。薄伐玁狁，以奏肤公。有严有翼，共武之服。共武之服，以定王国。
>
> 玁狁匪茹，整居焦获。侵镐及方，至于泾阳。织文鸟章，白旆央央。元戎十乘，以先启行。
>
> 戎车既安，如轾如轩。四牡既佶，既佶且闲。薄伐玁狁，至于大原。文武吉甫，万邦为宪。
>
> 吉甫燕喜，既多受祉。来归自镐，我行永久。饮御诸友，炰鳖脍鲤。侯谁在矣，张仲孝友。

---

① 《汉书》卷二八，中华书局点校本 1962 年版，第 1545 页。
② 《汉书》卷二八，第 1615 页。
③ ［唐］李吉甫：《元和郡县志》卷二《关内道·京兆府二·泾阳县》，四库全书本。关于池阳废县时间，《长安志》载在后周建德年间，与《元和郡县志》记载不同（［宋］宋敏求：《长安志》卷一七《县七·泾阳》，四库全书本）。不知孰是。

据王国维说，猃狁是先秦时期居于西北地区的游牧民族，"其见于商、周间者，曰鬼方、曰混夷、曰獯鬻。其在宗周之季，则曰猃狁。入春秋后，则始谓之戎，继号曰狄。战国以降，又称之曰胡、曰匈奴"。① 周宣王时，猃狁逐渐强大，开始不断侵犯周的疆域，于是，宣王派大臣尹吉甫出兵讨伐猃狁。②《六月》诗即为此而作。

《六月》中出现了焦获、镐、方、泾阳、大原等地名。据王国维考证，猃狁出入之地见于《诗》者，共有六处。③ 其中《六月》就出现了五地。关于五地之地望，除焦获外，历来争议颇大，乃至纷争两千余年。

《尔雅·释地》"十薮"中"周有焦护"。东晋郭璞注"今扶风池阳县瓠中是也"。④《元和郡县志》卷二《关内道二·京兆府·泾阳县》认为其具体位置在今泾阳县西北仲山至瓠口之间："焦获薮亦名瓠口，《尔雅》十薮，周有焦获。《诗》云'猃狁匪茹，整居焦获'，即谓此也。按韩水工郑国说秦，令凿泾水自仲山西抵瓠口为渠，即所谓郑、白二渠是也。"这一说法为学者所接受，为定说。

关于镐，众所周知，西周自周武王灭商后即定都于镐（今陕西省西安市西南沣水东岸），亦称作镐京。但东汉郑玄认为《六月》中的镐不是指镐京，镐和方都是距镐京千里之远的北方地名。其曰："镐也、方也，皆北方地名。言猃狁之来侵，非其所当度为也，乃自整齐而处周之焦获，来侵至泾水之北，言其大恣也。"⑤ 这一说法为后代多数学者所认同。唐代颜师古更明确说："镐，地名，非丰镐之镐。此镐及方皆在周之北。时猃狁侵镐及方，至于泾阳。吉甫薄伐，自镐而还。王以燕礼乐之，多受福赐，以其行役有功，日月长久故也。"⑥ 王先谦《诗三家义集疏》也说：

---

① 王国维：《鬼方昆夷猃狁考》，氏著《观堂集林（外二种）上》，第369页。
② 今本《竹书纪年》载：周宣王"五年夏六月，尹吉甫帅师伐猃狁，至于太原"。今本《竹书纪年》卷下"宣王"，四库全书本。
③ 王国维：《鬼方昆夷猃狁考》，氏著《观堂集林（外二种）上》，第377页。
④ ［清］郝懿行：《尔雅义疏》下，上海古籍出版社1983年影印本，第821页。
⑤ 《十三经注疏》卷十之二《毛诗正义》，中华书局1980年影印本，第424页下。
⑥ 《汉书》卷七〇《陈汤传》，第3018页。

"侵镐"，王肃以为镐京。王基驳之云："下章'来归自镐，我行永久'，故刘向曰'千里之镐，犹以为远'。"王驳是也，其地未闻。"方"者，《出车篇》："王命南仲，往城于方"是也。盖玁狁驻兵于泾东，游骑蔓延，遍于泾北，特未敢逾泾水而南耳。"泾阳"者，泾水之北。秦有泾阳君，汉立泾阳县，今甘肃平凉府平凉县西四十里故城即其地也。据《史记》"取焦获而居泾渭间"，是焦获非远方，为南仲所城。镐则刘向以为"千里"，是镐方非近。孔疏云："镐方虽在'焦获'之下，不必先焦获乃侵镐方。"其说是也。①

关于方，同是描述周宣王讨伐玁狁的诗篇《诗·小雅·出车》中，有"王命南仲，往城于方。出车彭彭，旗斿央央。天子命我，城彼朔方。赫赫南仲，玁狁于襄"的诗句。毛氏传："方，朔方，近玁狁之国也。""朔方，北方也。"如上所述，郑玄也将方、镐泛泛地解释为北方之地。孔颖达进一步阐释："但北方大名皆言朔方。《尧典》云宅朔方，《尔雅》云朔北方也，皆其广号。此直云方，即朔方也。"② 宋代朱熹《诗经集传》则认为"方"即朔方，在"灵夏等州之地"，③ 即今宁夏灵武至陕西靖边一带。

关于泾阳，郑玄注并未明确指出其所在，只是将其解释为"泾水之北"。《元和郡县志》卷二载："本秦旧县，汉属安定郡，惠帝改置池阳县。"认为秦之泾阳县，在汉代时属安定郡。《长安志》卷一七《县七·泾阳》更明确说在今甘肃平凉："泾阳县，本秦旧县。《史记》秦昭王弟封泾阳君。案今渭州平凉界泾阳故城是，汉属安定郡。"后代多沿此说，如前引王先谦即如是。

关于大原，朱熹认为在山西太原阳曲县。④

以上是历史上关于镐、方、泾阳、大原地望的主流说法。但是很早

---

① 〔清〕王先谦撰、吴格点校：《诗三家义集疏》，中华书局1987年版，第610页。
② 《十三经注疏》卷十二之二《毛诗正义》，第416页上。
③ 〔宋〕朱熹：《诗经集传》卷四《出车》，四库全书本。
④ 〔宋〕朱熹：《诗经集传》卷五《六月》："大原，地名，亦曰大卤，今在大原府阳曲县。至于大原，言逐出之而已，不穷追也。"四库全书本。

就有学者对上述说法提出质疑。如前引王先谦《集疏》提到，三国魏王肃即认为镐就是西周的都城镐京。宋代苏辙《诗集传》也认为："镐，镐京也。"并对王基用以反驳王肃的"来归自镐"做出新的解释，认为是尹吉甫"归其采邑也"。① 宋代王质《诗总闻》则对镐、方、泾阳的说法提出全面质疑："镐是周都，无缘与方皆为北方地名。假使方地未详，在他亦未可知。焦获、泾阳皆在密迩，方何由独远，恐是方叔封邑，故因以为姓。"他认为镐就是周都城镐京，泾阳即今陕西泾阳，并在此基础上进一步推测，既然焦获、泾阳都在周都附近，方不可能距离太远，方应是方叔②的封邑，方叔因此得方姓。③ 清代黄中松撰《诗疑辨证》进一步对成说加以非难："何前儒知镐、方、泾阳之非镐、方、泾阳，而仍引《尔雅》以释经之焦获耶？夫异地同名者实难悉数，何玁狁所居之焦获、所侵镐与泾阳，恰与畿内之焦获、镐京、泾阳相合耶？不特同其一，而三地相同？则王肃之言不可尽废。苏传以焦获为周薮，镐为镐京。（注：方未详。）而归镐为归其采邑。窃意匪茹者岂匪茹也？言玁狁孔炽如此，其心岂不思整居焦获，侵镐及方，至于泾阳乎？如此庶无窒碍矣。"④他认为《六月》出现了三个与周畿内之地相合的地名绝非偶然，既然承认焦获即今陕西泾阳境内的水泽，那么，就应当承认镐与泾阳亦即镐京和今陕西泾阳，这样理解也可以解决《六月》的叙述顺序问题，即玁狁先至西北的焦获，在那里进行休整盘踞，图谋侵犯镐京和方，一直攻到镐京近边的泾阳。

　　顾炎武则力驳朱熹之大原为山西太原阳曲说。他认为"古之言大原者多矣"，此诗中的泾阳既指甘肃平凉，"太原当即今之平凉，而后魏立为原州，亦是取古太原之名尔"。他举证说，晋阳太原在黄河之东，距周京一千五百里，"岂有寇从西来，兵乃东出者乎？"晋阳太原周初分封给晋国。诗《出车》有"天子命我，城彼朔方"，及《国语·

---

① ［宋］苏辙：《诗集传》卷九，四库全书本。
② 方叔是周宣王时贤臣。《诗·小雅·采芑》："显允方叔，征伐玁狁，蛮荆来威。"郑玄笺："方叔先与吉甫征伐玁狁，今特往伐蛮荆，皆使来服宣王之威，美其功之多也。"《十三经注疏》卷十之二《毛诗正义》，第426页下。
③ ［宋］王质：《诗总闻》卷一〇，四库全书本。
④ ［清］黄中松：《诗疑辨证》卷四，四库全书本。

周语上》载宣王料民于太原，是因为"其地近边，而为御戎之备"，不可能行之于晋。此外，《汉书·贾捐之传》载其对策称，秦地"南不过闽越，北不过太原，而天下溃叛"。如果太原指晋阳，秦在晋阳外设有雁门、云中、九原郡，"不得言不过也"。"而岂可以晋之大原为周之大原乎？"① 清代胡渭则据《小尔雅》"高平谓之太原"，认为太原即宁夏固原。②

　　进入20世纪，王国维运用二重证据法，在搜集文献及金文所见猃狁出入地的基础上，进行综合考证。他以《史记·秦始皇本纪》所载灵公居泾阳为线索，指出秦德公以降以雍（今陕西凤翔西南）为都城，灵公子献公时徙栎阳（今陕西临潼东北），则灵公所居泾阳显然在雍与栎阳之间，因此自当在泾水下游，而不可能在汉安定郡之泾阳。此外，《史记·穰侯列传》记载秦昭王同母弟高陵君、泾阳君，盖一封高陵、一封泾阳，当时义渠未灭，汉安定郡泾阳远在边陲，秦昭王母宣太后决不会将自己的爱子封于彼，而应当封在与高陵接壤之地。后来昭王改封泾阳君、高陵君于宛（今河南南阳）、邓（今河南邓州），③宛、邓两地即相接，因此推高陵、泾阳亦当相接。因此秦之泾阳当为今日之泾阳县、汉代的池阳县，而非汉代的泾阳县，进而周的泾阳也非汉代的泾阳。关于镐、方、大原，他利用金文考证认为，当时猃狁已深入洛水东北，三地即当在此间。因此推测宣王用兵猃狁，最初在泾水之北，随后在洛水之阳（北），随后是洛水东北的太原，古代的太原并非专指今天的山西太原，而是兼汉代的太原、西河、河东三郡之地，秦人置郡后，才专以晋阳诸县为太原。④

　　王国维关于泾阳的考证至为有力，因此成为定说。但是，其关于镐、方、大原的说法却少有采信者，今人大多仍沿袭旧说。如《汉语大词典》"镐"字释义第2条采郑玄和颜师古说；"方"字释义第45条

---

　　① ［清］顾炎武著，［清］黄汝成集释，栾保群、吕宗力校点：《日知录集释》卷三"太原"，花山文艺出版社1990年版，第123—124页。
　　② ［清］胡渭：《禹贡锥指》卷二，四库全书本。
　　③ 笔者按：《史记》卷五《秦本纪》："（昭王）十六年，左更错取轵及邓。冉免。封公子市宛，公子悝邓，魏冉陶，为诸侯。"第212页。
　　④ 王国维：《鬼方昆夷猃狁考》，氏著《观堂集林（外二种）上》卷一三《史林五》，第377—379页。

则采朱熹说："周代北方地名。在今陕西、宁夏回族自治区一带。"笔者亦认为此说存在滞碍难通之处。《六月》先言猃狁"整居焦获",表明当时猃狁势力已深入到焦获泽,控制了这一地区,并以此为根据地,进一步向东南进犯周疆。其前锋曾抵达今陕西泾阳,大约在此遇到了周的顽强阻截,这也就是诗所谓"至于泾阳"。它表明,猃狁东侵的路线是从焦获沿着泾水北岸向东南方向的镐京进发。因此,就此诗而言,猃狁的势力不可能到达洛水之北。尹吉甫若要迎击猃狁,只能从镐京向西北进发,首先在泾阳进行拦截,然后沿着泾水北岸逆流而上,至焦获捣其巢穴。如果向东北方向出击,则南辕北辙,不可能与猃狁遭遇,因此,镐、方、大原不可能在洛水东北。前文已述,王国维认为猃狁是戎、狄、胡的前身,此说当不误。然而,无论是猃狁也好,还是戎、狄、胡也好,都不是指单一的民族,而是由众多北方游牧民族构成。因此,史籍记载的猃狁出入之地未必是指同一支。故王国维以金文证猃狁曾到洛水之北,虽可信,但却未必与此诗的地点有关。

　　笔者同意前贤关于镐为镐京的意见。既然焦获、泾阳均为周畿内之地,且与当时之地名相合,因此,很难想象镐是与西周都城——镐距离较近而又同名的地方。而且,从猃狁侵攻的路线来看,其目标恰恰是周的都城镐京和方,故诗云"侵镐及方"。王基曾以"来归自镐,我行永久"和西汉刘向所说"千里之镐,犹以为远"为据,驳王肃镐为镐京说。刘向为西汉末年人,距周宣王时已近八百年,其说未见有所据,因此不足为信。而按照苏辙的解释,"来归自镐"并非指尹吉甫从远征地"镐"归来,而是从镐京回到自己的采邑。这一说法显然更有说服力。诗第五章"薄伐猃狁,至于大原",已明确说尹吉甫征伐之地最远至大原,此句后接着的"文武吉甫,万邦为宪",是歌颂其成功的诗句。其后句"吉甫燕喜"的"燕喜"当指庆功宴无疑,随后的"既多受祉"是指他受到了周王的封赏,因此,庆功宴应当是周王在镐京举办的,专为迎接庆祝尹吉甫得胜还朝而设。那么紧接着的"来归自镐"则是描述庆功宴后,尹吉甫从镐京回到自己的采邑,自己举办喜筵,招待"饮御诸友"的情形。

　　以往学者认为方就是朔方,当无误。但从《六月》的叙述来看,它应当在周近畿,而不会是距镐京甚远的北方之地,因此不可能在汉代所置朔方城（今内蒙古杭锦旗北），而朱熹所说今宁夏灵武至陕西靖边一带亦过远。

顾炎武关于泾阳即汉之泾阳的观点虽不可取，但其对太原为山西阳曲说的反驳却令人信服。据《后汉书·西羌列传》载："至穆王时，戎狄不贡，王乃西征犬戎，获其五王，又得四白鹿，四白狼，王遂迁戎于太原。"① 此事亦见载于《竹书纪年》。② 尹吉甫伐猃狁所至太原，当即此太原。山西阳曲居于晋国中心地带，周穆王不可能将犬戎迁于此。《西羌列传》载周夷王和周宣王时均曾伐太原戎，而晋在周宣王时也曾"败北戎于汾隰"，此可证周虽为天下共主，但在政治与外交等方面，与晋等诸侯国仍各自独立。当时晋国面临的戎狄之患当为北戎。

从猃狁入侵的路线看，其所居地或在泾水上游，因此，当他们受到周的阻击，应当是向上游撤退。从历史沿革来看，大原或即在今甘肃镇原至宁夏固原一带。镇原，汉代称临泾县，属安定郡。固原在汉代称高平县，亦属安定郡，并为郡治所在。据《太平寰宇记》，北魏孝明帝正光五年（524），在这一带设置原州，"盖取高平曰原为名"。③

将上述考证结论归纳如下：第一，周及秦时的泾阳在今陕西省泾阳县，周时为邑，秦时设县，汉惠帝四年因故将其改为池阳县。汉武帝元鼎三年（公元前114）在今甘肃平凉另设泾阳县，属安定郡。第二，《六月》的镐指周都城镐京。方亦名朔方，为镐京附近的大邑。据《汉书·武帝纪》，元朔二年（公元前127）春正月，卫青、李息等北伐匈奴胜利，收复河南地（河套地区），置朔方（治今内蒙古杭锦旗北）、五原（治今内蒙古五原）郡，次年修筑朔方城。④ 则汉武帝时设置的朔方与周的朔方相距甚远。

由此我们注意到，汉时的地理概念以及在此基础上设计的郡县设置，与周的实际情况相去甚远。这种情况在后代一定程度上得到了校正。如前所述，前秦苻坚时在今泾阳重新设县时，即未采用汉的池阳之名，而是使用了泾阳的古名。

---

① 《后汉书》卷八七，中华书局点校本1965年版，第2871页。
② 《竹书纪年》卷下，四库全书本。
③ ［宋］乐史：《太平寰宇记》卷三三《关西道九·原州》，四库全书本。
④ 《汉书》卷六，第170、171页。

　　池阳县名的来历，史焉不详。《汉书·地理志上》颜师古引应劭曰："在池水之阳。"①但是此池水到底指何，历代均无详解。因此，现在已无从查考汉惠帝将泾阳改为池阳的原因。然而，汉武帝时在甘肃平凉设泾阳县，却很可能与诗《六月》有关。这一点可以从汉武帝在河套地区设朔方郡以及刘向对镐的理解得到间接证明。

　　《史记·卫将军骠骑列传》载，元朔二年（公元前127），武帝因卫青大败匈奴，夺取河套地区，封卫青及其校尉苏建等为侯，并命苏建修筑朔方城。武帝在颁布的诏书中便引用了诗《六月》和《出车》："《诗》不云乎，'薄伐玁狁，至于太原'，'出车彭彭，城彼朔方'。"②战国以来史籍中未见有"朔方"的地名，因此，上述记载可以力证武帝以朔方名其郡正是为了比拟周宣王伐玁狁事。

　　《汉书·陈汤传》载，汉元帝时西域都护甘延寿、副校尉陈汤擅自矫制出击北匈奴，斩杀郅支单于，许多大臣因他们"擅兴师矫制"，反对给他们封侯褒奖。刘向上疏为他们诉冤时，引用《六月》诗，以周宣王封赏尹吉甫事作比喻，说："昔周大夫方叔、吉甫为宣王诛玁狁而百蛮从……其《诗》曰：'吉甫燕喜，既多受祉，来归自镐，我行永久。'千里之镐犹以为远，况万里之外，其勤至矣！"③ 如前所述，刘向的这一说法对后代理解《六月》的地望产生了重大影响。

　　汉代人既然将朔方和镐理解为距离周镐京千里之远的地方，那么，对于《六月》中的泾阳和大原自然也不会理解为周近畿之地。正是在这样的理解下，汉武帝在甘肃平凉设县时便采用了泾阳的古名。汉惠帝四年将泾阳改为池阳，或许也是出于同样的原因。

　　很显然，汉代人对《六月》地望的理解是基于当时人对周疆域以及历史的理解之上的。由此我们注意到，汉代人极大地夸大了周的疆域和势力范围，周在汉代人的心目中带有炫目的光环。关于这一点，如果将其放在春秋战国以来社会思想变迁的历史中去认识，会得到更好的理解。自孔子以来，不仅其倡导的儒学思想的影响日益加强，其崇周的观

---

①　《汉书》卷二八，第1545页。
②　《史记》卷一一一，第2924页。
③　《汉书》卷七〇，第3017页。

念也日渐深入人心。由于年代久远，文献保留有限，春秋时人们对周的认识已相当粗阔而模糊。崇周的观念致使战国以来对经典的解释越来越夸张，至汉时则达到了顶峰。这一思潮不仅仅影响到当时人对历史及其观念的认识，也深刻地影响到汉代的现实政治。关于这一点，我们以往已经从各种角度加以论证，而本文关于泾阳沿革的小考证或许可以为其对地方行政建制的影响提供一个小小的注脚。

二　泾阳水老与历史上的父老、三老

彭树智先生出生于陕西省泾阳县三渠口，少年时就读于三渠口小学。泾阳籍作家白描在怀念泾阳文学家李若冰的文章《在故乡种棵树》中，曾这样描写三渠口：

> 在咸宋公路泾阳和三原的交界处，有个地方叫三渠口。醒目的标志，就是路边有棵大柳树，树身足有三抱粗，树冠遮天蔽日，洒下的浓荫宛如一方巨大的天然凉棚，卖吃卖喝的、剃头钉掌的、修车补胎的、歇脚纳凉的，便聚集在这阴凉下，成全了一派旺盛的人气……
>
> 三渠口实际上是朱、蒋、韩、白、雒五个村庄的总称，是中国最早的水利工程郑国渠流经的地方。后来在郑国渠老底子上兴建的泾惠渠，主渠道在这里分流，因而得了三渠口这个名字。给人说三渠口，没有多少人知道，但咸宋公路在早年是西安、咸阳通往铜川、延安、榆林和宋家川（今吴堡）的惟一公路……①

彭先生的家就在这条公路旁边，他至今还清楚地记得儿时公路上常有骆驼商队往来，每到夜深人静，空中常常回荡着叮当叮当的驼铃声。

彭先生的父亲名讳彭志平（1899—1976），是当地有名的乡绅。四十年代初曾担任泾惠渠三渠口的"水老"。水老是历史上西北地区由乡村选举的专门负责水渠灌溉管理的人员，多由德高望重的乡绅

---

① 白描：《在故乡种棵树》，《延河》2006 年第 10 期。

担任。

关中地区由于干旱少雨，自古以来农业主要依赖渠井灌溉，泾阳县及接壤的三原县表现尤甚。清朝同治年间陕西巡抚刘蓉在劝导泾阳、三原、高陵、礼泉四县捐资修复龙洞渠的告谕——《劝谕泾阳诸县士民条约》中曾谈到："查高陵、礼泉两县，向不专恃此渠，而民勤稼穑，垦辟渐多，民食尚足自给。惟泾阳、三原，地既硗瘠，人事复多旷废，比遭歉岁，粒食尤艰，若不急修水利，何以赡给遗黎。"① 意思是说高陵和礼泉县不完全依赖渠水灌溉，百姓生活就可以实现自给；而泾阳、三原县则因没有水渠灌溉，土地贫瘠，连年歉收，百姓生活艰难。

泾阳县境内主要有三条过境河：泾河、冶峪河、清峪河。泾河自王桥镇谢家沟入境，张家山出谷，东南流至桃园村附近出境。县内河长77.3 公里，流域面积 634 平方公里，年平均径流量 18.67 亿立方米，②占全县地表水资源的 97%。因此泾阳县自古以来主要依靠引泾灌溉。早在两千多年前秦始皇统一中国时，就在今泾阳县泾河河段修建了著名的水利工程——郑国渠。此后历代修复，共经历了汉武帝时期的六辅渠、白渠，北宋的白公别渠、小郑渠、丰利渠，元代的王御史渠，明代的广惠渠、通济渠，民国时期的泾惠渠等阶段。③

泾惠渠是 1930 年在杨虎城将军的支持下，由著名水利专家李仪祉先生主持修建的，1932 年 6 月完成第一期工程，1935 年第二期工程完工，灌溉面积达 50 万亩。泾惠渠的修建使得泾阳等四县又变成膏壤沃野。彭树智先生在其自传中记述此事道："水利学家李仪祉兴修泾惠渠，使古老的郑白渠得到了新生，我家乡成为盛产棉粮的'一马平川关中白菜心'。我在这块富庶地区度过了童年时代。"④ 顺带提及，1938年春李仪祉病逝，为了纪念他的治水伟绩，于右任、杜斌丞、田伯英、

① ［清］康盛：《皇朝经世文续编》卷一一八《工政十五·各省水利中》，［清］葛士浚：《皇朝经世文续编》卷九三《工政六·水利通论》。两书收录的文字略有差异，本文所引为康盛辑本。

② 参见百度百科 "泾阳县" http：//baike. baidu. com/view/121961. htm#4。

③ 参见叶遇春《从郑国渠到泾惠渠》，《从郑国渠到泾惠渠（续）》，《人民黄河》1991年第 4、第 5 期。

④ 彭树智：《松榆斋百记——人类文明交往散论》，西北大学出版社 2005 年版，第 327页。

李仪祉的胞妹李蕠仪等创办了以李仪祉名字命名的学校——"仪祉农业技术学校",彭树智先生即曾在此读书,该校现称"仪祉农业学校"。

泾惠渠修建后,便建立了现代专业管理机构——泾惠渠管理局,管理斗门以上的输水渠道。斗门以下的灌水渠道,则沿袭了古代以水老、斗夫、渠保为核心的基层管理组织。将干支渠划分为若干段,每段设水老人1名,辖斗口若干,每斗设斗夫1人,一斗夫管辖若干村庄,每村设渠保1人。全渠共有水老人70人,斗夫320余人,渠保1750余人,全部由受益农民推举担任。①

民国时期的《洪洞县水利志补》收录的《通利渠渠册》规定:"选举渠长务择文字算法粗能通晓,尤须家道殷实、人品端正、干练耐劳、素孚乡望者,方准合渠举充。不须一村擅自作主,致有滥保之弊。"《南霍渠渠册》规定:渠长"随村庄于上户每年选补平和信实之人,充本沟头勾当"。《晋祠志·河例》规定:"各村士庶会同公举,择田多而善良者充应。"②据此可知,当时对渠长有如下几项基本要求:粗通文字算数;家道殷实,有较多土地;公正善良;精明强干;吃苦耐劳。总之是村中德高望重者。一村的渠长尚且如此要求,何况一乡的水老。1933年《陕西省水利协会组织大纲》规定:"分会设立会长(习惯称堰长、渠董或水老)一人,当选资格为:年高有德,在该会区域内有相当土地,以农为业者;熟悉当地水利情形者;非现任官吏暨军人;未受褫夺公权之处分者。"③ 彭老先生当就是因具备了上述条件,而被推举为三渠口镇水老。

《洪洞县水利志补》所录《洞渠渠册》、《普润渠渠册》等均规定,渠长每年轮换一次,但由于合适的人选有限等原因,事实上很难做到。泾阳县水利局白尔恒采访本县曾担任水老、渠长的老人后,总结说:冶

---

① 陕西省泾惠渠管理局:《泾惠渠概况》,1941年油印本,第2、3页;叶遇春:《从郑国渠到泾惠渠(续)》,《人民黄河》1991年第5期;韩茂莉:《近代山陕地区基层水利管理体系探析》,《中国经济史研究》2006年第1期。

② [清]刘大鹏:《晋祠志》卷三一《河例二》;韩茂莉:《近代山陕地区基层水利管理体系探析》,《中国经济史研究》2006年第1期。

③ 刘屏山:《清峪河各渠记事簿》之《陕西省水利协会组织大纲》,白尔恒、[法]蓝克利等编:《沟洫佚闻杂录》,中华书局2003年版,第135—137页。

峪河灌区"渠长多是乡绅，任期很长，有的长达几十年"。① 彭老先生的任期即不止一年。

　　水老的职责主要分段内和段外两块。段内主要负责监督斗门的启闭、用水的管理、征收水费等等。段外则主要负责与上下渠段协调，力求严格履行当初的用水约定。这就要求水老有非常好的协调、组织能力，有时还需要具备相当的震慑力。由于水利是农业的命脉，因此，水老等能否履行好职责，对于农民来说是关乎一年生计的大事。水老也因此成为乡村中举足轻重的人物。

　　虽然在水渠修建之初，官、民各方对水渠的利用均有约定，但事实上却根本无法避免纷争，历史上关于水权的争斗屡见不鲜。据曾任冶峪河下游仙里渠灌区铁李村渠长的李镛老人回忆，当时"几乎年年月月都有水事纠纷，每逢械斗时渠长等被百姓称为'管水的'，都要带头走到前面，并在械斗中起核心作用"。② 彭老先生任水老时期，就遇到一起严重的与上游渠段争夺水权的事件。当时，上游渠段违规截流，致使三渠口段在农忙季节无法灌溉。段内人义愤填膺，吵嚷着，抄着锄镐铁锨等家伙，要与上游人拼命。彭老先生一面安抚乡亲，一面带人前往上游去谈判。那些日子，他总是深夜才归，满面疲惫。所幸在各方努力下，这一事件得到和平解决。当渠水泊泊流入三渠口段的渠道时，乡民们一片欢欣。这一事件后不久，彭老先生便决意辞去水老一职。他写了一封言辞恳切的信，让正在读小学的彭树智先生工工整整地抄写了一遍，递交上去。彭树智先生现在已无法回忆起信的原文，但他后来读到西晋人李密所写《陈情表》后，自然而然便想到父亲的请辞书。大概是为其真挚的言辞所打动，他的辞职得到镇里人的允许。他自此闲适下来，又开始从容地研习自己喜好的中医，为人免费治病。

　　历史上关于渠长的设置，早有记载。《新唐书·百官志》："水部郎中、员外郎，各一人，掌津济、舡舻、渠梁、堤堰、沟洫、渔捕、运漕、碾硙之事。凡坑陷、井穴皆有标。京畿有渠长、斗门长。诸州堤

---

① 韩茂莉：《近代山陕地区基层水利管理体系探析》，《中国经济史研究》2006 年第 1 期。

② 同上。

堰，刺史、县令以时检行，而莅其决筑。有埭，则以下户分牵，禁争利者。"①少府设都水监，设使者二人，正五品上。"掌川泽、津梁、渠堰、陂池之政，总河渠、诸津监署。"河渠"溉田自远始，先稻后陆，渠长、斗门长节其多少而均焉。府县以官督察"。设河渠署，"凡沟渠开塞，渔捕时禁，皆专之"。唐代有河堤使者，贞观初年改为河堤谒者。每渠及斗门有长一人，掌固三人，鱼师十二人。②

　　关于水老的设置，文献中出现却较晚。清朝雍正年间撰修的《山西通志》在记录介休县水利沿革时，谈到界内有"东渠、中渠、西渠，宋文彦博引胜水作三渠，溉北张韩扳诸村田九十余顷"，本注曰：

　　　　宋文潞公始开三河，引水灌田，迤西一分为东河，转而北至石桐，分为中西两河。东西河地额六十顷，水程六十日。中河地四十顷，水程四十日……古人立程轮期，设水老人、渠长，给印信簿籍。开渠始三月三日，终八月一日。明嘉靖二十五年，吴绍曾申明前法，修筑堤防，后又有卖水买水之弊……

由此可知，介休县三渠是北宋政治家文彦博（1006—1097）主持开凿的，当时便设立了水老人和渠长制，专门负责"立程轮期"。明嘉靖时吴绍曾重修三渠堤坝，仍沿用这一制度。水老当是水老人的简称。这一称呼也透露出水老一般由年长者担任。《山西通志》同卷收录的王埴《水利碑》中也提到水老人：

　　　　西河水老人曰：石同应得西河水六分，大约于七十日之内，该用九程十一时石同应欲。中河水四分，大约于四十五日之内，该用四程五时二刻三分五厘。合中西两河之水共使一十四程四时一刻三分……春冬，水老人、渠长浇法与夏秋同，即中河多水磨至尽流处

---

　　① 《新唐书》卷四六《百官志一》，中华书局点校本1975年版，第1202页。
　　② 《新唐书》卷四八《百官志三》，第1276、1277页。另《水部式》规定："诸渠长及斗门长主浇田之时，专知节水多少。"见郑炳林《敦煌地理文书汇辑校注》，"伯2507号"，甘肃教育出版社1989年版。

亦许折，而溉田共准过水地六百五十六顷有奇，山水不可数计。①

甘肃地区历史上也设有水老。清代政治家陈宏谋（1696—1771）在乾隆八年（1743）上《水利疏》，建议河西仿照甘肃省宁夏府，修葺水渠，"专官督率，合力公修"。"其平时如何分力合作，及至需水，如何按日分灌，或设水老、渠长专司其事之处。务令公同定议，永远遵行。"② 此外，清代甘肃古浪县《渠坝水利碑文》：

> 各坝修浚渠道，绅衿士庶俱按粮派夫，如有管水乡老派夫不均，致有偏枯受累之家，禀县拿究。③

则将水老称作"管水乡老"。

泾阳县设立水老事，最早可见诸前揭清代同治年间陕西巡抚刘蓉所作《劝谕泾阳诸县士民条约》。其文曰：④

> 为剀切劝谕事，照得农田为民食攸⑤关，而水利尤地方急务。查龙洞渠，即古郑白渠故址，原属泾阳、三原、高陵、礼泉四县农田灌溉之资，比值逆回构祸，渠堤坏决，遂致混混源泉，溃流入泾，而四县民生之仰资于此渠者，顿失利赖，挹注颇微。查高陵、礼泉两县，向不专恃此渠，而民勤稼穑，垦辟渐多，民食尚足自给。惟泾阳、三原，地既硗瘠，人事复多旷废，比遭歉岁，粒食尤艰，若不急修水利，何以赡给遗黎。前经本部院檄委泾阳黄令、三原唐令劝捐经费，鸠工修筑，冀合两邑物力，规复当日旧观。嗣闻

---

① ［清］觉罗石麟：《山西通志》卷三一《水利三·介休县》，四库全书本。
② ［清］贺长龄：《皇朝经世文编》卷一一四《工政二十·各省水利》；［清］邵之棠：《皇朝经世文统编》卷二一《地舆部六·水利》。
③ ［清］张珩美等：《古浪县志》，台湾成文出版社1976年版，第474页。
④ ［清］康盛辑：《皇朝经世文续编》卷一一八《工政十五·各省水利中》，［清］葛士浚辑：《皇朝经世文续编》卷九三《工政六·水利通论》。两书收录的文字略有差异，本文所引为康盛辑本。
⑤ 葛士浚辑本作"所"。

三原富绅甚愿出资襄事，愿①以向来水程为日过少，颇怀较计之心。而泾阳士民又执旧日规额，不为通融之计，本部院复檄西安吕守亲诣龙②洞渠相度工程，传集各邑绅民会商酌议，以泾阳受水旧章月得二十一日七时，而三原仅得二日一时，两相比絜，盈绌悬殊，因拟于泾、高、礼三县受水，各斗日时中均匀节缩，每时扣出一刻，按照志载日时积算，每月约共匀出三十六时以畀三原，仍令减水各斗水老农民，俟开浚后，水源畅旺之际，按时加倍灌溉，则时刻虽减于前，获利且增于旧，其处置甚费苦心，实昭公允。乃闻该士民等，颇存意见，多怀顾虑，迄今日久，仍未兴工，而时迫残腊，转盼春及，实有废时失业之虑，本部院念切民瘼，深为焦急，既传集泾阳绅士五品衔光禄寺署正于绅荣祖候选教谕吴绅乙东、举人徐绅③韦佩、候选州吏目姚绅履亨、候选巡检何绅光焕、候选典史怡绅立诚来署开导，劝谕再三。尚虑该邑士民，未能周悉本部院反复谆切之意，因复檄饬该绅等分诣泾阳各乡委曲劝导，亦冀我士民各怀④大公之心，勿存私小之见，于以下孚众志，上迓天麻。则仁厚礼让之风，尚蔼然太和翔洽之意，此则官斯土者之所乐闻而深相嘉许深相期望者也。所有劝谕各说，条列于左。

刘蓉字霞仙，湖南湘乡人。少年时曾与曾国藩、罗泽南讲学。咸丰四年（1854），太平天国爆发后，参加曾国藩、罗泽南湘军，镇压太平天国。次年，因其弟刘蕃战死，送丧回乡。咸丰十一年，四川总督骆秉章将其招至麾下，任四川布政使。同治元年（1862），太平军石达开部转战四川，刘蓉率兵镇压，迫其投降。随后受命督办陕南军务，围剿逃至陕南的广东捻军和石达开残部。次年七月任陕西巡抚。

同治元年三月，陕西回民起义爆发，清廷命荆州将军骑都尉多隆阿进行镇压。同治三年春，陕西境内基本平定。此次战乱给陕西社会经济造成巨大破坏。泾阳等四县仰赖灌溉的龙洞渠遭受毁决。如前所述，泾

---

① 葛士浚辑本作"顾"。
② 葛士浚辑本缺此字。
③ 葛士浚辑本缺此字。
④ 葛士浚辑本作"存"。

阳、三原两县农业全依灌溉，灌溉一失，百姓生活顿陷困苦。刘蓉决定重修龙洞渠。当时三原富绅愿意出资襄助，但觉得原来约定的水程对三原不公，故提出更改水程。泾阳县人不肯让步，修建工作陷入僵局。刘蓉进行调解，主张泾阳、高陵、礼泉三县各减少灌溉时间，每月匀出三十六时给三原。他请来泾阳县的五名乡绅，让他们回去劝导县民"各怀大公之心，勿存私小之见"。

从《清史稿·刘蓉传》下列记载来看："先是，蓉任凤邠道黄辅辰经理回民叛产，设法垦治，岁获谷数百万斛，成效甚著"；以及同治四年，刘蓉因"漏泄密折"，为内阁侍读学士陈廷经弹劾，同治帝颁旨"降调革任"，陕甘总督杨岳斌上疏称"陕西士民为诉枉乞留"；以及刘蓉死后，陕西请求将他作为名宦进行祭祀，① 刘蓉的劝谕工作显然取得了成效，龙洞渠得以修复，刘蓉也因此受到陕西官民的爱戴。

我们亦可从此《条约》看出，泾阳县早在刘蓉修复龙洞渠之前就已经存在水老、渠长的设置。综上，自宋以来至明清及近代，西北地区在水渠灌溉之地均普遍设置水老、斗长、渠长之制。

那么，水老或水老人一词来源于何呢？我们不禁联想到历史上的父老与三老。

先秦秦汉以来有一个引人注目的词，即"父老"。有时也称作"耆老"、"长老"。对此，日本学者守屋美都雄氏曾进行过深入探讨。②《春秋公羊传》宣公十五年何休注曰："在田曰庐，在邑曰里，一里八十户，八家共一巷，中里为校室，选其耆老有高德者，名曰父老。其有辩护伉健者，为里正，皆受倍田，得乘马。父老比三老、孝悌官属，里正比庶人在官……春，父老及里正旦开门坐塾上，晏出后时者不得出……十月，事讫，父老教于校室。"③ 与"父老"相对的词是"子弟"。父老是乡里中德高望重的年长者。他们为里民推举产生，负责里中的公共事务，如主持社祭、求雨、止雨等仪式，徭役赋税的摊派、征

---

① 《清史稿》卷四二五《刘蓉传》，卷四〇九《多隆阿传》。

② ［日］守屋美都雄：《父老》，原载《中国古代の家族と国家》，东洋史研究会 1968 年版。中译文《父老》，黄金山译，刘俊文主编：《日本学者研究中国史论著选译》第三卷上古秦汉，中华书局 1993 年版，第 564—584 页。

③ 《十三经注疏》本，第 2287 页上。

收，代表里参加乡、县的活动等等。父老是连接国家公权力与地方乡里社会的媒介。

秦汉时期还有三老。《汉书·百官公卿表上》载："乡有三老、有秩、啬夫、游徼。三老掌教化。啬夫职听讼，收赋税。游徼徼循禁贼盗。"① 汉代乡有秩、啬夫、游徼均为国家正式官吏。乡三老虽位居有秩等之上，但是却不是国家正式吏员。这是因为国家尊宠他们，故不以其为吏，供人驱使，而是令其掌管一乡教化，专职教导人。汉代乡三老的设立始于汉高帝二年（公元前205）二月，当时的高帝刘邦刚被项羽封为汉王。他下令"举民年五十以上，有脩行，能帅众为善，置以为三老，乡一人。择乡三老一人为县三老，与县令丞尉以事相教，复勿徭戍。以十月赐酒肉"。② 《汉书·文帝纪》载文帝十二年诏书称："孝悌，天下之大顺也。力田，为生之本也。三老，众民之师也。廉吏，民之表也。朕甚嘉此二三大夫之行。"③ 由此可以看到，担任三老的必备条件：第一是年龄，必须满五十岁；第二是人品，必须品行端正，能引导人向善；第三是文化，必须具备丰富的知识经验和高超的见解，可以给人以借鉴和启迪。三老则应是从父老中选拔出来的，故地位高于父老。三老应不是高帝首创，而是沿袭秦制。

"父老"、"三老"都以"老"为名。这里的"老"除了有对年长者的尊敬外，还带有对乡里社会中德高望重者的崇敬之意。这样的称呼使得"老"字遂成为地方基层社会中主持公共事务者的代名词。这一点，纵使时间飞跃数千年，时至近代乃至现代仍然没有根本性的改变。水老的名称大概便可以溯源至此。

---

① 《汉书》卷一九，第742页。
② 《汉书》卷一，第33、34页。
③ 《汉书》卷四，第124页。

现实应对与精神抵触

——宋代主流意识支配下的武力战争观及其实践

陈峰

（西北大学历史学院教授）

战争是人类社会挥之不去的魔咒，和平与战争也是人类社会永恒的话题。古往今来，人们常常面临战争与和平的两难选择，也不能不思考如何看待武力战争。在中国历史上，王朝政权总是面临如何维护自身统治和应对内外军事威胁的问题，战争常常被视为至高无上的万灵之神，一再被祭出来终决一切。而宋代却逐渐发生了引人注目的变化，即形成了以和止战的应对外部威胁的趋势。本文即以宋朝这一断面为考察对象，探究主流意识对待武力战争手段的态度与变化，及其对现实政治实践的影响。[1]

---

* 本文原载《历史研究》2009 年第 2 期，有删节。本次收入文集时，增加了主标题。

① 目前，一些论著中，虽涉及宋廷对军队与边防的看法，例如：刘子健：《略论宋代武官群体在统治阶级中的地位》（载于刘子健《两宋史研究汇编》，台北联经出版事业公司 1987 年版）、黄宽重：《中国历史上武人地位的转变：以宋代为例》（载于黄宽重《南宋军政与文献探索》，台湾新文丰出版公司 1990 年版）、陈峰：《北宋武将群体与相关问题研究》（中华书局 2004 年版）等，但偏重于从武将地位下降所产生的影响角度论述。陈峰：《试论宋朝"崇文抑武"治国思想与方略的形成》（载于张希清等主编《10—13 世纪中国文化的碰撞与融合》，上海人民出版社 2006 年版），从治国思想的走向方面初步考察了宋朝对武力因素的怀疑；王明荪：《宋初的反战论》（载于邓广铭等主编《国际宋史研讨会论文集》，河北大学出版社 1992 年版，第 478—487 页），则从特定阶段的反战言论方面，涉及宋初部分官员对用兵的态度；还有一些论述宋与辽、金关系的论著，探讨了和战主张的交锋。但在本文关注的主旨问题上，尚缺乏全面、深入的探究。

一　先秦以来重视武备的传统

　　长期以来，中国古代王朝在治国的过程中，为了满足内政外交的需要，都不能不注重文治武功之间的互相配合。孔子即云："有文事者必有武备，有武事者必有文备。"① 这一认识可谓奠定了中国王权古代政治运作的基本范式。唐太宗更著有"阅武第十一"与"崇文第十二"两篇，进一步概括了文武的意义及其关系："斯二者递为国用。至若长气亘地，成败定乎锋端，巨浪滔天，兴亡决乎一阵，当此之际，则贵干戈，而贱庠序。及乎海岳既晏，波尘已清，偃七德之余威，敷九功之大化，当此之际则轻甲胄，而重诗书。是知文武二途，舍一不可。与时优劣各有其宜，武士、儒人焉可废也。"② 战时军事手段和武将发挥重要作用，平时文治与建设中，文臣则居于主导地位。而军队作为维护政权安全的重要力量，也从来受到高度重视，并常常通过武力战争手段实施其对内对外的政治目的，如西方近代军事鼻祖克劳塞维茨的名言："战争是政治的继续。"

　　先秦之时，随着华夏中心观念的形成，无论是三代名义统一的格局下，还是诸侯纷争的岁月中，围绕捍卫自身文明与安全利益的目的，中原政权产生了"尊王攘夷"的对外战争观念；与此同时，因对内维护统治的需要，又有"大刑用兵"的认识。如唐代史家所说："三皇无为，天下以治，五帝行教，兵由是兴。所谓大刑用甲兵，而陈诸原野。"③于是，"国之大事，在祀与戎"之说盛行，即一方面注重血缘宗法祭祀维系统治的意义，另一方面，充分强调兵戎征伐手段的作用和价值。尤其是春秋、战国时代，无论是诸侯争霸还是列国称雄，现实政治更离不开武力方式的推动，战争成为助推滚滚历史车轮的强有力手臂。孙子即指出："夫将者，国之辅也，辅周则国必强，辅隙则国必弱。"④ 虽然

---

① 司马迁：《史记》卷四七《孔子世家》，中华书局 1959 年版，第 1915 页。
② 李世民：《帝范》卷四，文渊阁四库全书本。
③ 杜佑：《通典》卷一四八《兵·序》，文渊阁四库全书本。
④ 孙武：《孙子·谋攻第三》，林伊夫等译注《武经七书新译》，齐鲁书社 1999 年版，第 12 页。

墨、道两家尤其墨家有"非攻""兼爱"的反战主张，儒家有仁政的见解，但由于与列国交战、图存的现实需求相抵触，都难以大行其道。而法家、兵家更能适应时代的要求，如孙武"合于利而动，不合于利而止"①的用兵主张，商鞅"以战去战，虽战可也"、②尉缭"故兵者，所以诛暴乱、禁不义也"③的战争观，都将武力战争视作维护自身安全、打击对手的必要手段，并赋予其正义的精神，从而满足了统治者的现实利益需要，因此军备竞赛成为各国的必然选择。正因为如此，当时出现的弭兵运动也难以为继。战国后期真实的历史便诠释出这样的事实：秦国自商鞅变法确立了走"农战"的强国之路，建立起了高速运转的国家机器，其军事实力迅速崛起，终于用战争手段逐群雄而统一天下。

秦朝的统一，标志着东亚地区空前强盛的中央集权帝国的建立。就地缘背景而言，秦帝国一改以往"小国寡民"的地理格局，东临茫茫大海，西接青藏高原，南靠崇山峻岭，北面广袤草原，形成以黄河中下游为重心的辽阔疆域。从国防形势来看，秦朝拥有相对封闭的簸箕形地理环境，其东、西和南面拥有阻隔外部的自然屏障，唯有北部相对开放。再从周边部族的分布而言，由于地理和生产方式的差异，只有北部广阔草原地区能够集中人力、物力资源，形成强大的军事力量。当代学者在研究全球人类通史后认为："在地处大草原西部的印欧各族和地处大草原东部的蒙古—突厥人之间，有一条最早的分界线，这就是阿尔泰山脉和天山山脉。这条分界线以东的大草原，地势较高、较干燥，气候通常也更恶劣……这一地理上的不平衡造成相应的历史上的不平衡，即出现了一个持久的、影响深远的、由东向西的民族大迁徙。""这些东方的游牧部族，由于其地理位置，不仅能进入欧洲、中东和印度，也能抵达中国；只要有机会，它们就不时地侵入中国。"④这里所说的中国，当然应是历史上的中原王朝。事实上，长期以来也唯有北方的游牧势力

---

① 《孙子·火攻第十二》，《武经七书新译》，第48页。
② 商鞅：《商子》卷四《划策第十八》，四部丛刊初编本。
③ 尉缭：《尉缭子·武议第八》，《武经七书新译》，第142页。
④ ［美］斯塔夫里阿诺斯：《全球通史——1500年以前的世界》，吴象婴、梁赤民译，上海社会科学院出版社1999年版，第151页。

能够对中原的农耕政权造成军事威胁，所以御北成为秦朝及之后王朝的边防重点。这也决定了中原政权不得不依靠军事武力抗击北方游牧势力的必然性，耗费巨大的万里长城的出现也不是偶然。

汉武帝以降，大一统的观念不断深化，以汉族为主体的中央王朝从维护边防和统一国家的需要出发，都必须依靠强大的武装力量，强军卫国的主流意识遂长期贯穿于王朝政治中。汉、唐帝国强盛时，还追求运用武力手段开疆拓土，并力图将边防线推进到塞外，以积极防御的战略压制北方游牧政权势力，削弱其铁骑的威胁。个别时期统治者欲望超过了极限，甚至出现"穷兵黩武"导致祸国殃民的后果。大一统时期的隋炀帝，割据时期的三国、东晋、十六国、南北朝和五代，战争频仍，大小政权对军事武装的依赖更为强烈，一时武力因素在国家政治生态中占据突出的位置，给社会和百姓的生产生活带来了深重的灾难。民间反战的呼声、文人控诉战乱的诗文，如汉代乐府中的民间古诗《战城南》、唐朝杜甫的《兵车行》等等，不胜枚举，以致"铸剑为犁"还成为某些思想家及政治家的梦想。但统治集团及主流意识出于各方面的需要，都无法放弃对武力的倚重，战争手段不仅是现实的必要选择，而且成为立国御边的重要精神支柱，没有也不可能在价值上对其加以怀疑和动摇。所谓："非兵不强，非德不昌。"① 汉代以来儒家学说虽然成为官方思想，然而"王道"的精神总是被现实中的"霸道"理由所支配，"仁政"的理念也总要服从王朝统治天下的现实需求。如汉宣帝对其子告诫："汉家自有制度，本以霸王道杂之，奈何纯任德教，用周政乎？"②

二　宋初对待武力战争态度的变化

众所周知，唐末、五代经历了长达百余年的藩镇割据、战乱动荡，这是武力因素超强干预、甚至主导政治的必然结果。可以说，这是一个崇尚暴力和"枪杆子里面出政权"的时代，"重武轻文"的价值观也日

---

① 司马迁：《史记》卷一三○《太史公自序》，中华书局1975年版，第3305页。
② 班固：《汉书》卷九《元帝纪》，中华书局1995年版，第277页。

渐在社会中积淀下来。此时，不仅国家"文治"荒疏，社会经济遭到破坏，文官集团受到武将群体的压制，而且皇权也趋向式微。后晋时，军阀安重荣断言："天子，兵强马壮者当为之，宁有种耶！"① 相当深刻地总结了这个时代的政治特点。

宋初，面临着内外交困的严峻局面。从外部的地缘状况而言，由于后唐末年燕云十六州地区被辽占领，中原失去了传统上最重要的国防生命线——东段和中段长城，使御北边防陷于艰难境地，如宋人所说："自飞狐以东，重关复岭，塞垣巨险，皆为契丹所有。燕蓟以南，平壤千里，无名山大川之阻，蕃汉共之。"② 辽突破长城阻隔后，不仅挥师南下更为便利，还因拥有长城以内农业区的各种经济资源，为骑兵行动提供充足的补给，从而极大地增强了军事优势。这种此消彼长的形势，使宋朝丧失了以往秦汉隋唐帝国有利的国防地理条件。与此同时，南方各地诸割据政权依然存在，五代以来战乱的局面亟待结束，混乱的统治秩序更有待改变。

宋太祖君臣探讨以往长期动乱的关键所在时，一致认为系君弱臣强、藩镇割据所致，③ 而又突出地表现为武力因素超强干预政治。"大抵五代之所以取天下者，皆以兵。兵权所在，则随以兴；兵权所去，则随以亡。"④ 于是，在使用武力战争手段剿灭割据政权的同时，对内需要采取收兵权举措，并解决以往长期存在的文、武之间关系严重失衡的问题，消弭社会意识中"枪杆子里面出政权"的观念和广泛存在的"重武轻文"风气。从宋太祖朝开始，便一方面对骄兵悍将逞强的状况进行整顿；另一方面，则提高文官及士大夫的社会地位，提倡儒家道德伦理，培植崇文的社会风气，以重振纲纪、加强皇权。宋太祖朝的一系列崇儒举动，包括亲自为孔子作赞文、拜谒孔庙，并率群臣幸临国子监，发展科举制度，要求武臣读书等等，便旨在向天下传递重文的信息。宋人范祖禹对此评说道："儒学复振，是自此始，所以启佑后嗣，

---

① 薛居正：《旧五代史》卷九八《安重荣传》，中华书局1976年版，第1302页。
② 李焘：《续资治通鉴长编》（以下简称《长编》）卷三〇，端拱二年正月乙未，中华书局2004年版，第667页。
③ 《长编》卷二，建隆二年七月戊辰，第49页。
④ 范浚：《香溪集》卷八《五代论》，文渊阁四库全书本。

立太平之基也。"① "崇文抑武"的治国思想由此发端。② 也就是说，虽然统一天下是宋王朝的急切任务，使用武力战争手段也是现实的选择，但从国家更高的政治追求来说，则在于儒家文化设定的统治秩序与国家气象，因此"文治"高于"武功"。值得一提的是，宋太祖不仅在收兵权的过程中，没有像以往汉高祖以及后世明太祖那样杀戮功臣，主要是采取怀柔的赎买手段解决，而且对所推翻的后周皇室优礼有加，对所灭诸国的亡国之君也一律赐以爵号，将其举家安置于京城，以礼相待。这种开明的做法，也体现了宋朝开国政治的某种趋向。

从统一的行动部署上看，宋太祖君臣确定了"先南后北"的用兵方略，先征服南方诸割据政权，然后再剿灭北汉、收复燕云，即实施先易后难的原则。宋太祖对于处理被辽朝控制的燕云问题，也考虑过优先采用经济手段赎买的办法，其次才是运用武力方式解决。③ 事实上，宋太祖后期已尝试缓和与辽的紧张关系。开宝七年（974年），宋主动遣使"请和"，辽也派地方官"与宋议和"。④ 此后，宋辽双方使臣往来逐渐频繁，彼此还互致国书、礼物，互贺正旦和对方皇帝生辰。⑤ 但宋辽虽然缓和了关系，不过在北汉问题上却仍然存在矛盾，即宋试图统一河东，而辽不愿放弃牵制宋朝的北汉傀儡政权。开宝九年（976年）八月，宋军大将党进率军对太原发动进攻时，辽继续出兵增援北汉，挫败宋军的攻势。⑥

宋太宗即位后，继续执行"先南后北"的统一方略，并很快完成了南征和消灭北汉的任务。由于宋太宗是通过非常手段登上帝位，⑦ 因

---

① 范祖禹：《帝学》卷三，文渊阁四库全书本。

② 参见陈峰《试论宋朝"崇文抑武"治国思想与方略的形成》，载《10—13世纪中国文化的碰撞与融合》，第350—370页。

③ 宋太祖曾设立封桩库，储积金帛，并告诉近臣：此库金帛是专用于向辽朝赎买燕云地区，如果遭到拒绝，再以此项经费支持武力收复行动。有关记载见于《长编》卷一九，太平兴国三年十月乙亥，第436页。

④ 脱脱：《辽史》卷八《景宗纪上》，中华书局1974年版，第94页。

⑤ 《长编》卷一六，开宝八年三月己亥、七月庚辰、八月壬戌，第337、343、344页；《宋史》卷三《太祖纪三》，第44—47页；《辽史》卷八《景宗纪上》，第94—96页。

⑥ 《宋史》卷三《太祖纪三》，第48页；《辽史》卷八《景宗纪上》，第95—96页。

⑦ 参见邓广铭《宋太祖太宗皇位授受问题辨析》，载《邓广铭治史丛稿》，北京大学出版社1997年版，第475—502页。

此，意欲建立超越乃兄的武功，遂在对辽关系上采取了主动进攻的战略。但随后的两次收复燕云的伐辽行动却惨遭失败。文官执政群体对北伐战争先是少数人反对，之后则基本上持批评态度，并对宋太宗不断施加影响。①

早在太平兴国四年（979 年）讨伐北汉呼声兴起之际，宋太宗征求大将、枢密使曹彬的意见，得到肯定的答复，但宰相薛居正等人则委婉表示应当从缓。② 第一次宋军北伐幽州失败后的次年，宋太宗一度又试图出兵幽州，文臣张齐贤便上疏反对继续对辽用兵，理由是："臣闻家六合者以天下为心，岂止争尺寸之事，角强弱之势而已乎？是故圣人先本而后末，安内以养外。人民，本也；疆土，末也。五帝三王，未有不先根本者也。"③ 在第二次北伐的筹备阶段，宋太宗"独与枢密院计议，一日至六召，中书不预闻"，④ 则说明中书大臣的反对意见给宋太宗一定的压力，才使其抛开中书仅与枢密院合谋。当第二次北伐失败后，以重臣赵普为首的执政群体便激烈批评北伐行动。赵普认为："远人不服，自古圣王置之度外，何足介意"，"岂必穷边极武，与契丹较胜负哉？"他指出小人（主要指武将）好战，"事成则获利于身，不成则贻忧于国"；又从维护皇帝个人利益出发，特别提出"兵久则生变"的告诫，深得宋太宗的认同。⑤ 在内外形势的压力下，宋太宗不得不对负责军事的枢密院大臣"推诚悔过"。⑥ 端拱（988—989 年）初，御辽前线形势紧张，宋太宗诏文武群臣"各进策备御"。宰相李昉"引汉、唐故事，深以屈己修好、弭兵息民为言，时论称之"。⑦ 不久，知制诰田锡

---

① 参见王明苏《宋初的反战论》，载邓广铭、漆侠主编《国际宋史研讨会论文选集》，河北大学出版社 1992 年版，第 483—485 页。

② 《长编》卷二〇，太平兴国四年正月丁亥，第 442 页。

③ 脱脱：《宋史》卷二六五《张齐贤传》，中华书局 1977 年版，第 9151—9156 页。并见《长编》卷二一，太平兴国五年十二月辛卯，第 484—485 页。

④ 《长编》卷二七，雍熙三年六月戊戌，第 618 页。

⑤ 赵普的言论，见于《宋史》卷二五六《赵普传》，第 8934—8936 页；《长编》卷二七，雍熙三年五月丙子，第 614—617 页。第一次北伐期间，曾发生了部分将领试图拥戴宋太祖之子称帝的事件，宋太宗对此一直耿耿于怀。此事见于司马光：《涑水记闻》卷二，中华书局 1989 年版，第 36 页。

⑥ 《长编》卷二七，雍熙三年六月戊戌，第 618 页。

⑦ 《宋史》卷二六五《李昉传》，第 9137 页。

又上奏反对北上用兵，认为："欲理外，先理内，内既理则外自安。"①
淳化四年（993年），宋太宗与宰臣吕蒙正讨论到战争议题，吕氏以隋、
唐动武之害为例，认为隋唐两朝数十年间，四次讨伐辽东，人不堪命。
隋炀帝全军覆灭，唐太宗亲自指挥作战，也无功而返。因此治国的关键
在于内修政事，才能边境安稳，"且治国之要，在内修政事，则远人来
归，自致安静。"宋太宗当即表示："炀帝昏聩，诚不足语。唐太宗犹
如此，何失策之甚也。且治国在乎修德尔，四夷当置之度外。"又对以
往的伐辽战争表达了追悔之意。② 此时，边境相对平静，宋太宗君臣的
讨论应当是理性而清醒的。文官大臣的以上见解，固然有息兵休民的意
思，同时表明对武力战争手段的作用开始怀疑。他们的主张被"时论
称之"，并影响了宋太宗的态度，则说明这种认识在宋太宗朝后期已渐
成主流意识。

　　宋人李攸《宋朝事实》卷三《圣学》称："太宗笃好儒学"，并举
例加以说明，宋太宗阅览兵法《阴符经》后叹道："此诡诈奇巧，不足
以训善，奸雄之志也。"而在读《道德经》后则表示认同："朕每读至
兵者，不祥之器，圣人不得已而用之。未尝不三复以为规戒。王者虽以
武功克敌，终须以文德致治。朕每日退朝不废观书，意欲酌先王成败而
行之，以尽损益也。"在宋太宗眼中，兵家讲求诡诈奇巧，势必容易诱
发"奸雄之志"，自然是"不祥之器"；王者非不得已不可用兵，"武
功"手段也只能服从"文德"目的。由此可见，在维护现实统治需要
的情况下，宋太宗虽然离不开军队，但在精神上却已对武力战争手段产
生质疑。宋太宗对动武及兵家学说的贬损态度，其实正是两次北伐失败
后方针路线转变的结果。

　　北宋第二次北伐的失败，成为一个重要的转折点，从此宋统治集团
放弃武力收复燕云的目标，也停止了开疆拓土的活动，其军事思想转为
保守，积极防御的战略被消极防御的战略所取代。于是，北宋在对辽前
线全面布置防御体系，所谓"今河朔郡县，列壁相望，朝廷不以城邑

---

① 《长编》卷三〇，端拱二年正月乙未，第678页。
② 《宋史》卷二六五《吕蒙正传》，第9147页；《长编》卷三四，淳化四年十一月甲
寅，第758—759页。

小大，咸浚隍筑垒，分师而守焉"，① 还通过开挖河塘的方式弥补失去长城带来的地形缺陷。当政者从此眼光向内，采取"守内虚外"之策，② 换言之可称为"攘外必先安内"，追求内部统治稳定和"文治"功业成为施政的重心，边防则退为次要问题。宋太宗晚年对身边人所说"外忧不过边事，皆可预防。惟奸邪无状，若为内患，深可惧也。帝王用心，常须谨此"③ 的话，便透露出实施这一政策的心机所在。因此，"崇文抑武"的治国方略遂得到确立，即：侧重于以儒家思想文化治国，推崇文治而排斥武功，有意抑制武力因素在国家政治生活中的影响，朝廷主要不是依赖军队，而是凭意识形态化的儒家的纲常伦理来控制社会，维系世道人心，以求长治久安。为了防止军事将领干扰其主导方针，又对武将处处设防，实施"将从中御"之法。

　　总之，历史上高度重视和依赖军事武力的传统从宋太宗朝后期开始发生转变，强军强国的意识逐渐被追求文治和稳定的思想取代。正因为如此，宋太宗朝后期遂尝试通过议和的手段缓和与辽朝的紧张关系，但未能成功。如淳化五年（994 年），宋廷曾先后两次遣使入辽议和，不过都遭到辽朝的拒绝。④ 甚至面对西北一隅的党项势力也消极应对，当军事重镇灵州遭到长期围攻后，还曾一度打算放弃。⑤

三　宋代主流意识抵触武力战争态度的发展与延续

　　宋真宗即位初，完全继承了以往的治国方略和御辽战略部署。但面对辽军的不时南犯，却一筹莫展，河北、河东前线形势持续紧张。咸平二年（999 年）年底和咸平六年（1003 年）四月，辽军先后两次南攻，爆发了瀛州之战、望都之战，宋军都惨遭失败。咸平五年（1002 年）三月，军事重镇灵州城被党项军攻陷，北宋对西北地区的统治受到很大

---

① 《长编》卷三〇，端拱二年正月乙未，第 667 页。

② 参见漆侠《宋太宗与守内虚外》，载《宋史研究论丛》第 3 辑，河北大学出版社 1999 年版，第 1—17 页。

③ 《长编》卷三二，淳化二年八月丁亥，第 719 页。

④ 脱脱：《辽史》卷一三《圣宗纪四》，中华书局 1974 年版，第 145 页。

⑤ 《长编》卷三九，至道二年五月壬子，第 838 页。

威胁。可以说，宋廷陷于极大的边防困境，茫然不知出路何在。

景德元年（1004 年），辽太后与辽圣宗率军大举南下，大有问鼎中原之意。宋朝在走消极防御之路不通的情况下，只能被迫发动全面抗战，宋真宗也赴澶州亲征。当辽军在黄河北岸遭到宋军有力抗击，双方交战僵持不下时，虽然宰相寇准等人希望坚持抗战，用武力手段彻底解决对辽问题，但宋真宗和多数朝臣却无意恋战，主张抓住辽朝有意和谈的机会，通过议和达到休战的目的。于是，以付出经济代价换取辽军停战的“澶渊之盟”就此缔结。其实，这也是宋太宗朝以来国防战略转变后宋廷及主流意识的现实选择。

“澶渊之盟”的订立，使宋统治集团避免了与辽朝的一场殊死决战，更重要的是双方依照条约放弃武装敌对，维持现有边界，结为兄弟之邦，并互通边境官方贸易。随后，对冲突不断的西北前线，宋统治者也转为议和的方式解决。就在“澶渊之盟”订立的同年，党项首领李继迁死，其子李德明即位，宋廷又借机主动与之议和，承认其割据现状，缓和了双方的紧张敌对关系。

如果说此前宋朝因为连续两次的北伐失败，挫伤了自己的锐气，宋真宗登基初又不断遭到辽军的打击，形势迫使北宋像西汉初年对待匈奴、唐初对待西突厥那样，也暂时采取守势，以财货换取对方撤军，然后着手聚集力量，待国力强盛后再适时发动反击，则属于审时度势下的权宜之计。但“澶渊之盟”订立后，宋朝却延续了这一对外消极防御的思路，则标志着走上了与以往王朝不同的发展路线。

宋朝与辽、夏议和后，调整了军事部署，裁减了前线驻军，减免了对地方的征调。其中在对辽前线，“放河北诸州强壮归农，令有司市耕牛给之”。“罢诸路行营，合镇、定两路都部署为一”，“罢北面部署、铃辖、都监、使臣二百九十余员”，“省河北戍兵十之五，缘边三之一”。① 在西北前线，“缘边屯戍量留步兵，余悉分屯河中府、鄜州、永兴军，以就刍粟。”② 为了表示和平的诚意，宋真宗还下诏将前线原敌对性的地名改为通好之意的名称，如威虏军（治所在今河北徐水西）

---

① 《宋史》卷七《真宗纪二》，第 127 页。
② 《长编》卷六四，景德三年十月辛巳，第 1429 页。

改为广信军，破虏军（治所在今河北霸县东北）改为信安军，定羌军（治所在今陕西府谷南）改为保德军等等。①

分析当时的各种记载，不难发现宋统治者显然从议和中获得了一种启示，即：通过金帛赎买的办法也能够消弭边患，并且代价比用兵更小。据以后宋人自己承认：本朝虽然向辽支付了岁币，但相较与辽交战的军费开支，不足百分之一二。② 因此，宋真宗君臣认为突破了长期无法解决的边防困境，为内部的统治和建设创造了稳定的外部环境，巩固了"崇文抑武"的治国方略。可以说，从宋真宗朝以后，主和、反战的主张长期占据了庙堂的主导地位，成为朝廷的主流意识，并有意引导社会意识的趋向。虽然某些官员和许多在野的士人认为澶渊之盟是"城下之盟"，并不完全认同议和政策，但却不能左右主政者的决定。

景德二年（1005 年），宋真宗在幸临国子监时对文教繁盛的局面表示赞赏，并说："国家虽尚儒术，然非四方无事，何以及此。"③ 而宋人曹彦约对此指出："臣前读《符瑞篇》固已略举用兵之害矣，上而为君不免宵衣旰食，下而为臣不免罢于奔命。此古之圣贤所以偃武而后修文，息马而后论道也。真宗皇帝四方无事之语发于景德二年，是时澶渊之盟契丹才一年耳，而圣训已及此，则知兵革不用，乃圣人本心，自是绝口不谈兵矣。"④ 即说明宋真宗对澶渊之盟深表满意，对用兵动武则表示怀疑和抵触。宋真宗曾对身边的近臣说："自契丹约和以来，武臣屡言敌本疲困，惧于兵战，今国家岁赠遗之，是资敌也……武臣无事之际，喜谈策略，及其赴敌，罕能成功。好勇无谋，盖其常耳。"⑤ 大中祥符五年（1012 年），宋真宗亲自撰写了《崇儒术论》，向世人表明尊崇儒学的坚定决心。宋真宗还对臣僚说明写作此文的动机，其意大致是：儒术渊深，当发扬光大，国家理应尊崇。以往历代凡崇儒者则国运盛，凡抑文者则王业衰。本朝太祖、太宗"崇尚斯文"，才改变五代流

---

① 《长编》卷五八，景德元年十二月甲辰，第 1301 页。

② 富弼：《上仁宗河北守御十三策》，赵汝愚编、北京大学中国古代史研究中心点校《宋朝诸臣奏议》卷一三五，上海古籍出版社 1999 年版，第 1501 页。

③ 《长编》卷六〇，景德二年五月戊辰，第 1333 页。

④ 曹彦约：《经幄管见》卷一，文渊阁四库全书本。

⑤ 《长编》卷六八，大中祥符元年二月丁卯，第 1528 页。

俗。朕继承先帝遗业，"谨遵圣训，礼乐交举，儒术化成"。在宰相王旦的建议下，御撰《崇儒术论》被刻碑立于国子监。①

在此形势下，主张加强边防的呼声和官员都受到压制，武将群体也进一步被边缘化。如力主压制党项的西北守将曹玮、孙全照等，先后被调回内地。② 大中祥符三年（1010 年），当有将领反映西夏"颇不遵守誓约"时，宋真宗询问宰相王旦道："方今四海无虞，而言事者谓和戎之利，不若克定之武也。"王旦则说服道："止戈为武。佳兵者，不祥之器。祖宗平一宇内，每谓兴师动众，皆非获已。先帝时，颇已厌兵。今柔服异域，守在四夷，帝王之盛德也。"宋真宗深以为然。③ 大中祥符九年（1016 年），河西节度使石普以天象变化为由上书，请求主动对党项用兵。结果，石普被逮捕下狱，遭到撤官和监管的处分。④

宋真宗朝后期，君臣从事的大规模封禅活动劳民伤财，遭到后世的批评，但其实也是宋朝运用神道为自己正统地位与"主和"路线所做的一场全民宣传动员。因此，宋辽、宋夏议和后，当政者在沿袭以往"守内虚外"思想的同时，又极其现实地将议和作为处理边患的一种手段，这便进一步对宋朝以后的主流意识和边防战略产生很大的影响。

到宋仁宗朝，在推行"崇文抑武"方略的力度上更甚于以往。历经长期文治建设，以至于连当时的僧人也认为："文儒之昌盛，虽三代两汉无以过也。"⑤ 因此，虽由于元昊称帝损伤了宋廷的政治脸面，使得北宋不得不对西夏采取打压行动，但战场上被动挨打与劳民伤财的结果，却再度引发宋统治者的厌战情绪。如知谏院张方平所反映："今自陕西四路、河东麟府，远近输挽供给，天下为之劳弊，而解严息甲，未可以日月期也。"⑥ 以后宋人也指出："昔仁宗皇帝覆育天下，无意于兵。将士惰偷，兵革朽钝，元昊乘间窃发，西鄙延安、泾原、麟府之

① 《长编》卷七九，大中祥符五年十月辛酉，第 1798—1799 页。
② 《宋史》卷二五八《曹彬传附曹玮传》，第 8985 页；卷二五三《孙行友传附孙全照传》，第 8874 页。
③ 《长编》卷七三，大中祥符三年五月癸卯，第 1672 页。
④ 《长编》卷八八，大中祥符九年十一月戊申，第 2027 页。
⑤ 释契嵩：《镡津集》卷九《万言书上仁宗皇帝》，文渊阁四库全书本。
⑥ 《长编》卷一三四，庆历元年十月壬寅，第 3192 页。

间，败者三四，所丧动以万计。"① 庆历四年（1004 年），宋与西夏签订标志性的"庆历和议"的妥协做法，其实与"澶渊之盟"精神相通。至于对辽关系，则长期依赖议和条款为保障，在北部边防上未作出任何变动。庆历二年（1042 年），辽朝利用宋夏战争僵持不下的机会，派使臣以索要关南之地为名向宋朝进行要挟，宋廷仍力求通过和谈解决。最终北宋同意每年再向辽纳白银十万两、绢十万匹。② 在宋仁宗朝后期，因为边防压力舒缓，使当政者得以维持内部相对安宁的形势，而这一时期还被宋人美誉为"嘉祐之治"。③ 由此可见，至此宋朝对武力战争持抵触态度的主流意识，可谓已根深蒂固，并成为巨大的惯性思维。

　　北宋中后期，统治集团基本维持以往的内政外交路线，特别是消极防御的思想，并视其为祖宗之法，④ 虽然在个别阶段有所调整，但其主体与精神却基本上未被放弃，对西夏采取的主动"开边"举措，不过是有限的军事行动。值得注意的是，宋神宗时代，试图通过实施变法措施，缓和社会矛盾，扭转已然下降的国势，并达到理财整军、改变对外屈辱状况的目的，但遭到人数众多的传统派官员反对。其中在边防问题上，传统的主流意识仍具有很大影响。如宋神宗征求元老大臣富弼、文彦博及张方平对经营边防的意见时，都遇到抵触。富弼更直接告诫道：希望天子二十年"口不言兵"。司马光、范纯仁、郑獬等一批官员也先后上奏批评对西夏用兵的企图。⑤ 甚至宋神宗与王安石也对此存在一定的分歧，血气方刚的宋神宗有意走汉唐之路，主张积极对西夏采取攻势，而王安石虽对强国抱有期望，但对用兵作战之事则持慎重的态度。⑥ 因此，熙宁年间除了对河湟地区松散的吐蕃等诸族实施控制活动外，重大边防战争不到不得已通常不为之。如宋军对交趾的自卫反击

　　① 苏轼：《苏轼文集》卷三七《代张方平谏用兵书》，中华书局 1996 年版，第 1050 页。
　　② 《长编》卷一三七，庆历二年九月癸亥、乙丑，第 3291—3293 页。《辽史》卷一九《兴宗纪二》则称宋每岁向辽增加银绢各十万，"贡"于辽，第 227 页。
　　③ 曹家齐：《"嘉祐之治"问题探论》，《学术月刊》2004 年第 9 期。
　　④ 宋朝"祖宗之法"历经发展，其说法和做法又不尽相同，但无疑对宋代政治具有极大的影响力。参见邓小南：《祖宗之法——北宋前期政治述略》，生活·读书·新知三联书店 2006 年版。
　　⑤ 李华瑞：《宋夏关系史》，河北人民出版社 1998 年版，第 82—84 页。
　　⑥ 漆侠：《王安石变法》，上海人民出版社 1979 年版，第 222—223 页。

战，便是战火燃遍南疆后被迫采取的行动，并最终主动撤军。王安石对保持与辽盟约关系也持肯定态度，如熙宁五年（1072 年）讨论有关应对辽朝挑衅问题时，王安石明确要求宋神宗坚守双方盟约，"臣愿陛下于薄物细故，勿与之校，务厚加恩礼，谨守誓约而已"。① 元丰时期，宋神宗亲自主导变法后，抛开朝臣的反对意见，一度对西夏发动攻势，主要支持与参与者则为武将和宦官，却都以失败告终。宋神宗信心大受打击，史称"深自悔咎，遂不复用兵，无意于西伐矣。"② 宋神宗还因此忧愤成疾而死，主动用兵的主张遂宣告终止。

宋哲宗元祐年间，主政者在废除变法举措的同时，也将此前对夏"开边"活动视为弊政，全面加以清算，如将统军对夏作战的宦官李宪以"贪功生事"之罪，予以贬官监管，③ 实施"弃地"议和，将获得的沿边部分土地及城寨退回西夏④等等。可以说，宋统治集团继续了排斥武功的趋向，立足于维持内部的稳定。这一时期被以后的宋人奉为全盛岁月之一，其内政外交路线正集中代表了宋朝的价值取向和时代特征。而如朱熹不满地指出："本朝全盛之时，如庆历、元祐间，只是相共扶持这个天下，不敢做事，不敢动。被夷狄侮，也只忍受，不敢与较，亦不敢施设一事，方得天下稍宁。"⑤ 宋哲宗亲政后的数年里，虽在西部前线有所举动，其影响却未超出局部"蚕食"的范围。

宋徽宗时代，统治日趋腐朽混乱，在政坛投机风气的冲击下，传统的治国思想虽然根深蒂固，但相关举措以及许多制度却遭到破坏，武备更为涣散。在大宦官童贯的主导下，宋与西夏发生时断时续的交战，这在当时和后世都遭到正统士大夫的抨击。正如宋人所说："士大夫多以讳不言兵为贤，盖矫前日好兴边事之弊。"⑥ 北宋末期，统治集团还利用辽朝即将灭亡的机会，仓促导演了联金攻辽的投机举动，试图假手他

---

① 《长编》卷二三六，熙宁五年闰七月己巳，第 5752 页。

② 《宋史》卷三三四《徐禧传》，第 10724 页。

③ 《宋史》卷四六七《宦者二·李宪传》，第 13640 页。

④ 司马光：《上哲宗乞还西夏六寨》；范纯仁：《上哲宗答诏论西事》，《宋朝诸臣奏议》卷一三八，第 1552—1556 页。

⑤ 黎靖德编：《朱子语类》卷一二七《本朝一》，中华书局 1986 年版，第 3051 页。

⑥ 叶梦得：《避暑录话》卷下，文渊阁四库全书本。

人收复燕云，体现出灭亡"世仇"的用心，也遭到许多官员的批评。[①]
至靖康时，面对金军的两次围城，宋钦宗与主和派仍抱议和幻想，试图
以和谈方式换取对方撤军。当幻想破灭后，宋廷有限的抗战力量终于无
法挽救覆灭的结局。

　　通览南宋历史，不难发现：虽然宋廷长期处于外患的巨大压力下，
民间要求抗金的呼声不断，许多文官武将也不甘屈辱现状，如辛弃疾与
陆游的诗词、陈亮及真德秀的上疏，都集中体现了强烈抗战的愿望，但
在长期惯性思维与制度的推动下，主和仍然成为影响朝廷的主流意识，
抗战主张受到压制，被动求和成为边防不力下的无奈之举。南宋主和派
长期当政，他们在维护统治与抵抗女真、蒙古军队进攻时，不能不现实
地选择战争手段反抗，然而在精神上却继续怀疑、抵触武力，不敢也无
力主动用军事方式收复北方失地，只能满足于偏安江南。

　　宋高宗君臣甚至不惜借杀害岳飞之举，压制主战派力量，促成与金
朝的"绍兴和议"。宋高宗赞扬秦桧的"尽辟异议，决策和戎"，[②] 反
映了当时朝廷当政者主和避战的态度。秦桧死后，宋高宗还特别告诫执
政大臣延续既定路线："两国和议，秦桧中间主之甚坚，卿等皆预有
力，今日尤协心一意，休兵息民，确守勿变，以为宗社无穷之庆。"[③]
其后，唯有在宋孝宗、宁宗朝，抗战主张曾一度冲击了传统的主和意
识，并有过两次主动北伐行动，反映了在野人士强烈的抗战要求，不过
北伐既短暂，又告失败。战场的失利再度引发失败主义弥漫朝廷，主和
派很快又占据主政地位，遂先后出现"隆庆和议"、"嘉定和议"。揆诸
其时其势，不满现状的宋孝宗虽心有不甘，也不免最终厌战。如宋人诗
云："自胡马窥江去后，废池乔木，犹厌言兵。"[④] 据记载，开禧北伐开
始时宋宁宗便心存疑虑，事后他对大臣说道："恢复岂非美事？但不量

　　① 《宋史》卷三三五《种世衡传附种师道》，第10751页；徐梦莘：《三朝北盟会编》卷
八，宣和四年六月三日庚寅，上海古籍出版社1987年版，第52—55页。
　　② 李心传：《建炎以来系年要录》卷一六〇，绍兴十九年九月戊申，文渊阁四库全书
本。
　　③ 李心传：《建炎以来系年要录》卷一七〇，绍兴二十五年十二月乙未。
　　④ 姜夔：《白石道人歌曲》卷四《扬州慢》，文渊阁四库全书本。

力。"① 以宋宁宗名义下达给将士的诏书云："岂不知机会可乘，仇耻未复，念甫伸于信誓，实重要起于兵端。故宁咈廷绅进取之谋，不忍绝使传往来之好，每示固存之义，初无幸衅之心。"② 说明之所以坚守议和盟约，关键在于不愿引发战祸。这其实表达的正是当时主政者及朝廷主流意识的主张。如南宋名臣真德秀所批评："以忍耻和戎为福，以息兵忘战为常，积安边之金缯，饰行人之玉帛。金邦尚存，则用之于金邦，强敌更生，则施之于强敌，此苟安之计也。"③

南宋后期，内外交困，江河日下，统治者面对空前强大的蒙古军的猛烈进攻，更难以应对，只能一面抵抗，一面继续寻求议和的解决之道，于是又产生了贾似道与忽必烈达成的议和密约。南宋末，在元朝大军兵临城下的情况下，宋廷已经失去和谈的资本，依旧寄希望于议和，最终遭到拒绝而亡国。

四　宋代主流意识抵触武力战争的社会根源及影响

从宋代历史的发展来看，朝廷主导下的主流意识也经历了由初步怀疑武力和战争的态度，到认识不断加深、并最终加以抵触的变化过程。宋朝这一现象的产生，毫无疑问是与宋初北伐战争失败后消极边防思想盛行有关，也与推行上述"崇文抑武"的方略及其内政外交路线密不可分。但之所以能够如此，还有更深层次的社会历史根源所在。

第一，宋朝统治集团的构成发生重要变化。众所周知，唐宋之际社会发生重大变迁，宋初门阀世族已经消亡，而极端化加强皇权和收兵权的结果，又抑制了军功贵族的崛起。事实上，宋朝建国不久，军功集团势力在政坛就迅速消解，以后始终也没有复兴，这也是与以往王朝所不同的时代特点。宋朝代表地主阶级的整体利益，自然也要依靠他们的支持。而人数众多、分散各地的地主，是不可能像以往对待少数贵族、世族那样都给予政治特权，只能通过不断选拔或流动的办法，由其代表人

---

① 《续编两朝纲目备要》卷一六，嘉定十七年闰八月丁酉，中华书局 1995 年版，第 303 页。

② 《续编两朝纲目备要》卷一五，嘉定十年六月庚戌，第 283 页。

③ 真德秀：《西山文集》卷三《直前奏事札子》，文渊阁四库全书本。

物组成国家的政治中坚力量。于是，相对开放并具有相对公平性的科举制度迅速发展，成为选官制度的主体，从而造就了科举出身的官僚士大夫执政集团。如当代研究者所指出的：宋太祖"并非出于偏爱而将士大夫单独挑选出来，但是他创造了形势和先例，这些形势和先例能够部分解释为什么他的继任者太宗的确提高了士的利益"。①

　　大致而言，到宋太宗朝后期，科举官僚便居于统治集团的核心地位，随后则影响力日益扩大，至宋真宗朝以后，已完全成为统治集团的主体。通过《宋史·宰辅年表》，可以清楚地看到宋朝宰执大臣基本由科举出身构成的事实。如北宋宰相共有 71 人，其中 64 人出身进士。其余非科举出身的 7 人中，其中仅有 3 人为开国功臣，而所有的宰相竟无一人出身武臣。② 南宋时期的情况也大体如此，共有宰相 62 人，其中 51 人出身科举，其余非科举出身的 11 人中，6 人出身太学生，唯有 1 人为武臣。③ 就宋代文官士大夫在政坛的位置而言，确已达到前所未有的地位。北宋中叶人即指出："今世用人，大率以文词进。大臣文士也，近侍之臣文士也，钱谷之司文士也，边防大帅文士也，天下转运使文士也，知州郡文士也，虽有武臣，盖仅有也。"④ 宋钦宗也承认："祖宗涵养士类垂二百年，教以礼乐，风以诗书，班爵以贵之，制禄以富之，于士无负。"⑤ 宋朝以儒家思想文化为背景的科举文官集团长期执政，武将群体受到压制，制约了尚武的力量对政治生活的影响，使得以往历史上盛行的"出将入相"现象消失，从而导致统治集团内军功观念的弱化。这便影响到国家政治的走向，即：摆脱了以往强军强国、盛世开疆的路线，转而推崇文治和内部建设。

---

　　① 包弼德（Peter K. Bol）：《斯文：唐宋思想的转型》，刘宁译，江苏人民出版社 2001 年版，第 58 页。

　　② 《宋史》卷二一〇至二一二《宰辅年表》，第 5416—5531 页。

　　③ 据《宋史》卷二一三至二一四《宰辅年表》（第 5543—5655 页）记载，可知 57 人出身情况。其余沈该、曾怀、钱象祖、留梦炎和吴坚等 5 人出身背景，则考诸其他史籍获知，参见陈骙《南宋馆阁录》卷七《官联上》，中华书局 1998 年版，第 77 页；《宋史》卷三四《孝宗纪二》，第 653 页；陈耆卿：《赤城志》卷三三《人物门·本朝》，文渊阁四库全书本；《宋史》卷四三《理宗纪三》，第 830 页；陈骙：《南宋馆阁录·续录》卷八《官联二》，中华书局 1998 年版，第 308 页。

　　④ 蔡襄：《端明集》卷二二《国论要目》，文渊阁四库全书本。

　　⑤ 李纲：《梁溪集》卷三四《戒励士风诏》，文渊阁四库全书本。

　　第二，宋朝的统治思想发生变化。宋代之前，儒家虽然长期成为官方的舆论工具，但并未取得完全的思想统治地位，多种思想文化和价值观都反映到统治集团内部。如汉初的黄老思想，三国的兵家影响，两晋的玄学流行，南北朝、隋唐佛教以及北方游牧文化渗透的特点，等等，儒、释、道三家之间的关系还出现了紧张和对立，因此国家的政治倾向不免受到多元文化的影响。宋统治者建国后，在极端重文政策的推动下，不仅儒家文化的教化功用得到高度重视，而且其价值观也进一步获得提倡和宣扬，这都使儒家思想赢得了前所未有的传播。据记载，宋初功臣赵普居宰相位后，在宋太祖的要求下作出率先读儒经的姿态，但因缺乏学养，最终不出孔子的《论语》。① 这便从侧面折射出当时重文、崇儒的气氛。史称：宋太宗"引缙绅诸儒，讲道兴学，炳然与三代同风矣"。② 现存《宋会要》中"崇儒"的大量篇幅和内容，便记述了宋王朝推崇儒学的大量事例。随着儒学重要载体的科举制的日益发展和影响，以及儒、释、道三家长期的渗透，遂出现了三教合流的趋势。儒家汲取了佛、道思想的精华，从而登堂入室，真正成为宋代国家的统治思想。朱熹指出："国初人便已崇礼义，尊经术，欲复二帝三代，已自胜如唐人，但说未透在。直至二程出，此理始说得透。"③ 大致到宋仁宗时代，儒学逐渐还引发了思想变革，讲求"义理"的宋学（特别是其中的理学）兴起。儒家注重君臣关系的礼仪秩序认识，讲求仁政、反对暴政的政治理念，重义轻利的价值取向，强调以"三纲五常"为主的伦理道德观，这些核心价值观渗透到宋朝的统治思想之中，虽然不可能都获得实现，许多内容还常常成为虚伪的遮羞布，但却无疑推动了国家发展及价值评判的趋向。

　　就政治理想而言，主流宋儒们追求的是三代"圣王"之道，而非秦汉以降的"霸道"。如北宋中叶的石介、欧阳修、尹洙和李觏等有影响的思想家，"在政治思想方面，他们都同有超越汉、唐，复归'三

---

① 《宋史》卷二五六《赵普传》，第 8940 页。
② 《长编》卷一一六，景祐二年五月庚子，第 2733 页。
③ 《朱子语类》卷一二九，第 3085 页。

代'的明显倾向";① 苏轼反映：当今士大夫，"仕者莫不谈王道，述礼乐，皆欲复三代，追尧舜"。② 宰相王安石劝告宋神宗不必效仿汉唐盛世，而应直追三代、"法先王之政";③ 理学家二程批评周代以下已无圣王，"先王之世，以道治天下；后世只是以法把持天下";④ 朱熹则认为自尧舜至周公是内圣与外王合一的理想时代，他还在与对立派关于王霸义利的争辩中，将汉、唐与尧舜、三代剥离开来，反对把汉唐与先王时代"合而为一"。⑤ 欧阳修、司马光及范祖禹等史家则通过修史，批判汉唐黩武追求，如他们虽承认唐太宗的功业超越以往许多帝王，但对其征伐活动却予以谴责，"好大喜功，勤兵于远，此中材庸主之所常为"。⑥ "太宗于天下，无事不知用之于礼仪，而惟以战胜为美也……兵威无所不加，四夷震慑，而玩武不已，亲击高丽，以天下之众困于小夷，无功而还，意折气沮，亲见炀帝。"⑦ 宋儒对秦汉至隋唐社会及其帝王将相的否定，固然隐含有改造现实的用意，但主流意识从理论上否定汉、唐"盛世"，便意味着反对追求"霸道"和武功，同样具有为现实"崇文抑武"方略服务的意义。而宋朝儒学家的思想观念与倾向，也深入到国家的意识形态之中，必然会与使用武力战争的政治追求产生冲突，其结果便是武力战争的手段逐渐遭到质疑、抵触。事实上，宋初以来主流执政者对汉、唐动武教训的批判，也与宋儒的价值取向始终发生着互相推动的影响。至于一些民间士大夫阐述《春秋》大义，提倡尊王攘夷，特别是如陈亮等南宋士人倡导效法"汉唐"，主张"义利双行，王霸并用"，⑧ 但这些激进的思想却处于非主流的地位，未能被朝廷所接受。

---

　　① 余英时：《朱熹的历史世界》，生活·读书·新知三联书店 2004 年版，第 191—194 页。

　　② 《苏轼文集》卷四八《应制举上两制书》，中华书局 1996 年版，第 1393 页。

　　③ 王安石：《王文公文集》卷一《上皇帝万言书》，上海人民出版社 1974 年版，第 2 页。

　　④ 朱熹编：《二程遗书》卷一《端伯传师说》，文渊阁四库全书本。

　　⑤ 朱熹：《晦庵集》卷三六《答陈同甫》（第八书），文渊阁四库全书本。

　　⑥ 欧阳修：《新唐书》卷二《太宗纪》"赞曰"，中华书局 1987 年版，第 48—49 页。

　　⑦ 范祖禹：《唐鉴》卷六《太宗四》，文渊阁四库全书本。

　　⑧ 陈亮：《龙川集》卷二〇《又甲辰答书》，文渊阁四库全书本。有关陈亮的激进思想，可参见邓广铭所著《陈龙川传》，生活·读书·新知三联书店 2007 年版。

　　需要指出的是，宋代皇帝还出现了显著的儒学化倾向。"太宗崇尚儒术，听政之暇，观书为乐。"① 如果说宋太宗本人此举属故作姿态的话，那么从宋太宗开始，高度重视皇族的教育却是事实，从而使其受教育的程度远胜于前朝，其皇储自幼读写儒经的情况，较之以往则更为突出。所谓："太宗、真宗其在藩邸，已有好学之名，作其即位，弥文日增。自时厥后，子孙相承，上之为人君者，无不典学。"② 因此，宋朝储君在成长过程中受到儒家更大的影响。宋哲宗即位初，范祖禹在经筵为年幼的帝王讲解治国之道时，献《帝学》一书。从《帝学》的各项内容，可以清楚地看出儒家学说及其价值观对宋朝帝王思想形成的巨大影响，也可以窥见"崇文抑武"在天子观念中延续、发展的基础。范祖禹认为："本朝累圣相承百三十有二年，四方无虞，中外底宁，动植之类蒙被涵养，德泽深厚，远过前世，皆由以道德仁义、文治天下，主无不好学故也。"③ 特别是像宋仁宗，被士大夫认为是"以尧舜为师法，待儒臣以宾友"。④ 被儒学彻底熏陶出来的大多数宋朝皇帝，在观念上通常对武力战争存在的疑虑，在现实中更容易选择温和的解决之道，也更容易退缩到"化干戈为玉帛"的幻想中。

　　第三，宋朝环境下的募兵制度盛行，进一步影响了社会风尚的变化。宋朝在唐中后期、五代的基础上，大规模实行了募兵制度，特别是实施"荒年募兵"的举措。⑤ 而在宋代盛行租佃经济的背景下，募兵队伍主要由被土地排挤出来的破产农民组成，另外也包括充军的罪犯，因此其社会地位便低于以往征兵制下的军人，这从士兵面部刺字这一与罪犯共有的标记可以说明。如宋人指出："往往天下奸悍无赖之人，苟其才行足以自托于乡里者，未有肯去亲戚而从召募者也。"⑥ 士兵被视作"贱隶"的结果，极大地削弱了军人的社会地位和尊严。

---

　　① 范祖禹：《帝学》卷三。
　　② 《宋史》卷四三九《文苑传》叙，第 12997 页。
　　③ 范祖禹：《帝学》卷八。
　　④ 范祖禹：《帝学》卷六。
　　⑤ 参见邓广铭《北宋募兵制度及其与当时积弱积贫和农业生产的关系》，《中国史研究》1980 年第 4 期。
　　⑥ 王安石：《王文公文集》卷一《上皇帝万言书》，上海人民出版社 1974 年版，第 7 页。

　　宋初以来，在"崇文抑武"的政治环境之下，文官士大夫的政治影响力本已持续高涨，形成了文尊武卑的格局，包括在政坛产生"文不换武"的现象。① 宋人田况说道："状元登第，虽将兵数十万恢复幽蓟，逐强敌于穷漠，凯歌劳还，献捷太庙，其荣亦不可及也。"② 当军人遭到社会普遍歧视后，从"文"便成为宋代世人追求的目标，如宋人所言："今也举天下之人，总角而学之，力足以勉强于三日课试之文，则嚣嚣乎青紫之望盈其前，父兄以此督责，朋友以此劝励。"③ 所谓"满朝朱紫贵，尽是读书人"。④ 投军则很难受到世人的赞许，如著名理学家张载，"当康定用兵时，年十八，慨然以功名自许，上书谒范文正公（范仲淹）。公一见知其远器，欲成就之，乃责之曰：'儒者自有名教，何事于兵！'因劝读《中庸》。"⑤ 可见即使在国家用兵之际，这种观念仍然在产生影响。所以，王安石指出："先王之时，士之所学者，文武之道也。……今之学者，以为文武异事，吾知治文事而已，至于边疆、宿卫之任，则推而属之于卒伍。"⑥ 与以往相比，宋代社会风尚发生重要变化，尚武精神沦落，军功的感召力和影响力大为削弱，从而间接地制约了朝廷和主流意识对武力战争手段的运用，反战的呼声也更容易得到宋朝执政集团的关注。

　　第四，宋朝军事决策和统率体制发生变化。宋代之前，实施军事决策和统军作战主要由将帅承担，但到宋代，这一局面却逐渐发生变化。宋朝开国后，为了防止军权旁落、武人干政，设置枢密院掌管最高军事决策和机要，正副长官由武官、文臣出身的亲信大臣担任。随着"崇文抑武"方略的不断推行，这一机构中科举出身的文官逐渐在人数上占据优势。"澶渊之盟"后，文官基本上控制了枢密院。到宋仁宗朝，

---

　　① 参见陈峰《从"文不换武"现象看北宋社会的崇文抑武风气》，《中国史研究》2001年第2期。

　　② 田况：《儒林公议》，文渊阁四库全书本。

　　③ 叶适：《水心别集》卷一三《科举》，《叶适集》点校本，中华书局1961年版，第799页。

　　④ 张端义：《贵耳集》卷下，丛书集成初编本。

　　⑤ 吕大临：《横渠先生行状》，载于朱熹《伊洛渊源录》卷六，文渊阁四库全书本。

　　⑥ 王安石：《王文公文集》卷一《上皇帝万言书》，第7页。

武臣很快从枢密院退出，直到北宋灭亡，枢密院都几乎是文臣掌管。①南宋时期，枢密院的地位逐渐下降，由宰相兼任枢密使往往成为定制。再从各地军事统率组织来看，大约在宋太宗后期、真宗朝，出现了文臣参与统率和指挥方面军的现象，到宋仁宗时代遂形成了文臣担任主帅、武将充当副将的制度，如宋哲宗朝人所说："臣窃闻祖宗之法，不以武人为大帅专制一道，必以文臣为经略以总制之。武人为总管，领兵马，号将官，受节制，出入战守，唯所指麾。"②

　　值得注意的是，前代由于文武官员之间没有鸿沟阻隔，许多文臣自愿"投笔从戎"，还出现"出将入相"现象。因此，无论是职业武将还是弃文从武的将帅，都能安心军职、投身沙场，从事专职性的军事决策和统军作战，以博取功业。与以往相比，宋代文武之间产生巨大的隔阂，文臣通常不愿从武。而以科举为背景的宋代官僚队伍虽拥有文化优势，精于文辞与儒经，熟悉典章制度，然而因为多不愿投笔从戎，缺乏军旅和战场锻炼，即使出任帅职，也依旧保持文官资格，因此普遍存在欠缺军事技能的缺陷，拙于用兵。与此同时，由于武职受到歧视，社会精英多不愿踏入军门，导致武将群体素质普遍下降，其政治影响力进一步下滑。纯粹的文官主掌军事决策、统军体制，在边防上只能是越来越保守，这便都进一步加剧了执政集团对武力手段的怀疑和抵触，缺乏足够的能力和信心应对战争。如韩琦、范仲淹被当世称为御边良帅，清人王夫之却中肯地评说道："韩、范二公，忧国有情，谋国有志，而韬钤之说未娴，将士之情未浃，纵之而弛，操之而烦，慎则失时，勇敢则失算。"③

　　第五，宋代商品经济的发展，对统治集团处理边防问题产生前所未有的影响。众所周知，宋代商品经济的发展及其影响不断扩大，并直接作用到宋朝政府的收入方面，其中突出地表现为货币在税收中的比重加

---

　　①　陈峰：《从枢密院长贰出身变化看北宋"以文驭武"方针的影响》，《历史研究》2001 年第 2 期。

　　②　刘挚：《上哲宗论祖宗不任武人为大帅用意深远》，《宋朝诸臣奏议》卷六五，上海古籍出版社 1999 年版，第 724—725 页。

　　③　王夫之：《宋论》卷四《仁宗》，中华书局 1964 年版，第 93 页。

大，商税和专卖的收入在财政中的比例逐渐超过农业收入。① 而这种变化对宋朝统治者的决策，包括考虑边防问题，会产生潜移默化的影响，即计算成本的意识增强。如前所述，宋太祖在收复燕云的问题上已有经济赎买的考虑。宋仁宗朝，素有名望的富弼在《条上河北守御十二策》中指出："真宗皇帝嗣位之始，专用文德，于时旧兵夙将，往往沦没，敌骑深入，直抵澶渊，河朔大骚，乘舆北幸。于是讲金帛啗之之术，以结欢好。自此河湟百姓，几四十年不识干戈。岁遗差优，然不足以当用兵之费百一二焉。则知澶渊之盟，未为失策。"② 富弼在此承认了这样的事实：因澶渊之盟向辽支付的岁币较交战的军费开支，不过百分之一二，因此认为不算失策。还有许多执政大臣也持类似的看法，如王安石在《澶州诗》中，有"欢盟从此至今日，丞相莱公功第一"的诗句，③即持此观点；两宋之际的抗战领袖李纲也对此抱有肯定态度，如其《喜迁莺——真宗幸澶渊》一词云："虏情詟，誓书来，从此年年修好。"④ 这说明宋代许多执政者在计算得失的思考下，满足于以经济手段而非武力方式应对边患的结果。南宋时期，长期遭到女真、蒙古军队的战争压迫，军费开支极为浩大，百姓的生产和生活因此受到无穷的影响，统治集团既不敢又无心抗战，计算经济得失往往又成为其主和的一项重要理由。

事实上，不战而胜的思想在中国古代早已存在，即使是兵家鼻祖的孙子也指出："是故百战百胜，非善之善者也。不战而屈人之兵，善之善者也。"⑤ 宋朝并非是主动从大战略的角度考虑，妥善处理和与战的关系，但被动地以和罢战的做法，却为自己寻找到"不战而屈人之兵"的理论依据，并以现实主义的经济换算对战争方式加以否定。西方学者因此认为：宋王朝"是以高度的现实主义政治为特征的"，"依靠军事手段不能打败契丹人的国家"，便与辽议和，"宋辽缔结的澶渊之盟成

---

① 参见汪圣铎：《两宋财政史》下册，中华书局 1995 年版，第 688—694 页。

② 富弼：《上仁宗河北守御十三策》，《宋朝诸臣奏议》卷一三五，上海古籍出版社 1999 年版，第 1501 页。

③ 王安石：《王文公文集》卷四七《澶州》诗，第 532 页。

④ 唐圭璋编：《全宋词》第 2 册，中华书局 1998 年版，第 901 页。

⑤ 《孙子·谋攻第三》，林伊夫等译注《武经七书新译》，齐鲁书社 1999 年版，第 12 页。

了处理日后冲突的一个样板"。①

　　综上所述，中国古代传统重视边防和武备的强国意识到宋代发生了重要变化。宋朝从太宗后期开始，即不再以积极防御、开疆拓土为能事，军队转而以维护域内统治为首要任务，其讨伐的对象主要限于篡逆反叛者和造反百姓，而不是以强大的游牧政权势力为主，因此军队与边防的意义和价值也就随之降低。宋朝统治集团为了维护自身的存在和安全，虽然在现实中依赖军队的支持，也不得不选择用兵的方式抵抗边患，但是，"崇文抑武"治国思想与方略推行的结果，主流意识逐渐对武力战争手段产生怀疑和抵触的态度。澶渊之盟的缔结，似乎也证明了在战争与和平之间，有选择和平的可能性和现实性。这个两难选择的成功，使宋朝统治者自认为一劳永逸地寻找到了"化干戈为玉帛"之路，从此更倾向于以和的方式解决边患威胁。其外交政治既然以和为主轴，则战争手段便不能更多地为这种政治而继续服务了。总体而言，宋朝主流意识中的以和缓战、以和止战的理念，又大致包含了三种表现：其一，攘外必先安内，暂时放弃主动对外用兵，而集中力量稳定内部；其二，审时度势，在对外形势不利的情况下，高举反战旗帜；其三，政治投机，以君主和既得利益集团厌战的意志为转移，满足于苟且偷安。就宋朝发展的历史来看，也大体经历了这样的过程。

　　现代英国著名军事家利德尔·哈特认为："战争的目的是要获得一个较好的和平，这当然是从你自己一方的愿望来说的……一个国家，如果它把自己的力量消耗殆尽，那它也就不会有能力继续推行自己的政治，因而必然使其前途不堪设想。"② 如果说这一深刻的认识，是在日益理性和多边制约的现代国际关系下，告诫人类要正确处理战争与和平之间的关系，包含着丰富的历史经验和强烈的现实关怀。毋宁认为，宋代主流意识支配下的和平与战争观，便过于早熟。在历史的复杂演进过程中，宋朝过早而被动地走上了这条脱离扩军、强权的道路。因为那还是一个武力战争不受任何约束的时代，多少先进的文明都在惨烈的战火

---

　　① ［德］傅海波、［英］崔瑞德主编：《剑桥中国辽西夏金元史》导言，史卫民等译，中国社会科学出版社1998年版，第21—22页。

　　② ［英］利德尔·哈特：《战略论》第二十二章《大战略》，中国人民解放军军事科学院译，战士出版社1981年版，第494页。

中毁灭，种族灭绝的悲剧也不会引发野蛮征服者心灵的战栗。宋朝片面总结了历史的经验教训，矫枉过正，不能保持自身必要的军事强势，对外长期采取守势，其军队和边防也就不足以维持长久的和平局面，一旦内外平衡被破坏，就只能陷于被动挨打的境地。

由此，两宋虽然经济、文化、科技独领风骚，如现代史学家陈寅恪先生所称："华夏民族之文化，历数千载之演进，造极于赵宋之世"，[①]并在全球首先发明了火药武器，但先进的生产和雄厚的经济力量没有转化为强大的国防实力，火器这种巨大革命性技术的投入，也未能引发军事变革和应有的效用，遂不免长期被动挨打，先后亡于边患，终以"积弱"而为世所诟病。南宋学者吕祖谦即沉痛地指出：本朝"文治可观而武绩未振，名胜相望而干略未优"；[②] 宋人又总结道："汉唐多内难而无外患，本朝无内患而有外忧"；[③] 元代人修宋史时则评价道："宋恃文教，而略武卫。"[④] 即明确地意识到宋朝国运与以往时代不同的史实。也可以说，中国古代经历的唐宋社会转型，就包含了这一重要的方面。然而，和比战难。今天自应站在更高的平台看待过往发生的一切，过犹不及。穿越宋代演进中的迷雾，探究其行程的路径与覆辙，都可为今天提供难得的历史经验和教训。

---

① 陈寅恪：《邓广铭宋史职官志考证序》，《金明馆丛稿二编》，上海古籍出版社 1982 年版，第 245 页。

② 《宋史》卷四三四《吕祖谦传》，第 12874 页。

③ 吕中：《宋大事记讲义》卷一《序论》，文渊阁四库全书本。

④ 《宋史》卷四九三《蛮夷一·序》，第 14171 页。

附录　彭树智先生主要著述目录

一　著作类要目选

（一）国际共产主义运动史有争议人物类（丛书三种）

1. 《叛徒考茨基》（独著），陕西人民出版社 1972 年 2 月第一版，1975 年 10 月增订版。

2. 《修正主义的鼻祖——伯恩施坦》（独著），陕西人民出版社 1982 年 2 月版。

3. 《无政府主义之父巴枯宁》（独著），陕西人民出版社 1988 年 6 月版。

（二）亚洲的战争和人物类（丛书二种）

1. 《阿富汗三次抗英战争》（独著），商务印书馆 1982 年 3 月版。

2. 《印度革命活动家提拉克》（独著），商务印书馆 1982 年 8 月版。

（三）东方民族主义类（系列类二种）

1. 《现代民族主义运动史》（独著），西北大学出版社 1987 年 2 月版。

2. 《东方民族主义思潮》（独著），西北大学出版社 1992 年 4 月版。

（四）中东和阿拉伯国家类（系列类十九种）

1. 《中东国家和中东问题》（主编），河南大学出版社 1991 年 8 月版。

2. 《阿拉伯国家简史》（主编），福建人民出版社 1991 年 9 月第一版，1999 年 10 月修订二版。

3.《二十世纪中东史》（主编），高等教育出版社，1992 年 11 月第一版，2001 年 7 月第二版。

4.《阿拉伯国家史》（主编），高等教育出版社 2002 年 12 月版。

5.《阿富汗史》（主编），陕西旅游出版社 1993 年 9 月版。

6.《中东国家通史》13 卷（主编），商务印书馆 2000—2007 年版。

7.《中东史》（主编），人民出版社 2010 年 3 月版。

（五）世界史教材类（系列类十六种）

1.《世界历史教程》（主编），陕西人民出版社 1986 年 12 月版。

2.《世界近代史》（主编），上册，西北大学出版社 1986 年 8 月版；下册，西北大学出版社 1986 年 11 月版。

3.《世界近代史教程》（主编），西北大学出版社 1987 年 12 月版。

4.《当代世界史讲座》（主编），河南大学出版社 1988 年 8 月版。

5.《世界近代史教本》（主编），西北大学出版社 1989 年 9 月版。

6.《世界近代史基本问题》（主编），西北大学出版社 1987 年 12 月第一版，1992 年 4 月第二版。

7.《世界史系列教程》（主编）包括上古、中古、近代、现代史教程和上古、中古、近代、现代基本问题共八种，西北大学出版社 1992—1993 年版。

8.《世界史·现代史编》下卷（主编），高等教育出版社 1994 年 12 月第一版，1994—2003 年每年印刷出版一次。

9.《世界史·当代卷》（主编），高等教育出版社 2006 年 5 月版。

（六）文明交往类（四种）

1.《文明交往论》（独著），陕西人民出版社 2002 年 8 月版。

2.《松榆斋百记：人类文明交往散论》（独著），西北大学出版社 2005 年 1 月版。

3.《古物文明》（主编），陕西人民出版社 2001 年 12 月版。

4.《两斋文明自觉论随笔》，中国社会科学出版社即出。

（七）书路总结类（一种）

《书路鸿踪录》（独著），三秦出版社 2004 年 1 月版。

（八）史学年鉴类（一种）

《陕西历史学年鉴》（主编），西北大学出版社 1992 年 4 月版。

（九）帝国、民族和人物类（系列类三十二种）

1.《世界十大（人物）系列》丛书（主编），三秦出版社 1999—2001 年出版。

2.《世界帝国兴衰》（策划），三秦出版社 2000—2001 年出版。

3.《外国人丛书》（主编），三秦出版社 2003—2005 年出版。

（十）合著合编类（各类共十四种）

1.《第三世界历史进程》（合著），彭树智、黄倩云著，中国青年出版社 1999 年 8 月版。

2.《政治学通论》（副主编），甘肃人民出版社 1992 年 2 月版。

3.《世界现代史》（合著），山东人民出版社 1983 年 6 月版。

4.《世界现代史》（合著），北京师范学院出版社 1987 年 12 月版。

5.《外国著名政治活动家》（合著），商务印书馆 1985 年 8 月版。

6.《外国著名战争》（合著），商务印书馆 1985 年 8 月版。

7.《三个国际论丛》（合著），东北师范大学出版社 1989 年 4 月版。

8.《外国历史大事集》（近代部分第四分册），重庆出版社 1986 年 2 月版。

9.《外国历史名人传》（现代部分，上册），中国社会科学出版社 1984 年 2 月版。2000 年人民出版社以《世界历史名人谱》出版。

10.《世界现代史论文集》（合著），生活·读书·新知三联书店 1982 年 8 月版。

11.《外国历史名人传》（补遗本）（合著），中国社会科学出版社 1985 年 9 月版。

12.《风雨变幻的年代》（合著），重庆出版社 1986 年 2 月版。

13.《论甘地》（合著），上海社会科学出版社 1988 年 2 月版。

14.《世界史·近代史编》上、下卷（合著），高等教育出版社 1992 年 7 月版，1992—2003 年每年印刷出版一次。

二　论文类要目选

1.《百年前印度人民大起义的历史意义》，《人民日报》1957 年 5 月 10 日。

2. 《1857—1859 年印度反英大起义略论》，《北京大学学报》1957 年第 4 期。

3. 《1857—1859 年印度反英大起义前夕的社会经济和阶级关系》，《西北大学学报》1957 年第 3 期。

4. 《德里的起义》，《历史教学问题》1957 年第 6 期。

5. 《米勒特的起义》，《西北大学学报》1957 年第 4 期。

6. 《甘地在印度民族解放运动中的作用》，《史学月刊》1957 年第 7 期。

7. 《要厚今薄古首先必须端正对近现代史的认识》，《西北大学学报》1958 年第 2 期。

8. 《略论 1919 年朝鲜的"三一"运动》，《历史教学问题》1958 年第 4 期。

9. 《铁拉克——印度民族解放运动的伟大先驱者》（与周清澍、吴乾兑合作），《历史教学》1959 年第 7 期。

10. 《资本主义相对稳定时期民族解放运动的一些特点》，《历史教学》1959 年第 10 期。

11. 《无产阶级的领导是殖民地半殖民地革命真正胜利的根本保证》，《人文杂志》1960 年第 1 期。

12. 《1924—1927 年世界民族解放运动与中国》，《西北大学校庆论文集》1962 年版。

13. 《略论阿拉伯民族解放斗争的新阶段》，《人文杂志》1958 年第 4 期。

14. 《1946 年的印度海军起义》，《历史教学》1957 年第 10 期。

15. 《1905 至 1908 年的印度独立运动》，《历史教学》1963 年第 2 期。

16. 《近代印度大资产阶级的形成及其特点》（与赵克毅合作），《历史教学》1963 年第 11 期。

17. 《1895—1898 年的伯恩施坦》，《西北大学学报》1978 年第 3 期。

18. 《一八九五——一八九八年：伯恩施坦修正主义面目的大暴露》，《西北大学学报》1978 年第 2 期。

19.《论第三次帕尼帕特之战及其在印度近代史上的作用》,《西北大学学报》1979 年第 2 期。

20.《1857—1859 年印度民族大起义的原因》(与管敬绪合作),《历史教学》1979 年第 1 期。

21.《论游击战争在印度民族大起义中的地位》,《西北大学学报》1980 年第 1 期。

22.《1841 年阿富汗人民反对英国侵略者的斗争》,《百科知识》1980 年第 3 期。

23《阿富汗的光荣之星——阿克巴·汗的事迹》,《羊城晚报》1980 年 3 月 14 日。

24.《编写〈世界现代史〉教材中遇到的问题》,《陕西省史学会会刊》,1979 年第 1 期。

25.《要历史地评价考茨基的〈卡尔·马克思的经济学说〉》,《书林》(上海人民出版社) 1980 年第 2 期。

26.《阿富汗第一次抗英战争的历史意义》,《人文杂志》1980 年第 3 期。

27.《列宁对俄国"左派"共产主义者的批判》,《世界现代史教学与研究》1980 年第 1 期。

28.《凯末尔与凯末尔主义》,《世界现代史研究会西北分会论文集》,1981 年 2 月;《历史研究》1981 年第 5 期;《世界现代史论文集》,三联书店 1982 年版;《史学情报》(中国史学会会刊) 1982 年 12 月摘要 (李克明)。

29.《阿富汗第二次独立战争百年祭》,《西北大学学报》1980 年第 4 期。

30.《伯恩施坦与〈社会民主党人报〉》,《西北大学学报》1981 年第 4 期。

31.《1908 年印度孟买大罢工概述》,《历史教学》1982 年第 1 期。

32.《〈民报〉与印度独立运动》,《南亚研究》1982 年第 1 期。

33.《巴枯宁民主主义思想及其向无政府主义的蜕变》,《人文杂志》1982 年第 3 期。

34.《阿富汗杰出的民族主义者塔尔齐》,《河南师大学报》1982

年第 4 期。

35.《巴枯宁无政府主义思想简论》,《西北大学学报》1982 年第 3 期。

36.《凯末尔革命·土耳其的振兴》,《外国史知识》1982 年第 7 期"世界史讲座栏"。

37.《巴枯宁〈忏悔录〉的英译本》,《世界史研究动态》1983 年第 1 期。

38.《实践观点与马克思共产主义思想体系的形成》,《西北大学学报》1983 年第 1 期。

39.《巴枯宁和俄国民粹主义运动》,《史学月刊》1983 年第 3 期。

40.《伯恩施坦述评》,《国际共运史参考资料》1982 年第 2 期。

41.《凯末尔的对外政策》,《历史教学问题》1982 年第 5 期。

42.《凯末尔的改革》,《历史教学》1983 年第 5 期。

43.《青年阿富汗派的历史作用》,《历史研究》1983 年第 4 期。

44.《列宁晚年的民族殖民地问题理论》,《西北大学学报》1984 年第 1 期;《光明日报》同年社科专栏摘要。

45.《列宁与阿富汗的民族解放运动》,《世界史研究动态》1984 年第 3 期。

46.《列宁在十月革命后的民族解放运动的理论与实践》,《世界近代史教学与研究》1983 年第 4 期。

47.《伊朗 1905—1911 年的资产阶级革命》,《外国史知识》1984 年第 4 期。

48.《美国高等文科的智能教育》,《光明日报》1984 年 10 月 12 日"教育科学"第 146 期。

49.《青年阿富汗派现代改革的失败》,《中东》1985 年第 1 期。

50.《美国对巴枯宁和第一国际的研究》,《国际共运》1985 年第 1 期。

51.《甘地思想的整体性和独特性》,《历史研究》1985 年第 5 期。

52.《论甘地的非暴力抵抗运动》,《历史教学》1986 年第 1 期。

53.《科学技术的新思维》,《西北大学学报》1986 年第 2 期。

54.《学习世界近代史应注意的几个问题》,《函授导刊》1986 年第 8 期。

55.《求学的岁月》,《开拓》1986 年第 2 期。

56.《史学现代化问题》,《中学历史教学》1986 年第 4 期。

57.《孙中山与亚洲民族主义思潮》,《西北大学学报》1987 年第 2 期。

58.《两次世界大战之间亚非拉民族民主运动的类型分析》,《世界历史》1987 年第 3 期。

59.《论凯末尔的世俗化改革》,《史学月刊》1987 年第 4 期。

60.《论 1905—1911 年伊朗革命的几个问题》,《西南亚研究》1987 年第 4 期。

61.《礼萨汗在伊朗的改革》,《历史教学》1988 年第 1 期。

62.《世界史研究的新课题》,《陕西社联通讯》1987 年第 5 期。

63.《历史科学的发展与历史哲学的创新》,《人文杂志》1988 年第 1 期。

64.《世界现代史研究的几个问题》,《世界现代史研究通讯》第 2 期,1987 年。

65.《亚洲民族主义思潮》,《人文杂志》1988 年第 2 期。

66.《周秦汉唐文化的历史魅力》,《西北大学学报》1988 年增刊号。

67.《深化教育改革与加强教材建设》,《西北大学学报》1988 年第 2 期。

68.《当代世界史研究的几个问题》,《史学月刊》1988 年第 3 期。

69.《纳赛尔与阿拉伯世界》,《学术界》1988 年第 5 期。

70.《新时期历史科学的研究前景》,《陕西社联通讯》1988 年第 9 期。

71.《当代史研究与史学工作者的职责》,《史学情报》1988 年第 4 期。

72.《充分发挥学科优势,站在学科前沿》,《陕西省国际共运史学会年刊》1988 年第 4 期。

73.《甘地的印度自治思想及其国家观》,《史学集刊》1989 年第 1 期。

74. 《对教材建设中几种关系的思考》，《高等教育研究》1989 年第 1 期。

75. 《甘地的农村经济思想及其道德观》，《南亚研究》1989 年第 6 期。

76. 《西北大学历史系深化改革的探索》，《中国高等教育》1989 年第 6 期。

77. 《我们时代的新概念和新课题》，《中国人民大学学报》1989 年第 4 期。

78. 《马克思主义史学名著课程系列建设》，《中国高等教育》1989 年第 10 期。

79. 《教学改革与现代教育中的人才观》，《高等教育研究》1987 年第 1 期。

80. 《现代史学的发展趋势》，《历史教学》1986 年第 9 期。

81. 《三个面向与高等教育文科改革》，《高等教育研究》1985 年第 1 期。

82. 《马克思主义与巴枯宁无政府主义研究》，中国国际共运史学会成立大会上的发言，1982 年 11 月。

83. 《改变"重理轻文"倾向，加强世界史研究》，《陕西社联》，总第 14 期 1983 年。

84. 《勤奋、严谨、求实、创新》，《育才报》（兰州军区机关报）1987 年 1 月 21 日。

85. 《我校历史系深化改革的探索》，《中国高等教育》1989 年第 6 期。

86. 《文博学院建院思路要点》，《高等教育研究》1990 年第 1 期。

87. 《论秦文化》，《秦陵秦俑研究动态》1990 年第 1 期。

88. 《历史教材建设与科学研究》，《西北大学学报》1990 年第 2 期。

89. 《巨变的世纪与变革的中东》，《西亚非洲》1990 年第 4 期。

90. 《马克思对世界史研究的贡献》，《世界历史》1990 年第 5 期。

91. 《史德杂论》，《西北大学学报》1990 年第 4 期。

92. 《把西北大学文博学院办成培养文博专门人才的基地》，《文博》1990 年第 6 期。

93.《战争史研究的硕果和启示》,《人文杂志》1991 年第 1 期。

94.《人类智慧之树上的两朵鲜花》,《西北大学学报》1993 年第 3 期。

95.《从伊斯兰改革主义到阿拉伯民族主义》,《历史研究》1991 年第 3 期;《20 世纪中华学术文库》(历史学·世界史卷)专刊,兰州大学出版社 2000 年版。

96.《论历史学多种功能的统一》,《中学历史教学参考》1991 年第 2 期。

97.《史学·社会和人生》,《人文杂志》1992 年第 2 期。

98.《论胡斯里的泛阿拉伯民族主义思想》,《西亚非洲》1992 年第 2 期。

99.《阿拉伯民族主义思潮的发展轨迹》,《世界历史》1992 年第 3 期;《新华文摘》1992 年第 9 期转载。

100.《世纪之交的中东地区史、国别史研究管窥》,《史学理论研究》1992 年第 3 期。

101.《东方民族主义思潮与政治文化》,《西北大学学报》1992 年第 1 期。

102.《明确指导思想是培养博士生的关键》,《高等教育研究》1990 年第 2 期。

103.《世界史教材建设的可喜收获》,《世界历史》1993 年第 1 期。

104.《十丈龙孙绕凤池——谈世界史学科建设》,《武汉大学学报》1993 年第 5 期。

105.《论阿富汗的远古文化》,《史学月刊》1993 年第 5 期。

106.《颇具特色的〈当代世界知识新辞典〉》,《世界历史》1993 年第 5 期。

107.《古代长安文化的历史记录——〈汉代长安词典〉序》,陕西人民出版社 1993 年版。

108.《阿富汗与古代东西方文化交往》,《历史研究》1994 年第 2 期;1995 年英文版《中国社会科学》秋季号转载;中国社会科学院《世界史年刊》1995 年号转载;陕西文史研究馆编的"崇文丛书"《古物文明》(陕西人民出版社 2001 年版以首篇位置转刊修改稿《丝路枢纽地区的文物与文明》）。

109.《一个游牧民族的兴亡——古代塞人在中亚和南亚的历史交往》，《西北大学学报》1994 年第 1 期。

110.《第二次世界大战与第三次技术革命》，《西北大学学报》1995 年第 3 期。

111.《阿里·玛扎海里论〈史记〉》，《天人古今》1995 年第 1 期。

112.《伊朗与中国古代物质文明的西传》，《中东研究》1994 年第 2 期。

113.《塞人游牧文化与南亚中东农耕文化的交融》，《三秦论坛》1995 年第 4 期。

114.《书路心史》，《当代百家话读书》，广东教育出版社、辽宁出版社 1997 年版；《中国图书评论》1996 年第 11 期转载；《陕西日报》1998 年 5、6、7 三月"读书"版连载。

115.《时代、历史学家的步履和史学观》，《史学家自述》，武汉出版社 1994 年版。

116.《考古学研究与历史研究》，《考古学研究——纪念陕西考古研究所成立三十周年》，三秦出版社 1993 年版。

117.《历史交往与现代化进程》，《现代文明的历史脚步》序，三秦出版社 1996 年版。

118.《美苏冷战与历史交往》，《美苏冷战史》序，陕西师范大学出版社 1996 年版。

119.《从历史交往看阿拉伯经济思想的西传》，《人文杂志》1996 年第 5 期。

120.《社会史研究的发展前景》，《三秦论坛》1996 年第 4 期。

121.《古代伊朗祆教文化的内涵》，《中东研究》1996 年第 1 期。

122.《论世界经济贸易中心的转移》，《西北大学学报》1996 年第 3 期。

123.《论考古专业的建设》，《考古文物研究》，三秦出版社 1996 年版。

124.《文化学和文化交往》，《文化学引论》序，西北大学出版社 1996 年版；《西北大学学报》1997 年第 3 期。

125.《阿富汗的古代城市文明》,《中东研究》1997 年第 1 期。

126.《当代中东地区性研究的几个问题》,《西亚非洲》1997 年第 4 期。

127.《论尼赫鲁与甘地之间的历史交往》,《南亚研究季刊》1997 年第 2 期;《尼赫鲁与甘地的历史交往》序,四川人民出版社 1999 年版。

128.《走出史地教学与研究低谷》,《跨世纪史地教研论文集》序,地图出版社 1997 年出版。

129.《让世界史知识进一步走向大众》,《世界十大系列》丛书总序,三秦出版社 1999—2001 年版;《西北大学学报》1998 年第 2 期;《陕西日报》"读书"栏 1998 年 7 月 28 日转载;中国人民大学复印资料 K5 历史学 1998 年第 7 期转载。

130.《沙特阿拉伯的文化交往特征》,《沙特阿拉伯的国家与政治》序,三秦出版社 1997 年版。

131.《沙特阿拉伯的社会难题》,《沙特阿拉伯——一个产油国人力资源的发展》序,西北大学出版社 1998 年版。

132.《现代化的比较研究》,《世界近代史与世界现代化》序,陕西人民出版社 1998 年版。

133.《戊戌维新运动研究的几个问题》,《文史与书画》1998 年第 2 期。

134.《前伊斯兰时期阿富汗的文化形态》,《中东研究》1998 年(总第 34 期)。

135.《序说历史交往与犹太学研究》,《犹太人·犹太精神》序,中国文联出版社 1999 年版;《三秦论坛》1998 年第 6 期。

136.《唐代长安与祆教文化的交往》,《人文杂志》1999 年第 1 期。

137.《三秦史坛,老树新花》,《文史与书画》1999 年第 1 期。

138.《暮年耕耘乐,书中日月长》,《文史与书画》1999 年第 2 期。

139.《〈中东史〉卷首叙意》,《中东研究》1999 年第 1 期。

140.《阿拉伯史研究的几个问题》,《西北大学学报》1999 年第 1 期。

141.《历史交往的丰厚馈赠——记阿富汗地区的犍陀罗艺术》,

《西北大学史学丛刊〈国际丝绸之路学术讨论会论文专号〉》，三秦出版社 1999 年版。

142. 《印度当代史上历史交往的政治个案》，《湛江师院学报》1999 年第 4 期。

143. 《书路心语：文明交往论简说》，《文史与书画》2000 年第 1 期；《西安日报》理论版 2000 年 5 月 20 日转载。

144. 《简说历史交往与文明交往》，《陕西日报》"读书天地"版 2000 年 6 月 14 日。

145. 《马丁·布伯论人际关系的异化》，《以色列经济振兴之路》序，河南大学出版社 2000 年版。

146. 《论帝国的历史、文明和文明交往》，《世界帝国兴衰丛书》序，三秦出版社 2000—2001 年出版；《西北大学学报》2000 年第 3 期。

147. 《中东文明交往的两个历史个案》，《西北大学史学丛刊》"中东南亚卷"，三秦出版社 2000 年版。

148. 《谈民俗中的口碑史学》，《西府民俗》序，中国文联出版社 2001 年版；《三秦论坛》2002 年第 1 期。

149. 《论科学的执著精神》，《执著岁月——回教史与伊斯兰文化》序，西安出版社 2000 年版；《三秦论坛》2000 年 11 月号。此文在《穆斯林通讯》（兰州）2000 年 11 月 1 日（总第 17 期）、《回族研究》2003 年第 1 期转载。

150. 《丝绸之路是世界性文明交往之路——在丝绸之路国际学术讨论会上的讲话》，《西北大学史学丛刊〈国际丝绸之路学术讨论会论文专号〉》，三秦出版社 1999 年版。

151. 《阿富汗现代三位政治家》，《世界历史名人谱》，人民出版社 2000 年版。

152. 《论人类的文明交往》，《史学理论研究》2001 年第 4 期；《社会科学文摘》2001 年第 6 期转载。

153. 《书路崎景觅机缘》，《陕西人民出版社建社五十周年文集》，陕西人民出版社 2000 年版。

154. 《伊朗史中的文明交往与文明对话问题——〈中东国家通史·伊朗卷〉编后记》，商务印书馆 2002 年版；《西北大学学报》2001

年第 2 期。

155.《论巴勒斯坦阿拉伯人与犹太人的冲突——〈中东国家通史·巴勒斯坦卷〉编后记》，商务印书馆 2002 年版；《人文杂志》2002 年第 2 期；《博览群书》2002 年第 6 期。

156.《文明交往论和通史研究问题的思考——〈中东国家通史·叙利亚和黎巴嫩卷〉编后记》，商务印书馆 2003 年版；《西北大学学报》2002 年第 2 期。

157.《土耳其研究三题——〈中东国家通史·土耳其卷〉编后记》，商务印书馆 2002 年版；《西亚非洲》2002 年第 1 期。

158.《伊拉克民族国家问题六记——〈中东国家通史·伊拉克卷〉编后记》，商务印书馆 2002 年版；《西京论坛》2003 年 2—3 期。

159.《阿拉伯国家、文明与文明交往——〈阿拉伯国家史〉绪论》，高等教育出版社 2002 年版；《中东研究》2002 年第 1 期。

160.《拿破仑军事失利、政治失策与经济政策失误的内在联系》，《拿破仑与大陆封锁政策——从拿破仑的经济政策看拿破仑帝国的覆灭》序，华夏出版社 2001 年版。

161.《文史之旅：钟为陕西寒山鸣》，《文史与书画》2001 年第 1 期。

162.《文明交往史例：美国曾鸣寒山钟》，《三秦文史》2002 年第 2 期。

163.《文明的真谛》，《文史与书画》2001 年第 2 期。

164.《晨曦还照读书窗》，《三秦文史》2002 年第 1 期。

165.《探索、创新、致用——读〈冷战后大国与海湾〉》，《西亚非洲》2002 年第 5 期。

166.《领导需讲科学》，《领导科学题解》，陕西人民教育出版社 1988 年版。

167.《生前寂寞、身后不会被人遗忘的学者》，《陈直学术纪念文集》，西北大学出版社 1991 年版。

168.《求实求真的科学开拓者》，《马长寿纪念文集》，西北大学出版社 1993 年版。

169.《我们时代的新概念和新课题》，《中国人民大学学术著作评论家》，中国人民大学出版社 1997 年版。

170.《交往和埃及文明的发展》，《史学理论研究》2003 年第 4 期。

171.《也门与中国》，《人文杂志》2003 年第 3 期。

172.《〈书路鸿踪录〉三题》，《西北大学学报》2003 年第 4 期。

173.《略谈博士生的学术个性化培养》，《学位与研究生教育》2003 年第 1 期。

174.《论中东的战争与和平交往问题——〈中东国家通史·也门卷〉编后三记》，《人文杂志》2003 年第 4 期。

175.《伊拉克战争问题研究》，《探索与争鸣》2003 年第 3 期。

176.《论中东民族与宗教交往问题——〈中东国家通史·塞浦路斯〉编后记》，《西北大学学报》2004 年第 6 期。

177.《犹太—希伯来文明的交往特征》，《中东研究》2005 年第 1 期。

178.《文明交往和文明对话》，《西北大学学报》2006 年第 4 期。

179.《亚洲史研究的未了情——悼念何芳川教授》，《史学理论研究》2006 年第 4 期。

180.《博士学位论文作者三层次说》，《学位与研究生教育》2006 年第 2 期。

181.《彰显〈人文杂志〉的人文精神》，《人文杂志》2007 年第 5 期。

182.《简说世界当代史》，《史学理论研究》2007 年第 2 期。

183.《改革开放 30 年来我国的中东史研究》，《世界历史》2008 年增刊。

184.《求实求真的科学开拓者》，《西北民族论丛》2008 年。

185.《中东在动乱中寻求稳定与发展——专家学者纵论中东形势》，《西亚非洲》2008 年第 12 期。

186.《回归学术 培育自觉——谈研究生学术自觉意识的培养》，《学位与研究生教育》2008 年第 1 期。

187.《〈中东史〉的书前书后》，《西北大学学报》2009 年第 4 期。